中华会计网校
www.chinaacc.com
正保远程教育旗下品牌网站
美国纽交所上市公司(代码:DL)

梦想成真®

2019年
会计专业技术资格统一考试

初级会计资格

经济法基础

全能一本通
视频指导版

中华会计网校◉编

U0716652

人民邮电出版社
北京

图书在版编目（CIP）数据

经济法基础全能一本通 ：视频指导版 / 中华会计网校编. -- 北京 ：人民邮电出版社，2019.2
ISBN 978-7-115-50558-3

Ⅰ. ①经… Ⅱ. ①中… Ⅲ. ①经济法－中国－资格考试－自学参考资料 Ⅳ. ①D922.29

中国版本图书馆CIP数据核字(2019)第000085号

内 容 提 要

本书是全国会计专业初级技术资格考试辅导教材“经济法基础”的配套辅助用书。

本书主要包括会计法律制度、支付结算法律制度、税收法律制度及劳动合同与社会保险法律制度。

本书设有同步训练和模拟试题，其中同步训练可以帮助考生掌握各章节的重点知识，模拟试题可以帮助考生进行全真考前模拟训练，综合提升应考能力。

本书可以作为初级会计职称考试“经济法基础”科目主要的备考辅导教材。

◆ 编　　　　中华会计网校
责任编辑　刘向荣
责任印制　焦志炜

◆ 人民邮电出版社出版发行　　北京市丰台区成寿寺路 11 号
邮编　100164　　电子邮件　315@ptpress.com.cn
网址　http://www.ptpress.com.cn
涿州市京南印刷厂印刷

◆ 开本：787×1092　1/16
印张：16.5　　2019 年 2 月第 1 版
字数：448 千字　　2019 年 2 月河北第 1 次印刷

定价：49.80 元

读者服务热线：(010)81055256　印装质量热线：(010)81055316
反盗版热线：(010)81055315
广告经营许可证：京东工商广登字 20170147 号

前言 Foreword

本套丛书产生的背景

随着会计从业资格考试的取消，初级会计职称考试成了“香饽饽”，更为可喜的是，2018年初级会计职称考试取消会计证限制，我们可以“肆无忌惮”地报考，更何况初级会计职称的分量要高于会计从业资格,也就是说初级会计职称成为了评价会计执业能力的“新门槛”。

通过初级会计职称考试是会计相关人员的愿望和需求，但是在有限的时间内备考，过关的概率可想而知，如果有一套能够帮助读者系统、全面、高效率地进行复习的辅导书，不仅可以一解考生之忧，而且可以提高会计从业人员的专业积累。为此，中华会计网校编写了这套初级会计职称考试辅导丛书，本套丛书包括《初级会计实务全能一本通》和《经济法基础全能一本通》。

为什么选择本套丛书

本套丛书的编写特色可集中概括为“全”“新”“透”三个方面，具体如下。

（一）各章考点，全面讲解

考点全：包含考纲所有考点，科学梳理考纲知识内容，分类明确，条理清晰。

讲解全：每个知识点匹配考试要求、知识精讲、知识点拨及例题讲解，全面夯实读者的基础知识，帮助读者全方位进行备考。

考题全：全面包含经典例题、历年考题、同步强化练习题、全真模拟试题，使读者从学习、强化、巩固、提升，到最后一步通关。

方法全：知识讲解细致，灵活展现各种记忆方法及应试技巧，打造适合每一位读者的辅导教材。

（二）全面创新，助力考试

考纲新：教材及试卷全面依据最新考试大纲进行编排。

方法新：做题方式新，移动课堂轻松学习；讲解方式新，运用多种方法讲解突破难点。

（三）试题解读，深入透彻

讲解透：知识点文字解析、详细、透彻，每个知识点达到精讲精练。

体验透：线上学习、线下体验完美结合，让读者随时随地科学备考，助力考试成功。

我们的愿景

一本好的复习资料，就像一位无形的老师，在你通往成功阶梯的路上助一把青云之力。我们相信，这套凝聚着众多编写老师心血的辅导书定会助你在初级会计考试中取得理想成绩。

虽然本套丛书的初衷是希望帮助广大读者顺利通过考试，取得证书。但是我们更希望广大读者能够通过本套丛书学习到专业知识，并应用到实际工作中，从而提高自己的职业能力和专业技巧，为应对激烈的社会竞争增加砝码。

致谢

多少次呕心沥血，只希望读者能够更好地理解教学知识；

多少次精益求精，只希望让生涩的内容浅显易懂；

多少次通宵达旦，只希望将所有知识倾囊相授；

多少次孜孜不倦，只希望最终能帮助学员梦想成真。

本套丛书的编写倾注了众多老师辛勤的汗水，感谢参与本套丛书编写的每位老师，是你们不分昼夜的细心推敲、深入研究，才促使本套丛书的出版。最后，还要特别感谢广大读者朋友，正是你们的支持，才有了我们的成长。

在本书编写与出版过程中，我们尽量做到精益求精，但由于水平和时间有限，书中难免存在不足之处，希望广大读者批评指正。

后续服务

本书提供免费的题库供读者练习，扫描二维码登陆中华会计网校 App，即可使用。

中华会计网校 App

精诚所至、金石为开，衷心祝愿各位读者 2019 收获成功！

目录 Contents

2018年初级会计职称《经济法基础》考情分析

2018年的初级职称考试已经悄然落幕，但回首本次《经济法基础》的考试，有欢笑、有泪水。有人高兴是因为网上说今年的题目较往年简单了，有人悲伤的是因为网上说本次考查很全面，让他们有些措手不及。但这一切真的有如他们口中所说吗？以下是中华会计网校教学专家为大家整理的2018年初级职称《经济法基础》科目考情分析报告，来为大家揭秘本次的考试情况。

一、各章真题分值占比

章节 题型	第一章	第二章	第三章	第四章	第五章	第六章	第七章	第八章
单项选择题	6分	9分	22.5分	30分	28.5分	30分	12分	19.5分
多项选择题	6分	14分	16分	24分	20分	6分	10分	18分
判断题	4分	4分	7分	3分	4分	4分	3分	3分
不定项选择题		18分	18分	24分	30分			24分
总计	16分	45分	63.5分	81分	82.5分	40分	25分	64.5分
	417.5分							

二、具体分析

（一）题型、题量和分值分布

题型	题量	分值	合计
单项选择题	24题	1.5分	36分
多项选择题	15题	2分	30分
判断题	10题	1分，容错分0.5分	10分
综合题	3大题/12小题	8/2分	24分

本次考试依旧沿用之前考核的形式，但考生仍需注意判断题的倒扣分和不定项选择题的少选也给相应分值。

（二）章节分析

第一章　总论

高频考点	考核形式	出题角度	难易度
仲裁协议的内容	多项选择题	原文表述，迷惑选项为选定的仲裁员	易
仲裁的适用范围	多项选择题	判断可以提请仲裁的情形	易

续表

高频考点	考核形式	出题角度	难易度
民事诉讼的审判制度、判决和执行	判断题	生效的调解书的执行问题、关于终审判决的表述正误	易
法律关系	单项选择题	判断属于法律行为的活动、非法人组织	易

本章内容在2018的教材中虽有较大幅度的变动，但在实际考核时并未有太多涉及，且考核时出题角度多以原文表述，少有案例形式，考生在学习时，应适当关注书中法条原文的记忆。

第二章　会计法律制度

高频考点	考核形式	出题角度	难易度
会计核算	单项选择题、多项选择题、判断题	原文叙述	易
会计档案管理	单项选择题、多项选择题、不定项选择题	原文叙述、案例	易
会计机构和会计人员	不定项选择题	案例	易

本章内容在2018年为新增章节，从统计的真题中可知，本章出题角度多为教材原文叙述和小型案例的不定项选择题，虽然考核的内容很全面，但考核的形式较为简单，所以考生在学习此章节时，注意相关内容的理解与记忆。

第三章　支付结算法律制度

高频考点	考核形式	出题角度	难易度
商业汇票	单项选择题、不定项选择题	原文叙述、案例	中
银行账户	单项选择题、多项选择题、不定项选择题	原文叙述、案例	易
支付结算方式	单项选择题、多项选择题、判断题	原文叙述	易

本章在2018年考核中依旧是“四大名捕”之一，考核形式多样化，各种题型均有涉及，但题目难度多在中下等，且不定项案例题更注重与实际的联系，因此建议考生在学习时切勿死记硬背，一定要在理解的基础上加以记忆，并强化练习。

第四章　增值税、消费税法律制度

高频考点	考核形式	出题角度	难易度
增值税应纳税额的计算	单项选择题、不定项选择题	1. 进口环节应纳增值税税额的计算 2. 视同销售货物的销售额的确定 3. 以旧换新销售方式下销项税额的计算	中
增值税的征税范围	单项选择题、多项选择题、判断题、不定项选择题	1. 不动产广告位出租的征税范围 2. 视同销售货物的行为等	易
增值税的税收优惠	多项选择题	免征增值税项目	易
消费税的征税环节及税目	单项选择题、多项选择题	1. 消费税的征收环节 2. 给出表述判断是否属于缴纳消费税 3. 消费税的征税范围 4. 具体的商品判断是否缴纳消费税 5. 对征税范围及纳税环节进行综合判断等	易

续表

高频考点	考核形式	出题角度	难易度
消费税计算	单项选择题	1. 视同销售货物消费税的计算（组价） 2. 生产销售环节消费税应纳税额的计算	易

本章在往年考核中位处“四大名捕”之首，但今年退居二线，不过两个税种考核形式上，呈现两极分化。增值税的理论、计算以及税收优惠等在各个题型均有不同程度的涉及，且考核的知识面也较往年更为全面，消费税的重点则在征税环节、税目以及计算。虽然考核的形式有些许差别，但题目的整体难度并不高，都属于中规中矩的题目，因此考生在学习时，应注意对基础知识的扎实掌握，勤加练习，做到以不变应万变。

第五章　企业所得税、个人所得税法律制度

高频考点	考核形式	出题角度	难易度
企业所得税应纳税所得额的计算	单项选择题、不定项选择题	1. 企业所得税应纳税所得额的计算——不征税收入 2. 非居民企业取得股息应纳税额的计算 3. 准予扣除的项目、广告费的扣除标准 4. 收入总额的范围、广告费扣除限额、不得扣除项目、应纳税所得额的计算	中
企业所得税资产的税务处理	单项选择题、多项选择题	1. 不同方式取得的固定资产判断属于以公允价值和相关税费为计税基础的 2. 固定资产不得计算折旧扣除的项目 3. 可以计提折旧的项目	易
企业所得税纳税人	单项选择题	1. 企业所得税纳税人 2. 企业所得税征税对象	易
个人所得税计算	单项选择题、多项选择题、判断题、不定项选择题	工资薪金、劳务报酬、稿酬收入等的计算	易
个人所得税的税收优惠和应税项目	单项选择题、多项选择题	1. 暂免征收 2. 工资、薪金所得征税范围 3. 劳务报酬所得征税范围	易

本章在2018年的考核中一举超越第四章，成为“四大名捕”之首。此章节的比重虽然很大，但却颇为简单，很多新变动的内容在不定项选择题的题干中均有提示，省却了很多记忆的难点；多项选择题的考核与第四章有异曲同工之处，多为两个税种中的计税基础、优惠条款等，因此考生在学习时应夯实基础，注意知识的累积。

第六章　其他税收法律制度

高频考点	考核形式	出题角度	难易度
房产税	单项选择题	1. 房产税的征税范围 2. 房产税的税收优惠 3. 房产税的纳税人	易
车辆购置税	单项选择题	1. 进口自用车辆的计税依据 2. 车辆购置税的征税范围	易
土地增值税	单项选择题、判断题	1. 土地增值税的征税范围 2. 土地增值税应纳税额的计算 3. 免税项目	易

续表

高频考点	考核形式	出题角度	难易度
契税	单项选择题、多项选择题、判断题	1. 契税的征税范围 2. 转让房产谁缴纳契税 3. 房屋与土地使用权交换契税缴纳等	易
印花税	单项选择题	印花税的纳税人、征税范围	易
资源税	单项选择题	征税范围、纳税期限	易
环境保护税	多项选择题、判断题	征税范围	易

本章在历年考核中属于“花果山十三太保”，今年也不例外。从真题的出题角度来看，本章的考核难度整体下降，并且内容多是征税范围、优惠条款等，因此考生在学习时应多注意此方面的内容，尽量避免在该章失分。

第七章 税收征收管理法律制度

高频考点	考核形式	出题角度	难易度
发票管理	单项选择题、多项选择题、判断题	1. 虚开发票行为 2. 增值税发票管理新系统能够开具的发票有哪些 3. 不得开具增值税发票的情形 4. 发票的开具	易
税务行政复议	多项选择题、判断题	1. 某一税务行政行为是否可以提起行政复议 2. 行政复议期间的具体行政行为是否停止执行以及可停止执行的情形	易
税款征收、保全措施	单项选择题、多项选择题	1. 几种税收行为判断属于税收保全措施的 2. 税收强制执行措施 3. 不适用拍卖、变卖的情况 4. 征收滞纳金的起止时间 5. 不适用税收保全的财产	易

本章在历年的考核中一直在“打酱油”，今年也未能幸免。但从考核的内容来说，以税款征收、保全措施为主，考核形式也多以时间规定和罚则为主，所以考生在学习时应注意总结记忆，不要花费太多时间。

第八章 劳动合同与社会保险法律制度

高频考点	考核形式	出题角度	难易度
劳动合同的终止与解除	单项选择题、多项选择题、判断题、不定项选择题	1. 劳动者可随时解除的情形 2. 无过失性辞退 3. 可以导致劳动合同终止的原因 4. 劳动关系的确立时间 5. 给出案例判断劳动合同建立时间	易
劳动仲裁	单项选择题	劳动仲裁申请	易
试用期	单项选择题、多项选择题	不同固定年限劳动合同的试用期	易

本章内容在今年的考核中依旧位列“四大名捕”。考核的角度多样化，但绝大多数属于教材原文的直接引用，并无太多的干扰选项，因此考生在复习时应加强对原文的理解和记忆，同时切勿忽略带薪年休假、试用期、医疗期等大量时间性规定的记忆。

（三）命题特点

（1）注重基础，考核形式简单。今年《经济法基础》考试非常注重对基础的考查，客观题中 90% ~ 95% 都属于对基础性内容的考查。因此考生在学习时应加强基础知识的掌握，切勿找偏难怪的题目进行练习。

（2）考查细致、范围广。今年考核中很多平时并不太能引起考生关注的地方都有了命题点，幸运的是，其题目难度较易，不至于给多数考生带来困扰。因此，在机考的大趋势下，考生在学习时更应注意知识的全面掌握。

（3）重者恒重，从各章题型题量的分布可以看出，虽然今年新加了会计法律制度一章内容，但是在考核中对以往的大分章节并未有影响。像第三章、第四章、第五章、第八章，仍为重点考核章节。故考生在学习时，切勿过分关注新增章节，以免得不偿失。

三、2019 年学习规划

2018 年的初级职称考试已经结束，不管是否有遗憾，我们都要感谢曾经努力的自己，学习是一个不断提升自我的过程，我们要不断进取，不让过往成为遗憾，为此我们应有如下准备。

（一）制订属于自己的学习计划

凡事预则立不预则废。每个人应制订一份属于自己的切实可行的计划，并不断的坚持下去，相信到考试时，你会发现考试并不难，都在自己的坚持中！

（二）按时听课

大部分考生自己看书时往往是没有重点的，所以考生应及时的跟着中华会计网校的课程学习，对考核的重点做到了如指掌，非重要考点做到心中有数，试问这样的你考试如何不拿高分呢？

（三）熟悉机考

在考前一定要先熟悉一下机考环境，网校为您精心准备了免费的题库，让你身临其境感受考试氛围，提前进行模拟，这样在真正考试中就会放松心态，正常发挥！

我们只做一件事，就是助您梦想成真！

第一章　总论

第一节　法律基础★★

一、法的本质与特征

（一）法的本质

法是"统治阶级"的"国家意志"的体现，表现在：

（1）法只能是"统治阶级"意志的体现；

（2）法是由统治阶级的物质生活条件决定的，是社会客观需要的反映；

（3）法体现的是统治阶级的"整体意志和根本利益"，而不是统治阶级每个成员个人意志的简单相加；

（4）法体现的不是一般的统治阶级意志，而是统治阶级的"国家意志"。

（二）法的特征

（1）法具有"国家意志性"，是经过国家"制定"或者"认可"才得以形成的规范。

（2）法具有"国家强制性"，是凭借国家强制力的保证而获得普遍遵行的效力。

（3）法具有"利导性"，是确定人们在社会关系中的权利和义务的行为规范。

（4）法具有"规范性"，是明确而普遍适用的规范。

> **知识点拨**
>
> 法的"国家意志性"是法与其他人为形成的社会规范的主要区别之一。认可和制定是两种法的创制方式，其中，"认可"有两种情况：一种是国家立法者在制定法律时将已有的不成文的零散的社会规范系统化、条文化，使其上升为法律；另一种是立法者在法律中承认已有的社会规范具有法的效力，但却未将其转化为具体的法律规定，而是交由司法机关灵活掌握，如有关"从习惯"等规定。

二、法律关系

（一）法律关系概述

法律关系，是法律规范在调整社会关系的过程中所形成的人与人之间的权利和义务关系。受法律规范调整的，才属于法律关系；不受法律规范调整，而仅属于好意施惠（如"搭便车"、代为投递信件、为人指路、邀请参加吃饭、跳舞、旅游、看电影等）范畴的，不属于法律关系。

法律关系的构成要素包括主体、客体和内容，三个要素缺一不可。

法律事实与法律关系之间，是引起与被引起的逻辑关系。即法律事实是能够引起法律关系发生、变更或者消灭的原因；相应的，任何法律关系的产生、变更和消灭，均不可能自动发生，而均是由法律事实所致。例如，甲、乙之间的合同关系，不可能自动产生，而需要有甲、乙之间订立合同的民事法律事实。

（二）法律关系的要素

1. 法律关系的主体

法律关系的主体即法律关系的参加人，是指参加法律关系，依法享有权利和承担义务的当事人。法律关系的主体必须为两方或者多方。

（1）法律关系主体的种类

法律关系主体的种类如表1-1所示。

表 1–1　法律关系主体的种类

主体种类	具体范围
自然人	具有生命的个体的人，包括中国公民、外国公民、无国籍人、自然人性质的特殊主体（个体户、农户等）
机构和组织	（1）国家机关，包括国家立法机关、行政机关和司法机关
	（2）各种企业事业组织
	（3）各政党和社会团体
国家	在特定情况下，国家可以作为一个整体成为法律关系的主体

【例题 1 · 多选题】（2018 年）下列各项中，能够成为法律关系主体的有（　　）。

A. 甲市财政局

B. 大学生张某

C. 乙农民专业合作社

D. 智能机器人阿尔法

【解析】法律关系主体的种类：自然人、机构和组织、国家。因此，本题的正确选项是 ABC。

（2）法律关系的主体资格

法律关系的主体资格包括权利能力和行为能力两个方面。

① 权利能力。是指法律确认一定个人或组织享有一定权利、承担一定义务的资格。它是任何个人或组织参加法律关系的前提。

自然人的民事权利能力始于出生、终于死亡；法人的民事权利能力始于成立、终于消灭。

自然人的出生时间和死亡时间，以出生证明、死亡证明记载的时间为准；没有出生证明、死亡证明的，以户籍登记或者其他有效身份登记记载的时间为准。有其他证据足以推翻以上记载时间的，以该证据证明的时间为准。

知识点拨

自然人“出生时间”的认定规则：出生证明——户籍证明——其他证明。

自然人“死亡时间”的认定规则：死亡证明——户籍证明——其他证明。

② 行为能力。是指法律关系的主体能够以自己的行为行使权利和设定义务，并且能够对自己的违法行为承担法律责任的能力或资格。

自然人的民事行为能力，以其心智健全程度为基础。因此，根据自然人的心智健全程度，《中华人民共和国民法总则》（以下简称《民法总则》）将自然人的民事行为能力分为：完全民事行为能力、限制民事行为能力、无民事行为能力，如表 1-2 所示。

表 1–2　自然人民事行为能力的分类

民事行为能力类型	界定标准	
	年龄	认识判断能力
完全民事行为能力（年龄和认识判断能力之间是并列关系，即二者必须同时具备）	≥ 18 周岁 16 周岁以上不满 18 周岁但以自己的劳动收入为主要生活来源（$16 \leqslant X < 18$）	能辨认自己行为
限制民事行为能力（年龄和认识判断能力之间是选择关系，即二者具备其一即为限制民事行为能力人）	8 周岁 $\leqslant X <$ 18 周岁	不能完全辨认自己行为的“成年人”
无民事行为能力（年龄和认识判断能力之间是选择关系，即二者具备其一即为无民事行为能力人）	< 8 周岁	不能辨认自己行为的“成年人”

注：“以上”“以下”均包括本数，“超过”“不满”均不包括本数。

自然人的刑事责任能力以“年龄＋心智健全程度”为划分基础，分为三类：完全无刑事责任能力、限制刑事责任能力和完全刑事责任能力，如表 1-3 所示。

表 1-3　自然人刑事责任能力的分类

类型	界定标准		法律后果
	年龄	精神状态	
完全无刑事责任能力	＜14 周岁	完全丧失辨认或控制能力的精神病人	不负刑事责任
限制刑事责任能力	14 周岁≤X＜16 周岁	尚未完全丧失辨认或控制能力的精神病人	已满 14 周岁不满 16 周岁的人，犯故意杀人、故意伤害致人重伤或者死亡、强奸、抢劫、贩卖毒品、放火、爆炸、投放危险物质罪的，应当负刑事责任 间歇性精神病人在精神正常的时候犯罪，应当负刑事责任
完全刑事责任能力	≥16 周岁	精神正常	应当负刑事责任

知识点拨

对于已满14周岁不满18周岁的人犯罪的，应当从轻或者减轻处罚；已满75周岁的人故意犯罪的，可以从轻或者减轻处罚；尚未完全丧失辨认或控制能力的精神病人犯罪的，可以从轻或者减轻处罚；过失犯罪的，应当从轻或者减轻处罚。

【例题 2· 单选题】（2018 年）赵某，15 周岁，系甲省体操队专业运动员，月收入 3000 元，完全能够满足自己生活所需。下列关于赵某民事行为能力的表述中，正确的是（　　）。

A. 赵某视为完全民事行为能力人

B. 赵某属于完全民事行为能力人

C. 赵某属于限制民事行为能力人

D. 赵某属于无民事行为能力人

【解析】“视为完全民事行为能力人”应同时满足 2 个条件：（1）16 周岁以上（≥16 周岁）的未成年人；（2）以自己的劳动收入为主要生活来源。在本题中，赵某仅 15 周岁，仍属于限制民事行为能力人。因此，本题的正确选项是 C。

知识点拨

对自然人民事行为能力的判断主要看两个因素：一是年龄；二是认识判断能力。与肢体是否残疾、智力高低等无关。

2. **法律关系的客体**

法律关系的客体，是指法律关系主体的权利和义务所指向的对象。一般认为，法律关系的客体分为三类：物、非物质财富、行为，如表 1-4 所示。

表 1-4　法律关系的客体

客体的种类	具体内容
物	（1）自然物：土地、矿藏、水流、森林
	（2）人造物：建筑、机器、各种产品（计算机、电视、手机等）
	（3）货币及有价证券
	（4）可以是有体物，也可以是无体物，如天然气、电力
	（5）人身：与人体已经分离的毛发、血液、捐献的器官，为物（动产）；尚未与人体结合的假牙、义肢、义眼、心脏起搏器等，为物（动产）；固定于人身体中的假肢、义眼、假牙、心脏起搏器（不能自由拆卸）等，是身体的组成部分，不是物
非物质财富	（1）知识产品（智力成果）：如作品、发明、实用新型、外观设计以及商标
	（2）道德产品：如荣誉称号、嘉奖表彰
行为	包括作为和不作为，如生产经营行为，经济管理行为、完成一定工作的行为、提供一定劳务的行为

3. 法律关系的内容

权利和义务是法律关系的内容。权利，又称法律权利，是法律规定的法律关系的主体做出或者不做出某种行为，以及要求他人做出或者不做出某种行为的许可和保障。义务则是法律规定的义务人应该按照权利人的要求做出一定行为或不做出一定行为，以满足权利人的利益的约束。权利与义务作为构成法律关系内容的两个方面，是密切联系且不可分割的，没有无义务的权利，也没有无权利的义务。权利的行使依赖于义务的承担。

三、法律事实

法律事实，是指由法律规范所确定的，能够产生法律后果，即能够直接引起法律关系发生、变更或者消灭的情况。根据不同的标准，法律事实大体上可以分为两类：法律事件和法律行为。

（一）法律事件

法律事件，是指与人的意志无关，能够引起法律后果的客观现象。

（1）自然现象：又称绝对事件，如地震、海啸、洪水、台风、火灾、出生、死亡。

（2）社会现象：又称相对事件，如罢工、战争、重大政策的改变。

（二）法律行为

法律行为，是指以法律关系主体意志为转移，能够引起法律后果，即引起法律关系发生、变更和消灭的人们有意识的活动。它是引起法律关系发生、变更和消灭的最普遍的法律事实。法律行为的分类如表 1-5 所示。

表 1-5 法律行为的分类

分类标准	具体类型	代表行为
行为是否合法	合法行为与违法行为	—
行为的不同表现形式	积极行为与消极行为	—
行为是否通过意思表示做出	表示行为	合同行为
	非表示行为（事实行为）	拾得遗失物、发现埋藏物、侵权、创作等行为
根据主体意思表示的形式	单方行为	遗嘱、行政命令
	多方行为	合同行为
行为是否需要特定形式或实质要件	要式行为	抵押合同、质押合同、定金合同等
	非要式行为	—
主体实际参与的行为的状态	自主行为与代理行为	—

知识点拨

区别“法律事件”与“法律行为”的关键点是：是否以人的意志为转移。

【例题 3 · 单选题】（2018 年）下列各项中，属于法律行为的是（ ）。

A. 爆发战争　　B. 发生地震

C. 签订合同　　D. 瓜熟蒂落

【解析】选项 ABD 属于法律事件。因此，正确答案是选择 C。

四、法的形式和分类

（一）法的形式

法的形式，亦称法的渊源，指法的存在或表现形式。

1. 我国法的主要形式

我国法的形式如表 1-6 所示。

表 1-6 法的形式

形式		制定机关	名称规律
宪法		全国人民代表大会	—
法律	基本法律	全国人民代表大会	××法

续表

形式		制定机关	名称规律
法律	一般法律	全国人民代表大会常务委员会	×× 法
法规	行政法规	国务院	×× 条例
	地方性法规	省、自治区、直辖市、设区的市、自治州的人民代表大会及其常务委员会	×× 地方 ×× 条例
规章	部门规章	国务院所属部委及直属机构	×× 办法 ×× 条例实施细则
	地方政府规章	省、自治区、直辖市、设区的市、自治州的人民政府	×× 地方 ×× 办法
民族自治条例、单行条例		民族自治地方的人民代表大会	—
特别行政区的法	特别行政区基本法	全国人民代表大会	—
	特别行政区规范性文件	由特别行政区立法机关制定，报全国人民代表大会常务委员会备案	—
国际条约		国家之间	—
效力排序		宪法＞法律＞行政法规＞地方性法规＞同级地方政府规章	

知识点拨

我国不适用判例制度，最高人民法院所做的判决书可弥补制定法的不足，为法官适用制定法解决具体案件提供帮助，但不能作为法的形式。

【例题4·判断题】（2018年）国务院制定和发布的规范性文件都是法律。（　　）

【解析】国务院在法定职权范围内为实施宪法和法律而制定、发布的规范性文件属于“行政法规”。因此，本题的说法是错误的。

2. 适用法的效力原则

根据《中华人民共和国立法法》的规定，不同形式的规范性法律文件之间是有效力等级和位阶划分的，在适用时有不同的效力。当不同的法的渊源的效力发生冲突时，应按如下原则进行解决。

（1）不同位阶的法的渊源之间的冲突原则。包括宪法至上原则、法律高于法规原则、法规高于规章原则、行政法规高于地方性法规原则。

（2）同一位阶的法的渊源之间的冲突原则。包括全国性法律优先原则、特别法优先原则、后法优先或新法优先原则、实体法优先原则、国际法优先原则，省、自治区的人民政府制定的规章的效力高于本行政区域内的设区的市、自治州的人民政府制定的规章。

（3）位阶交叉的法的渊源之间的冲突原则。

① 同一机关制定的新的一般规定与旧的特别规定不一致时，由制定机关裁决。

② 地方性法规与部门规章之间对同一事项的规定不一致，不能确定如何适用时，由国务院提出意见，国务院认为应当适用地方性法规的，应当决定在该地方适用地方性法规的规定；认为应当适用部门规章的，应当提请全国人民代表大会常务委员会裁决。

③ 部门规章之间、部门规章与地方政府规章之间对同一事项的规定不一致时，由国务院裁决。

④ 根据授权制定的法规与法律规定不一致，不能确定如何适用时，由全国人民代表大会常务委员会裁决。

【例题5·多选题】（2017年）下列关于规范性法律文件适用原则的表述中，正确的有（　　）。

A. 行政法规之间对同一事项的新的一般规定与旧的特别规定不一致，不能确定如何适用时，由国务院裁决

B. 根据授权制定的法规与法律不一

致，不能确定如何适用时，由全国人民代表大会常务委员会裁决

C. 部门规章与地方政府规章之间对同一事项的规定不一致时，由国务院裁决

D. 法律之间对同一事项的新的一般规定与旧的特别规定不一致，不能确定如何适用时，由全国人民代表大会常务委员会裁决

【解析】本题四个选项的说法都是正确的。因此，本题的正确答案是ABCD。

（二）法的分类

根据不同的标准，可以对法进行不同的分类（见表1-7）。对法进行分类有助于分析不同种类法的各自不同特点，区分不同种类法之间的边界，从而使我们更加深入具体地分析不同法的具体内容。

表1-7 法的分类

划分标准	法的分类
根据法的创制方式和发布形式划分	成文法和不成文法
根据法的内容、效力和制定程序划分	根本法和普通法
根据法的内容划分	实体法和程序法
根据法的空间效力、时间效力或对人的效力划分	一般法和特别法
根据法的主体、调整对象和渊源划分	国际法和国内法
根据法律运用的目的划分	公法和私法

第二节 经济纠纷的解决途径★★★

一、经济纠纷的解决途径概述

在我国，解决经济纠纷的途径主要有仲裁、民事诉讼、行政复议和行政诉讼。

（一）横向关系与纵向关系

仲裁与民事诉讼是解决横向关系经济纠纷（作为平等民事主体之间发生的经济纠纷）的途径；行政复议与行政诉讼是解决纵向关系经济纠纷（行政争议）的途径。

知识点拨

“民告民”属于民事纠纷，解决途径可为仲裁或民事诉讼；“民告官”属于行政争议，解决途径为申请行政复议或提起行政诉讼，选择哪种方式与纠纷的性质有关。

（二）仲裁与民事诉讼之间的关系

1. 或裁或审

（1）选择仲裁还是民事诉讼，由当事人自主决定。当事人选择采用仲裁方式解决纠纷的，应当双方自愿，并达成仲裁协议。存在有效的仲裁协议，是申请仲裁的前提，没有仲裁协议，一方申请仲裁的，仲裁委员会不予受理（仲裁自愿原则）。

（2）有效的仲裁协议可以排除法院的管辖权，只有在没有仲裁协议或者仲裁协议无效，或者当事人放弃仲裁协议的情况下，法院才可以行使管辖权（或裁或审原则）。

（3）当事人达成仲裁协议，一方向人民法院起诉未声明有仲裁协议（“装傻”），人民法院受理后，另一方在首次开庭前提交仲裁协议的，人民法院应当驳回起诉，但仲裁协议无效的除外；另一方在首次开庭前未对人民法院受理该案提出异议的（“也装傻”），视为放弃仲裁协议，人民法院应当继续审理。

2. 裁后不能再裁或再诉

仲裁裁决具有终局性，仲裁实行一裁终局的制度，即仲裁庭做出的仲裁裁决为终局裁决。裁决做出后，当事人就同一纠纷再申请仲裁或者向人民法院起诉的，仲裁委员会或者人民法院不予受理。如果一方当事人不主动履行裁决，另一方当事人有权要求法院予以强制执行（一裁终局原则）。

【例题6·单选题】（2015年）甲公司长期拖欠乙公司货款，双方发生纠纷，期间一直未约定纠纷的解决方式，为解决该纠纷，

乙公司可选择的法律途径是（　　）。

A. 提起行政诉讼　　B. 提请仲裁

C. 提起民事诉讼　　D. 申请行政复议

【解析】（1）货款纠纷属于民事纠纷，排除选项AD；（2）当事人之间一直未约定纠纷解决方式（说明当事人之间不存在仲裁协议），排除选项B。因此，本题的正确答案是C。

二、仲裁

（一）仲裁的适用范围

1. 可提请仲裁的范围

根据《中华人民共和国仲裁法》（以下简称《仲裁法》）第2条的规定，平等主体的公民、法人和其他组织之间发生的合同纠纷和其他财产权益纠纷，可以仲裁。

2. 不可提请仲裁的范围

（1）下列纠纷不能提请仲裁。

① 关于婚姻、收养、监护、扶养、继承等与人身有关的纠纷；

② 依法应当由行政机关处理的行政争议。

例如，甲与乙是夫妻，结婚1年内，两人经常因家庭琐事发生争吵，打算解除婚姻关系。本案不能通过仲裁解决，因为只有财产权益纠纷才能仲裁，而本案涉及身份关系纠纷，不能通过仲裁解决。

（2）下列纠纷可提请仲裁，但不适用《仲裁法》的规定进行仲裁。

① 劳动争议。

② 农业集体经济组织内部的农业承包合同纠纷。

知识点拨

劳动争议和农业承包合同纠纷可以仲裁，只是不受《仲裁法》调整而已。劳动争议仲裁适用《中华人民共和国劳动争议调解仲裁法》；农业承包合同纠纷仲裁适用《中华人民共和国农村土地承包经营纠纷调解仲裁法》。做题时切记审清题意，看清是要求选“不能提请仲裁”的选项，还是“不适用《仲裁法》”的选项。

例如，宋某是甲公司销售部的一名员工，因加班费问题与甲公司发生纠纷，本案不能通过我们通常所说的仲裁程序解决。我国通常所说的仲裁，指的是商事仲裁。宋某与甲公司之间的纠纷属于劳动纠纷，可通过《中华人民共和国劳动争议调解仲裁法》规定的劳动仲裁程序解决，但不能通过商事仲裁程序解决。

（二）仲裁的基本原则

（1）自愿原则，即当事人采取仲裁方式解决纠纷，应当双方自愿，达成仲裁协议。没有仲裁协议，一方申请仲裁的，仲裁委员会不予受理。

（2）依据事实和法律，公平合理地解决纠纷的原则，即仲裁要坚持以事实为依据，以法律为准绳的原则，在法律没有规定或者规定不完备的情况下，仲裁庭可以按照公平合理的一般原则来解决纠纷。

（3）独立仲裁原则，即仲裁机关不依附于任何机关而独立存在，仲裁依法独立进行，不受任何行政机关、社会团体和个人的干涉。

（4）一裁终局原则，仲裁实行一裁终局的制度，即仲裁庭做出的仲裁裁决为终局裁决。裁决做出后，当事人就同一纠纷再申请仲裁或者向人民法院起诉的，仲裁委员会或者人民法院不予受理。

（三）仲裁机构

仲裁机构即仲裁委员会，不按行政区划层层设立，其独立于行政机关，与行政机关没有隶属关系，仲裁委员会之间也没有隶属关系。

仲裁委员会由主任1人、副主任2～4人和委员7～11人组成。仲裁委员会的主任、副主任和委员由法律、经济贸易专家和有实际工作经验的人员担任。仲裁委员会的组成人员中，法律、经济贸易专家的人数不得少于总人数的2/3。

（四）仲裁协议

1. 仲裁协议的形式

（1）仲裁协议应以书面形式订立，口头形式无效。

（2）既可以是独立的仲裁协议，也可以是附在合同中的仲裁条款；既可以事前达成协议，也可以事后达成协议。

2. 仲裁协议的内容

根据《仲裁法》第16条第2款的规定，仲裁协议应当具有下列内容。

（1）请求仲裁的意思表示。

（2）仲裁事项。

（3）选定的仲裁委员会。

仲裁协议对仲裁事项或者仲裁委员会没有约定或者约定不明确的，当事人可以补充协议；达不成补充协议的，仲裁协议无效。

例如，甲公司与乙公司订立买卖合同，双方在买卖合同中同时约定：买卖合同发生的一切争议，由北京仲裁委员会仲裁。①本案中的仲裁协议，实际上是通过合同中的仲裁条款订立的。②有请求仲裁的共同意思表示。③仲裁事项是买卖合同发生的一切争议。如果事后双方围绕买卖合同是否违约发生争议，或者围绕买卖合同是否成立、生效发生争议，这些争议均属于仲裁事项。④双方选定的仲裁委员会是北京仲裁委员会。

3. 仲裁协议的效力

（1）仲裁协议独立存在，合同的变更、解除、终止或者无效不影响仲裁协议的效力。

（2）当事人对仲裁协议的效力有异议的，可以请求仲裁委员会做出决定或者请求法院做出裁定。一方请求仲裁委员会做出决定，另一方请求法院做出裁定的，由法院裁定。

当事人对仲裁协议的效力有异议，应当在仲裁庭“首次开庭前”提出。

（3）当事人达成仲裁协议，一方向法院起诉未声明有仲裁协议，法院受理后，另一方在“首次开庭前”提交仲裁协议的，法院应当驳回起诉，但仲裁协议无效的除外；另一方在“首次开庭前”未对法院受理该案提出异议，视为放弃仲裁协议，法院应当继续审理。

知识点拨

仲裁协议的效力有争议时，无论是找法院确认，还是找仲裁委员会处理，都有截止时间——仲裁庭首次开庭前。如果在这个时间之前未提出对仲裁协议效力有异议，一旦仲裁委员会做出裁决，当事人不得再对仲裁协议的效力提出异议，也不得基于仲裁协议效力问题否认仲裁裁决的效力。

【例题7·多选题】（2018年）下列纠纷中，当事人可以提请仲裁的有（　　）。

A. 王某和赵某的继承纠纷

B. 张某与丙公司的商品房买卖纠纷

C. 甲公司与乙公司的货物保管纠纷

D. 孙某和李某的离婚纠纷

【解析】选项AD：婚姻、收养、监护、扶养和继承纠纷，不能提请仲裁。因此，选项BC正确。

（五）仲裁程序

1. 仲裁管辖

仲裁不实行级别管辖和地域管辖，仲裁委员会应当由当事人协议选定。

2. 仲裁庭的组成

（1）仲裁庭的组成形式

仲裁庭的组成形式有两种：合议制仲裁庭与独任制仲裁庭。

① 合议制仲裁庭，由3名仲裁员组成，设首席仲裁员。

② 独任制仲裁庭，由1名仲裁员组成。

（2）合议制仲裁庭的组成

具有2名普通仲裁员。确定普通仲裁员的具体方法有以下三种。

① 由双方当事人各自选定1名仲裁员。

② 由双方当事人各自委托仲裁委员会主任指定1名仲裁员。

③ 双方当事人没有在仲裁规则规定的期限内选定仲裁员的，由仲裁委员会主任指定。

具有首席仲裁员。确定首席仲裁员的具体方法有以下三种。

① 由双方当事人共同选定。

② 由双方当事人共同委托仲裁委员会主任指定。

③ 双方当事人没有在仲裁规则规定的期限内选定首席仲裁员的，由仲裁委员会主任指定首席仲裁员。

（3）独任制仲裁庭的组成

独任制仲裁庭由1名仲裁员组成，独任制仲裁员的确定方法有以下三种。

① 由双方当事人共同选定；

② 由双方当事人共同委托仲裁委员会主任指定；

③ 双方当事人没有在仲裁规则规定的期限内选定的，由仲裁委员会主任指定。

知识点拨

3名仲裁员不能全部皆由双方当事人共同选定。

例如，甲公司与乙公司在履行合同过程中发生了纠纷。按照合同中的仲裁条款，甲公司向北京仲裁委员会提交了仲裁申请。该仲裁庭的组成方式可以是：①由双方当事人各自选定1名仲裁员，第3名仲裁员由当事人双方共同选定。②双方当事人各自选定1名仲裁员，第3名仲裁员由当事人双方共同委托仲裁委员会主任指定。③3名仲裁员皆由双方当事人委托仲裁委员会主任指定。

3. 仲裁员回避的法定情形

（1）是本案当事人，或者当事人、代理人的近亲属。

（2）与本案有利害关系。

（3）与本案当事人、代理人有其他关系，可能影响公正仲裁的。

（4）私自会见当事人、代理人，或者接受当事人、代理人请客送礼的。

4. 仲裁审理

（1）仲裁不公开进行；当事人协议公开的，可以公开进行，但涉及国家秘密的除外。

（2）仲裁应当开庭进行；当事人协议不开庭的，仲裁庭可以根据仲裁申请书、答辩书以及其他材料做出裁决。

5. 仲裁和解

（1）当事人申请仲裁后，可以自行和解。达成和解协议的，可以请求仲裁庭根据和解协议做出裁决书，也可以撤回仲裁申请。

（2）当事人达成和解协议，撤回仲裁申请后反悔的，可以根据仲裁协议申请仲裁。

6. 仲裁调解

（1）仲裁庭在做出裁决前，可以先行调解。当事人自愿调解的，仲裁庭应当调解。调解不成的，应当及时做出裁决。

（2）仲裁中调解达成协议的，仲裁庭应当制作调解书或者根据调解协议的结果制作裁决书。

（3）调解书经双方当事人签收后发生法律效力，调解书与裁决书具有同等法律效力。

知识点拨

在仲裁中，双方当事人可请求仲裁庭主持调解，调解不成的，仲裁庭应当及时做出裁决。调解后达成调解协议的，仲裁庭不能直接通过调解协议结案，一定要变成法定的文书——调解书或者裁决书。选择让仲裁庭制作调解书的，该调解书需经双方当事人签收后才能发生法律效力；选择让仲裁庭根据调解协议结果制作裁决书的，裁决书制作完成后即发生法律效力。

7. 仲裁裁决

（1）实行少数服从多数的原则。

（2）不能形成多数意见时，裁决应当按照首席仲裁员的意见做出。

（3）裁决书自做出之日起发生法律效力。

【例题8·多选题】（2018年）下列仲裁员中，必须回避审理案件的有（　　）。

A. 仲裁员李某，是案件当事人的股东

B. 仲裁员张某，是案件当事人的配偶

C. 仲裁员王某，是案件争议所属区域的专家

D. 仲裁员赵某，是案件代理律师的父亲

【解析】选项A，仲裁员与本案有利害关系；选项BD，仲裁员是本案当事人、代理人的近亲属；上述情形仲裁员必须回避审理案件。因此，本题的正确答案是ABD。

三、民事诉讼

（一）民事诉讼的适用范围

适用《中华人民共和国民事诉讼法》审理的案件有以下五类。

（1）因民法、婚姻法、收养法、继承法等民事实体法调整的平等主体之间的财产关系和人身关系发生的民事案件，如房产纠纷、合同纠纷案件，侵害名誉权、肖像权等案件。

（2）因经济法、劳动法调整的社会关系发生的争议，法律规定适用民事诉讼程序审

理的案件，如劳动合同纠纷等。

（3）适用特别程序审理的选民资格案件和宣告公民失踪、死亡等非讼案件。

（4）按照督促程序解决的债务案件。

（5）按照公示催告程序解决的宣告票据和有关事项无效的案件。

（二）审判制度

1. 合议制度

（1）合议制下，由 3 名以上审判人员组成合议庭；

（2）独任制下，由 1 名审判员独立审判。

知识点拨

“审判人员”包括审判员和陪审员。合议庭的组成方式有两种：（1）可以由陪审员与审判员组成；（2）也可以由审判员组成。独任制下，只能由审判员独任审理，而不能由陪审员独任审理。做题时注意审题、区分。

2. 回避制度

回避制度如表 1-8 所示。

表 1–8 回避制度

<table>
<tr><th colspan="2">项目</th><th>具体内容</th></tr>
<tr><td colspan="2">适用对象</td><td>审判人员、书记员、执行员、翻译人员、鉴定人员、勘验人员</td></tr>
<tr><td colspan="2">回避方式</td><td>（1）自行回避；
（2）申请回避；
（3）决定回避</td></tr>
<tr><td rowspan="2">回避的法定事由</td><td>自行回避或申请回避的事由</td><td>（1）是本案当事人或者当事人近亲属的；
（2）本人或者其近亲属与本案有利害关系的；
（3）担任过本案的证人、鉴定人、辩护人、诉讼代理人、翻译人员的；
（4）是本案诉讼代理人近亲属的；
（5）本人或者其近亲属持有本案非上市公司当事人的股份或者股权的；
（6）与本案当事人或者诉讼代理人有其他利害关系，可能影响公正审理的</td></tr>
<tr><td>当事人申请回避的事由</td><td>（1）接受本案当事人及其受托人宴请，或者参加由其支付费用的活动的；
（2）索取、接受本案当事人及其受托人财物或者其他利益的；
（3）违反规定会见本案当事人、诉讼代理人的；
（4）为本案当事人推荐、介绍诉讼代理人，或者为律师、其他人员介绍代理本案的；
（5）向本案当事人及其受托人借用款物的；
（6）有其他不正当行为，可能影响公正审理的</td></tr>
</table>

知识点拨

首先，应当注意证人具有不可替代性，不需要回避；其次，回避的适用对象之一“审判人员”，包括参与本案审理的人民法院院长、副院长、审判委员会委员、庭长、副庭长、审判员、助理审判员和人民陪审员。

3. 公开审判制度

公开审判制度，是指人民法院在审判活动中，除合议庭评议案件外，应当依法向社会公开的制度。其中，公开审判的例外如表 1-9 所示。

表 1–9 公开审判的例外

公开审判的例外	具体案件类型
一律不公开审理的案件	（1）涉及国家秘密的案件； （2）涉及个人隐私的案件； （3）法律另有规定的案件
经当事人申请才不公开审理的案件	（1）离婚案件； （2）涉及商业秘密的案件

不论案件是否公开审理，一律公开宣告判决。

4. 两审终审制度

（1）一般情况

① 两审终审制度，是指一个民事案件经过两级人民法院审判后即终结的制度。

② 当事人不服地方人民法院第一审民事判决的，有权自判决书“送达之日起15日内”，向上一级人民法院提起上诉。

③ 当事人不服地方人民法院第一审民事裁定的，有权自裁定书“送达之日起10日内”，向上一级人民法院提起上诉。

④ 当事人在上诉期内没有上诉的，过了上诉期，该第一审民事裁判发生法律效力。

⑤ 当事人在上诉期内提起上诉的，启动二审程序，二审法院做出的裁判为终审裁判。

（2）特殊情况

根据《中华人民共和国民事诉讼法》（以下简称《民事诉讼法》）及其有关规定，对下列民事案件实行一审终审制度。

① 最高人民法院作为一审法院审理的案件；

② 适用特别程序、督促程序、公示催告程序、破产还债程序审理的案件；

③ 适用简易程序中的小额诉讼程序审理的案件。

（三）诉讼管辖

1. 级别管辖

级别管辖，是指按照一定的标准，划分上下级法院之间受理第一审民事案件的分工和权限。我国《民事诉讼法》是根据案件的性质、繁简程度和案件影响的大小来确定级别管辖的。大多数民事案件均归基层人民法院管辖。

2. 地域管辖

（1）一般地域管辖

①“原告就被告”。

除另有规定外，民事诉讼实行“原告就被告”原则，即由被告住所地人民法院管辖，被告住所地与经常居住地不一致时，由经常居住地人民法院管辖。

②“被告就原告”。

下列特殊案件由原告住所地法院管辖：

a. 对不在中华人民共和国领域内居住的人提起的有关身份关系的诉讼；

b. 对下落不明或者宣告失踪的人提起的有关身份关系的诉讼；

c. 对被采取强制性教育措施的人提起的诉讼；

d. 对被监禁的人提起的诉讼。

（2）特殊地域管辖

民事诉讼中有关特殊地域管辖的相关规定如表 1-10 所示。

表 1-10 特殊地域管辖

案件类型		管辖法院
合同纠纷		由被告住所地或者合同履行地法院管辖
保险合同纠纷	财产保险合同纠纷	由被告住所地或者保险标的物所在地法院管辖。保险标的物是运输工具或者运输中的货物，可以由运输工具登记注册地、运输目的地、保险事故发生地法院管辖
	人身保险合同纠纷	由被告住所地或者被保险人住所地法院管辖
票据纠纷		由票据支付地或者被告住所地法院管辖
公司设立、确认股东资格、分配利润、解散等纠纷		由公司住所地法院管辖
铁路、公路、水上、航空运输和联合运输合同纠纷		由运输始发地、目的地或者被告住所地法院管辖
侵权纠纷		由侵权行为地（包括侵权行为实施地、侵权结果发生地）或者被告住所地法院管辖

案件类型	管辖法院
铁路、公路、水上和航空事故请求损害赔偿纠纷	由事故发生地或者车辆、船舶最先到达地，航空器最先降落地或者被告住所地法院管辖
船舶碰撞或者其他海事损害事故请求赔偿纠纷	由碰撞发生地、碰撞船舶最先到达地、加害船舶被扣留地或者被告住所地法院管辖
海难救助费用纠纷	由救助地或者被救助船舶最先到达地法院管辖
共同海损纠纷	由船舶最先到达地、共同海损理算地或者航程终止地的法院管辖

（3）专属管辖

我国民事诉讼法规定的属于专属管辖的诉讼有以下三类。

① 因不动产纠纷提起的诉讼，由不动产所在地法院管辖。

② 因港口作业中发生纠纷提起的诉讼，由港口所在地法院管辖。

③ 因继承遗产纠纷提起的诉讼，由被继承人死亡时住所地或者主要遗产所在地法院管辖。

知识点拨

① 不动产所在地的确定规则：不动产已登记的，以不动产登记簿记载的所在地为不动产所在地；不动产未登记的，以不动产实际所在地为不动产所在地。

② 按照不动产纠纷发生地确定管辖的合同纠纷包括：农村土地承包经营合同纠纷；房屋租赁合同纠纷；建设工程施工合同纠纷；政策性房屋买卖合同纠纷。

（4）协议管辖

协议管辖只适用于合同纠纷或其他财产权益的纠纷，涉及当事人身份关系的民事纠纷不得协议管辖。

法律规定的可供当事人选择的法院有原告住所地、被告住所地、合同签订地、合同履行地、标的物所在地的法院等与争议有实际联系的地点的人民法院。管辖协议约定由两个以上与争议有实际联系的地点的人民法院管辖，原告可以向其中一个人民法院起诉。

当事人选择法院时，不得违反级别管辖和专属管辖的规定。

知识点拨

管辖协议只能为书面合同形式，不能为口头形式。既协议管辖，又协议仲裁的，仲裁无效，但管辖协议有效。

管辖问题的解题思路：专属管辖＞协议管辖＞特殊地域管辖＞一般地域管辖

（5）共同管辖

两个以上法院都有管辖权的，原告可以向其中一个法院起诉；原告向两个以上有管辖权的法院起诉的，由最先立案的法院管辖。

【例题 9 · 多选题】（2015 年）根据民事诉讼法律制度的规定，下列法院中，对因票据纠纷享有管辖权的人民法院有（　　）。

A. 出票人所在地人民法院

B. 持票人所在地人民法院

C. 票据支付地人民法院

D. 被告住所地的人民法院

【解析】票据纠纷，由票据支付地或者被告住所地法院管辖。因此，本题的正确答案是 CD。

（四）诉讼时效

1. 诉讼时效期间的具体规定

（1）普通诉讼时效期间为 3 年，自权利人知道或者应当知道权利受到损害以及义务人之日起计算。

（2）最长诉讼时效期间为 20 年，自权利受到损害之日起超过 20 年的，人民法院不予保护；有特殊情况的，人民法院可以根据权利人的申请决定延长。

【例题 10 · 单选题】（2018 年）根据《民法总则》的规定，向人民法院请求保护民事权利的诉讼时效期间为（　　），法律另有规定的，依照其规定。

A. 1年　　B. 2年

C. 3年　　D. 5年

【解析】普通诉讼时效期间为3年，自权利人知道或者应当知道权利受到损害以及义务人之日起计算。因此，本题的正确答案是C。

2. 诉讼时效期间的中止

（1）诉讼时效的中止事由

诉讼时效的中止事由，即权利人不能行使权利的客观障碍，具体如下：

① 不可抗力；

② 无民事行为能力人或者限制民事行为能力人没有法定代理人，或者法定代理人死亡、丧失民事行为能力、丧失代理权；

③ 继承开始后未确定继承人或者遗产管理人；

④ 权利人被义务人或者其他人控制；

⑤ 其他导致权利人不能行使请求权的障碍。

（2）诉讼时效发生中止的时间

诉讼时效的中止事由并不一定会导致诉讼时效的中止，只有当中止事由的影响存在于诉讼时效期间的最后6个月时，才会发生诉讼时效中止的法律效果。因此，中止事由与诉讼时效期间的最后6个月的结合方式，共有以下两种。

① 中止事由发生于诉讼时效的最后6个月之前，其影响持续到最后6个月之内。此时，诉讼时效中止时间的计算方法是：诉讼时效的中止时间是最后6个月的第一天；待中止事由消除后，诉讼时效还剩6个月时间，权利人应当在此期间内主张权利。

例如，2016年12月31日，甲欠乙的债务到期，乙一直未向甲主张权利。2019年4月1日，乙住所地发生地震，导致乙无法主张权利，该影响一直持续到2019年8月31日。此种情况下，诉讼时效于2019年7月1日中止，地震影响消除后，乙还有6个月时间主张权利。

② 中止事由发生于诉讼时效的最后6个月之内。此时，诉讼时效中止时间的计算方法是：诉讼时效的中止时间是中止事由的发生时间；待中止事由消除后，权利人应当在剩余的诉讼时效期间主张权利。

例如，2016年12月31日，甲欠乙的债务到期，乙一直未向甲主张权利。2019年9月30日，乙住所地发生地震，导致乙无法主张权利。此种情况下，诉讼时效于2019年10月1日中止，地震影响消除后，乙还有3个月时间主张权利。

知识点拨

（1）中止事由发生于诉讼时效的最后6个月，何时结合，何时中止。

（2）中止事由的影响消除后，自诉讼时效中止的时间到诉讼时效期满的时间，剩多少，补多少。

3. 诉讼时效期间的中断

诉讼时效期间的中断，是指因权利人不行使权利的状态被打破，经过的诉讼时效归于无效，诉讼时效重新计算的法律制度。诉讼时效中断的法定事由如下：

（1）权利人向义务人提出履行请求；

（2）义务人同意履行义务；

（3）权利人提起诉讼或者申请仲裁；

（4）与提起诉讼或者申请仲裁具有同等效力的其他情形。

知识点拨

（1）作为诉讼时效的中断事由，权利人请求行为为单方行为，即只要债权人实施了请求行为，就可导致诉讼时效的中断。至于债务人对债权人请求的反应如何，是否承认债务人的存在、是否同意履行债务，均不会影响诉讼时效中断的效果。

（2）“债务人同意”的本质，在于“重申”，即只要债务人以任何方式表明债务存在的事实，即“重申债务”，就可引起诉讼时效的中断，而无须拘泥于债务人做出“同意”履行的表示。

4. 诉讼时效期间的延长

诉讼时效期间的延长是指因特殊情况，法院对已经完成的诉讼时效期间给予伸展。诉讼时效期间的延长只适用于诉讼时效期间已经完成的情形。

（五）判决和执行

1. 判决

法院审理民事案件，除涉及国家秘密、个人隐私或者法律另有规定的以外，应当公开进行。公开审理案件，应当在开庭前公告当事人姓名、案由和开庭的时间、地点，以便群众旁听。公开审判包括审判过程公开和审判结果公开两项内容。不论案件是否公开审理，一律公开宣告判决。法院审理民事案件可以根据当事人的意愿进行调解。适用特别程序、督促程序、公示催告程序的案件，婚姻等身份关系确认案件以及其他根据案件性质不能调解的案件不得调解。

当事人不服地方人民法院第一审判决的，有权在判决书送达之日起 15 日内向上一级法院提起上诉。第二审人民法院的判决是终审判决，对其不服不能上诉，只能申请再审。

2. 执行

当事人拒绝履行已经发生法律效力的判决、裁定、调解书和其他应当履行的法律文书时，对方当事人可以向人民法院的执行组织申请执行，强制义务人履行义务。

四、行政复议

（一）行政复议范围

1. 可以申请行政复议的事项

当事人“认为”行政机关的“具体”行政行为侵犯了其合法权益，“符合《中华人民共和国行政复议法》规定的受案范围的”，可以申请行政复议。

行政相对人或利害关系人对行政机关的抽象行政行为不能直接申请行政复议，但其认为行政机关的具体行政行为所依据的规定不合法，在对具体行政行为申请行政复议时，可以“一并”向行政复议机关提出对该规定的附带性审查。可以“一并”附带性审查的规范性文件仅限于各种“规定”，不包括国务院部委和地方人民政府“规章”，对规章的审查依照法律、行政法规办理。

行政复议的受案范围如表 1-11 所示。

表 1-11　行政复议的受案范围

	行为种类	方式	具体事项
可以申请行政复议的事项	具体行政行为（11 项）	作为方式	（1）对行政机关做出的警告、罚款、没收违法所得、没收非法财物、责令停产停业、暂扣或者吊销许可证、暂扣或者吊销执照、行政拘留等行政处罚决定不服的； （2）对行政机关做出的限制人身自由或者查封、扣押、冻结财产等行政强制措施决定不服的； （3）对行政机关做出的有关许可证、执照、资质证、资格证等证书变更、中止、撤销的决定不服的； （4）对行政机关做出的关于确认土地、矿藏、水流、森林、山岭、草原、荒地、滩涂、海域等自然资源的所有权或者使用权的决定不服的； （5）认为行政机关侵犯合法的经营自主权的； （6）认为行政机关变更或者废止农业承包合同，侵犯其合法权益的； （7）认为行政机关违法集资、征收财物、摊派费用或者违法要求履行其他义务的
		不作为方式	（1）认为符合法定条件，申请行政机关颁发许可证、执照、资质证、资格证等证书，或者申请行政机关审批、登记有关事项，行政机关没有依法办理的； （2）申请行政机关履行保护人身权利、财产权利、受教育权利的法定职责，行政机关没有依法履行的； （3）申请行政机关依法发放抚恤金、社会保险金或者最低生活保障费，行政机关没有依法发放的
		其他	认为行政机关的其他具体行政行为侵犯其合法权益的
	抽象行政行为		可以一并向行政复议机关提出附带性审查申请的规定包括： （1）国务院部门的规定； （2）县级以上地方各级人民政府及其工作部门的规定； （3）乡、镇人民政府的规定

知识点拨

行政复议可以附带审查具体行政行为所依据的部分抽象行政行为，但行政相对人在行政复议中一并提出附带审查申请，必须同时满足以下几个条件。

（1）必须对具体行政行为申请行政复议。

（2）时间上要求同时提出或者在行政复议机关做出行政复议决定前提出。

（3）要求附带审查的必须是行政规范性文件，不能是规章。

（4）被要求附带审查的行政规定，是被申请行政复议具体行政行为的规范依据。

（5）附带审查的内容仅限于该行政规定的合法性。

2. 行政复议的排除事项

（1）行政机关的工作人员不服行政机关做出的行政处分或者其他人事处理决定的，应依照有关法律、行政法规的规定提出申诉。

（2）相对人不服行政机关对民事纠纷的调解或者其他处理（如行政裁决、行政仲裁）的，应依法申请仲裁或者向人民法院提起民事诉讼。

【例题 11·单选题】（2017 年）下列各项中，属于行政复议范围的是（　　）。

A. 因赵某对工商局暂扣其营业执照的决定不服而引起的纠纷

B. 因王某对税务局将其调职到其他单位的决定不服而引起的纠纷

C. 因张某对交通局解除劳动合同的决定不服而引起的纠纷

D. 因李某对环保局给予其撤职处分决定不服而引起的纠纷

【解析】（1）选项 BD：属于内部行政行为，不能申请行政复议，也不能提起行政诉讼；（2）选项 C：劳动合同纠纷属于民事纠纷，不适用行政复议。因此，本题的正确答案是 A。

（二）行政复议申请和受理

行政复议申请和受理如表 1-12 所示。

表 1-12　行政复议申请和受理

程序	项目	具体内容
行政复议申请	申请期限	60 日，自知道该具体行政行为之日起计算，但是法律规定的申请期限超过 60 日的除外
		因不可抗力或者其他正当理由耽误法定申请期限的，申请期限自障碍消除之日起继续计算
	申请方式	可以书面申请，也可以口头申请
	不得申请的情况	公民、法人或者其他组织向人民法院提起行政诉讼，人民法院已经依法受理的，不得申请行政复议
行政复议受理	受理费用	行政复议机关受理行政复议申请，不得向申请人收取任何费用
	受理后的效力	行政复议期间具体行政行为不停止执行，但是有下列情形之一的，可以停止执行。 （1）被申请人认为需要停止执行的。 （2）行政复议机关认为需要停止执行的。 （3）申请人申请停止执行，行政复议机关认为其要求合理，决定停止执行的。 （4）法律规定停止执行的

（三）行政复议参加人

行政复议参加人包括行政复议申请人、行政复议被申请人和行政复议第三人。

行政复议申请人必须是认为自身合法权益受到侵害，并依法提出行政复议申请的公民、法人或者其他组织。

行政复议被申请人是做出被申请复议的具体行政行为的行政机关。

行政复议第三人是同申请行政复议的具体行政行为有利害关系的其他公民、法人或者其他组织。

（四）行政复议机关

行政复议被申请人和复议机关如表 1-13 所示。

表 1-13 行政复议中被申请人和复议机关对应关系总结

被申请人	复议机关
县级以上各级人民政府工作部门	本级人民政府或上一级主管部门
海关、金融、国家税务机关、外汇管理等实行垂直领导的行政机关和国家安全机关	上一级主管部门
地方各级人民政府	上一级人民政府
省、自治区人民政府设立的派出机关所属的县级地方人民政府	该派出机关
国务院部门或省级政府	做出该具体行政行为的机关 （对复议决定不服，可以提起行政诉讼，也可以向国务院申请最终裁决）

例如，甲市乙区公安分局所辖派出所以李某制造噪声干扰他人正常生活为由，对其处以 500 元罚款。李某不服申请行政复议。设立该派出所的部门是乙区公安分局，乙区公安分局所在的本级人民政府是乙区政府。因此，可以成为行政复议机关的是乙区公安分局和乙区政府。

知识点拨

行政复议机关的确定历来是个重点问题。需要把握的是，由于实行双重领导的管理体制，除了国务院部门垂直领导的机关以及国家安全机关外，对于一般的政府工作部门而言，均存在两个行政复议机关：一个是同级人民政府，另一个则是上一级主管部门。

（五）行政复议决定

行政复议决定如表 1-14 所示。

表 1-14 行政复议相关知识点总结

项目		具体内容
审查方式		原则上采取书面审查方法，但是申请人提出要求或者行政复议机关负责法制工作的机构认为有必要时，可以向有关组织和人员调查情况，听取申请人、被申请人和第三人的意见
举证责任		由“被申请人”承担
答复期限		行政复议机关应当自受理申请之日起“60 日内”做出行政复议决定；但是法律规定的行政复议期限少于 60 日的除外。情况复杂，不能在规定期限内做出行政复议决定的，经行政复议机关的负责人批准，可以适当延长，但延长期限最多不得超过“30 日”
决定种类	维持决定	认定事实清楚，证据确凿，适用依据正确，程序合法，内容适当，决定维持
	履行决定	被申请人不履行法定职责的，行政复议机关应当决定其在一定期限内履行法定职责
	撤销、变更或确认决定	决定撤销或者确认具体行政行为违法的，可以责令被申请人在一定期限内重新做出具体行政行为。 （1）主要事实不清，证据不足的。 （2）适用依据错误的。 （3）违反法定程序的。 （4）超越或者滥用职权的。 （5）具体行政行为明显不当的。 责令重新做出具体行政行为的，不得以同一事实和理由，做出相同或基本相同的具体行政行为
复议决定书——生效		行政复议机关做出行政复议决定，应当制作行政复议决定书，并加盖印章。行政复议决定书一经送达，即发生法律效力

五、行政诉讼

（一）行政诉讼的适用范围

1. 可提起行政诉讼的情形

（1）对行政拘留、暂扣或者吊销许可证和执照、责令停产停业、没收违法所得、没收非法财物、罚款、警告等行政处罚不服的。

（2）对限制人身自由或者对财产的查封、扣押、冻结等行政强制措施和行政强制执行不服的。

（3）申请行政许可，行政机关拒绝或者在法定期限内不予答复，或者对行政机关做出的有关行政许可的其他决定不服的。

（4）对行政机关做出的关于确认土地、矿藏、水流、森林、山岭、草原、荒地、滩涂、海域等自然资源的所有权或者使用权的决定不服的。

（5）对征收、征用决定及其补偿决定不服的。

（6）申请行政机关履行保护人身权、财产权等合法权益的法定职责，行政机关拒绝履行或者不予答复的。

（7）认为行政机关侵犯其经营自主权或者农村土地承包经营权、农村土地经营权的。

（8）认为行政机关滥用行政权力排除或者限制竞争的。

（9）认为行政机关违法集资、摊派费用或者违法要求履行其他义务的。

（10）认为行政机关没有依法支付抚恤金、最低生活保障待遇或者社会保险待遇的。

（11）认为行政机关不依法履行、未按照约定履行或者违法变更、解除政府特许经营协议、土地房屋征收补偿协议等协议的。

（12）认为行政机关侵犯其他人身权、财产权等合法权益的。

2. 不可提起行政诉讼的情形

（1）国防、外交等国家行为。

（2）行政法规、规章或者行政机关制定、发布的具有普遍约束力的决定、命令。

（3）行政机关对行政机关工作人员的奖惩、任免等决定。

（4）法律规定由行政机关最终裁决的行政行为。

【例题 12·单选题】（2018 年）当事人对行政机关做出的下列决定不服提起行政诉讼，人民法院不予受理的是（　　）。

A. 税务机关对甲公司做出税收强制执行的决定

B. 公安机关交通管理部门对李某做出罚款 2000 元的决定

C. 公安机关对张某做出行政拘留 15 日的决定

D. 财政部门对其工作人员孙某做出记过的决定

【解析】选项 D，行政机关对行政机关工作人员的奖惩、任免等决定，不属于行政诉讼的受案范围，当事人可以依法进行申诉。因此，本题的正确答案是 D。

（二）诉讼管辖

行政诉讼管辖分为级别管辖和地域管辖，管辖范围如表 1-15 所示。

表 1-15　行政诉讼管辖

管辖种类	管辖法院		案件类型
级别管辖	最高法院		全国范围内重大、复杂的第一审行政案件
	高级法院		本辖区内重大、复杂的第一审行政案件
	中级法院		（1）对国务院部门或者县级以上地方人民政府所做的行政行为提起诉讼的案件。 （2）海关处理的案件。 （3）本辖区内重大、复杂的案件。 （4）其他法律规定由中级人民法院管辖的案件
地域管辖	一般	最初做出行政行为的行政机关所在地法院（被告所在地法院）	直接起诉的案件

续表

管辖种类		管辖法院	案件类型
地域管辖	一般	被告所在地和复议机关所在地法院都可管辖	（1）复议维持案件。 （2）复议改变案件
	特殊	被告所在地和原告所在地法院都可管辖	限制人身自由的案件，原告所在地包括户籍地、经常居住地、被限制人身自由地
		不动产所在地法院	因不动产提起的行政诉讼
		不在同一行政区域的法院	经最高人民法院批准，高级人民法院可以根据审判工作的实际情况，确定若干人民法院跨行政区域管辖行政案件

知识点拨

经过复议的行政案件，无论复议结果是维持还是改变，原告都有权选择向原机关所在地人民法院起诉或向复议机关所在地的人民法院起诉。这是修正后的《中华人民共和国行政诉讼法》（以下简称《行政诉讼法》）做的新调整，即经复议的案件，复议机关维持原行政行为的，做出原行政行为的行政机关和复议机关是共同被告，管辖法院有两个——原机关所在地人民法院和复议机关所在地人民法院；复议机关改变原行政行为的，复议机关是被告，管辖法院仍为两个——原机关所在地人民法院和复议机关所在地人民法院。

【例题 13·多选题】根据《行政诉讼法》的规定，下列第一审行政案件由中级人民法院管辖的有（　　）。

A. 对国务院各部门所做的具体行政行为提起诉讼的案件

B. 海关处理的案件

C. 确认发明专利权的案件

D. 本辖区内重大、复杂的案件

【解析】选项 C，原一审由中级人民法院管辖的“确认发明专利权”案件，改由知识产权法院管辖。因此，本题的正确答案是 ABD。

（三）起诉和受理

起诉和受理的相关内容如表 1-16 所示。

表 1-16　起诉和受理的相关内容

项目		具体内容
起诉方式		递交起诉状，书写起诉状确有困难的，可以口头起诉
起诉的期限	一般期限	（1）经复议的，在收到复议决定书之日起或者行政复议期满之日起 15 日内向人民法院提起诉讼。 （2）直接向人民法院提起诉讼的，应当在知道做出具体行政行为之日起 6 个月内提出
	特殊期限	对涉及不动产的行政行为从做出之日起超过 20 年、其他行政行为从做出之日起超过 5 年提起诉讼的，人民法院不予受理
	起诉期限的延长	（1）耽误起诉期限的原因是不可抗力或者其他特殊情况的。 （2）由于法定事由耽误起诉期限的，在障碍消除后的 10 日内，可以申请延长期限，这种延长应是顺延，而不是重新计算。 （3）当事人申请延长期限是否准许应由人民法院决定
起诉的程序条件	复议前置的情况	对复议决定不服的，才可以向法院起诉，否则法院不予受理。如果复议机关不受理复议申请或者在法定期限内不作复议决定，对该不作为不服向法院起诉，法院应当受理
	选择复议或诉讼的情况	（1）既提起诉讼又申请复议的，由先受理的机关管辖，同时受理的，由当事人选择。 （2）在复议期间提起诉讼的，法院不予受理。 （3）复议机关逾期不作决定，当事人可以提起诉讼。法律另有规定的除外
受理		（1）人民法院在接到起诉状时，对符合规定的起诉条件的，应当登记立案。 （2）对当场不能判定是否符合行政诉讼法规定的起诉条件的，应当接收起诉状，出具注明收到日期的书面凭证，并在 7 日内决定是否立案。对不符合起诉条件的，做出不予立案的裁定。裁定书应当载明不予立案的理由。 （3）原告对裁定不服的，可以提起上诉

（四）审理和判决

审理和判决的相关内容如表 1-17 所示。

表 1–17　审理和判决的相关内容

项目	具体内容
公开审判制度	（1）原则上公开审理，但涉及国家秘密、个人隐私和法律另有规定的除外； （2）涉及商业秘密的案件，当事人申请不公开审理的，可以不公开审理
合议制度	（1）人民法院审理行政案件，由审判员组成合议庭，或者由审判员、陪审员组成合议庭。合议庭的成员数量应当是 3 人以上的单数； （2）事实清楚、权利义务关系明确、争议不大的简单行政案件可适用简易程序，由审判员一人独任审理
回避制度	（1）申请回避：当事人认为审判人员、书记员、翻译人员、鉴定人、勘验人与本案有利害关系或者有其他关系可能影响公正审判，有权申请上述人员回避； （2）自行回避：审判人员、书记员、翻译人员、鉴定人、勘验人认为自己与本案有利害关系或者有其他关系，应当申请回避
调解制度	人民法院审理行政案件，不适用调解。但是，对行政赔偿、补偿，以及行政机关行使法律、法规规定的自由裁量权的案件可以调解
审理依据	（1）人民法院审理行政案件，以法律和行政法规、地方性法规为依据。地方性法规适用于本行政区域内发生的行政案件； （2）人民法院审理民族自治地方的行政案件，应以该民族自治地方的自治条例和单行条例为依据； （3）人民法院审理行政案件，参照规章
上诉期限	（1）对一审判决不服的，可自判决书送达之日起 15 日内向上一级法院提起上诉； （2）对一审裁定不服的，可自裁定书送达之日起 10 日内向上一级法院提起上诉

第三节　法律责任★★

一、法律责任

法律责任，是指法律关系主体由于违法行为、违约行为或者由于法律规定而应承受的某种不利的法律后果。

法律责任的种类如表 1-18 所示。

表 1–18　法律责任的种类

<table>
<tr><th>责任种类</th><th colspan="2">责任形式</th></tr>
<tr><td>民事责任</td><td colspan="2">根据《民法总则》的规定，承担民事责任的方式主要有 11 种：（1）停止侵害；（2）排除妨碍；（3）消除危险；（4）返还财产；（5）恢复原状；（6）修理、重作、更换；（7）继续履行；（8）赔偿损失；（9）支付违约金；（10）消除影响、恢复名誉；（11）赔礼道歉
民事责任的承担方式，可以单独适用，也可以合并适用</td></tr>
<tr><td rowspan="2">行政责任</td><td>行政处罚</td><td>根据《中华人民共和国行政处罚法》的规定，行政处罚的种类有七种：（1）警告；（2）罚款；（3）没收违法所得、没收非法财物；（4）责令停产停业；（5）暂扣或者吊销许可证、暂扣或者吊销执照；（6）行政拘留；（7）法律、行政法规规定的其他行政处罚</td></tr>
<tr><td>行政处分</td><td>根据《中华人民共和国公务员法》的规定，行政处分的种类有六种：（1）警告；（2）记过；（3）记大过；（4）降级；（5）撤职；（6）开除</td></tr>
<tr><td>刑事责任</td><td>主刑</td><td>（1）管制，是对犯罪分子不实行关押，但是限制其一定的自由，交由公安机关管束和监督的刑罚。期限为 3 个月以上 2 年以下；
（2）拘役，是剥夺犯罪分子短期的人身自由的刑罚，由公安机关就近执行。期限为 1 个月以上 6 个月以下。</td></tr>
</table>

续表

责任种类	责任形式	
刑事责任	主刑	（3）有期徒刑，是剥夺犯罪分子一定期限的人身自由，实行劳动改造的刑罚。期限为6个月以上15年以下； （4）无期徒刑，是剥夺犯罪分子终身自由，实行劳动改造的刑罚； （5）死刑，是剥夺犯罪分子生命的刑罚
	附加刑	（1）罚金，是强制犯罪分子或者犯罪的单位向国家缴纳一定数额金钱的刑罚； （2）剥夺政治权利，是剥夺犯罪分子参加国家管理和政治活动权利的刑罚； （3）没收财产，是指没收犯罪分子个人所有财产的一部分或者全部，强制无偿地收归国有的刑罚； （4）驱逐出境，是指强迫犯罪的外国人离开中国境内的一种刑罚

知识点拨

违约责任属于民事责任，罚款属于行政责任，罚金属于刑事责任；没收违法所得属于行政责任，没收财产属于刑事责任；行政拘留属于行政责任，拘役属于刑事责任。

【例题14·单选题】（2018年）下列法律责任形式中，属于行政责任形式的是（　　）。

A. 责令停产停业　　B. 支付违约金

C. 继续履行　　D. 赔偿损失

【解析】选项BCD：属于民事责任。因此，本题的正确答案是A。

同步训练

一、单项选择题

1. 法凭借国家强制力的保证而获得普遍遵行的效力，这体现了法的（　　）。

A. 国家意志性

B. 强制性

C. 明确公开性和普遍约束性

D. 规范性

2. 下列自然人中，属于完全刑事责任能力人的是（　　）。

A. 13周岁的小张

B. 15周岁的小王

C. 17周岁精神正常的小李

D. 18周岁但精神异常的小赵

3. 公民王某与某医疗中心签订协议，承诺死后将自己的眼角膜无偿捐赠给该医疗中心，用于帮助失明患者重见光明。该遗赠法律关系的客体是（　　）。

A. 遗赠协议　　B. 王某与医疗中心

C. 眼角膜　　D. 捐赠行为

4. 下列各项中，能够直接引起法律关系发生、变更或者消灭的是（　　）。

A. 法律关系的内容

B. 法律关系的主体

C. 法律事实

D. 法律关系的客体

5. 下列各项中，属于法律事实中的法律事件的是（　　）。

A. 发行公司债券　　B. 爆发战争

C. 签订协议　　D. 行政命令

6. 下列各项中，属于法律行为的是（　　）。

A. 森林大火　　B. 纵火

C. 公民死亡　　D. 战争

7. 下列规范性文件中，属于地方性法规的是（　　）。

A. 山东省人民代表大会制定的《山东省注册会计师条例》

B. 国务院制定的《城市居民最低生活保障条例》

C. 全国人民代表大会常务委员会制定的《中华人民共和国证券法》

D. 财政部发布的《会计从业资格管理办法》

8. 下列法的形式中，效力最低的是（　　）。

A. 法律　　B. 行政法规

C. 地方性法规　　D. 宪法

9. 下列对法所做的分类中，以法的内容、效力和制定程序划分进行分类的是（　　）。

A. 成文法和不成文法

B. 根本法和普通法

C. 实体法和程序法

D. 一般法和特别法

10. 甲、乙发生合同纠纷，继而对双方事先签订的仲裁协议效力发生争议。甲提请丙仲裁委员会确认仲裁协议有效，乙提请丁法院确认仲裁协议无效。关于确定该仲裁协议效力的下列表述中，符合法律规定的是（　　）。

A. 应由丙仲裁委员会对仲裁协议的效力做出决定

B. 应由丁法院对仲裁协议的效力做出裁定

C. 应根据甲、乙提请确认仲裁协议效力的时间先后来确定由仲裁委员会决定还是由丁法院裁定

D. 该仲裁协议自然失效

11. 下列关于仲裁审理的表述中，不符合仲裁法律制度规定的是（　　）。

A. 除当事人协议外，仲裁开庭进行

B. 仲裁员不实行回避制度

C. 当事人可以自行和解

D. 仲裁庭可以进行调解

12. 甲、乙公司因技术转让合同的履行产生纠纷，甲公司向某人民法院提起诉讼，法院受理该案件。已知该案件涉及商业秘密，下列关于该案件是否公开审理的表述中，正确的是（　　）。

A. 该案件应当公开审理

B. 该案件不应当公开审理

C. 由双方当事人协商后决定是否公开审理

D. 当事人申请不公开审理的，可以不公开审理

13. 甲、乙签订运输合同，约定将一批货物由北京市海淀区运往天津市南开区。后因乙未在合同约定的时间将货物运达，双方发生争议。甲到乙住所地人民法院起诉后，又分别到北京市海淀区人民法院及天津市南开区人民法院起诉。天津市南开区人民法院于3月5日予以立案，乙住所地人民法院于3月8日予以立案，北京市海淀区人民法院于3月12日立案。根据民事诉讼法律制度的规定，该案件的管辖法院应当是（　　）。

A. 甲住所地人民法院

B. 乙住所地人民法院

C. 北京市海淀区人民法院

D. 天津市南开区人民法院

14. 甲、乙因某不动产所有权发生纠纷，甲欲通过诉讼方式解决。其选择诉讼管辖法院的下列表述中，符合法律规定的是（　　）。

A. 甲只能向甲住所地法院提起诉讼

B. 甲只能向乙住所地法院提起诉讼

C. 甲只能向该不动产所在地法院提起诉讼

D. 甲可以选择向乙住所地或该不动产所在地法院提起诉讼

15. 根据行政复议法律制度的规定，下列各项中，不属于行政复议参加人的是（　　）。

A. 申请人　　B. 被申请人

C. 第三人　　D. 行政复议机关

16. N省M县税务局对甲企业做出罚款的行政处罚，甲企业对此不服，可以申请行政复议的是（　　）。

A. M县人民法院　B. M县人民政府

C. N县税务局　　D. M县税务局

17. 根据《行政诉讼法》的规定，下列各项中，可以提起行政诉讼的是（　　）。

A. 某直辖市部分市民认为市政府新颁布的《道路交通管理办法》侵犯了他们的合法权益

B. 某税务局工作人员吴某认为税务局对其做出的记过处分违法

C. 李某认为某公安局对其罚款的处罚决定违法

D. 某商场认为某教育局应当偿还所欠的购货款

18. 根据《行政诉讼法》规定，公民、法人或者其他组织对具体行政行为不服，直接向人民法院提起诉讼的，应当自知道做出具体行政行为之日起一定期间内提出。该期

间是（　　）。

A. 15日　　B. 30日

C. 2个月　　D. 6个月

19. 下列行政责任形式中，属于行政处罚的是（　　）。

A. 降级　　B. 记大过

C. 撤职　　D. 没收违法所得

20. 根据刑事法律制度的规定，下列各项中，属于拘役法定量刑期的是（　　）。

A. 15天以下

B. 1个月以上6个月以下

C. 3个月以上2年以下

D. 6个月以上15年以下

二、多项选择题

1. 下列各项中，属于法律关系主体的有（　　）。

A. 个体工商户　　B. 某市人民政府

C. 某市艺术团　　D. 外商投资企业

2. 物可以成为法律关系的客体，下列各项中，属于物的有（　　）。

A. 水流

B. 股票

C. 天然气

D. 固定于人身体中的心脏起搏器

3. 下列权利义务中，属于法律关系内容的有（　　）。

A. 所有权　　B. 纳税义务

C. 经营管理权　　D. 服兵役义务

4. 下列各项客观事实中，属于法律事件的有（　　）。

A. 某服装厂与供货商订立了一份合同

B. 徐某在下班途中遭受意外事故

C. 战争爆发

D. 赵某出生

5. 下列行为中，属于单方行为的有（　　）。

A. 签订赠予合同　B. 订立遗嘱

C. 买卖货物　　D. 行政命令

6. 下列法律文件中，属于法规的有（　　）。

A. 国务院发布的《企业财务会计报告条例》

B. 上海市人民政府发布的《上海市旅游业管理办法》

C. 财政部发布的《金融企业国有资产转让管理办法》

D. 北京市人民代表大会常务委员会发布的《北京市城乡规划条例》

7. 关于适用法的效力原则，下列说法中正确的有（　　）。

A. 自治条例和单行条例依法对法律、行政法规、地方性法规作变通规定的，在本自治地方适用自治条例和单行条例的规定

B. 同一机关制定的新的一般规定与旧的特别规定不一致时，由制定机关裁决

C. 根据授权制定的法规与法律不一致，不能确定如何适用时，由全国人民代表大会常务委员会裁决

D. 法律之间对同一事项的新的一般规定与旧的特别规定不一致，不能确定如何适用时，由全国人民代表大会常务委员会裁决

8. 根据《仲裁法》的规定，下列关于仲裁委员会的表述中，正确的有（　　）。

A. 仲裁委员会是司法机关

B. 仲裁委员会不按行政区划层层设立

C. 仲裁委员会独立于行政机关

D. 仲裁委员会之间没有隶属关系

9. 根据《仲裁法》的规定，下列有关仲裁协议的表述中，正确的有（　　）。

A. 仲裁协议一经依法成立，即具有法律约束力

B. 仲裁协议独立存在，合同的变更、解除、终止或无效，不影响仲裁协议的效力

C. 没有仲裁协议，一方申请仲裁，仲裁委员会不予受理

D. 仲裁协议应以书面形式订立

10. 下列案件中，适用《民事诉讼法》的有（　　）。

A. 公民名誉权纠纷案件

B. 企业与银行因票据纠纷提起诉讼的案件

C. 纳税人与税务机关因税收征纳争议提起诉讼的案件

D. 劳动者与用人单位因劳动合同纠纷提

起诉讼的案件

11. 下列各项中，可以导致诉讼时效中断的有（　　）。

A. 当事人提起诉讼

B. 当事人一方提出要求

C. 当事人一方同意履行义务

D. 不可抗力致使权利人不能行使请求权

12. 根据民事诉讼法律制度的规定，下列关于执行启动方式的表述中，正确的有（　　）。

A. 发生法律效力的民事判决、裁定一方拒绝履行的，对方当事人可以向人民法院申请执行

B. 发生法律效力的民事判决、裁定一方拒绝履行的，可以由审判员移送执行员执行

C. 调解书和其他应当由人民法院执行的法律文书一方拒绝履行的，对方当事人可以向人民法院申请执行

D. 调解书和其他应当由人民法院执行的法律文书一方拒绝履行的，可以由审判员移送执行员执行

13. 根据《行政复议法》的规定，下列各项中，属于行政复议范围的有（　　）。

A. 公民对行政机关做出查封、扣押、冻结其财产的行政强制措施决定不服的

B. 企业对行政机关做出吊销其营业执照的行政处罚决定不服的

C. 社会团体对行政机关做出其有关资质证书中止的决定不服的

D. 行政机关工作人员对本单位给予其行政处分的决定不服的

14. 行政复议期间具体行政行为不停止执行，但有下列情形之一的，可以停止执行，该情形包括（　　）。

A. 被申请人认为需要停止执行的

B. 申请人认为需要停止执行的

C. 行政复议机关认为需要停止执行的

D. 申请人申请停止执行，行政复议机关认为其要求合理，决定停止执行的

15. 根据行政诉讼法律制度的规定，下列行政案件由中级人民法院管辖的有（　　）。

A. 对财政部所做的行政行为提起诉讼的案件

B. 对县级以上地方人民政府所做的行政行为提起诉讼的案件

C. 海关处理的案件

D. 确认发明专利权的案件

16. 下列争议解决方式中，适用于解决平等民事主体当事人之间发生的经济纠纷的有（　　）。

A. 仲裁　　B. 民事诉讼

C. 行政复议　　D. 行政诉讼

17. 下列法律责任形式中，属于民事责任形式的有（　　）。

A. 没收财产　　B. 继续履行

C. 暂扣许可证　　D. 赔礼道歉

18. 下列法律责任形式中，属于刑事责任中主刑的有（　　）。

A. 管制　　B. 有期徒刑

C. 罚款　　D. 罚金

三、判断题

1. 会计王某在单位领导的授意下，将一张空白发票填写金额后入账。会计王某与其单位领导的行为构成了消极的违法行为。（　　）

2. 根据行为的表现形式的不同，可以将法律行为分为要式行为与非要式行为。（　　）

3. 买卖合同当事人发生纠纷，没有仲裁协议，一方申请仲裁的，仲裁委员会应予受理。（　　）

4. 甲公司与乙公司变更合同关系，合同中的仲裁条款也随之失效。（　　）

5. 因保险合同纠纷提起的诉讼，可以由保险标的物所在地法院管辖。（　　）

6. 与案件当事人、诉讼代理人有其他关系，可能影响对案件公正审理的审判员，应当自行回避，当事人有权用口头或者书面方式申请他们回避。（　　）

7. 法院审理一审民事案件，适用简易程序审理的案件由审判人员一人独任审理。（　　）

8. 申请人申请行政复议，可以书面申请，也可以口头申请。（　　）

9. 甲公司因进口一批货物被海关查封，

可向海关所在地的人民政府提出行政复议申请。（　　）

10. 行政复议机关受理行政复议申请，可以向申请人收取行政复议费用。（　　）

11. 因不动产提起诉讼的案件自行政行为做出之日起超过5年提起诉讼的，人民法院不予受理。（　　）

12. 对行政赔偿、补偿以及行政机关行使法律、法规规定的自由裁量权的行政诉讼案件可以调解。（　　）

参考答案及解析

一、单项选择题

1. B【解析】法具有“国家强制性”，是凭借国家强制力的保证而获得普遍遵行的效力。

2. C【解析】已满16周岁精神正常的自然人，为完全刑事责任能力人，其实施犯罪行为后应当负刑事责任。

3. C【解析】本题中，王某与医疗中心形成遗赠关系，该法律关系的主体是王某与医疗中心，客体是王某人身的一部分——眼角膜，内容是王某死后将自己的眼角膜无偿捐赠给该医疗中心。

4. C【解析】法律事实能够直接引起法律关系发生、变更或者消灭。

5. B【解析】选项A、C、D属于法律行为。

6. B【解析】选项A、C、D属于法律事件，选项B属于法律行为。

7. A【解析】选项A属于地方性法规；选项B属于行政法规；选项C属于法律；选项D属于部门规章。

8. C【解析】效力等级：宪法＞法律＞行政法规＞地方性法规＞同级地方政府规章。

9. B【解析】根据法的内容、效力和制定程序可将法分为根本法和普通法。

10. B【解析】当事人对仲裁协议的效力有异议的，可以请求仲裁委员会做出决定或者请求人民法院做出裁定。一方请求仲裁委员会做出决定，另一方请求法院做出裁定的，由法院裁定。

11. B【解析】仲裁、诉讼都实行回避制度。

12. D【解析】涉及商业秘密的案件，当事人申请不公开审理的可以不公开审理。

13. D【解析】因运输合同纠纷提起的诉讼，由运输始发地、目的地或者被告住所地的人民法院管辖。故针对本案，乙住所地人民法院、北京市海淀区人民法院及天津市南开区人民法院均有管辖权。但原告向两个以上有管辖权的人民法院起诉的，由最先立案的人民法院管辖，即由天津市南开区人民法院管辖。

14. C【解析】因不动产纠纷提起的诉讼，由不动产所在地法院管辖。

15. D【解析】行政复议参加人包括申请人、被申请人和第三人。选项D不属于行政复议参加人。

16. B【解析】对海关、金融、税务、外汇管理等实行垂直领导的行政机关和国家安全机关的具体行政行为不服的，向上一级主管部门申请行政复议。本题中甲企业可以向M县税务局的上级主管部门N省税务局申请行政复议。

17. C【解析】选项A抽象行政行为不可诉；选项B内部行政处分不可诉；选项C行政处罚可诉且可提起行政诉讼；选项D合同纠纷可诉，但属于民事诉讼。

18. D【解析】公民、法人或者其他组织直接向人民法院提起诉讼的，应当在知道做出具体行政行为之日起6个月内提出。

19. D【解析】选项ABC属于行政处分。

20. B【解析】拘役的期限为1个月以上6个月以下。

二、多项选择题

1. ABCD【解析】我国民事法律关系的主体包括公民、机构和组织、国家。

2. ABC【解析】水流为自然物；股票为有价证券；天然气为无固定形态的物，均属于法律关系的客体。固定于人身体中的心脏起搏器是人身体的组成部分，不属于物。

3. ABCD【解析】法律关系的内容包括

法律关系主体所享有的权利和承担的义务，选项A、C属于其权利；选项B、D属于其义务。

4. BCD【解析】法律事件是指不与人的意志无关，能够引起法律后果的客观现象。

5. BD【解析】赠予合同和买卖货物都是双方行为，需要双方意思表示一致才能成立。

6. AD【解析】法规包括行政法规和地方性法规，选项A属于行政法规，选项D属于地方性法规。选项B属于地方政府规章；选项C属于部门规章。

7. ABCD【解析】根据适用法的效力原则，ABCD选项表述均正确。

8. BCD【解析】仲裁委员会不按行政区划层层设立，其独立于行政机关，与行政机关没有隶属关系。

9. ABCD【解析】以上说法均是正确的。

10. ABD【解析】选项A属于因民法、婚姻法、收养法、继承法等民事实体法调整的平等主体之间的财产关系和人身关系发生争议的民事案件；选项B、D属于因经济法、劳动法调整的社会关系发生的争议，法律规定适用民事诉讼程序审理的案件，如劳动合同纠纷等，因此选项ABD均适用于《民事诉讼法》。选项C适用《行政诉讼法》。

11. ABC【解析】诉讼时效期间的中断，是指在诉讼时效期间，当事人提起诉讼、当事人一方提出要求或者同意履行义务，而使已经过的时效期间全归于无效。从中断时起，诉讼时效期间重新计算。

12. ABC【解析】发生法律效力的民事判决，裁定可由对方当事人向法院申请执行，也可由审判员移送执行员执行；而调解书和其他应当由人民法院执行的法律文书只能由对方当事人向法院申请执行。

13. ABC【解析】不服行政机关做出的行政处分或者其他人事处理决定，可依照有关法律、行政法规的规定提出申诉，不能申请行政复议。因此选项D错误。

14. ACD【解析】行政复议期间具体行政行为不停止执行。但是，有下列情形之一的，可以停止执行：（1）被申请人认为需要停止执行的；（2）行政复议机关认为需要停止执行的；（3）申请人申请停止执行，行政复议机关认为其要求合理，决定停止执行的；（4）法律规定停止执行的。

15. ABC【解析】第一审行政案件由“中级人民法院”管辖的有：（1）对国务院各部门或者“县级”以上地方人民政府所做的具体行政行为提起诉讼的案件；（2）海关处理的案件；（3）本辖区内重大、复杂的案件；（4）其他法律规定由中级人民法院管辖的案件。

16. AB【解析】仲裁与民事诉讼适用于“平等主体”之间的合同纠纷和其他的财产纠纷；行政复议与行政诉讼适用于“不平等主体”之间的行政争议。

17. BD【解析】根据《民法总则》的规定，承担民事责任的方式主要11种：（1）停止侵害；（2）排除妨碍；（3）消除危险；（4）返还财产；（5）恢复原状；（6）修理、重作、更换；（7）继续履行；（8）赔偿损失；（9）支付违约金；（10）消除影响、恢复名誉；（11）赔礼道歉。选项A属于刑事责任；选项C属于行政责任。

18. AB【解析】刑事责任的主刑包括：管制、拘役、有期徒刑、无期徒刑、死刑；因此选项AB正确。罚款属于行政处罚，罚金属于刑事责任的附加刑；因此选项CD错误。

三、判断题

1. 错【解析】会计王某虚开发票入账和其单位领导授意虚开发票入账的行为均构成了法律行为，属于违法行为，也属于积极行为（作为）。

2. 错【解析】根据行为的表现形式的不同，可以将法律行为分为积极行为与消极行为。

3. 错【解析】当事人采用仲裁方式解决纠纷，应当双方自愿，达成仲裁协议。没有仲裁协议，一方申请仲裁的，仲裁委员会不予受理。

4. 错【解析】仲裁协议独立存在，合同的变更、解除、终止或者无效，不影响仲裁协议的效力。

5. 对【解析】因保险合同纠纷提起的诉讼，由被告住所地或保险标的物所在地法院管辖。

6. 对

7. 错【解析】法院审理一审民事案件，适用简易程序审理的案件由审判员一人独任审理。审判人员包括审判员和陪审员，简易程序不能由陪审员独任审理。

8. 对

9. 错【解析】对海关、金融、国税、外汇管理等实行垂直领导的行政机关和国家安全机关的具体行政行为不服的，向上一级主管部门申请行政复议。

10. 错【解析】行政复议机关受理行政复议申请，不得向申请人收取任何费用。

11. 错【解析】因不动产提起诉讼的案件自行政行为做出之日起超过20年，其他案件自行政行为做出之日起超过5年提起诉讼的，人民法院不予受理。

12. 对【解析】人民法院审理行政案件，不适用调解。但是，行政赔偿、补偿以及行政机关行使法律、法规规定的自由裁量权的案件可以调解。

第二章　会计法律制度

第一节　会计法律制度概述★

一、会计法律制度概述

（一）会计法律制度的概念和适用范围

会计法律制度是调整会计关系（会计机构和会计人员在办理会计事务过程中，以及国家在管理会计工作过程中发生的经济关系）的法律规范（各种法律、法规、规章和规范性文件的总称）。

国家机关、社会团体、公司、企业、事业单位和其他组织（统称单位）办理会计事务必须依照《中华人民共和国会计法》（以下简称《会计法》）办理。

（二）会计工作管理体制

1. 行政管理

国务院财政部门主管全国的会计工作。县级以上地方各级人民政府财政部门管理本行政区域内的会计工作。

2. 单位内部

单位负责人对本单位的会计工作和会计资料的真实性、完整性负责。

第二节　会计核算与监督★★

一、会计核算

（一）会计核算基本要求

（1）依法建账。各单位发生的各项经济业务事项应当统一进行会计核算，不得违反规定私设会计账簿进行登记、核算。

（2）根据实际发生的经济业务进行会计核算。

（3）保证会计资料的真实和完整。（最基本的质量要求）

（4）正确采用会计处理方法。各单位采用的会计处理方法，前后各期应当一致，不得随意变更；确有必要变更的，应当按照国家统一的会计制度的规定变更，并将变更的原因、情况及影响在财务会计报告中说明。

（5）正确使用会计记录文字。会计记录的文字应当使用中文。在民族自治地方，会计记录可以同时使用当地通用的一种民族文字。在中国境内的外商投资企业、外国企业和其他外国组织的会计记录可以同时使用一种外国文字。

（6）使用电子计算机进行会计核算必须符合法律规定。

① 用电子计算机进行会计核算的单位，其使用的会计软件必须符合国家统一的会计制度的规定。

② 使用电子计算机生成的会计凭证、会计账簿、财务会计报告和其他会计资料，必须符合国家统一的会计制度的规定。

③ 使用电子计算机进行会计核算的，其会计账簿的登记、更正，应当符合国家统一的会计制度的规定。

（二）会计核算的内容

对下列经济业务事项，应当办理会计手续，进行会计核算，如表 2-1 所示。

表 2-1　会计核算的内容

项目		具体内容
款项和有价证券的收付	款项	收入、转存、付出、结存等
	有价证券	购入、无偿取得、债务重组取得，有偿转让、抵债、对外投资、捐赠，利息和股利、溢价与折价的摊销，期末结存、减值等
财物的收发、增减和使用	存货、固定资产、投资、无形资产等的购入、自行建造、无偿取得、债务重组取得、融资租入、接受捐赠、出售、转让、抵债、无偿调出、捐赠、减值等	
债权债务的发生和结算	债权	债权的收回及孳息、债务重组、债权减值等
	债务	债权人变更、债务的偿还及孳息、债务重组及免偿等
资本、基金的增减	实收资本（股本）、资本公积、盈余公积、基金等的增减变动	
收入、支出、费用、成本的计算	收入的计算，如商品销售收入、提供劳务收入、让渡资产使用权收入等主营业务收入；材料销售收入，代购、代销、代加工、代管、代修收入和出租收入等其他业务收入；投资收益，补贴收入，固定资产盘盈、处置固定资产净收益、出售无形资产收益、罚款收益等营业外收入；以前年度损益调整等的确认与结转。 支出、费用、成本的计算，如生产成本的汇集、分配与结转；销售费用、管理费用和财务费用等的汇集与结转；主营业务税金及附加、出售无形资产损失、债务重组损失、计提的固定资产减值准备、捐赠支出等的确认与结转	
财务成果的计算和处理	计算利润总额、净利润、年终结转本年利润，所得税的计提、缴纳、返还和余额结转，递延税款的余额调整等	
其他事项	需要办理会计手续、进行会计核算的其他事项	

【例题 1 • 单选题】（2018 年）根据会计法律制度的规定，下列人员中，对本单位的会计工作和会计资料的真实性、完整性负责的是（　　）。

A. 总会计师　　B. 单位负责人

C. 会计核算人员　　D. 单位审计人员

【解析】根据规定：单位负责人对本单位的会计工作和会计资料的真实性、完整性负责。本题应选择 B 选项。

（三）会计年度

我国：每年公历的 1 月 1 日起至 12 月 31 日止为一个会计年度。

（四）记账本位币

会计核算以人民币为记账本位币。

业务收支以人民币以外的货币为主的单位，可以选定其中一种货币作为记账本位币，但是编报的财务会计报告应当折算为人民币。

（五）会计凭证和会计账簿

1. 会计凭证

（1）原始凭证是会计核算的原始依据，来源于实际发生的经济业务事项。

原始凭证记载的各项内容均不得涂改；原始凭证有错误的，应当由出具单位重开或者更正，更正处应当加盖出具单位印章。原始凭证金额有错误的，应当由出具单位重开，不得在原始凭证上更正。

（2）记账凭证是对经济业务事项按其性质加以归类，确定会计分录，并据以登记会计账簿的凭证。

除部分转账业务以及结账、更正错误外，记账凭证必须附有原始凭证并注明所附原始凭证的张数；一张原始凭证所列的支出需要由两个以上的单位共同负担时，应当由保存该原始凭证的单位开具原始凭证分割单给其他应负担的单位。

2. 会计账簿

（1）会计账簿的种类

① 总账（总分类账）。

② 明细账（明细分类账）。

③ 日记账（序时明细账）。

④ 其他辅助账簿（备查账簿）。

（2）登记会计账簿的基本要求

① 必须依据经过审核的会计凭证登记会计账簿。

② 登记会计账簿必须按照记账规则进行，包括会计账簿应当按照连续编号的页码顺序登记；会计账簿记录发生错误或者隔页、缺号、跳行的，应当按照国家统一的会计制度规定的方法更正，并由会计人员和会计机构负责人（会计主管人员）在更正处盖章等。

③ 任何单位都不得在法定会计账簿之外私设会计账簿。

【例题 2· 单选题】（2018 年）甲公司出纳刘某在为员工孙某办理业务时，发现采购发票上所注单价、数量与总金额不符，经查是销货单位填写单价错误，刘某采取的下列措施符合会计法律制度规定的是（　　）。

A. 由孙某写出说明，并加盖公司公章后入账

B. 将发票退给孙某，由销货单位重新开具发票后入账

C. 按总金额入账

D. 将单价更正后入账

【解析】（1）单价错误并非金额错误，单价错误的原始凭证是可以更正的；（2）原始凭证记载内容有误，应当由出具单位重开或更正，并在更正处加盖出具单位印章；（3）本题中，选项 D，并未提及由出具单位更正，而选项 B，非金额错误，也可以由出具单位重开，是最合适的选项。因此本题应选择 B 选项。

（六）财务会计报告

企业财务会计报告包括会计报表（资产负债表、利润表、现金流量表及相关附表）、会计报表附注和财务情况说明书。按编制时间分为年度、半年度、季度和月度财务会计报告。

企业对外提供的财务会计报告应当由企业负责人和主管会计工作的负责人、会计机构负责人（会计主管人员）签名并盖章。设置总会计师的企业，还须由总会计师签名并盖章。

（七）账务核对及财产清查

1. 账务核对

各单位应当定期将会计账簿记录与实物、款项及有关资料相互核对，保证会计账簿记录与实物及款项的实有数额相符、会计账簿记录与会计凭证的有关内容相符、会计账簿之间相对应的记录相符、会计账簿记录与会计报表的有关内容相符。

2. 财产清查

定期或不定期、全面或部分地对各项财产物资进行实地盘点和对库存现金、银行存款、债权债务进行清查核实。

二、会计档案管理

（一）会计档案的归档

1. 会计档案的归档范围

下列会计资料应当进行归档：

（1）会计凭证，包括原始凭证、记账凭证；

（2）会计账簿类，包括总账、明细账、日记账、固定资产卡片及其他辅助性账簿；

（3）财务会计报告类，包括月度、季度、半年度、年度财务会计报告；

（4）其他会计资料，包括银行存款余额调节表、银行对账单、纳税申报表、会计档案移交清册、会计档案保管清册、会计档案销毁清册、会计档案鉴定意见书及其他具有保存价值的会计资料。

2. 会计档案的归档要求

（1）满足条件的，单位内部形成的属于归档范围的电子会计资料可仅以电子形式保存，形成电子会计档案。满足条件的，单位从外部接收的电子会计资料附有符合《电子签名法》规定的电子签名的，可仅以电子形式归档保存，形成电子会计档案。

（2）单位的会计机构或会计人员所属机构（统称单位会计管理机构）按照归档范围和归档要求，负责定期将应当归档的会计资料整理立卷，编制会计档案保管清册。

（3）当年形成的会计档案，在会计年度终了后，可由单位会计管理机构临时保管一年，再移交单位档案管理机构保管。因工作需要确需推迟移交的，应当经单位档案管理机构同意。单位会计管理机构临时保管会计档案最长不超过 3 年。临时保管期间，会计档案的保管应当符合国家档案管理的有关规

定，且出纳人员不得兼管会计档案。

（二）会计档案的移交和利用

1. 会计档案的移交

单位会计管理机构在办理会计档案移交时，应当编制会计档案移交清册，并按照国家档案管理的有关规定办理移交手续。

单位档案管理机构接收电子会计档案时，应当对电子会计档案的准确性、完整性、可用性、安全性进行检测，符合要求的才能接收。

【例题3• 多选题】（2018年）根据会计法律制度的规定，单位下列资料中，应当按照会计档案归档的有（　　）。

A. 固定资产卡片

B. 纳税申报表

C. 年度预算方案

D. 年度财务工作计划

【解析】选项CD，各单位的预算、计划、制度等文件材料属于文书档案，不属于会计档案。因此，本题的正确答案是AB。

2. 会计档案的利用

单位应当严格按照相关制度利用会计档案，在进行会计档案查阅、复制、借出时履行登记手续，严禁篡改和损坏。

单位保存的会计档案一般不得对外借出。确因工作需要且根据国家有关规定必须借出的，应当严格按照规定办理相关手续。

（三）会计档案的保管期限

会计档案的保管期限分为永久、定期两类，从会计年度终了后的第一天算起，如表2-2所示。

表2-2　会计档案的保管期限

保管年限	会计档案
永久	年度财务会计报告、会计档案保管清册、会计档案销毁清册、会计档案鉴定意见书
30年	凭证、账簿
10年	其他财务会计报告、调节表、对账单、纳税申报表

【例题4• 单选题】（2018年）根据会计法律制度的规定，企业下列会计档案中，需要永久保管的是（　　）。

A. 记账凭证　　B. 原始凭证

C. 总账　　D. 年度财务报告

【解析】选项ABC，均应保存30年。因此，本题的正确答案是D。

（四）会计档案的鉴定和销毁

会计档案鉴定工作应当由单位档案管理机构牵头，组织单位会计、审计、纪检监察等机构或人员共同进行。

经鉴定可以销毁的会计档案，应当按照规定程序和要求销毁。

保管期满但未结清的债权债务原始凭证和涉及其他未了事项的会计凭证不得销毁，纸质会计档案应当单独抽出立卷，电子会计档案单独转存，保管到未了事项完结时为止。

三、会计监督

（一）单位内部会计监督

会计机构、会计人员依照法律的规定，通过会计手段对经济活动的合法性、合理性和有效性进行监督，如表2-3所示。

表2-3　单位内部会计监督

项目	具体内容
主体	各单位的会计机构、会计人员
对象	单位的经济活动
原则	单位建立与实施内部控制：①全面性原则；②重要性原则；③制衡性原则；④适应性原则；⑤成本效益原则。 小企业建立与实施内部控制：①风险导向原则；②适应性原则；③实质重于形式原则；④成本效益原则
企业内部控制措施	①不相容职务分离控制；②授权审批控制；③会计系统控制；④财产保护控制；⑤预算控制；⑥运营分析控制；⑦绩效考评控制
行政事业单位内部控制方法	①不相容岗位相互分离；②内部授权审批控制；③归口管理；④预算控制；⑤财产保护控制；⑥会计控制；⑦单据控制；⑧信息内部公开

（二）会计工作的政府监督

财政部门代表国家对各单位和单位中相关人员的会计行为实施监督检查，对发现的违法会计行为实施行政处罚。除财政部门外，审计、税务、人民银行、证券监管、保险监管等部门依照有关法律、行政法规规定的职责和权限，可以对有关单位的会计资料实施监督检查。

财政部门对各单位是否依法设置会计账簿；会计凭证、会计账簿、财务会计报告和其他会计资料是否真实、完整；会计核算是否符合《会计法》和国家统一的会计制度的规定；从事会计工作的人员是否具备专业能力、遵守职业道德等情况实施会计监督。

（三）会计工作的社会监督

注册会计师及其所在的会计师事务所等中介机构接受委托，依法对单位的经济活动进行审计，出具审计报告，发表审计意见。审计报告分为标准审计报告和非标准审计报告。

标准审计报告，是指不含有说明段、强调事项段、其他事项段或其他任何修饰性用语的无保留意见的审计报告。

非标准审计报告，是指带强调事项段或其他事项段的无保留意见的审计报告和非无保留意见的审计报告。非无保留意见，包括保留意见、否定意见和无法表示意见三种类型。

当存在下列情形之一时，注册会计师应当在审计报告中发表非无保留意见：①根据获取的审计证据，得出财务报表整体存在重大错报的结论；②无法获取充分、适当的审计证据，不能得出财务报表整体不存在重大错报的结论。

当存在下列情形之一时，注册会计师应当发表保留意见：①在获取充分、适当的审计证据后，注册会计师认为错报单独或汇总起来对财务报表影响重大，但不具有广泛性；②注册会计师无法获取充分、适当的审计证据以作为形成审计意见的基础，但认为未发现的错报（如存在）对财务报表可能产生的影响重大，但不具有广泛性。

第三节 会计机构和会计人员★

一、会计机构

各单位应当根据会计业务的需要，设置会计机构，或者在有关机构中设置会计人员并指定会计主管人员；不具备设置条件的，应当委托经批准从事会计代理记账业务的中介机构代理记账。

二、代理记账

（一）代理记账机构的审批

除会计师事务所以外的机构从事代理记账业务，应当经县级以上人民政府财政部门（简称审批机关）批准，领取由财政部统一规定样式的代理记账许可证书。

会计师事务所及其分所可以依法从事代理记账业务。

（二）代理记账的业务范围

（1）根据委托人提供的原始凭证和其他资料，按照国家统一的会计制度的规定进行会计核算，包括审核原始凭证、填制记账凭证、登记会计账簿、编制财务会计报告等。

（2）对外提供财务会计报告。

（3）向税务机关提供税务资料。

（4）委托人委托的其他会计业务。

（三）委托人、代理记账机构及其从业人员各自的义务

委托人委托代理记账机构代理记账，应当在相互协商的基础上，订立书面委托合同。

委托人应当履行下列义务：（1）对本单位发生的经济业务事项，应当填制或者取得符合国家统一的会计制度规定的原始凭证；（2）应当配备专人负责日常货币收支和保管；（3）及时向代理记账机构提供真实、完整的原始凭证和其他相关资料；（4）对于代理记账机构退回的，要求按照国家统一的会计制度规定进行更正、补充的原始凭证，应当及时予以更正、补充。代理记账机构及其从业人员应当履行下列义务：（1）遵守有关法律、法规和国家统一的会计制度的规定，按照委托合同办理代理记账业务；

（2）对在执行业务中知悉的商业秘密予以保密；（3）对委托人要求其做出不当的会计处理，提供不实的会计资料，以及其他不符合法律、法规和国家统一的会计制度行为的，予以拒绝；（4）对委托人提出的有关会计处理相关问题予以解释。

【例题 5• 判断题】（2018 年）委托人委托代理记账机构代理记账，可以订立口头委托合同。（　　）

【解析】委托人委托代理记账机构代理记账，应当在相互协商的基础上，订立书面委托合同。因此，本题应判断为错误。

三、会计岗位的设置

（一）会计工作岗位设置要求

会计工作岗位，可以一人一岗、一人多岗或者一岗多人。但出纳人员不得兼任稽核、会计档案保管和收入、费用、债权债务账目的登记工作。档案管理部门的人员管理会计档案，不属于会计岗位。

担任单位会计机构负责人（会计主管人员）的，应当具备会计师以上专业技术职务资格或者从事会计工作 3 年以上经历。

（二）会计人员回避制度

国家机关、国有企业、事业单位任用会计人员应当实行回避制度。单位领导人的直系亲属不得担任本单位的会计机构负责人、会计主管人员。会计机构负责人、会计主管人员的直系亲属不得在本单位会计机构中担任出纳工作。

需要回避的直系亲属为：夫妻关系、直系血亲关系、三代以内旁系血亲以及配偶亲关系。

（三）会计工作交接

会计人员调动工作、离职或者因病暂时不能工作，应与接管人员办清交接手续。

一般会计人员办理交接手续，由会计机构负责人（会计主管人员）监交；会计机构负责人（会计主管人员）办理交接手续，由单位负责人负责监交，必要时主管单位可以派人会同监交。

接替人员应当继续使用移交的会计账簿，不得自行另立新账，以保持会计记录的连续性。

移交人员对所移交的会计凭证、会计账簿、会计报表和其他有关资料的合法性、真实性承担法律责任。

（四）会计专业职务与会计专业技术资格

会计专业职务分为高级会计师、会计师、助理会计师和会计员。其中，高级会计师为高级职务，会计师为中级职务，助理会计师和会计员为初级职务。

会计专业技术资格分为初级资格、中级资格和高级资格三个级别。

（五）会计专业技术人员继续教育（2019 年调整）

（1）应当参加继续教育的人员范围。

① 具有会计专业技术资格的人员；

② 不具有会计专业技术资格但从事会计工作的人员。

（2）开始参加继续教育的时间。

① 具有会计专业技术资格的人员应当自取得会计专业技术资格的次年开始参加继续教育，并在规定时间内取得规定学分。

② 不具有会计专业技术资格但从事会计工作的人员应当自从事会计工作的次年开始参加继续教育，并在规定时间内取得规定学分。

（3）学分制。

① 会计专业技术人员参加继续教育实行学分制管理，每年参加继续教育取得的学分不少于 90 分。其中，专业科目一般不少于总学分的 2/3。

继续教育内容包括公需科目（包括但不限于专业技术人员应当普遍掌握的法律法规）和专业科目。

② 会计专业技术人员参加继续教育取得的学分，在全国范围内当年度有效，不得结转以后年度。

（4）会计专业技术人员参加继续教育情况，应当作为聘任会计专业技术职务或者申报评定上一级资格的重要条件。

（5）对会计专业技术资格人员参加继续教育情况实行登记管理。

6. 总会计师

国有的和国有资产占控股地位或者主导地位的大、中型企业必须设置总会计师。

第四节 会计职业道德★

一、会计职业道德

（一）主要内容

会计职业道德主要包括爱岗敬业、诚实守信、廉洁自律、客观公正、坚持准则、提高技能、参与管理、强化服务等内容。

（二）会计法律制度与会计职业道德的联系与区别

会计职业道德是对会计法律制度的重要补充，会计法律制度是对会计职业道德的最低要求。

会计职业道德与会计法律制度在内容上相互渗透、相互吸收；在作用上相互补充、相互协调。

会计法律制度与会计职业道德的区别，如表 2-4 所示。

表 2-4 会计法律制度与会计职业道德的区别

区别	会计法律制度	会计职业道德
性质不同	通过国家行政权力强制执行，具有很强的他律性	依靠会计从业人员的自觉性，具有很强的自律性
作用范围不同	侧重于调整会计人员的外在行为和结果的合法化，具有较强的客观性	不仅调整会计人员的外在行为，还调整会计人员内在的精神世界
表现形式不同	通过一定的程序由国家立法部门或行政管理部门制定、颁布的，其表现形式是具体的、明确的、正式形成文字的成文规定	出自于会计人员的职业生活和职业实践，其表现形式既有成文的规范，也有不成文的规范
实施保障机制不同	依靠国家强制力保证其贯彻执行	主要依靠道德教育、社会舆论、传统习俗和道德评价来实现
评价标准不同	以法律规定为评价标准	以道德评价为标准

（三）加强会计人员诚信建设的指导意见

2018 年 4 月 19 日，财政部发布了《关于加强会计人员诚信建设的指导意见》，明确了加强会计人员诚信建设的总体要求、增强会计人员诚信意识、加强会计人员信用档案建设、健全会计人员守信联合激励和失信联合惩戒机制以及强化组织实施等方面的内容（2019 年新增）。

第五节 违反会计法律制度的法律责任★

一、违反会计法律制度的法律责任

（1）违反国家统一的会计制度行为的法律责任。

① 违法行为。

a. 不依法设置会计账簿的行为。——账簿

b. 私设会计账簿的行为。——账簿

c. 未按照规定填制、取得原始凭证或者填制、取得的原始凭证不符合规定的行为。——凭证

d. 以未经审核的会计凭证为依据登记会计账簿或者登记会计账簿不符合规定的行为。——凭证

e. 随意变更会计处理方法的行为。——处理方法

f. 向不同的会计资料使用者提供的财务会计报告编制依据不一致的行为。——报表

g. 未按照规定使用会计记录文字或者记账本位币的行为。——记账文字和货币

h. 未按照规定保管会计资料，致使会计资料毁损、灭失的行为。——档案

i. 未按照规定建立并实施单位内部会计监督制度，或者拒绝依法实施的监督，或者

不如实提供有关会计资料及有关情况的行为。

j．任用会计人员不符合《会计法》规定的行为。

② 责任。

a．责令限期改正。

b．罚款。对单位：处 3000 元以上 5 万元以下的罚款。对其直接负责的主管人员和其他直接责任人员：处 2000 元以上 2 万元以下的罚款。

c．属于国家工作人员的，应当由其所在单位或有关单位依法给予行政处分。

d．会计人员有上述所列行为之一，情节严重的，5 年内不得从事会计工作。

e．构成犯罪的，依法追究刑事责任。

（2）伪造、变造会计凭证、会计账簿，编制虚假财务会计报告行为的法律责任。

（3）隐匿或者故意销毁依法应当保存的会计凭证、会计账簿、财务会计报告行为的法律责任。

（4）授意、指使、强令会计机构、会计人员及其他人员伪造、变造会计凭证、会计账簿，编制虚假财务会计报告或者隐匿、故意销毁依法应当保存的会计凭证、会计账簿、财务会计报告行为的法律责任。

（5）单位负责人对依法履行职责、抵制违反《会计法》规定行为的会计人员实行打击报复的法律责任。

（6）财政部门及有关行政部门工作人员职务违法行为的法律责任。

同步训练

一、单项选择题

1．某单位业务人员朱某在一家酒店招待业务单位人员，发生招待费 800 元。事后，他将酒店开出的发票金额改为 1800 元，并作为报销凭证进行了报销。朱某的行为属于下列违法行为中的（　　）。

A．伪造会计凭证行为

B．变造会计凭证行为

C．做假账行为

D．违反招待费报销制度行为

2．下列公司人员中，（　　）应当对本公司的会计工作和会计资料的真实性、完整性负责。

A．法定代表人

B．总会计师

C．主管会计工作的副总经理

D．出纳

3．下列各项中，不属于会计资料的是（　　）。

A．会计凭证

B．会计账簿

C．财务会计报告

D．经济合同

4．用涂改、挖补等手段来改变会计凭证、会计账簿等的真实内容、歪曲事实真相的行为属于（　　）。

A．变造会计凭证、会计账簿及其他会计资料的行为

B．提供虚假财务报告的行为

C．伪造会计凭证、会计账簿及其他会计资料的行为

D．一般违纪行为，免于处罚

5．下列各项中，不属于企业内部控制应当遵循的原则的是（　　）。

A．全面性原则

B．可比性原则

C．重要性原则

D．制衡性原则

6．下列选项中不属于企业内部控制措施的是（　　）。

A．相容职务分离控制

B．授权审批控制

C．会计系统控制

D．预算控制

7．下列选项中关于会计工作岗位表述不正确的是（　　）。

A．一人一岗

B．多岗多人

C．一人多岗

D．一岗多人

8. 下列人员中负责组织管理会计事务、行使会计机构负责人职权的是（　　）。

A. 会计主管人员

B. 主管会计

C. 主办会计

D. 总账会计

9. 下列关于会计职业道德的说法中正确的是（　　）。

A. 会计职业道德规范的对象为单位从事会计工作的会计人员

B. 会计职业道德是会计法律制度的重要组成部分

C. 会计职业道德与会计法律制度作用范围不同

D. 会计职业道德要求会计人员在职业活动中，发生道德冲突时把单位集体利益放在第一位

10. 会计人员在工作中“懒”“拖”的不良习惯，违背了会计职业道德规范中的（　　）的具体内容。

A. 爱岗敬业

B. 诚实守信

C. 坚持准则

D. 客观公正

11. 隐匿或故意销毁依法应当保存的会计资料，尚未构成犯罪的，应当根据《会计法》的有关规定，县级以上人民政府财政部门在予以通报的同时，可对单位并处（　　）的罚款。

A. 3000 元以上 5 万元以下

B. 5000 元以上 5 万元以下

C. 3000 元以上 10 万元以下

D. 5000 元以上 10 万元以下

12. 授意、指使、强令会计机构和会计人员及其他人员伪造、变造会计凭证、会计账簿，编制虚假财务会计报告，尚未构成犯罪的，应当根据《会计法》的有关规定，由县级以上人民政府财政部门对违法行为人处以（　　）的罚款。

A. 3000 元以上 5 万元以下

B. 5000 元以上 5 万元以下

C. 3000 元以上 10 万元以下

D. 5000 元以上 10 万元以下

二、多项选择题

1. 下列各项中，属于变造会计凭证行为的有（　　）。

A. 某公司为一客户虚开假发票一张，并按票面金额的 10% 收取好处费

B. 某业务员将购货发票上的金额 50 万元，用“消字灵”修改为 80 万元报账

C. 某企业出纳将一张报销凭证上的金额 7000 元涂改为 9000 元

D. 购货部门转来一张购货发票，原金额计算有误，出票单位已做更正并加盖出票单位公章

2. 关于会计账簿，下列表述正确的有（　　）。

A. 会计账簿登记，必须以经过审核的会计凭证为依据

B. 总账一般有订本账和活页账两种

C. 会计账簿记录发生错误或者隔页、缺号、跳行的，应当按照国家统一的会计制度规定的方法更正，并由会计人员和单位负责人在更正处盖章

D. 单位可以在法定会计账簿之外私设会计账簿

3. 小企业建立与实施内部控制，应当遵循的原则有（　　）。

A. 风险导向原

B. 适应性原则

C. 实质重于形式原则

D. 成本效益原则

4. 国务院财政部门和省、自治区、直辖市人民政府财政部门依法对（　　）进行监督指导。

A. 注册会计师协会

B. 会计师事务所

C. 注册会计师

D. 会计师事务所出具的审计报告的程序和内容

5. 2018 年 8 月，公司负责财产物资收发增减核算的会计张某因公外派，财务经理指定由出纳兼任张某的工作，并办理了交接手续，公司的这一做法（　　）。

A. 不符合规定，违背了单位内部控制的基本要求

B. 不符合规定，出纳人员不得兼管财产物资收发增减核算工作

C. 符合规定，设置会计工作岗位时，在符合内部牵制制度下可以一人多岗

D. 符合规定，出纳人员可以负责财产物资收发增减核算工作

6. 国家机关、国有企业、事业单位任用会计人员应当实行回避制度。需要回避的直系亲属有（　　）。

A. 夫妻关系

B. 直系血亲关系

C. 三代以内旁系血亲

D. 四代以内旁系血亲

7. 下列有关会计职业道德“客观公正”的表述中，正确的有（　　）。

A. 依法律办事是会计工作保证客观公正的前提

B. 扎实的理论功底和较高的专业技能是做到客观公正的重要条件

C. 在会计工作中客观是公正的基础，公正是客观的反映

D. 会计活动的整个过程保持独立

8. 下列各项中，符合会计职业道德“参与管理”的行为有（　　）。

A. 对公司财务会计报告进行综合分析并提交风险预警报告

B. 参加公司重大投资项目的可行性研究和投资效益论证

C. 分析坏账形成原因，提出加强授信管理、加快货款回收的建议

D. 分析现企业盈利能力，查找存在的问题，提出多计费用减少纳税的措施

9. 甲公司因连连亏损，单位负责人张某要求单位会计主管人员刘某把公司财务报表调整成利润收益20万元，遭到刘某拒绝，单位负责人张某则将刘某调到车间从事生产工作，据此，下列表述正确的有（　　）。

A. 张某有权力调动刘某工作岗位

B. 单位负责人授意、指使、强令会计人员编制虚假财务会计报告是违法行为

C. 对受打击报复的会计人员应当恢复其名誉和原有职位、级别

D. 对受打击报复的会计人员应当恢复其名誉和原有职务、级别

10. 《会计法》规定，对单位处5 000元以上100 000元以下罚款的行为有（　　）。

A. 伪造、变造会计凭证、会计账簿

B. 隐匿应当保存的财务会计报告

C. 故意销毁应当保存的会计凭证

D. 编制虚假财务会计报告

三、判断题

1. 财政部门在实施会计监督中发现重大违法嫌疑时，可以向与被监督单位有经济业务往来的单位和被监督单位开立账户的金融机构查询有关情况。（　　）

2. 审计机关有权对所有单位的会计凭证、会计账簿、会计报表等会计资料进行检查。（　　）

参考答案及解析

一、单项选择题

1. B【解析】变造会计凭证，是指用涂改、挖补等手段来改变会计凭证的真实内容，歪曲事实真相的行为。

2. A【解析】单位负责人对本单位的会计工作和会计资料的真实性、完整性负责。本题中选项A属于单位负责人。

3. D【解析】会计资料是在会计核算过程中形成的、记录和反映实际发生的经济业务事项的资料，包括会计凭证、会计账簿、财务会计报告和其他会计资料。

4. A【解析】变造会计凭证、会计账簿和其他会计资料，是指用涂改、挖补等手段来改变会计凭证、会计账簿等的真实内容，歪曲事实真相的行为，即篡改事实。

5. B【解析】本题考核内部控制的原则。企业、行政事业单位建立与实施内部控制，均应遵循全面性原则、重要性原则、制衡性原则和适应性原则。此外，企业还应遵循成本效益原则。

6. A【解析】选项A应该是不相容职务

分离控制。

7. B【解析】会计工作岗位可以一人一岗、一人多岗或者一岗多人。

8. A【解析】会计主管人员是在一个单位内具体负责会计工作的中层领导人员。担任单位会计机构负责人（会计主管人员）的，应当具备会计师以上专业技术职务资格或者从事会计工作3年以上经历。

9. C【解析】选项A，会计职业道德规范的对象，既有单位会计人员，也有注册会计师；选项B，会计职业道德是会计法律制度的重要补充；选项D，会计职业道德要求会计人员在职业活动中，发生道德冲突时把社会公众利益放在第一位。

10. A【解析】本题考核爱岗敬业的具体内容。

11. D【解析】隐匿或故意销毁依法应当保存的会计资料，尚未构成犯罪的，应当根据《会计法》的有关规定，县级以上人民政府财政部门在予以通报的同时，可对单位并处5 000元以上10万元以下的罚款。

12. B【解析】授意、指使、强令会计机构和会计人员及其他人员伪造、变造会计凭证、会计账簿，编制虚假财务会计报告，尚未构成犯罪的，应当根据《会计法》的有关规定，由县级以上人民政府财政部门对违法行为人处以5 000元以上5万元以下的罚款。

二、多项选择题

1. BC【解析】变造会计凭证的行为，是指采取涂改、挖补以及其他方法改变会计凭证真实内容的行为。

2. AB【解析】选项C，会计账簿记录发生错误或者隔页、缺号、跳行的，应当按照国家统一的会计制度规定的方法更正，并由会计人员和会计机构负责人在更正处盖章；选项D，任何单位不得在法定会计账簿之外私设会计账簿。

3. ABCD【解析】小企业建立与实施内部控制，应当遵循的原则包括：（1）风险导向原则；（2）适应性原则；（3）实质重于形式原则；（4）成本效益原则。

4. ABCD【解析】政府监督可以对社会监督进行再监督。财政部门可以依法对注册会计师、会计师事务所和注册会计师协会进行监督指导。财政部门可以对会计师事务所出具审计报告的程序和内容进行监督。

5. CD【解析】会计工作岗位可以一人一岗、一人多岗或者一岗多人，但出纳人员不得兼管稽核、会计档案保管和收入、支出、费用、债权、债务账目的登记工作。

6. ABC【解析】需要回避的直系血亲为：夫妻关系、直系血亲关系、三代以内旁系血亲以及配偶亲关系。

7. ABCD【解析】本题考核客观公正的表述。

8. ABC【解析】选项D，提出多计费用减少纳税的措施，违反法律规定，所以不符合会计职业道德中的参与管理。

9. BD【解析】单位负责人张某的行为属于打击报复会计人员的行为。对受打击报复的会计人员应当恢复其名誉和原有职务、级别。

10. ABCD【解析】伪造、变造会计凭证、会计账簿或者编制虚假财务会计报告，隐匿、故意销毁依法应当保存的会计凭证、会计账簿、财务会计报告，情节较轻，危害社会不大的，应对单位处5 000元以上100 000元以下罚款。

三、判断题

1. 对【解析】根据规定，国务院财政部门及其派出机构发现重大违法嫌疑时，可以向与被监督单位有经济业务往来的单位和被监督单位开立账户的金融机构查询有关情况，有关单位和金融机构应当给予支持。

2. 错【解析】审计、税务、人民银行、证券监管、保险监管等部门依照有关法律、行政法规规定的职责和权限，可以对“有关单位”的会计资料实施监督检查。

第三章　支付结算法律制度

第一节　支付结算概述★

一、支付结算的工具

我国目前使用的人民币非现金支付工具主要包括“三票一卡”和结算方式。“三票一卡”是指三种票据（汇票、本票、支票）和银行卡，结算方式包括汇兑、托收承付和委托收款。

我国目前已形成了以票据和银行卡为主体，以电子支付为发展方向的非现金支付工具体系。

二、支付结算的原则

（一）恪守信用、履约付款原则

在办理支付结算业务时，诚实守信就是要做到按照合同规定及时付款，不得无故拖延或者拒绝支付。

（二）谁的钱进谁的账、由谁支配原则

银行作为办理支付结算业务的中介机构，不仅有义务为客户款项保密，而且还应严格按客户的委托依法合规办理款项收付。除法律法规另有规定外，银行无权在未经存款人授权或委托的情况下，擅自动用存款人在银行账户里的资金。

（三）银行不垫款原则

银行是办理支付结算业务的中介机构，应按照付款人的委托，将资金支付给付款人指定的收款人，或者按照收款人的委托，将归收款人所有的资金转账收入转到收款人的账户中。

在实际工作中，要将银行资金与存款人资金严格区分开来，二者不能混淆。付款人账户内没有资金或资金不足，或者收款人应收的款项由于付款人的原因不能收回时，银行的中介职责可以不履行，因为银行没有为存款人垫付资金的义务。银行与存款人另有约定的除外。

三、支付结算的基本要求

（1）单位、个人和银行办理支付结算，必须使用按中国人民银行统一规定印制的票据凭证和结算凭证，否则，票据无效、结算凭证银行不予受理。

（2）单位、个人和银行应按《人民币银行结算账户管理办法》的规定开立、使用账户。

（3）票据和结算凭证上的签章和其他记载事项应当真实，不得伪造、变造。

① 单位、银行在票据和结算凭证上的签章，为该单位、银行的盖章，加其法定代表人或其授权的代理人的签名或者盖章。个人在票据和结算凭证上的签章，为该个人本人的签名或者盖章。

② “出票金额、出票日期、收款人名称”不得更改，更改的票据无效；更改的结算凭证，银行不予受理。对票据和结算凭证上的其他记载事项，“原”记载人可以更改，更改时应当由原记载人在更改处“签章”证明。

知识点拨

“伪造”与“变造”的区别。“伪造”是指无权限人假冒他人或虚构他人名义“签章”的行为；“变造”是指无权更改票据内容的人，对票据上“签章以外”的记载事项加以改变的行为。

③票据上的记载事项应当真实，不得伪造、变造。伪造、变造票据上的签章和其他记载事项的，应当承担法律责任。票据上有伪造、

变造的签章的，不影响票据上其他真实签章的效力。票据上其他记载事项被变造的，在变造之前签章的人，对原记载事项负责；在变造之后签章的人，对变造之后的记载事项负责；不能辨别是在票据被变造之前或者之后签章的，视同在变造之前签章。

（4）填写各种票据和结算凭证应当规范，如表 3-1 所示。

表 3–1　填写各种票据和结算凭证的规范

项目	具体规范
收款人名称	单位和银行的名称应当记载全称或者规范化简称。例如：中国银行业监督管理委员会的规范化简称为“银监会”
出票日期	票据的出票日期必须使用中文大写。 （1）月为壹、贰和壹拾的，日为壹至玖和壹拾、贰拾、叁拾的应在其前加“零”。例如：10 月 20 日，应写成“零壹拾月零贰拾日”。 （2）日为拾壹至拾玖的应在其前加“壹”
金额	票据和结算凭证金额以中文大写和阿拉伯数码同时记载，二者必须一致，二者不一致的票据无效；二者不一致的结算凭证，银行不予受理

【例题 1· 多选题】（2018 年）根据支付结算法律制度的规定，下列关于办理支付结算基本要求的表述中，正确的有（　　）。

A. 结算凭证的金额以中文大写和阿拉伯数码同时记载，二者必须一致

B. 票据上出票金额、收款人名称不得更改

C. 票据的出票日期可以使用阿拉伯数码记载

D. 票据上的签章为签名、盖章或者签名加盖章

【解析】选项 C：票据的出票日期必须使用中文大写。因此，本题的正确答案为 ABD。

第二节　银行结算账户★★★

一、银行结算账户的种类

按存款人不同，银行结算账户分为单位银行结算账户和个人银行结算账户。单位银行结算账户按“用途”不同，分为基本存款账户、一般存款账户、专用存款账户和临时存款账户。

二、银行结算账户的开立、变更和撤销

（一）开立

1. 开立地

存款人应在注册地或住所地开立银行结算账户。符合异地（跨省、市、县）开户条件的，也可以在异地开立银行结算账户。

2. 申请材料

存款人申请开立银行结算账户时，应填制开立银行结算账户申请书。开立单位银行结算账户时，应填写“开立单位银行结算账户申请书”，并加盖单位公章和法定代表人（单位负责人）或其授权代理人的签名或者盖章。存款人有组织机构代码、上级法人或主管单位的，应在“开立单位银行结算账户申请书”上如实填写相关信息。

3. 核准与备案

存款人开立“基本存款账户、临时存款账户（因注册验资和增资验资开立的临时存款账户除外）、预算单位专用存款账户、QFII 专用存款账户”实行核准制，经中国人民银行当地分支行核准并核发开户许可证后办理开户手续。

符合开立一般存款账户、其他专用存款账户和个人银行结算账户条件的，银行应办理开户手续，并于开户之日起 5 个工作日内向中国人民银行当地分支行备案。

备案类结算账户的变更和撤销也应于 2 个工作日内通过账户管理系统向中国人民银行当地分支行报备。

【2019 年新增考点】基本存款账户备案制试点：（1）自 2018 年 6 月 11 日起，试点地区中国人民银行分支机构对银行为企业（企

业法人、非法人企业、个体工商户）开立基本存款账户由核准制调整为备案制，不再核发基本存款账户开户许可证。（2）试点地区注册的企业在试点地区银行开立的基本存款账户，自开立之日起即可办理收付款业务，银行为企业开立基本存款账户应当实行面签制度，由2名（含）以上工作人员共同亲见企业法定代表人或者单位负责人在开户申请书和银行结算账户管理协议上签名确认。

4. 预留印章

开立银行结算账户时，银行应建立存款人预留签章卡片，并将签章式样和有关证明文件的原件或复印件留存归档。存款人为单位的，其预留签章为该单位的公章或财务专用章加其法定代表人（单位负责人）或其授权的代理人的签名或者盖章。存款人为个人的，其预留签章为该个人的签名或者盖章。

5. 单位银行结算账户开始办理付款业务的时间

（1）存款人开立单位银行结算账户，自“正式开立之日起3个工作日”后，方可使用该账户办理付款业务；但是，注册验资的临时存款账户转为基本存款账户、因借款转存开立的一般存款账户除外。

（2）对于核准类银行结算账户，“正式开立之日”为中国人民银行当地分支行的“核准日期”；对于备案类银行结算账户，“正式开立之日”为开户银行为存款人办理开户手续的日期。

【例题2·单选题】（2018年）下列存款人开立的银行结算账户中，须经中国人民银行分支机构核准的是（　　）。

A. 乙公安局在银行开立的预算单位专用存款账户

B. 丙公司在银行开立的用于注册验资的临时存款账户

C. 张某在银行开立的个人I类银行账户

D. 甲公司在银行开立的一般存款账户

【解析】需要中国人民银行核准后开立的账户仅限于：（1）基本存款账户；（2）临时存款账户（因注册验资和增资验资开立的除外）；（3）预算单位专用存款账户；（4）合格境外机构投资者在境内从事证券投资开立的人民币特殊账户和人民币结算资金账户。因此，本题的正确答案是A。

（二）变更

存款人银行结算账户资料有下列变更的，应于5个工作日内向开户银行申请并办理变更手续，开户银行2日内向人民银行报告：（1）存款人的账户名称；（2）单位的法定代表人或主要负责人；（3）地址、邮编、电话等其他开户资料。

存款人更改名称，但不改变开户银行及账号的，应于5个工作日内向开户银行提出银行结算账户的变更申请，并出具有关部门的证明文件。

单位的法定代表人或主要负责人、住址以及其他开户资料发生变更时，应于5个工作日内书面通知开户银行并提供有关证明。

属于变更开户许可证记载事项的，存款人办理变更手续时，应交回开户许可证，由中国人民银行当地分支行换发新的开户许可证。

（三）撤销

1. 法定情形

（1）被撤并、解散、宣告破产或关闭的。

（2）注销、被吊销营业执照的。

（3）因迁址需要变更开户银行的。

（4）其他原因需要撤销银行结算账户的。

知识点拨

“迁址”，如果不需要变更开户银行的，办理变更手续即可；如果需要变更开户银行的，应先办理账户撤销手续，并在撤销原基本存款账户后10日内申请重新开立基本存款账户。

2. 撤销手续

存款人撤销银行结算账户，必须与开户行核对银行结算账户存款余额，交回各种重要空白票据及凭证和开户许可证，银行核对无误后方可办理销户手续。

3. 撤销顺序

撤销银行结算账户时，应当先撤销一般存款账户、专用存款账户、临时存款账户，将账户资金转入基本存款账户后，方可办理基本存款账户的撤销。

4. 强制撤销

对按规定应撤销而未办理销户手续的单位银行结算账户，银行应通知存款人，自发出通知之日起“30日”内到开户银行办理销户手续，逾期视同自愿销户。

三、各类银行结算账户的开立和使用

（一）基本存款账户

1. 有资格开户的主体及证明文件

（1）企业法人，应出具企业法人营业执照正本。

（2）非法人企业，应出具企业营业执照正本。

（3）相关和实行预算管理的事业单位，应出具政府人事部门或编制委员会的批文或登记证书和财政部门同意其开户的证明，因年代久远、批文丢失等原因无法提供政府人事部门或编制委员会的批文或登记证书的，凭上级单位或主管部门出具的证明及财政部门同意其开户的证明开立基本存款账户。

（4）军队、武警团级（含）以上单位以及有关边防、分散执勤的支队，应出具军队军级以上单位财务部门、武警总队财务部门的开户证明。

（5）社会团体，应出具社会团体登记证书，宗教组织还应出具宗教事务管理部门的批文或证明。

（6）民办非企业组织，应出具民办非企业登记证书。

（7）外地常设机构，应出具其驻在地政府主管部门的批文。

（8）外国驻华机构，应出具国家有关主管部门的批文或证明；外资企业驻华代表处、办事处，应出具国家登记机关颁发的登记证。

（9）个体工商户，应出具个体工商户营业执照正本。

（10）居民委员会、村民委员会、社区委员会，应出具其主管部门的批文或证明。

单位附属独立核算的食堂、招待所、幼儿园，应出具其主管部门的基本存款账户开户许可证和批文。

按照现行法律法规规定可以成立的业主委员会、村民小组等组织，应出具政府主管部门的批文或证明。

2. 基本存款账户的使用

基本存款账户是存款人的主办账户，一个单位只能开立一个基本存款账户。存款人日常经营活动的资金收付及其工资、奖金和现金的支取，应通过基本存款账户办理。

【例题3·多选题】（2018年）下列可开立基本存款账户的有（　　）。

A. 丙会计师事务所　　B. 甲公司

C. 丁个体工商户　　D. 乙大学

【解析】ABCD选项都是可以开具基本存款账户的。因此，本题的正确答案是ABCD。

（二）一般存款账户

1. 开户证明文件

（1）存款人因向银行借款需要，应出具借款合同；

（2）存款人因其他结算需要，应出具有关证明。

2. 一般存款账户的使用

用于办理存款人借款转存、借款归还和其他结算的资金收付。一般存款账户可以办理现金缴存，但不得办理现金支取。

（三）专用存款账户

1. 适用范围

基本建设资金，更新改造资金，粮、棉、油收购资金，证券交易结算资金，期货交易保证金，信托基金，政策性房地产开发资金，单位银行卡备用金，住房基金，社保基金，收入汇缴资金、业务支出资金，党、团、工会经费等资金。

2. 开户证明文件

存款人申请开立专用存款账户，应向银行出具其开立基本存款账户规定的证明文件、基本存款账户开户许可证和其他相关批文与证明。

开立QFII专用存款账户应出具国家外汇管理部门的批文及证券投资业务许可证。

3. 专用存款账户的使用

（1）单位银行卡账户的资金（备用金）

必须由其基本存款账户转账存入。该账户不得办理现金收付业务。

（2）证券交易结算资金、期货交易保证金和信托基金专用存款账户不得支取现金。

（3）基本建设资金、更新改造资金、政策性房地产开发资金账户需要支取现金的，应在开户时报中国人民银行当地分支行批准。

（4）粮、棉、油收购资金，社会保障基金，住房基金和党、团、工会经费等专用存款账户支取现金应按照国家现金管理的规定办理。

（5）收入汇缴账户除向其基本存款账户或预算外资金财政专用存款账户划缴款项外，只收不付，不得支取现金。业务支出账户除从其基本存款账户拨入款项外，只付不收，其现金支取必须按照国家现金管理的规定办理。

知识点拨

一般账户不能和基本账户在同一个银行网点机构，一般存款账户可以在基本存款账户开户银行以外的银行机构开立 。专用账户是根据资金的特定用途和专项管理而开立的，无银行限制。

【例题4·单选题】（2016年）某电影制作企业临时到外地拍摄，其在外地设立的摄制组可以开立的账户为（　　）。

A. 专用存款账户

B. 基本存款账户

C. 一般存款账户

D. 临时存款账户

【解析】该电影制作企业在外地临时设立摄制组属于“设立临时机构”，可以开立临时存款账户。因此，本题的正确答案是D。

（四）预算单位零余额账户

（1）预算单位使用财政性资金，应当按照规定的程序和要求，向财政部门提出设立零余额账户的申请，财政部门同意预算单位开设零余额账户后通知代理银行。

（2）代理银行按国家规定具体办理开设预算单位零余额账户业务，并将所开账户的开户行名称、账号等书面报告给财政部门和中国人民银行，并由财政部门通知一级预算单位。

（3）预算单位根据财政部门的开户通知，具体办理预留印鉴手续。

（4）一个基层预算单位开设一个零余额账户。

（5）预算单位零余额账户用于财政授权支付，可以办理转账、提取现金等结算业务，可以向本单位按账户管理规定保留的相应账户划拨工会经费、住房公积金及提租补贴，以及财政部门批准的特殊款项，不得违反规定向本单位其他账户和上级主管单位、所属下级单位账户划拨资金。

（五）临时存款账户

1. 适用范围

（1）设立临时机构：驻在地主管部门同意设立临时机构的批文。

（2）异地临时经营活动：营业执照正本＋临时经营地工商部门批文或施工许可证或建筑施工及安装合同。

（3）注册验资、增资。

（4）军队、武警单位承担基本建设或者异地执行作战、演习、抢险救灾、应对突发事件等临时任务。

2. 临时存款账户的使用

临时存款账户用于办理临时机构以及存款人临时经营活动发生的资金收付。临时存款账户应根据有关开户证明文件确定的期限或存款人的需要确定其有效期，最长不得超过2年。支取现金应按国家现金管理的有关规定办理。注册验资的临时存款账户在验资期间只收不付。

（六）个人银行结算账户

1. 个人银行结算账户的概述

（1）个人银行结算账户和储蓄账户

个人银行结算账户是指存款人因投资、消费、结算等需要以自然人名称凭个人身份证件开立的可办理支付结算业务的存款账户。个人银行结算账户可用于办理个人转账收付和现金存取。储蓄账户仅限于办理现金存取业务，不得办理转账结算。

自然人可根据需要申请开立个人银行结算账户，也可以在已开立的储蓄账户中选择并向开户银行申请确认为个人银行结算账户。

（2）个人银行账户的种类（见表3-2）

表 3-2　个人银行账户的种类

种类	概念
Ⅰ类银行账户	为存款人提供存款、购买投资理财产品等金融产品、转账、消费和缴费支付、支取现金等服务
Ⅱ类银行账户	为存款人提供存款、购买投资理财产品等金融产品、限定金额的消费和缴费、限额向非绑定账户转出资金业务，可以配发银行卡实体卡片；经银行柜面、自助设备加以银行工作人员现场面对面确认身份的，Ⅱ类户还可以办理存取现金、非绑定账户资金转入业务
Ⅲ类银行账户	为存款人提供限定金额的消费和缴费支付服务、限额向非绑定账户转出资金业务 【2019 年调整】Ⅲ类户账户余额不得超过 2000 元
Ⅱ类户还可以办理限额存取现金、限额非绑定账户资金转入业务，可以配发银行卡实体卡片； Ⅲ类户不得存取现金，不配发银行卡实体卡片	

2. 开户方式

（1）柜面开户。可开立Ⅰ类户、Ⅱ类户、Ⅲ类户。

（2）自助机具开户。通过远程视频柜员机和智能柜员机等自助机具受理银行账户开户申请，银行工作人员现场核验开户申请人身份信息的，银行可为其开立Ⅰ类户；银行工作人员未现场核验开户申请人身份信息的，银行可为其开立Ⅱ类户、Ⅲ类户。

（3）电子渠道开户。通过网上银行和手机银行等电子渠道受理银行账户开户申请的，银行可以为开户申请人开立Ⅱ类户、Ⅲ类户。

（4）代理开户。开户申请人开立个人银行账户或者办理其他个人银行账户业务，原则上应当由开户申请人本人亲自办理；符合条件的，可以由他人代理办理。

他人代理开立个人银行账户的，代理人应出具代理人、被代理人的有效身份证件以及合法的委托书等。银行认为有必要的，应要求代理人出具证明代理关系的公证书。

存款人开立代发工资、教育、社会保障（如社保、医保、军保）、公共管理（如公共事业、拆迁、捐助、助农扶农）等特殊用途的个人银行账户时，可由所在单位代理办理。单位代理个人开立银行账户的，应提供单位证明材料、被代理人有效身份证件的复印件或影印件。

单位代理开立的个人银行账户，在被代理人持本人有效身份证件到开户银行办理身份确认、密码设（重）置等激活手续前，该银行账户只收不付。

无民事行为能力或限制民事行为能力的开户申请人，由法定代理人或者人民法院、有关部门依法指定的人员代理办理。

因身患重病、行动不便、无自理能力等无法自行前往银行的存款人办理挂失、密码重置、销户等业务时，银行可采取上门服务方式办理，也可由配偶、父母或成年子女凭合法的委托书、代理人与被代理人的关系证明文件、被代理人所在社区居委会（村民委员会）及以上组织或县级以上医院出具的特殊情况证明代理办理。

3. 开户证明文件

根据个人银行账户实名制的要求，存款人申请开立个人银行账户时，应向银行出具本人有效身份证件，银行通过有效身份证件仍无法准确判断开户申请人身份的，应要求其出具辅助身份证明材料。

4. 个人银行结算账户的使用

（1）下列款项可以转入个人银行结算账户：工资、奖金收入；稿费、演出费等劳务收入；债券、期货、信托等投资的本金和收益；个人债权或产权转让收益；个人贷款转存；证券交易结算资金和期货交易保证金；继承、赠予款项；保险理赔、保费退还等款项；纳税退还；农、副、矿产品销售收入等。

（2）单位从其银行结算账户支付给个人银行结算账户的款项，每笔超过 5 万元（不包含 5 万元）的，应向其开户银行提供付款依据。

（3）从单位银行结算账户支付给个人银行结算账户的款项应纳税的，税收代扣单位付款时应向其开户银行提供完税证明。

【例题 5• 多选题】（2015 年）根据支付结算法律制度的规定，下列资金中，可以转入个人人民币卡账户的有（　　）。

A. 个人合法的劳务报酬

B. 个人合法的投资回报

C. 工资性款项

D. 单位的款项

【解析】个人人民币卡账户的资金以其持有的现金存入或以其工资性款项、“属于个人”的合法的劳务报酬、投资回报等收入转账存入。因此，本题的正确答案是ABC。

（七）异地银行结算账户

1. 适用范围

（1）营业执照注册地与经营地不在同一行政区域需要开立基本存款账户的。

（2）办理异地借款和其他结算需要开立一般存款账户的。

（3）存款人因附属的非独立核算单位或派出机构发生的收入汇缴或业务支出需要开立专用存款账户的。

（4）异地临时经营活动需要开立临时存款账户的。

（5）自然人根据需要在异地开立个人银行结算账户的。

2. 开户证明文件

（1）异地借款的存款人在异地开立一般存款账户的，应出具在异地取得贷款的借款合同。

（2）因经营需要在异地办理收入汇缴和业务支出的存款人在异地开立专用存款账户的，应出具隶属单位的证明。

知识点拨

不得办理现金支取的账户有：①一般存款账户；②财政预算外资金、证券交易结算资金、期货交易保证金和信托基金专用存款账户；③单位银行卡账户；④收入汇缴账户；⑤验资账户；⑥Ⅱ类个人银行账户和Ⅲ类个人银行账户。

四、银行结算账户的管理

（一）实名制管理

（1）存款人应当以“实名开立”银行结算账户，并对其出具的开户（变更、撤销）申请资料实质内容的真实性负责，但法律、行政法规另有规定除外。

（2）不得出租、出借银行结算账户和利用银行结算账户套取银行信用或洗钱。

（二）事项办理

存款人申请“临时存款账户展期”“变更、撤销单位银行结算账户”“补（换）发开户许可证”“变更预留公章、财务章、个人签章”时，可由法定代表人或单位负责人直接办理，也可授权他人办理。

（三）违反银行结算账户规定的法律责任（见表3–3）

表3–3　违反银行结算账户规定的法律责任

类型	具体行为	法律责任
开立、撤销过程中的违法行为	违反规定开立银行结算账户	（1）非经营性的存款人：给予警告并处以1 000元的罚款； （2）经营性的存款人：给予警告并处以1万元以上3万元以下的罚款； （3）构成犯罪：移交司法机关依法追究刑事责任
	伪造、变造证明文件欺骗银行开立银行结算账户	
	违反规定不及时撤销银行结算账户	
	伪造、变造、私自印制开户许可证	（1）非经营性的存款人：处以1 000元的罚款； （2）经营性的存款人：处以1万元以上3万元以下的罚款； （3）构成犯罪：移交司法机关依法追究刑事责任
使用过程中的违法行为	违反规定将单位款项转入个人银行结算账户	（1）非经营性的存款人：给予警告并处以1 000元罚款； （2）经营性的存款人：给予警告并处以5 000元以上3万元以下的罚款
	违反规定支取现金	
	利用开立银行结算账户逃废银行债务	
	出租、出借银行结算账户	

续表

类型	具体行为	法律责任
使用过程中的违法行为	从基本存款账户之外的银行结算账户转账存入、将销货收入存入或者现金存入单位信用卡账户	（1）非经营性的存款人：给予警告并处以 1 000 元罚款； （2）经营性的存款人：给予警告并处以 5 000 元以上 3 万元以下的罚款
	法定代表人或者主要负责人、存款人地址以及其他开户资料的变更事项未在规定期限内通知银行	给予警告并处以 1 000 元罚款

【例题 6· 单选题】（2017 年）根据支付结算法律制度的规定，关于银行结算账户管理的下列表述中，不正确的是（　　）。

A. 存款人可以出借银行结算账户

B. 存款人应当以实名开立银行结算账户

C. 存款人不得利用银行结算账户洗钱

D. 存款人不得出租银行结算账户

【解析】存款人应当按照账户管理规定使用银行结算账户办理结算业务，不得出租、出借银行结算账户，不得利用银行结算账户套取银行信用或进行洗钱活动。因此，本题的正确答案是 A。

第三节 票据★★★

一、票据的基础知识

（一）票据的含义和种类

票据是指出票人依法签发的，约定自己或者委托付款人在见票时或指定的日期向收款人或持票人无条件支付一定金额并可转让的有价证券。我国《票据法》上的票据仅指汇票、本票和支票。

（二）票据当事人

票据当事人是指在票据法律关系中，享有票据权利、承担票据义务的主体。票据当事人包括基本当事人和非基本当事人。票据关系的基本当事人包括出票人、收款人、付款人，他们是构成票据法律关系的必要主体。汇票和支票的基本当事人是出票人、收款人、付款人；银行本票的基本当事人是出票人、收款人。

非基本当事人是指票据已经成立，通过各种票据行为而加入到票据关系中的当事人，包括承兑人、背书人、被背书人、保证人等。票据流转程序如图 3-1 所示。

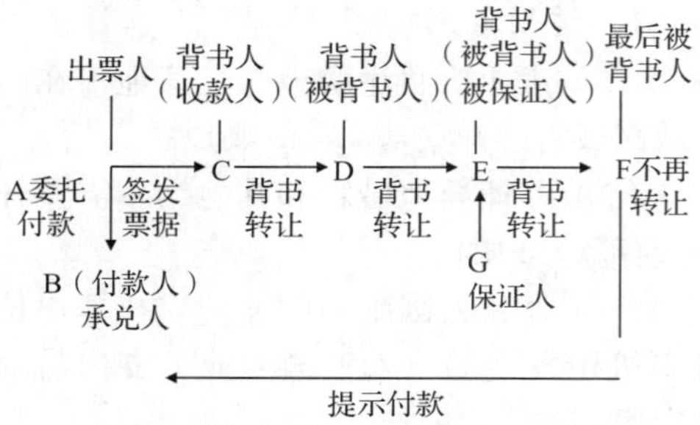

图 3-1　票据流转程序

图中 A，出票人，是指依法定方式签发票据并将票据交付给收款人的人。

图中 B，付款人，是指由出票人委托付款或自行承担付款责任的人。

图中 C，收款人，是指票据到期后有权收取票据所载金额的人，亦称抬头人。如果票据没有经过背书转让，收款人又是持票人。

图中 B，承兑人，是指接受汇票出票人的付款委托，同意承担支付票款义务的人，它是汇票主债务人。对于本票和支票不存在承兑人。

背书人（图中 CDE）与被背书人（图中 DEF），背书人是指在转让票据时，在票据背面或粘单上签字或盖章，并将该票据交付给受让人的票据收款人或持有人。被背书人是指被记名受让票据或接受票据转让的人。背书后，被背书人成为票据新的持有人，享有票据的所有权利。

第一次背书中的被背书人就是第二次背书中的背书人，如图中的 D、E。

图中 F，持票人，即指持有票据的人。

图中 G，保证人，是指为票据债务提供担保的人，由票据债务人以外的第三人担当。

【例题7· 多选题】 下列各项中，属于票据基本当事人的有（　　）。

A. 出票人　　B. 收款人

C. 付款人　　D. 保证人

【解析】 票据的基本当事人包括出票人、付款人和收款人；保证人属于非基本当事人。因此，本题的正确答案是ABC。

（三）票据的特征和功能

1. 票据的特征

（1）票据是“完全有价证券”。即票据权利完全证券化，票据权利与票据本身融为一体、不可分离，也就是说，票据权利的产生、行使、转让和消灭都离不开票据。完全有价证券这一特征可以通过票据的“设权证券”“提示证券”“交付证券”和“缴回证券”等特征来体现。

（2）票据是“文义证券”。即票据上权利义务的内容必须以票据上的文字记载为准，即使票据上的记载和实际情况不符，也不允许当事人以票据外的方法加以变更或者补充。例如，票据上记载的出票日是1月5日，但实际出票日是1月3日。此时，票据权利以记载的出票日1月5日为准。

（3）票据是“无因证券”。即票据上的法律关系是一种单纯的金钱支付关系，权利人享有票据权利只以持有符合《票据法》规定的有效票据为必要。至于票据赖以发生的原因则在所不问。即使原因关系无效或有瑕疵，均不影响票据的效力。但是，不能将“无因性”绝对化，其例外情况见下文的“票据抗辩”。

例如，基于买卖关系，甲公司向乙公司签发50万元汇票支付货款，乙公司基于和丙公司之间的购销关系，将该汇票（甲公司出票的汇票）背书转让给丙公司。则丙公司在请求付款时，无须证明上述民事合同合法有效。即使甲、乙两公司之间的买卖关系不存在了或者有瑕疵，只要该汇票符合《票据法》的形式要件，则丙公司就是合格的持票人，可以行使票据权利。

（4）票据是“金钱债权证券”。即票据上体现的权利性质是财产权而不是其他权利，财产权的内容是请求支付一定的金钱而不是物品。

（5）票据是“要式证券”。即①票面记载要严格按照《票据法》及相关法规的规定记载，否则会影响票据的效力甚至导致票据的无效；②票据上的行为（出票、背书、承兑、保证、追索等）必须严格按照规定的程序和规则进行，否则票据行为无效。

（6）票据是“流通证券”。即票据的流通非常灵活，无须依民法有关债权让与的规定。例如，无记名票据，可依单纯交付而转让；记名票据，经背书交付可以转让。

知识点拨

票据还具有“独立性”，即同一票据所为的若干票据行为互不牵连，都分别依各行为人在票据上记载的内容，独立地发生效力。该性质说明，在先票据行为无效，不影响后续票据行为的效力；某一票据行为无效，不影响其他票据行为的效力。

【例题8· 多选题】（2015年）下列各项中，体现票据“完全有价证券”特征的有（　　）。

A. 交付证券

B. 提示证券

C. 设权证券

D. 缴回证券

【解析】 票据是完全有价证券，这一特征可以通过票据的“设权证券”“提示证券”“交付证券”“缴回证券”等特征来体现。因此，本题的正确答案是ABCD。

2. 票据的功能

（1）支付功能。票据最简单、最基本的作用就是作为支付手段。用票据代替现金作为支付工具。

（2）汇兑功能。主要是为了解决现代社会经济生活中，异地转移金钱的需要，以减少现金的往返运送，从而避免风险、节约费用。

（3）信用功能。现代商品交易中，卖方通常不能在交付货物的同时获得价金的支付。如果这时买方向卖方签发票据，就可以将挂账信用转化为票据信用，把一般债权转化为票据债权，使得权利外观明确、清偿时间确定、转让手续简便。

知识点拨

支票不具备信用功能。

（4）结算功能，又称为债务抵销功能。例如，互有债务的双方当事人各签发一张票据给对方，待两张票据都届期即可抵销债务，差额部分由一方以现金支付。

（5）融资功能。就是利用票据筹集、融通或调度资金。如票据贴现，即通过对未到期票据的买卖，使持有未到期票据的持票人通过出售票据获得现金。

二、票据权利与责任★★

（一）票据权利概述

票据权利，是指持票人向票据债务人请求支付票据金额的权利，包括付款请求权和追索权。

1．付款请求权——首次权利

付款请求权，是指持票人向汇票的承兑人、本票的出票人、支票的付款人出示票据要求付款的权利，是第一顺序权利，又称主要票据权利。

知识点拨

持票人必须先向付款人（或承兑人）行使“付款请求权”，不能越过“付款请求权”直接行使“追索权”。

2．追索权——第二次权利

票据追索权，是指票据当事人行使付款请求权遭到拒绝或有其他法定原因存在时，向其前手请求偿还票据金额及其他法定费用的权利，是第二顺序权利，又称偿还请求权。

（1）适用情形（见表 3-4）

表 3–4　票据追索权的适用情形

拒绝付款	票据已经到期，在法定时限内，持票人向票据付款人或者承兑人做付款提示，遭其拒绝时，持票人可依法行使追索权	到期追索
拒绝承兑	票据签发后，在法定时限内，持票人向付款人做提示承兑，付款人拒绝承兑时，持票人可依法向其前手行使追索权	期前追索
破产、无钱	票据虽未到期，但持票人得知票据的付款人或承兑人已经被宣告破产，或因其他原因实质上已无款可付，持票人在向法院提出诉讼保全后，可依法向所有票据债务人行使追索权	期前追索
死亡、逃匿	当承兑人或付款人死亡、逃匿时，持票人也可以向票据的其他债务人行使追索权	期前追索

（2）追索权的行使（形式要件）

① 提供拒绝证明。

持票人行使追索权时，应当提供被拒绝承兑或者被拒绝付款的有关证明。

持票人提示承兑或者提示付款被拒绝的，承兑人或者付款人必须出具拒绝证明，或者出具退票理由书。未出具拒绝证明或者退票理由书的，应当承担由此产生的民事责任。

持票人因承兑人或者付款人死亡、逃匿或者其他原因，不能取得拒绝证明的，可以依法取得其他有关证明。

承兑人或者付款人被人民法院依法宣告破产的，人民法院的有关司法文书具有拒绝证明的效力。

承兑人或者付款人因违法被责令终止业务活动的，有关行政主管部门的处罚决定具有拒绝证明的效力。

② 追索程序。

持票人按照法定手续保全了追索权之后，就可进入行使追索权的程序。

a．发出追索通知。

被通知人包括出票人、背书人、保证人等。

持票人应当自收到被拒绝承兑或者被拒绝付款的有关证明之日起 3 日内，将被拒绝事由书面通知其前手；其前手应当自收到通知之日起 3 日内书面通知其再前手。持票人也可以同时向各汇票债务人发出书面通知。

b．确定追索对象。

持票人可以不按照汇票债务人的先后顺序，对其中任何一人、数人或者全体行使追索权。出票人、背书人、承兑人和保证人均为被追索人，该等被追索人对持票人承担连带责任。

c. 请求清偿和受领。

持票人行使追索权，可以请求被追索人支付的金额和费用包括：被拒绝付款的汇票金额；汇票金额自到期日或者提示付款日起至清偿日止，按照中国人民银行规定的同档次流动资金贷款利率计算的利息；取得有关拒绝证明和发出通知书的费用。（此为首次追索金额）

再追索金额：已清偿的全部金额；前项金额自清偿日至再追索清偿日，按中国人民银行规定的利率计算的利息；发出通知书的费用。

例如，A 签发一张汇票交付给 B，B 背书给 C，C 又背书给 D，这属于一般背书，但如果 D 又背书给 B，则属于“回头背书”。此时持票人 B 只能向前手 A 行使追索权，不能向其原来的后手 C 和 D 行使追索权。作为被追索人的出票人、背书人、承兑人和保证人，对持票人承担的责任为连带责任。

（3）追索的效力

被追索人依照规定清偿债务后，其责任解除，与持票人享有同一权利。

知识点拨

付款请求权只有一次，追索权可以有多次。例如，A出票给B，甲是付款人，B又将该票据背书转让给C，C背书转让给D，D背书转让给E。E作为持票人向甲行使付款请求权被拒绝时，可以向所有的前手行使追索权。所以，票据转让的次数越多，可追索的对象越多。

【例题 9• 多选题】关于票据追索的下列说法中，正确的有（　　）。

A. 票据追索只能要求偿还票据金额

B. 持票人不能出示拒绝证明、退票理由书或者未按照规定期限提供其他合法证明的，丧失对其前手的追索权

C. 票据的出票人、背书人、承兑人和保证人对持票人承担连带责任，都有可能成为追索对象

D. 发出追索通知没有时间要求

【解析】票据追索可以要求支付票据金额的利息和取得证明或发出通知的相关费用。所以选项 A 错误。持票人应当自收到被拒绝承兑或者被拒绝付款的有关证明之日起 3 日内，将被拒绝事由书面通知其前手；其前手应当自收到通知之日起 3 日内书面通知其再前手，因此发出追索通知有明确的时间要求。所以选项 D 错误。因此，本题的正确答案是 BC。

（二）票据权利的取得

1. 取得方式

票据权利的取得方式包括原始取得和继受取得两种。

原始取得包括签发取得（从出票人处取得）和善意取得。

继受取得包括票据法上的继受取得（背书转让）和非票据法上的继受取得（因普通债权转让、税收、继承、赠予、企业合并、营业受让等方式获得票据）。

2. 须注意的几个问题

（1）票据的取得，必须给付对价，即应当给付双方当事人认可的相对应的对价。（“对价”原则）

（2）因税收、继承、赠予可以依法无偿取得票据的，不受给付对价之限制。但是，如果票据的取得是无对价或无相当对价的，该票据权利不得优于其前手。即前手有权，后手有；前手无权，后手无。（“对价”原则的例外）

例如，甲开具票据给乙，乙又将票据背书给丙，双方都是有对价的。如果丙将票据赠给丁，丙、丁之间就是一种无对价的关系。则丁的票据权利就要受丙票据权利的限制。乙就可以用对抗丙的理由来对抗丁。

（3）取得票据不享有票据权利的情形：①以欺诈、偷盗或者胁迫等手段取得票据的，或者明知有前述情形，出于恶意（泛指各种不正当方法，包括受让人明知让与人为无处分权人，而仍接收其票据转让）取得票据的，不得享有票据权利；②持票人因重大过失取得不符合《票据法》规定的票据的，也不得享有票据权利。

后手善意有偿的，可以善意取得，不受前手盗赃物、遗失物的瑕疵影响。

票据权利的取得要件如图 3-2 所示。

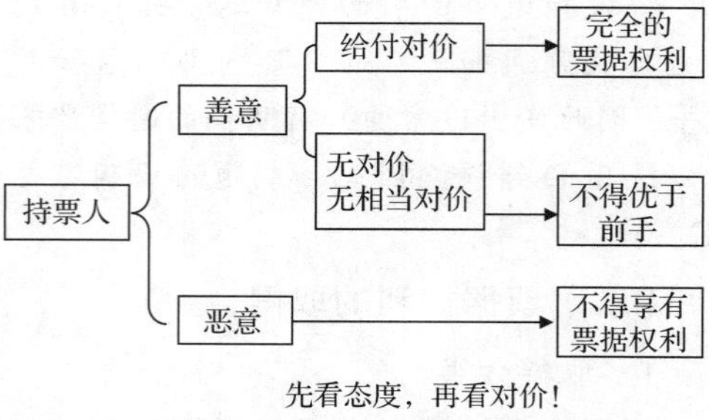

图 3-2　票据权利的取得要件

例如，甲签发票据给乙，乙背书转让给丙，丁胁迫丙将票据背书转让给自己。

丁：恶意→不享有票据权利。

若丁赠给不知情的戊，善意、无对价→权利不得优于丁，戊不享有票据权利。

若丁有偿转让给不知情的庚，善意、有对价→不受前手权利瑕疵的影响，享有完全票据权利。

（三）票据权利的行使与保全

票据权利的行使，是指票据权利人向票据债务人提示票据，请求实现票据权利的行为。如请求承兑、行使追索权等。票据权利的保全，是指票据权利人为防止票据权利的丧失而实施的行为。票据权利的保全方式包括提示承兑、要求承兑人或付款人提供拒绝承兑或拒绝付款的证明等。

持票人对票据债务人行使票据权利，或者保全票据权利，应当在票据当事人的营业场所和营业时间内进行，票据当事人无营业场所的，应当在其住所进行。

（四）票据权利丧失补救

票据丧失是指票据因灭失、遗失、被盗等原因而使票据权利人脱离其对票据的占有。票据丧失后可以采取“挂失止付、公示催告、普通诉讼”三种形式进行补救。

1. 挂失止付

挂失止付是指失票人将丧失票据的情况通知付款人或代理付款人，由接受通知的付款人或代理付款人审查后暂停支付的一种方式。

（1）性质

挂失止付不是丧失票据后采取的必经措施，而是一种暂时的预防措施。失票人既可以在票据丧失后，先挂失止付，再向法院申请公示催告或提起诉讼；也可以在票据丧失后，直接向法院申请公示催告或提起诉讼。

（2）可以挂失止付的票据种类

只有确定付款人或代理付款人的票据丧失时才可进行挂失止付。可以挂失止付的票据类型具体包括四种：已承兑的商业汇票、支票、填明“现金”字样和代理付款人的银行汇票、填明“现金”字样的银行本票。

（3）法律效果

付款人或者代理付款人收到挂失止付通知书后，经查明票据确实未付款时，应立即暂停支付。否则，应承担民事赔偿责任。付款人或者代理付款人自收到挂失止付通知书之日起 12 日内没有收到人民法院的止付通知书的，自第 13 日起，挂失止付通知书失效。

知识点拨

挂失止付通知书应当记载如下事项：（1）票据丧失的时间、地点、原因；（2）票据种类、号码、金额、出票日期、付款日期、付款人名称、收款人名称；（3）挂失止付人的姓名、营业场所或者住所以及联系方法。欠缺上述记载事项之一的，银行不予受理。

2. 公示催告

公示催告的相关内容如表 3-5 所示。

表 3-5　公示催告相关内容

项目		相关内容
概念		指在票据丧失后，由失票人向人民法院提出申请，请求人民法院以公告方式通知不确定的利害关系人限期申报权利，逾期未申报者，由人民法院通过除权判决宣告所丧失的票据无效的一种制度
适用范围	适用	可以背书转让的票据丧失的，可以申请公示催告
	不适用	填明“现金”字样的银行汇票、银行本票和现金支票不能申请公示催告

续表

项目		相关内容
程序	申请	申请书应当载明的内容包括：票面金额；出票人、持票人、背书人；申请的理由、事实；通知挂失止付的时间；付款人或代理付款人的名称、地址、电话等
	受理	人民法院受理公示催告申请的，同时通知支付人及代理人停止支付，并自立案之日起 3 日内发布公告，催告利害关系人申报权利
	公告	国内公示催告期间不得少于 60 日，涉外票据可根据具体情况适当延长，但最长不得超过 90 日，且公示催告期间届满日不得早于票据付款日后 15 日。 公示催告期间，转让票据权利的行为无效，以公示催告的票据质押、贴现而接受该票据的持票人主张票据权利的，人民法院不予支持，但公示催告期间届满以后人民法院做出除权判决以前取得该票据的除外
	申报	利害关系人应当在公示催告期间向法院申报票据权利，法院收到利害关系人的申报后，应当裁定终结公示催告程序，并通知申请人和支付人
	除权	在申报权利的期间无人申报权利，或者申报被驳回的，申请人应当自公示催告期间届满之日起 1 个月内申请做出判决。逾期不申请判决的，终结公示催告程序
	付款	除权判决公告之日起，公示催告申请人有权依据判决向付款人请求付款
	对利害关系人权利的救济	利害关系人因正当理由不能在判决前向人民法院申报的，自知道或者应当知道判决公告之日起 1 年内，可以向做出判决的人民法院起诉，请求人民法院撤销除权判决

公示催告具体流程如图 3-3 所示。

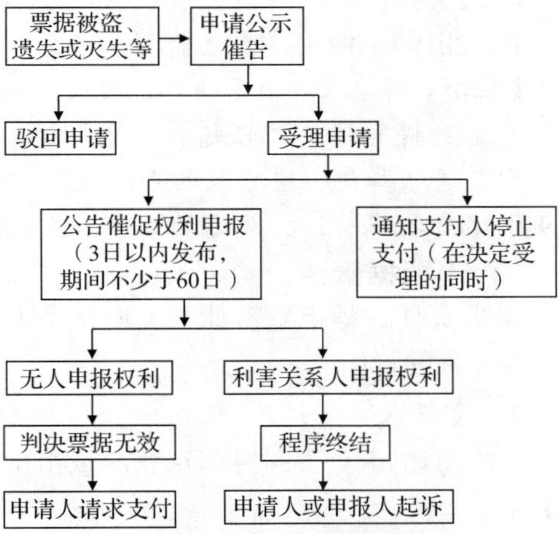

图 3-3 公示催告具体流程

3. 普通诉讼

在已经知道现实持有人的情况下，丧失票据的失票人不能申请公示催告，但可以直接向人民法院提起民事诉讼，要求法院判令付款人向其支付票据金额。

【例题 10• 多选题】甲向乙购买原材料，为支付货款，甲向乙出具金额为 50 万元的商业汇票一张，丙银行对该汇票进行了承兑。后乙不慎将该汇票丢失，被丁拾到。乙立即向付款人丙银行办理了挂失止付手续。下列说法中，正确的有（　　）。

A. 乙申请挂失止付是申请公示催告的必经程序

B. 乙在通知挂失止付后 15 日内，应向法院申请公示催告

C. 乙在遗失汇票后，可直接提起诉讼要求丙银行付款

D. 如果丙银行在收到挂失止付通知书之前，已向丁支付了票据上的款项，则丙银行不再向乙承担责任

【解析】挂失止付不是公示催告的必经程序。因此选项 A 错误。失票人应当在通知挂失止付后 3 日内，也可以在票据丧失后，依法向人民法院申请公示催告，或者向人民法院提起诉讼。因此选项 B 错误，选项 C 正确。付款人或者代理付款人在收到挂失止付通知书之前，已经向持票人付款的，不再承担票据责任。因此选项 D 正确。因此，本题的正确答案是 CD。

（五）票据权利时效

票据权利时效，是指票据权利在时效期

间内不行使，即引起票据权利丧失。

（1）票据权利在下列期限内不行使而消灭。

① 持票人对票据的出票人和承兑人的权利，自票据到期日起 2 年。

② 见票即付的汇票、本票，自出票日起 2 年。

③ 持票人对支票出票人的权利，自出票日起 6 个月。

④ 持票人对前手的追索权，自被拒绝承兑或者被拒绝付款之日起 6 个月。

⑤ 持票人对前手的再追索权，自清偿或者被提起诉讼之日起 3 个月。

知识点拨

票据权利时效的总结内容如表3-6所示。

表 3-6　票据权利时效的界定

票据类型	行使对象		起算日	时效
商业汇票	出票人	承兑人	到期日	2 年
银行汇票、本票		—	出票日	2 年
支票			出票日	6 个月
追索权	前手（不包括对票据出票人、承兑人的追索权）		被拒绝承兑或者被拒绝付款日	6 个月
再追索权			清偿日或者被提起诉讼之日	3 个月

（2）票据权利时效的意义。

① 票据权利在票据权利时效期间内不行使而消灭。

② 持票人因超过票据权利时效或者因票据记载事项欠缺而丧失票据权利的，仍享有民事权利，可以请求出票人或者承兑人返还其与未支付的票据金额相当的利益——利益返还请求权。

知识点拨

利益返还请求权不适用票据时效的规定，适用民法上关于诉讼时效的一般规定。

【例题 11· 单选题】2019 年 6 月 5 日，甲公司向乙公司开具了一张金额为 10 万元的支票，乙公司将支票背书转让给丙公司，丙公司又将该支票背书转让给丁公司。6 月 12 日，丁公司请求付款银行付款时，银行以甲公司账户内只有 5000 元为由拒绝付款。丁公司遂要求丙公司付款，丙公司于 6 月 15 日向丁公司付清了全部款项。根据票据法律制度的规定，丙公司向其前手行使再追索权的期限为（　　）。

A. 2019 年 6 月 25 日之前

B. 2019 年 8 月 15 日之前

C. 2019 年 9 月 15 日之前

D. 2019 年 12 月 5 日之前

【解析】持票人对前手的再追索权，自清偿日或者被提起诉讼之日起 3 个月，所以丙公司向其前手行使再追索权的期限是在 2019 年 9 月 15 日之前。因此，本题的正确答案是 C。

（六）票据责任

票据责任，是指票据债务人向持票人支付票据金额的责任。

1. 责任人

（1）汇票承兑人——因承兑而承担付款义务。

（2）本票的出票人——因出票而承担自己付款的义务。

（3）支票的付款人——在与出票人有资金关系时承担付款义务。

（4）汇票、本票、支票的背书人，汇票、支票的出票人、保证人——在票据不获承兑或不获付款时承担清偿义务。

2. 提示付款

（1）见票即付的“汇票”，自出票日起 1 个月内向付款人提示付款。

（2）定日付款、出票后定期付款或者见票后定期付款的汇票，自到期日起10日内向承兑人提示付款。

持票人未按照前款规定期限提示付款的，在做出说明后，承兑人或者付款人仍应当继续对持票人承担付款责任。

3. 付款人付款

持票人依照规定提示付款的，付款人必须在当日足额付款。

4. 拒绝付款（票据抗辩）

票据抗辩分为“对物的抗辩”和“对人的抗辩”。

“对物的抗辩”是基于票据本身的内容发生的事由所进行的抗辩。如存在背书不连续等合理事由，票据债务人可以对票据权利人拒绝履行义务。

“对人的抗辩”是基于票据当事人之间的特定关系而产生的，只能对特定的票据债权人行使。如票据债务人可以对不履行约定义务的与自己有“直接”债权债务关系的持票人进行抗辩。票据债务人不得以自己与出票人或者与持票人的前手之间的抗辩事由对抗持票人。但是，持票人明知存在抗辩事由而取得票据的除外。

5. 相关银行的责任

（1）持票人委托的收款银行的责任：限于按照票据上记载事项将汇票金额转入持票人账户。付款人委托的付款银行的责任：限于按照票据上记载事项从付款人账户支付汇票金额。

（2）对定日付款、出票后定期付款或者见票后定期付款的汇票，付款人在到期日前付款的，由付款人自行承担所产生的责任。

6. 票据责任解除

付款人依法足额付款后，全体票据债务人的责任解除。

三、票据行为

票据行为是指票据当事人以发生票据债务为目的的，以在票据上签名或盖章为权利义务要件的法律行为。我国《票据法》规定的票据行为有四种：出票、背书、承兑、保证。

（一）出票

出票，是指出票人签发票据并将其交付给收款人的票据行为，属于基本票据行为。其包括两个行为：（1）做出票据；（2）交付票据。两者缺一不可。

1. 出票的基本要求

出票人必须与付款人具有真实的委托付款关系，并且具有支付票据金额的可靠资金来源，不得签发无对价的票据用以骗取银行或者其他票据当事人的资金。

2. 票据的记载事项

票据的记载事项一般分为必须记载事项、相对记载事项、任意记载事项和记载不产生《票据法》上效力的事项等。票据的记载事项如表3-7所示。

表3–7　票据的记载事项

项目	具体内容	
必须记载事项	——不记载票据无效	
	汇票	（1）表明“汇票”的字样；（2）无条件支付的委托；（3）确定的金额；（4）付款人名称；（5）收款人名称；（6）出票日期；（7）出票人签章
	本票	（1）表明“本票”的字样；（2）无条件支付的承诺；（3）确定的金额；（4）收款人名称；（5）出票日期；（6）出票人签章
	支票	（1）表明“支票”的字样；（2）无条件支付的委托；（3）确定的金额；（4）付款人名称；（5）出票日期；（6）出票人签章
相对记载事项	——不记载按法律规定执行 如：背书未记载日期的，视为在票据到期日前背书	

续表

项目	具体内容
任意记载事项	——不记载不产生法律效力，记载则产生法律效力 如：出票人在汇票上记载“不得转让”字样的，汇票不得转让； 背书人在汇票上记载“不得转让”字样，其后手再背书转让的，原背书人对后手的被背书人不承担保证责任
记载不产生票据法上效力的事项	该记载事项不具有票据上的效力，银行不负审查责任

3. 出票的效力

出票人签发票据后，即承担该票据承兑或付款的责任。出票人在票据得不到承兑或者付款时，应当向持票人清偿《票据法》第70条、第71条规定的金额和费用。

【例题12·单选题】下列票据记载事项中，属于任意记载事项的是（　　）。

A. 背书日期

B. 承兑日期

C. 确定的金额

D. “不得转让”字样

【解析】背书日期、承兑日期是相对记载事项；确定的金额是必须记载事项；“不得转让”字样属于任意记载事项。因此，本题的正确答案是D。

（二）背书

背书，是指在票据背面或者粘单上记载有关事项并签章，将票据权利转让给他人或者将一定的票据权利授予他人行使的票据行为。

1. 背书的种类

（1）背书分为转让背书和非转让背书。

（2）非转让背书分为委托收款背书和质押背书。

2. 记载事项

（1）必须记载事项（未记载背书行为无效）。

背书人签章，委托收款背书和质押背书还应当记载“委托收款”“质押”字样。

（2）相对记载事项（未记载适用法律推定）。

未记载背书日期的，视为在汇票到期日前背书。

（3）可以补记事项：被背书人名称。

背书人未记载被背书人名称即将票据交付他人的，持票人在票据被背书人栏内记载自己的名称与背书人记载具有同等法律效力。

3. 粘单的使用

当票据凭证不能满足背书人记载事项的需要，可以加附粘单，粘附于票据凭证上。粘单上的第一记载人，应当在汇票和粘单的粘接处签章。

4. 背书的一般规则

（1）背书应当连续。以背书转让的票据，背书应当连续。持票人以背书的连续，证明其票据权利。非经背书转让，而以其他合法方式取得票据的，依法举证，证明其票据权利。

（2）背书人禁转背书，再次转让有效。

处理规则：“背书人”在汇票上记载“不得转让”字样，其后手再背书转让的，原背书人对后手的被背书人不承担保证责任，其只对直接的被背书人承担责任。

（3）期后背书是无效背书，但谁背书谁担责。

① 期后背书，即票据被拒绝承兑、被拒绝付款或者超过付款提示期限的，背书人仍然将其背书转让。

② 处理规则：理论上，期后背书应当属于无效背书，不能发生一般背书的效力，而只具有债权转让的效力。

我国的处理：票据“被拒绝承兑、被拒绝付款或者超过付款提示期限”的，不得背书转让；背书转让的，背书人应当承担汇票责任。

（4）部分转让、分别转让无效。部分背书是指将票据金额的一部分转让或者将票据金额分别转让给两人以上的背书。部分背书、分别转让背书属于无效背书。

（5）附条件背书，条件无汇票上的效力。背书不得附有条件，背书附有条件的，所附条件“不具票据上的效力”。

知识点拨

（1）背书转让时不得附加任何条件，所以，附条件背书是违反《票据法》的行为。

（2）背书附条件虽然违法，也要承担“所附条件不具有汇票上的效力”的不利后果，但尚不及出票记载错误后果严重，不会导致“票据无效”。

【例题 13·多选题】甲公司将一张银行承兑汇票转让给乙公司，乙公司以质押背书方式向丙银行取得贷款。贷款到期，乙公司偿还贷款，收回汇票并转让给丁公司。票据到期后，丁公司做成委托收款背书，委托开户银行提示付款。根据票据法律制度的规定，下列背书中，属于非转让背书的有（　　）。

A. 甲公司背书给乙公司

B. 乙公司质押背书给丙银行

C. 乙公司背书给丁公司

D. 丁公司委托收款背书

【解析】委托收款背书和质押背书，并不是以转让票据权利为目的，是非转让背书。因此，本题的正确答案是 BD。

（三）承兑

承兑，是指汇票付款人承诺在汇票到期日支付汇票金额的票据行为。

承兑是商业汇票特有的制度，包括提示承兑和承兑（承兑表示）两个阶段。

银行汇票（见票即付）无须承兑。

1. 承兑行为的记载事项

（1）绝对必须记载事项：票据正面“承兑”字样以及签章。

（2）相对记载事项：承兑日期。

未记载承兑日期，以收到提示承兑的汇票之日起的第 3 日为承兑日期。

（3）记载使承兑无效事项：承兑附有条件的，视为拒绝承兑。

2. 提示承兑

（1）定日付款或者出票后定期付款的汇票，持票人应当在汇票到期日前向付款人提示承兑。

（2）见票后定期付款的汇票，持票人应当自出票日起 1 个月内向付款人提示承兑。

（3）汇票未按照规定期限提示承兑的，持票人丧失对其前手的追索权。

（四）保证

票据保证，即票据债务人以外的第三人，以担保特定债务人履行票据债务为目的，而在票据上所为的一种附属票据行为。

1. 保证人

（1）保证人是票据债务人以外的人。

（2）国家机关、以公益为目的的事业单位、社会团体、企业法人的分支机构和职能部门作为票据保证人的，票据保证无效，但经“国务院批准”为使用外国政府或者国际经济组织贷款进行转贷，国家机关提供票据保证的，以及企业法人的分支机构在法人书面“授权”范围内提供票据保证的除外。

2. 票据保证行为的记载事项

（1）绝对必须记载事项

① 表明“保证”的字样。

② 保证人签章。

（2）相对记载事项

① 保证人名称和住所：住所未记载的，以保证人的营业场所、住所或者经常居住地为保证人住所。

② 被保证人的名称：未记载的，已承兑的票据，承兑人为保证人；未承兑的票据，出票人为保证人。

③ 保证日期：未记载的，出票日期为保证日期。

3. 附条件保证

保证不得附有条件，附有条件，“不影响”对汇票保证责任。

4. 保证责任

（1）保证人对合法取得汇票的持票人所享有的汇票权利，承担保证责任。但是，被保证人的债务因汇票记载事项欠缺而无效的除外。

（2）被保证的汇票，保证人应当与被保证人对持票人承担连带责任。汇票到期后得不到付款的，持票人有权向保证人请求付款，保证人应当足额付款。

（3）保证人为二人以上的，保证人之间承担连带责任。

5. 保证人的追索权

保证人清偿票据债务后，可以行使持票人对被保证人及其前手的追索权。

知识点拨

票据记载"附条件"之法律后果（见表3-8）

表 3-8 票据记载"附条件"之法律后果

票据行为	出票	背书	保证	承兑
原则	不得附条件			
票据效力	无效	有效	有效	有效
行为效力	—	有效	有效	拒绝承兑
所附条件效力	—	无效	无效	—

四、汇票

（一）银行汇票

1. 银行汇票的概念和适用范围

银行汇票是出票银行签发的，由其在见票时按照实际结算金额无条件支付给收款人或者持票人的票据。

银行汇票可用于转账，填明"现金"字样的银行汇票也可以支取现金；单位和个人各种款项结算，均可使用银行汇票。

2. 银行汇票的出票

（1）申请

申请人使用银行汇票，应向出票银行填写"银行汇票申请书"，填明收款人名称、汇票金额、申请人名称、申请日期等事项并签章，签章为其预留银行的签章。

申请人和收款人均为个人，需要使用银行汇票向代理付款人支取现金的，申请人须在"银行汇票申请书"上填明代理付款人名称，在"出票金额"栏先填写"现金"字样，后填写汇票金额。申请人或者收款人为单位的，不得在"银行汇票申请书"上填明"现金"字样。

（2）签发

签发银行汇票必须记载下列事项：表明"银行汇票"的字样；无条件支付的承诺；出票金额；付款人名称；收款人名称；出票日期；出票人签章。欠缺上述记载事项之一的，银行汇票无效。

（3）交付

申请人应将银行汇票和解讫通知一并交付给汇票上记明的收款人。

3. 填写实际结算金额

（1）银行汇票的实际结算金额低于出票金额的，其多余金额由出票银行退交申请人。

（2）未填明实际结算金额和多余金额或者实际结算金额超过出票金额的，银行不予受理。

（3）实际结算金额一经填写不得更改，更改实际结算金额的银行汇票无效。

4. 银行汇票背书

银行汇票的背书转让以不超过出票金额的实际结算金额为准。未填写实际结算金额或实际结算金额超过出票金额的银行汇票不得背书转让。

5. 银行汇票提示付款

银行汇票的提示付款期限为自出票日起1个月。持票人超过付款期限提示付款的，代理付款人不予受理。持票人超过期限向代理付款银行提示付款不获付款的，须在票据权利时效内向出票银行做出说明，并提供本人身份证件或单位证明，持银行汇票和解讫通知向出票银行请求付款。

6. 银行汇票退款和丧失

申请人因银行汇票超过付款提示期限或其他原因要求退款时，应将银行汇票和解讫通知同时提交到出票银行。申请人缺少解讫通知要求退款的，出票银行应于银行汇票提示付款期满1个月后办理。出票银行对于转账银行汇票的退款，只能转入原申请人账户；对于符合规定填明“现金”字样银行汇票的退款，才能退付现金。

银行汇票丧失，失票人可以凭人民法院出具的其享有票据权利的证明，向出票银行请求付款或退款。

【例题 14• 单选题】根据支付结算法律制度的规定，下列关于银行汇票使用的表述中，正确的是（ ）。

A. 银行汇票不能用于个人款项结算

B. 银行汇票不能支取现金

C. 银行汇票的提示付款期限为自出票日起1个月

D. 银行汇票必须按出票金额付款

【解析】单位和个人各种款项结算，均可使用银行汇票。因此选项A错误。银行汇票可以用于转账，填明“现金”字样的银行汇票也可以用于支取现金。因此选项B错误。银行汇票按不超过出票金额的实际结算金额办理结算。因此选项D错误。因此，本题的正确答案是C。

（二）商业汇票

商业汇票，是指出票人签发的，委托付款人在指定日期无条件支付确定的金额给收款人或者持票人的票据。

电子商业汇票，是指出票人依托人民银行电子商业汇票系统，以数据电文形式制作的，委托付款人在指定日期无条件支付确定的金额给收款人或者持票人的票据。

1. 分类

商业汇票按承兑人的不同，可以分为商业承兑汇票和银行承兑汇票两种。

电子商业汇票：电子商业承兑汇票、电子银行承兑汇票。

2. 适用范围

在银行开立存款账户的法人以及其他组织之间，必须具有真实的交易关系或债权债务关系，才能使用商业汇票。

3. 商业汇票的出票

（1）出票人的资格

商业承兑汇票的出票人，为在银行开立存款账户的法人以及其他组织，并与付款人具有真实的委托付款关系，具有支付汇票金额的可靠资金来源。银行承兑汇票的出票人必须是在承兑银行开立存款账户的法人以及其他组织，并与承兑银行具有真实的委托付款关系，资信状况良好，具有支付汇票金额的可靠资金来源。

（2）出票人的确定

① 商业承兑汇票可以由付款人签发并承兑，也可以由收款人签发交由付款人承兑。

② 银行承兑汇票应由在承兑银行开立存款账户的存款人签发。

（3）必须记载事项

表明“商业承兑汇票”或“银行承兑汇票”的字样；无条件支付的“委托”；确定的金额；付款人名称；收款人名称；出票日期；出票人签章。

电子商业汇票必须记载的事项：表明“电子商业承兑汇票”或“电子银行承兑汇票”的字样；无条件支付的“委托”；确定的金额；出票人名称；付款人名称；收款人名称；出票日期；票据到期日；出票人签章。

（4）期限

纸质商业汇票的付款期限，最长不得超过6个月。电子承兑汇票期限自出票日至到期日不超过1年。

4. 商业汇票的承兑

（1）承兑主体

商业承兑汇票，由银行以外的付款人承兑。银行承兑汇票，由银行承兑。

电子银行承兑汇票由银行金融机构、财务公司承兑；电子商业承兑汇票由金融机构以外的法人或其他组织承兑。

（2）承兑时间

商业汇票可以在出票时向付款人提示承兑后使用，也可以在出票后先使用再向付款人提示承兑。

（3）承兑费用

银行承兑汇票的承兑银行，应按票面金额向出票人收取万分之五的手续费。

5. 商业汇票的付款

（1）提示付款（见表 3-9）

表 3–9 提示付款

提示付款期限	见票即付的商业汇票，自出票日起 1 个月； 定日付款、出票后定期付款或者见票后定期付款的商业汇票，自汇票到期日起 10 日
付款期限	纸质商业汇票的付款期限，自出票日起最长不得超过“6 个月”； 电子商业汇票的付款期限，自出票日至到期日最长不得超过“1 年”

持票人未按规定期限提示付款，持票人开户银行不予受理，但在做出说明后，承兑人或者付款人仍应当继续对持票人承担付款责任。

（2）办理付款或拒绝付款

① 商业承兑汇票的付款。商业承兑汇票的付款人开户银行收到通过委托收款寄来的商业承兑汇票，将商业承兑汇票留存，并及时通知付款人。付款人收到开户银行的付款通知，应在当日通知银行付款。付款人在接到通知日的次日起 3 日内（遇法定休假日顺延，下同）未通知银行付款的，视同付款人承诺付款。付款人提前收到由其承兑的商业汇票，应通知银行于汇票到期日付款。银行应于汇票到期日将票款划给持票人。

付款人存在合法抗辩事由拒绝支付的，应自接到通知日的次日起 3 日内，做成拒绝付款证明送交开户银行，银行将拒绝付款证明和商业承兑汇票邮寄持票人开户银行转交持票人。

② 银行承兑汇票的付款。银行承兑汇票的出票人应于汇票到期前将票款足额交存其开户银行。承兑银行应在汇票到期日或到期日后的见票当日支付票款。承兑银行存在合法抗辩事由拒绝支付的，应自接到商业汇票的次日起 3 日内，做成拒绝付款证明，连同银行承兑汇票邮寄持票人开户银行转交持票人。

银行承兑汇票的出票人于汇票到期日未能足额交存票款时，承兑银行除凭票向持票人无条件付款外，对出票人尚未支付的汇票金额按照每天万分之五计收利息。

6. 商业汇票的贴现

贴现，是指持票人向贴现银行交付票据，贴现银行按照票面金额扣除一定利息后支付给持票人，最终实现票据权利转移的行为。贴现按照交易方式，分为买断式和回赎式。

知识点拨

银行汇票等见票即付的票据无须、也不能办理贴现；贴现的本质是将商业汇票转让给银行，本质上是一种票据背书转让行为，贴现银行获得票据的所有权。

（1）贴现的条件

① 票据未到期。

② 未记载不得转让字样。

③ 持票人是在银行开立存款账户的企业法人以及其他组织。

④ 持票人与出票人或者直接前手之间具有真实的商品交易关系。

⑤ 持票人应提供与其直接前手之间进行商品交易的增值税发票和商品发运单据复印件。

（2）贴现利息的计算

贴现利息＝票面金额 × 贴现率 × 贴现期 /360

贴限期：贴现日至汇票到期前 1 日。

承兑人在异地的，贴现的期限应另加 3 天的划款日期。

（3）贴现的收款

① 贴现到期，贴现银行应向付款人收取票款。

② 不获付款的，贴现银行应向其前手追索票款。

③ 贴现银行追索票款时可从申请人的存款账户“直接”收取票款。

办理电子商业汇票贴现及提示付款业务，可选择票款对付方式、同城票据交换、通存通兑、汇兑等方式清算票据资金。

五、【2019年新增】票据信息登记与电子化（★）

（一）纸质票据

（1）纸质票据贴现前，金融机构办理承兑、质押、保证等业务，应当不晚于业务办理的次一工作日在票据市场基础设施（上海票据交易所电子商业汇票系统）上完成相关信息登记工作。

（2）纸质商业承兑汇票完成承兑后，承兑人开户行应当根据承兑人委托代其进行承兑信息登记。承兑信息未能及时登记的，持票人有权要求承兑人补充登记承兑信息。

（3）纸质票据票面信息与登记信息不一致的，以纸质票据票面信息为准。

（二）电子商业汇票

电子商业汇票签发、承兑、质押、保证、贴现等信息应当通过电子商业汇票系统同步传送至票据市场基础设施。

（三）贴现

（1）贴现人办理纸质票据贴现时，应当通过票据市场基础设施查询票据承兑信息，并在确认纸质票据必须记载事项与已登记承兑信息一致后，为贴现申请人办理贴现，贴现申请人无须提供合同、发票等资料；信息不存在或者纸质票据必须记载事项与已登记承兑信息不一致的，不得办理贴现。

（2）贴现人办理纸质票据贴现后，应当在票据上记载"已电子登记权属"字样，该票据不再以纸质形式进行背书转让、设立质押或者其他交易行为。已贴现票据应当通过票据市场基础设施办理背书转让、质押、保证、提示付款等票据业务。

（3）贴现人应当对纸质票据妥善保管。

（4）纸质票据贴现后，其保管人可以向承兑人发起付款确认。付款确认可以采用实物确认或者影像确认，两者具有同等效力。

（5）商业承兑汇票的承兑人收到影像确认请求或者票据实物后，应当在3个工作日内做出或者委托其开户行做出同意或者拒绝到期付款的应答；拒绝到期付款的，应当说明理由。

（6）电子商业汇票一经承兑即视同承兑人已进行付款确认。

（四）通过票据市场基础设施提示付款

（1）持票人在提示付款期内通过票据市场基础设施提示付款的，承兑人应当在提示付款当日应答或者委托其开户行进行应答。

（2）承兑人存在合法抗辩事由拒绝付款的，应当在提示付款当日出具或者委托其开户行出具拒绝付款证明，并通过票据市场基础设施通知持票人。

（3）承兑人或者承兑人开户行在提示付款当日未做出应答的，视为拒绝付款，票据市场基础设施提供拒绝付款证明并通知持票人。

（4）商业承兑汇票承兑人在提示付款当日同意付款的，承兑人开户行应当根据承兑人账户余额情况予以处理。

① 承兑人账户余额足够支付票款的，承兑人开户行应当代承兑人做出同意付款应答，并于提示付款日向持票人付款。

② 承兑人账户余额不足以支付票款的，则视同承兑人拒绝付款。承兑人开户行应当于提示付款日代承兑人做出拒付应答并说明理由，同时通过票据市场基础设施通知持票人。

（5）银行承兑汇票的承兑人已于到期前进行付款确认的，票据市场基础设施应当根据承兑人的委托于提示付款日代承兑人发送指令划付资金至持票人资金账户。

（6）商业承兑汇票的承兑人已于到期前进行付款确认的，承兑人开户行应当根据承兑人委托于提示付款日扣划承兑人账户资金，并将相应款项划付至持票人资金账户。

（五）承兑人或者承兑人开户行收到挂失止付通知

承兑人或者承兑人开户行收到挂失止付通知或者公示催告等司法文书并确认相关票据未付款的，应当于当日依法暂停支付并在中国人民银行指定的票据市场基础设施（上海票据交换所）上登记或委托开户行在票据

市场基础设施上登记相关信息

六、银行本票

银行本票，是出票人（银行）签发的，承诺自己在见票时无条件支付确定的金额给收款人或持票人的票据。

（一）适用范围

单位和个人在同一票据交换区域支付各种款项时，均可以使用银行本票。银行本票可以用于转账，注明“现金”字样的银行本票可以用于支取现金。

（二）出票

（1）申请人或收款人为单位的，不得申请签发现金银行本票。

（2）必须记载事项：表明“银行本票”的字样、无条件支付的“承诺”、确定的金额、收款人名称、出票日期、出票人签章。

（三）提示付款期限

银行本票见票即付。银行本票的提示付款期限自出票日起最长不得超过2个月。持票人超过提示付款期限不获付款的，在票据权利时效内向出票银行做出说明，并提供本人身份证件或单位证明，可持银行本票向出票银行请求付款。

（四）退票

申请人因银行本票超过提示付款期限或其他原因要求退款时，应将银行本票提交到出票银行。出票银行对于在本行开立存款账户的申请人，只能将款项转入原申请人账户；对于现金银行本票和未在本行开立存款账户的申请人，才能退付现金。

七、支票★

支票是出票人签发的、委托办理支票存款业务的银行在见票时无条件支付确定的金额给收款人或者持票人的票据。

（一）支票的种类

支票有三种，即现金支票、转账支票和普通支票。

现金支票：只能用于支取现金。

转账支票：只能用于转账。

普通支票：可以用于支取现金，也可用于转账。在普通支票左上角划两条平行线的，为划线支票，划线支票只能用于转账，不能支取现金。

（二）支票的特征

（1）付款人仅限于银行或其他金融机构。注意，支票的付款人不能是其他法人或自然人。所以当支票未记载付款地时，只能推定付款人的营业场所为付款地。

（2）限于见票即付。支票是“即期票据”，无承兑行为。

（3）是支付证券。即支票是一种结算方式，支票不具备信用。（这是支票与汇票的本质区别）

（三）出票

1．记载事项

（1）必须记载事项：表明“支票”的字样；无条件支付的“委托”；确定的金额；付款人名称；出票日期；出票人签章。缺少任一事项，支票无效。

（2）授权补记事项（支票独有）：金额；收款人名称。未补记前不得背书转让和提示付款。出票人可以在支票上记载自己为收款人。

（3）相对记载事项：付款地；出票地。

支票上未记载付款地的，付款地为付款人的营业场所；支票上未记载出票地的，出票地为出票人的营业场所、住所地或经常居住地。

2．签发要求

支票的出票人签发支票的金额不得超过“付款时”在付款人处实有的金额。禁止签发空头支票。

（四）付款

（1）支票的持票人应当自出票日起“10日内”提示付款。

（2）持票人可以委托开户银行收款或直接向付款人提示付款，用于支取现金的支票仅限于收款人向付款人提示付款。

（3）支票的持票人超过提示付款期限提示付款的，出票人的开户银行不予受理，付款人不予付款。

（4）支票的持票人超过提示付款期限提示付款的，丧失对前手的追索权，但出票人仍应当承担付款责任。

知识点拨

各类票据时间性规定，如表3-10所示。

表 3-10　各类票据时间性规定

<table>
<tr><th colspan="2">票据种类</th><th>付款类型</th><th>提示承兑期限</th><th>提示付款期限</th><th>消灭时效</th></tr>
<tr><td rowspan="5">汇票</td><td>银行汇票</td><td>见票即付</td><td>无须提示承兑</td><td>出票日起 1 个月</td><td rowspan="2">出票日起 2 年</td></tr>
<tr><td rowspan="4">商业汇票</td><td>见票即付</td><td>无须提示承兑</td><td>出票日起 1 个月</td></tr>
<tr><td>定日付款</td><td>到期日前提示承兑</td><td rowspan="3">到期日起 10 日</td><td rowspan="3">到期日起 2 年</td></tr>
<tr><td>出票后定期付款</td><td rowspan="2">出票日起 1 个月</td></tr>
<tr><td>见票后定期付款</td></tr>
<tr><td colspan="2">银行本票</td><td>见票即付</td><td>无须提示承兑</td><td>出票日起 2 个月</td><td>出票日起 2 年</td></tr>
<tr><td colspan="2">支票</td><td>见票即付</td><td>无须提示承兑</td><td>出票日起 10 日</td><td>出票日起 6 个月</td></tr>
</table>

【例题 15• 多选题】关于支票的表述，下列说法正确的有（　　）。

A. 现金支票在其正面注明后，可用于转账

B. 支票出票人所签发的支票金额不得超过其付款时在付款人处实有的存款金额

C. 支票的金额和收款人名称可以由出票人授权补记

D. 出票人不得在支票上记载自己为收款人

【解析】现金支票只能用于支取现金，而不能用于转账。所以选项 A 错误。支票的出票人所签发的支票金额不得超过其付款时在付款人处实有的存款金额。出票人签发的支票金额超过其付款时在付款人处实有的存款金额的，为空头支票。禁止签发空头支票。所以选项 B 正确。支票上的金额和收款人名称可以由出票人授权补记，未补记前的支票，不得使用。所以选项 C 正确。支票的出票人可以在支票上记载自己为收款人。所以选项 D 错误。因此，本题的正确答案是 BC。

第四节　银行卡★★

一、银行卡的分类

（1）银行卡按是否具有透支功能分为信用卡和借记卡。前者可以透支，后者不具备透支功能。信用卡按是否向发卡银行交存备用金分为贷记卡和准贷记卡。

（2）银行卡按币种不同分为人民币卡、外币卡。外币卡是持卡人与发卡银行以除人民币以外的货币作为清算货币的银行卡。

（3）银行卡按发行对象不同分为单位卡（商务卡）、个人卡。

（4）银行卡按信息载体不同分为磁条卡、芯片（IC）卡。芯片卡既可应用于单一的银行卡品种，又可应用于组合的银行卡品种。

二、银行卡账户和交易

（一）银行卡申领

（1）单位卡 申领条件：在中国境内金融机构有开立基本存款账户。

（2）个人卡 申领条件。

① 年满“18 周岁”，有固定职业和稳定收入，工作单位和户口在常住地的城乡居民。

② 填写申请表，并在持卡人处亲笔签字。

③ 向发卡银行提供本人及附属卡持卡人、担保人的身份证复印件；外地、境外人员及现役军官以个人名义领卡应出具当地公安部门签发的临时户口或有关部门开具的证明，并须提供具备担保条件的担保单位或有当地户口、在当地工作的担保人。

（二）银行卡交易

单位人民币卡可办理商品交易和劳务供应款项的结算，但不得透支。单位人民币卡账户的资金一律从其基本存款账户转账存入，不得

存取现金，不得将销货收入存入单位卡账户。

个人人民币卡账户的资金以其持有的现金存入或以其工资性款项、属于个人的合法的劳务报酬、投资回报等收入转账存入。

（三）银行卡注销

销户时，单位人民币卡账户余额转入基本存款账户，单位外币卡账户转回相应的外汇账户，不得提取现金。

（四）银行卡挂失

持卡人丧失银行卡，应当立即持本人身份证件或其他有效证明，并按照规定提供有关情况，向发卡银行或代办银行申请挂失。

【例题 16· 多选题】下列关于银行卡的说法中，错误的有（　　）。

A. 银行卡可以分为单位卡和个人卡

B. 在中国境内金融机构开立基本存款账户的单位可以申领单位卡

C. 任何一个合法公民都可以申领个人卡

D. 银行卡销户时，只能通过转账结清，不得支取现金

【解析】个人卡申领条件之一是年满 18 周岁，所以选项 C 说法错误。单位卡销户时只能转账结清，但是个人卡没有相关规定，所以选项 D 说法错误。因此，本题的正确答案是 CD。

（五）信用卡

1. 信用卡的申领条件

（1）单位或个人申领信用卡，应按规定填制申请表，连同有关资料一并送交发卡银行。

（2）发卡银行可根据申请人的资信程度，要求其提供担保，担保的方式可采用保证、抵押或质押。

（3）凡在中国境内金融机构开立基本存款账户的单位，应当凭中国人民银行核发的开户许可证申领单位卡；个人申领银行卡（储值卡除外），应当向发卡银行提供公安部门规定的本人有效身份证件，经发卡银行审查合格后，为其开立记名账户。

2. 信用卡预借现金业务

（1）信用卡预借现金业务包括现金提取、现金转账和现金充值。

（2）信用卡持卡人通过 ATM 等自助机具办理现金提取业务，每卡每日累计不得超过人民币 1 万元；持卡人通过柜面办理现金提取业务，通过各类渠道办理现金转账业务的每卡每日限额，由发卡机构与持卡人通过协议约定；发卡机构可自主确定是否提供现金充值服务，并与持卡人协议约定每卡每日限额。发卡机构不得将持卡人信用卡预借现金额度内资金划转至其他信用卡，以及非持卡人的银行结算账户或支付账户。

3. 免息还款期和最低还款额

（1）贷记卡持卡人非现金交易可享受免息还款期和最低还款额待遇，银行记账日到发卡银行规定的到期还款日之间为免息还款期，持卡人在到期还款日前偿还所使用全部银行款项有困难的，可按照发卡银行规定的最低还款额还款。

（2）持卡人透支消费享受免息还款期和最低还款额待遇的条件和标准等，由发卡机构自主确定。

4. 信用卡注销

发卡行受理注销之日起“45 天后”，被注销信用卡账户方能清户。

知识点拨

“贷记卡”持卡人“透支消费”方可享受免息还款期、最低还款额待遇；“准贷记卡”透支、贷记卡持卡人“透支取现”不享受上述待遇。

三、银行卡计息和收费

发卡银行对准贷记卡及借记卡（不含储值卡）账户内的存款，按照中国人民银行规定的同期同档次存款利率及计息办法计付利息。

对信用卡透支利率实行上限和下限管理，透支利率上限为日利率万分之五，下限为日利率万分之五的 0.7 倍。信用卡透支的计结息方式，以及对信用卡溢缴款是否计付利息及其利率标准，由发卡机构自主确定。

取消信用卡滞纳金，对于持卡人违约逾期未还款的行为，发卡机构应与持卡人通过协议约定是否收取违约金，以及相关收取方式和标准。发卡机构向持卡人提供超过授信额度用卡的，不得收取超限费。

发卡机构对向持卡人收取的违约金和年费、取现手续费、货币兑换费等服务费用不得计收利息。

【例题17·单选题】根据支付结算法律制度的规定，关于信用卡透支利率及利息管理的下列表述中，不正确的是（　　）。

A. 透支的计结方式由发卡机构自主确定

B. 透支的利率标准由发卡机构与申请人协商确定

C. 透支利率实行下限管理

D. 透支利率实行上限管理

【解析】（1）选项AB，信用卡透支的计息方式，以及对信用卡溢缴款是否计付利息及其利率标准，由发卡机构自主确定。（2）选项CD，发卡银行对信用卡透支利率实行上限和下限管理。因此，本题的正确答案是B。

四、银行卡清算市场

（1）自2015年6月1日起，我国放开银行卡清算市场，符合条件的“内外资企业”均可申请在中国境内设立银行卡清算机构。

（2）申请成为银行卡清算机构的，注册资本不低于10亿元人民币。

（3）目前“中国银联股份有限公司”是唯一的银行卡清算机构。

五、银行卡收单

（一）银行卡收单概念及机构

银行卡收单，是指收单机构与特约商户签订银行卡受理协议，在特约商户按约定受理银行卡并与持卡人达成交易后，为特约商户提供交易资金结算服务的行为。

银行卡收单机构，包括从事银行卡收单业务的银行业金融机构，获得银行卡收单业务许可、为实体特约商户提供银行卡受理并完成资金结算服务的支付机构，以及获得网络支付业务许可、为网络特约商户提供银行卡受理并完成资金结算服务的支付机构。

（二）银行卡收单业务管理

1. 特约商户管理

（1）“实名制”管理。

（2）与特约商户签订银行卡受理协议。

收单机构应当与特约商户签订银行卡受理协议，就可受理的银行卡种类、开通的交易类型、收单银行结算账户的设置和变更、资金结算周期、结算手续费标准、纠错处置等事项，明确双方的权利、义务和违约责任。

特约商户的收单银行结算账户应当为其同名单位银行结算账户，或其指定的、与其存在合法资金管理关系的单位银行结算账户。特约商户为个体户和自然人的，可使用其同名个人银行结算账户。

（3）收单机构应当对实体特约商户收单业务进行“本地化”经营和管理，不得跨省开展收单业务。

2. 业务与风险管理

（1）收单机构应及时与特约商户结算资金，资金结算时间最迟不得超过“持卡人确认可直接向特约商户付款的支付指令生效日”（刷卡日）后“30个自然日”，因涉嫌违法违规等风险交易需延迟结算的除外。

（2）收单机构应当根据交易发生时的“原”交易信息发起银行卡交易差错处理、退货交易，将资金退至持卡人“原”银行卡账户。若持卡人原银行卡账户已撤销的，退至持卡人指定的本人其他银行账户。

（三）结算收费

结算收费的项目、方式、标准，如表3-11所示。

表3-11　结算收费

收费项目	收费方式	费率及封顶标准
收单服务费	收单机构向商户收取	实行市场调节价
发卡行服务费	发卡机构向收单机构收取	借记卡：不高于0.35%（封顶13元）
		贷记卡：不高于0.45%
网络服务费（补）	银行卡清算机构向发卡机构收取	不高于0.0325%（封顶3.25元）
	银行卡清算机构向收单机构收取	不高于0.0325%（封顶3..25元）

第五节 网上支付★

一、网上银行

网上银行就是银行在互联网上设立虚拟银行柜台，使传统的银行服务不再通过物理的银行分支机构来实现，而是借助于网络与信息技术手段在互联网上实现，因此网上银行也称网络银行。其特点是能够在任何时间、任何地点、以任何方式为客户提供金融服务。

（一）网上银行的分类（见表3-12）

表3-12 网上银行的分类

分类标准	具体类型
按服务对象分	企业网上银行、个人网上银行
按经营组织分	分支型网上银行、纯网上银行
按业务种类分	零售银行、批发银行

（二）网上银行的主要功能

企业网上银行主要业务功能包括：账户信息查询、支付指令、B2B网上支付、批量支付。

个人网上业务子系统主要提供银行卡、本外币活期一本通客户账务管理、信息管理、网上支付等功能，是网上银行对个人客户服务的窗口。其具体业务功能包括：账户信息查询、人民币转账业务、银证转账业务、外汇买卖业务、账户管理业务、B2C网上支付。

【例题18·多选题】下列功能描述中属于个人网上银行子系统具有的功能的有（ ）。

A. B2B网上支付 B. B2C网上支付

C. 批量支付 D. 外汇买卖业务

【解析】B2B网上支付和批量支付属于企业网上银行的功能。因此，本题的正确答案是BD。

二、第三方支付

第三方支付在中国人民银行《非金融机构支付服务管理办法》中是指非金融机构作为收、付款人的支付中介所提供的网络支付、预付卡发行与受理、银行卡收单以及中国人民银行确定的其他支付服务。

（一）第三方支付方式种类

第三方支付方式种类包括线上支付方式和线下支付方式。线上支付是指通过互联网实现的用户和商户、商户和商户之间在线货币支付、资金清算、查询统计等过程。线下支付区别于网上银行等线上支付，是指通过非互联网线上的方式进行所购商品或服务所产生的费用的资金支付行为。

（二）第三方支付行业分类及主流品牌

1. 行业分类

目前第三方支付机构主要有两类模式：金融型支付企业和互联网支付企业。

金融型支付企业是以银联商务、快钱、易宝支付、汇付天下、拉卡拉等为典型代表的独立第三方支付模式，其不负有担保功能，仅仅为用户提供支付产品和支付系统解决方案，侧重行业需求和开拓行业应用，是立足于企业端的金融型支付企业。

互联网支付企业是以支付宝、财付通等为典型代表的依托于自有的电子商务网站并提供担保功能的第三方支付模式，以在线支付为主，是立足于个人消费者端的互联网型支付企业。

2. 主流品牌

在支付市场互联网转接交易规模位列前三位的国内第三方支付品牌分别是支付宝、银联商务和财付通。

第六节 结算方式和其他支付工具★

一、结算方式

（一）汇兑

汇兑是汇款人委托银行将其款项支付给收款人的结算方式。汇兑分为信汇、电汇两种，由汇款人选择使用。单位和个人的各种款项的结算，均可使用汇兑结算方式。

1. 办理汇兑的程序

（1）签发汇兑凭证

签发汇兑凭证必须记载下列事项：表明

"信汇"或"电汇"的字样；无条件支付的委托；确定的金额；收款人名称；汇款人名称；汇入地点、汇入行名称；汇出地点、汇出行名称；委托日期；汇款人签章。汇兑凭证上欠缺上述记载事项之一的，银行不予受理。汇兑凭证记载的汇款人、收款人在银行开立存款账户的，必须记载其账号，否则银行不予受理。

（2）银行受理

① 汇出银行受理汇款人签发的汇兑凭证，经审查无误后，应及时向汇入银行办理汇款，并向汇款人签发汇款回单。

② 汇款回单只能作为汇出银行受理汇款的依据，不能作为该笔汇款已转入收款人账户的证明。

（3）汇入处理

汇入银行对开立存款账户的收款人，应将汇给收款人的款项直接转入收款人账户，并向收款人发出收账通知。收账通知是银行将款项确认收入收款人账户的凭据。

2. 汇兑的撤销和退汇

（1）汇款人对汇出银行"尚未汇出"的款项可以申请撤销。

（2）申请撤销时，应出具正式函件或本人身份证件及原信、电汇回单。

【例题 19· 判断题】在办理汇兑业务时，汇款人对汇出银行尚未汇出的款项可以申请撤销。（　　）

【答案】对

（二）托收承付

托收承付是根据购销合同由收款人发货后委托银行向异地付款人收取款项，由付款人向银行承认付款的结算方式。托收承付结算款项的划回方法分为邮寄和电报两种，由收款人选用。

1. 适用范围（五限）（见表 3-13）

表 3-13　托收承付的适用范围

事项	具体内容
主体限制	必须是国有企业、供销合作社以及经营管理较好，并经开户银行审查同意的城乡集体所有制工业企业
内容限制	必须是商品交易或因商品交易而产生的劳务供应款项。代销、寄销、赊销商品的款项，不得办理托收承付结算

续表

事项	具体内容
金额限制	每笔金额起点为 1 万元（新华书店为 1000 元）
合同限制	双方在购销合同上订明使用托收承付结算方式
凭证限制	收款人办理托收，必须具有商品确已发运的证件

2. 办理托收承付的程序

（1）签发托收凭证

（2）托收。

收款人按照签订的购销合同发货后，委托银行办理托收。

（3）承付。

承付货款分为验单付款和验货付款两种，由收付双方商量选用，并在合同中明确规定。

① 验单付款的承付期为 3 天（承付期内遇法定休假日顺延），从付款人开户银行发出承付通知的次日算起。

② 验货付款的承付期为 10 天，从运输部门向付款人发出提货通知的次日算起。

付款人在承付期内，未向银行表示拒绝付款，银行即视作承付，并在"承付期满的次日"（遇法定休假日顺延）将款项主动划给收款人。

（4）拒绝付款。

对下列情况，付款人在承付期内可向银行提出全部或部分拒绝付款。

① 没有签订购销合同或购销合同未订明托收承付结算方式的款项。

② 未经双方事先达成协议，收款人提前交货，或因逾期交货，付款人不再需要该项货物的款项。

③ 未按合同规定的到货地址发货的款项。

④ 代销、寄销、赊销商品的款项。

⑤ 验单付款，发现所列货物的品种、规格、数量、价格与合同规定不符，或货物已到，经查验货物与合同规定或发货清单不符的款项。

⑥ 验货付款，经查验货物与合同规定或与发货清单不符的款项。

⑦ 货款已经支付或计算有错误的款项。

不属于上述情况的，付款人不得向银行提出拒绝付款。

知识点拨

收款人对同一付款人发货托收累计3次收不回货款的，收款人开户银行应暂停收款人对“该付款人”办理托收。付款人累计3次提出无理拒付的，付款人开户银行应暂停其“向外”办理托收。

（5）重办托收。

收款人对被无理拒绝付款的托收款项，在收到退回的结算凭证及其所附单证后，需要委托银行重办托收，应当填写四联“重办托收理由书”，将其中三联连同购销合同、有关证据和退回的原托收凭证及交易单证，一并送交银行。经开户银行审查，确属无理拒绝付款，可以重办托收。

【例题20·多选题】2019年5月，甲公司在办理托收承付结算时，遭到银行拒绝，在与银行交涉时，银行业务员张先生陈述的下列理由中，正确的有（　　）。

A. 合同中没有订明使用异地托收承付结算方式

B. 签发托收承付凭证时未注明托收附寄单证的张数

C. 收款人对同一付款人发货托收已累计3次未收回货款

D. 本笔托收承付的金额只有10万元

【解析】当事人使用该结算方式必须签订符合《合同法》规定的购销合同，并在合同中订明使用异地托收承付结算方式；当事人签发托收承付凭证时，必须记载“托收附寄单证的张数”等事项，否则银行不予受理；如果收款人对同一付款人发货托收累计3次收不回货款的，收款人银行应暂停收款人对付款人办理托收。因此，本题的正确答案是ABC。

（三）委托收款

委托收款是收款人委托银行向付款人收取款项的结算方式。

1. 委托收款的适用范围

（1）单位和个人凭已承兑商业汇票、债券、存单等付款人债务证明办理款项的结算，均可以使用委托收款结算方式。

（2）同城异地均可使用。

2. 办理委托收款的程序

（1）签发托收凭证。未在银行开立存款账户的个人为收款人，委托收款凭证必须记载被委托银行名称。

（2）委托。收款人办理委托收款应向银行提交委托收款凭证和有关债务证明。

（3）付款。

① 以银行为付款人的，银行应当在当日将款项主动支付给收款人。

② 以单位为付款人的，银行应及时通知付款人，付款人应于接到通知的当日书面通知银行付款，如果付款人未在接到通知的次日起3日内通知银行付款的，视为同意付款。

（四）国内信用证

国内信用证，是指银行依照申请人的申请开立的、对相符交单予以付款的承诺。信用证按付款期限分为即期信用证和远期信用证。

1. 性质

我国信用证为“不可撤销”“不可转让”的跟单信用证。信用证只限于转账结算，不得支取现金。

2. 信用证业务当事人

信用证业务当事人包括：申请人、受益人、开证行、通知行、交单行、转让行、保兑行、议付行。

3. 办理国内信用证的基本程序

办理国内信用证的基本程序包括：开证、保兑、修改、通知、转让、议付、索偿、寄单索款、付款、注销。

（1）开证行可以要求申请人交存一定数额的保证金，并可根据申请人资信情况要求其提供抵押、质押、保证等合法有效的担保。开立信用证可以采用信开和电开方式。

（2）保兑，是指保兑行根据开证行的授权或要求，在开证行承诺之外做出的对相符交单付款、确认到期付款或议付的确定承诺。

（3）通知行同意通知的，应于收到信用

证次日起 3 个营业日内通知受益人。

（4）可转让信用证只能转让一次。

（5）议付：①信用证未明示可议付，任何银行不得办理议付；②信用证明示可议付，如开证行仅指定一家议付行，未被指定为议付行的银行不得办理议付，被指定的议付行可自行决定是否办理议付；③议付行在受理议付申请的次日起 5 个营业日内审核信用证规定的单据并决定议付的，办理议付。

（6）议付行议付时，必须与受益人书面约定是否有追索权。若约定有追索权，到期不获付款议付行可向受益人追索。若约定无追索权，到期不获付款议付行不得向受益人追索，议付行与受益人约定的例外情况或受益人存在信用证欺诈的情形除外。

（7）开证行、保兑行、议付行未在信用证有效期内收到单据的，开证行可在信用证逾有效期 1 个月后予以注销。

【例题 21· 单选题】下列关于国内信用证办理和使用要求的表述中，符合支付结算法律制度规定的是（　　）。

A. 信用证结算方式可以用于转账，也可以支取现金

B. 开证行应向申请人收取不低于开证金额 30% 的保证金

C. 信用证到期不获付款的，议付行可从受益人账户收取议付金额

D. 申请人交存的保证金和存款账户余额不足支付的，开证行有权拒绝付款

【解析】信用证结算方式只适用于国内企业之间商品交易产生的货款结算，并且只能用于转账结算，不得支取现金。所以选项 A 错误。开证行在决定受理时，应向申请人收取不低于开证金额 20% 的保证金，并可根据申请人资信情况要求其提供抵押、质押或由其他金融机构出具保函。所以选项 B 错误。申请人交存的保证金和其存款账户余额不足支付的，开证行仍应在规定的付款时间内进行付款。对不足支付的部分做逾期贷款处理。所以选项 D 错误。因此，本题的正确答案是 C。

二、预付卡

（一）预付卡的概念和分类

本知识点所谈“预付卡”，是指发卡机构以特定载体和形式发行的、可在发卡机构之外购买商品或服务的预付价值，属于多用途预付卡。目前市场上预付卡有两类：一类是专营发卡机构发行，可跨地区、跨行业、跨法人使用的多用途预付卡；另一类是商业企业发行，只在本企业或同一品牌连锁商业企业购买商品、服务的单用途预付卡。本章主要讲述的是多用途预付卡。预付卡按是否记载持卡人身份信息分为记名预付卡和不记名预付卡。

（二）预付卡的限额

预付卡以人民币计价，不具有透支功能。单张记名预付卡资金限额不得超过 5 000 元，单张不记名预付卡资金限额不得超过 1 000 元。

（三）预付卡的期限

记名预付卡可挂失，可赎回，不得设置有效期；不记名预付卡不挂失，不赎回，有效期不得低于 3 年。超过有效期尚有资金余额的预付卡，可通过延期、激活、换卡等方式继续使用。

（四）预付卡的办理

（1）个人或单位购买记名预付卡或一次性购买不记名预付卡 1 万元以上的，应当使用实名，并向发卡机构提供有效身份证件。

（2）单位一次性购买预付卡 5 000 元以上，个人一次性购买预付卡 5 万元以上的，通过银行转账等非现金结算方式购买，不得使用现金。购卡人不得使用信用卡购买预付卡。

（五）预付卡的充值

（1）预付卡通过现金或银行转账方式进行充值，不得使用信用卡为预付卡充值。一次性充值金额5000元以上的，不得使用现金。

（2）单张预付卡充值后的资金余额不得超过规定限额。

（六）预付卡的使用

（1）预付卡在发卡机构拓展、签约的特约商户中使用，不得用于或变相用于提取

现金。

（2）不得用于购买、交换非本发卡机构发行的预付卡、单一行业卡及其他商业预付卡或向其充值，卡内资金不得向银行账户或非本发卡机构开立的网络支付账户转移。

（七）预付卡的赎回

记名预付卡可在购卡3个月后办理赎回，赎回时，持卡人应当出示预付卡及持卡人和购卡人的有效身份证件。单位购买的记名预付卡，只能由单位办理赎回。

（八）预付卡的发卡机构

（1）预付卡发卡机构必须是经中国人民银行核准，取得《支付业务许可证》的支付机构。

（2）发卡机构要严格发票管理，按规定开具发票。要加强预付卡资金管理，发卡机构接受的、客户用于未来支付需要的预付卡资金，发卡机构不得挪用、挤占。

（3）发卡机构必须在商业银行开立备付金专用存款账户存放预付资金，并与银行签订存管协议，接受银行对备付金使用情况的监督。中国人民银行负责对发卡机构的预付卡备付金专用存款账户的开立和使用进行监督。

知识点拨

记名预付卡与不记名预付卡的区别，如表3-14所示。

表3-14　记名预付卡与不记名预付卡的区别

	记名预付卡	不记名预付卡
区分标准	记载持卡人身份信息	不记载持卡人身份信息
单张限额	5000元	1000元
挂失	可挂失	不可挂失
赎回	购卡后3个月可赎回	不可赎回
有效期	无	不得低于3年 超期可延期、激活、换卡
提供身份证	需要	一次性购买1万元以上需要
使用信用卡购买及充值	×	×
转账购买	单位：一次性购买5000元以上 个人：一次性购买50000元以上	
转账充值	一次性充值5000元以上	
使用规定	（1）特约商户中使用； （2）不得用于或变相用于提现； （3）不得用于购买非本机构发行的预付卡； （4）卡内资金不得向银行账户或非本发卡机构开立的网络支付账户转移	
发卡机构的资金管理	发卡机构必须在商业银行开立“备付金专用存款账户”存放预付资金，不得挪用、挤占	

【例题22·多选题】根据支付结算法律制度的规定，下列关于预付卡使用的表述中，正确的有（　　）。

A. 记名预付卡可挂失，可赎回

B. 有资金余额但超过有效期的预付卡可通过延期、激活、换卡等方式继续使用

C. 记名预付卡不得设置有效期

D. 不记名预付卡有效期可设置为2年

【解析】不记名预付卡不挂失，不赎回，有效期不得低于3年。因此，本题的正确答案是ABC。

第七节 结算纪律与法律责任★

（略）

同步训练

一、单项选择题

1. 根据支付结算法律制度的规定，下列经济业务使用的非现金支付工具中，属于结算方式的是（　　）。

A. 甲公司与戊公司签订购销合同，签发一张3个月后到期的银行承兑汇票抵付贷款

B. 乙公司与戊公司签订购销合同，合同约定采用托收承付方式结算

C. 丙公司与戊公司签订购销合同，使用单位人民币卡进行结算

D. 丁公司与戊公司签订购销合同，签发借据一张，注明贷款暂欠3个月内支付

2. 根据支付结算法律制度的规定，存款人更改名称但不改变开户银行及账号的，应于一定期限向其开户银行提出银行结算账户的变更申请，该期限是（　　）。

A. 5个工作日内　　B. 3个工作日内

C. 3日内　　D. 5日内

3. 根据支付结算法律制度的规定，下列关于预算单位零余额账户使用的表述中，正确的是（　　）。

A. 不得支取现金

B. 可以向所属下级单位账户划拨资金

C. 可以向上级主管单位账户划拨资金

D. 可以向本单位按账户管理规定保留的相应账户划拨工会经费

4. 张某因采购货物签发一张票据给王某，胡某从王某处窃取该票据，陈某明知胡某系窃取所得但仍受让该票据，并将其赠予不知情的黄某，下列取得票据的当事人中，享有票据权利的是（　　）。

A. 王某　　B. 胡某

C. 陈某　　D. 黄某

5. 根据支付结算法律制度的规定，有权受理失票人公示催告申请的人民法院是（　　）。

A. 票据收款地法院

B. 票据支付地法院

C. 失票人所在地法院

D. 出票人所在地法院

6. 根据支付结算法律制度的规定，下列票据日期中，属于票据必须记载事项的是（　　）。

A. 背书日期　　B. 出票日期

C. 承兑日期　　D. 保证日期

7. 下列属于背书任意记载事项的是（　　）。

A. “不得转让”字样

B. 背书日期

C. 被背书人名称

D. 背书人签章

8. 根据支付结算法律制度的规定，下列关于票据背书的表述中，正确的是（　　）。

A. 以背书转让的票据，背书应当连续

B. 背书时附有条件的，背书无效

C. 委托收款背书的被背书人可再以背书转让票据权利

D. 票据上第一背书人为出票人

9. 关于银行汇票出票金额和实际结算金额，下列表述正确的是（　　）。

A. 如果出票金额低于实际结算金额，银行应按出票金额办理结算

B. 如果出票金额低于实际结算金额，银行应按实际结算金额办理结算

C. 如果出票金额高于实际结算金额，银行应按出票金额办理结算

D. 如果出票金额高于实际结算金额，银行应按实际结算金额办理结算

10. 根据支付结算法律制度的规定，电子承兑汇票的付款期限自出票日至到期日不能超过一定期限（　　）。

A. 1年　　B. 3个月

C. 2年　　D. 6个月

11. 根据支付结算法律制度的规定，下

列各项中，属于按照是否具有透支功能对银行卡分类的是（　　）。

A. 磁条卡与芯片卡

B. 人民币卡与外币卡

C. 信用卡与借记卡

D. 单位卡与个人卡

12. 张某3月1日向银行申请了一张贷记卡，6月1日取现2 000元，对张某的这个做法，说法正确的是（　　）。

A. 张某取现2 000元符合法律规定

B. 张某取现2 000元可享受免息还款期

C. 张某需要向银行交存一定金额的备用金

D. 张某取现2000元可享受最低还款额

13. 根据支付结算法律制度的规定，下列以汇兑方式结算的款项中，汇款人可以申请撤销的是（　　）。

A. 汇出银行已经汇出的款项

B. 汇入银行已发出收款通知的款项

C. 收款人拒绝接受的款项

D. 汇出银行尚未汇出的款项

14. 根据支付结算法律制度的规定，下列结算方式中，仅适用于单位之间款项结算的是（　　）。

A. 电汇　　B. 信汇

C. 委托收款　　D. 托收承付

15. 把预付卡划分为磁条卡和芯片卡的依据是（　　）。

A. 是否记载持卡人身份信息

B. 信息载体不同

C. 是否具有透支功能

D. 币种

16. 王某购买了一张记名预付卡，根据支付结算法律制度的规定，该张预付卡内的资金最高限额为（　　）。

A. 1 000元　　B. 5 000元

C. 10 000元　　D. 50 000元

二、多项选择题

1. 根据支付结算法律制度的规定，下列账户中，可以支取现金的有（　　）。

A. 基本存款账户　B. 一般存款账户

C. 临时存款账户　D. 单位人民币卡

2. 甲公司法定代表人为李某，其授权的代理人为张某。下列关于甲公司到开户银行办理银行手续的表述中，正确的有（　　）。

A. 申请临时存款账户展期，张某不能办理

B. 变更银行结算账户事项，可由张某办理

C. 申请补发开户许可证，可由张某办理

D. 撤销单位银行结算账户，张某不能办理

3. 根据支付结算法律制度的规定，下列选项所述票据丢失后，可以挂失支付的有（　　）。

A. 未承兑的商业汇票

B. 转账支票

C. 现金支票

D. 填明“现金”字样的银行本票

4. 根据支付结算法律制度的规定，下列有关票据权利时效的表述中，正确的有（　　）。

A. 对支票出票人的权利，自出票日起6个月不行使而消灭

B. 对支票出票人的权利，自出票日起2年不行使而消灭

C. 持票人对前手的再追索权，自清偿日或者被提起诉讼之日起3个月不行使而消灭

D. 对银行本票的出票人的权利自票据到期日起2年不行使而消灭

5. 根据支付结算法律制度的规定，下列关于汇票背书的说法中，正确的有（　　）。

A. 每一位使用粘单的背书人都应在汇票和粘单的粘接处签章

B. 如果背书实质不连续付款人应拒绝付款

C. 超过提示付款期限的汇票不得背书转让

D. 背书必须连续

6. 根据支付结算法律制度的规定，关于票据保证的下列表述中，正确的有（　　）。

A. 票据上未记载保证日期的，被保证人的背书日期为保证日期

B. 保证人未在票据或粘单上记载被保证

人名称的已承兑票据，承兑人为被保证人

C. 保证人为两人以上的，保证人之间承担连带责任

D. 保证人清偿票据债务后，可以对被保证人及其前手行使追索权

7. 持票人甲公司在P银行办理商业汇票贴现必须具备的条件有（　　）。

A. 该汇票未到期

B. 甲公司在P银行开立了存款账户

C. 甲公司与出票人或者直接前手之间具有真实的商品交易

D. 该汇票未记载“不得转让”事项

8. 根据支付结算法律制度的规定，下列关于银行本票的表述，正确的有（　　）。

A. 单位和个人在同一票据交换区域内支付的各种款项，均可以使用银行本票

B. 申请人或收款人为单位的，银行不得为其签发现金银行本票

C. 出票银行必须具有支付本票金额的可靠资金来源，并保证支付

D. 银行本票的提示付款期限自出票日起最长不得超过1个月

9. 徐女士在P银行申请一张信用卡，关于该信用卡计息和收费的下列表述中，符合法律规定的有（　　）。

A. 若徐女士欠缴信用卡年费，P银行可对该欠费计收利息

B. P银行应在信用卡协议中以显著方式提示信用卡利率标准和计结息方式，并经徐女士确认接受

C. P银行确定的信用卡透支利率可为日利率万分之五

D. 若P银行要调整信用卡利率，应至少提前45个自然日按照约定方式通知徐女士

10. 根据支付法律规定，关于银行卡收单业务的下列表述中，正确的有（　　）。

A. 特约商户为个体工商户或自然人的，可以使用其同名个人结算账户作为收单银行结算账户

B. 特约商户使用单位银行结算账户作为收单银行结算账户的，收单机构应当审核其合法拥有该账户的证明文件

C. 收单机构向特约商户收取服务费由收单机构与特约商户协商确定具体费率

D. 收单机构应当对实体特约商户收单业务进行本地化经营和管理，不得跨省域开展收单业务

11. 王某一次性购买6万元的预付卡，下列支付方式中，王某不得使用的有（　　）。

A. 转账支票　　B. 现金

C. 信用卡　　D. 借记卡

12. 根据支付结算法律制度的规定，关于预付卡的使用规范，下列表述正确的有（　　）。

A. 记名预付卡单张限额为5000元

B. 不记名预付卡单张限额为1000元

C. 预付卡不可以透支

D. 预付卡可以使用外币

三、判断题

1. 撤销银行结算账户时，应先撤销基本存款账户，然后再撤销一般存款账户、专用存款账户和临时存款账户。（　　）

2. 一般存款账户既可办理现金缴存，也可办理现金支取。（　　）

3. 申请人缺少解讫通知要求退款的，出票银行应于银行汇票提示付款期满1个月后办理。（　　）

4. 银行承兑汇票的出票人于汇票到期日未能足额交存票款的，承兑银行可以向持票人拒绝付款。（　　）

5. 单位或个人签发空头支票或者签发与其预留的签章不符的支票，不以骗取财物为目的的持票人有权要求出票人赔偿支票金额5%但不低于1000元的赔偿金。（　　）

6. 委托收款以单位为付款人的，银行收到委托收款凭证及债务证明，审查无误后应于当日将款项主动支付给收款人。（　　）

7. 信用证申请人交存的保证金和其存款账户余额不足支付的，开证行仍应在规定的付款时间内进行付款。（　　）

四、不定项选择题

2016年12月甲企业在W市注册成立，法定代表人为王某，甲企业聘请宋某为财务主管，并授权其为代理人办理开立银行结算

账户事宜，宋某填写“开立银行结算账户申请书”。在P银行开具基本存款账户。次年2月甲企业因结算需要在Q银行开立一般存款账户。

2018年6月甲企业实行股份制改革，经批准更名为乙股份有限公司，2018年9月乙股份有限公司股东大会做出决议，任命马某为公司新的法定代表人，同月办理了工商登记变更，2019年3月因业务发展需要，乙股份有限公司拟在保留现有银行结算账户的基础上，再开立新的银行结算账户。

要求：根据上述资料，不考虑其他因素，分析回答下列问题。

1. 关于宋某在“开立单位银行结算账户申请书”上签章的下列方案中，符合法律规定的是（　　）。

A. 甲企业的财务专用章和宋某的签名

B. 甲企业的财务专用章和王某的个人名章

C. 甲企业的单位公章和王某的个人名章

D. 甲企业的单位公章和宋某的签名

2. 甲企业更名为乙股份有限公司后，关于其基本存款账户管理事宜的下列表述中，符合法律规定的是（　　）。

A. 乙股份有限公司应当交回原开户许可证，换发新的开户许可证

B. 乙股份有限公司可以仅变更账户名称而不改变开户银行和账号

C. 乙股份有限公司应在5个工作日内办理账户变更手续

D. 乙股份有限公司应当再开立一个新的基本存款账户

3. 乙股份有限公司的法定代表人变更后，关于其银行结算账户处理的下列表述中，符合法律规定的是（　　）。

A. 因已变更了工商登记，不需要向银行申请结算账户的变更

B. 应分别向P银行和Q银行申请办理结算账户的变更事宜

C. 应向Q银行申请结算账户的变更事宜，不需要向P银行提出变更申请

D. 应向P银行申请结算账户的变更事宜，不需要向Q银行提出变更申请

4. 关于乙股份有限公司拟在开立新的银行结算账户的下列表述中，符合法律规定的是（　　）。

A. 可以在Q银行开立基本存款账户

B. 可以在P银行开立专用存款账户

C. 可以在Q银行开立专用存款账户

D. 可以在异地的S银行开立临时存款账户

参考答案及解析

一、单项选择题

1. B【解析】选项AC属于“三票一卡”，选项B属于托收承付，属于结算方式，选项D，尚未结算。

2. A【解析】存款人更改名称，但不改变开户银行及账号的，应于5个工作日内向开户银行提出银行结算账户的变更申请，并出具有关部门的证明文件。

3. D【解析】预算单位零余额账户用于财政授权支付，可以办理转账、提取现金等结算业务，可以向本单位按账户管理规定保留的相应账户划拨工会经费、住房公积金及提租补贴，以及财政部门批准的特殊款项，不得违反规定向本单位其他账户和上级主管单位、所属下级单位账户划拨资金。

4. A【解析】持票人以欺诈、偷盗或者胁迫等手段取得票据的，或者明知有上述情形，出于恶意取得票据的，不享有票据权利。胡某和陈某均不享有票据权利；因税收、继承、赠予可以依法无偿取得票据的，票据权利不得优于其前手。黄某虽然是善意不知情的，但是其未支付合理对价，其票据权利不优于其前手陈某，故黄某不享有票据权利。

5. B【解析】失票人应当在通知挂失止付后的3日内，也可以在票据丧失后，依法向票据支付地人民法院申请公示催告。

6. B【解析】选项ACD属于相对记载事项，如未记载，由法律予以规定，不影响票据行为的效力。

7. A【解析】任意记载事项指《票据

法》不强制当事人必须记载而允许当事人自行选择，不记载时不影响票据的效力，记载时则产生票据效力的事项，“不得转让”事项即为任意记载事项。

8. A【解析】背书时附有条件的，所附条件不具有票据上的效力，但背书有效。因此选项B错误。委托收款背书是背书人委托被背书人行使票据权的背书，被背书人不得再以背书转让票据权利。因此选项C错误。票据上的第一背书人为票据收款人。因此选项D错误。

9. D【解析】实际结算金额超过出票金额的，银行不予受理。因此选项AB错误。银行汇票的实际结算金额低于出票金额的，其多余金额由出票银行退交申请人。因此选项C错误，选项D正确。

10. A【解析】电子承兑汇票付款期限自出票日至到期日不超过1年。

11. C【解析】按照是否具有透支功能，银行卡可以分为信用卡与借记卡。

12. A【解析】信用卡可以取现。贷记卡取现不享受免息还款期和最低还款额待遇。所以选项B、D错误。选项C是针对准贷记卡的规定，因此不选。

13. D【解析】汇款人对汇出银行“尚未汇出”的款项可以申请撤销。

14. D【解析】个人不得使用的结算方式有三种：托收承付、国内信用证、商业汇票。

15. B【解析】预付卡按信息载体不同分为磁条卡、芯片（IC）卡。

16. B【解析】单张记名预付卡资金限额不得超过5000元。

二、多项选择题

1. AC【解析】基本存款账户可以支取现金，选项A正确。一般存款账户可以办理现金缴存，但不得办理现金支取，选项B错误。临时存款账户可以支取现金，但应当按照国家现金管理的规定办理，选项C正确。单位人民币卡可办理商品交易和劳务供应款项的结算，但不得支取现金，选项D错误。

2. BC【解析】存款人申请临时存款账户展期，变更、撤销单位银行结算账户以及补（换）发开户许可证时，可由法定代表人或单位负责人直接办理，也可授权他人办理。

3. BCD【解析】“已承兑”的商业汇票方可办理挂失止付。

4. AC【解析】持票人对支票出票人的权利，自出票日起6个月不行使而消灭。对银行本票的出票人的权利自出票日起2年不行使而消灭。

5. CD【解析】粘单上的第一记载人，应当在票据和粘单的粘接处签章，因此选项A错误。背书形式连续，付款人就应当付款；背书形式不连续，付款人应拒绝付款，付款人不审查实质问题，因此选项B错误。

6. BCD【解析】保证人在票据或者粘单上未记载“保证日期”的，出票日期为保证日期，因此选项A错误。

7. ABCD【解析】商业汇票的持票人向银行办理贴现必须具备下列条件：票据未到期；票据未记载“不得转让”事项；在银行开立存款账户的企业法人以及其他组织；与出票人或者直接前手之间具有真实的商品交易关系；提供与其直接前手之间的增值税发票和商品发送单据复印件。

8. ABC【解析】银行本票的提示付款期限自出票日起最长不得超过2个月。

9. BCD【解析】（1）选项A，发卡机构对向持卡人收取的违约金和年费、取现手续费、货币兑换费等服务费用不得计收利息；（2）选项B，发卡机构应在信用卡协议中以显著方式提示信用卡利率标准和计结息方式、免息还款期和最低还款额待遇的条件和标准，以及向持卡人收取违约金的详细情形和收取标准等与持卡人有重大利害关系的事项，确保持卡人充分知悉并确认接受；（3）选项C，对信用卡透支利率实行上限和下限管理，透支利率上限为日利率万分之五，透支利率下限为日利率万分之五的0.7倍；（4）选项D，发卡机构调整信用卡利率标准的，应至少提前45个自然日按照约定方式通知持卡人。

10. ABCD【解析】本题考核银行卡收单业务。

11. BC【解析】个人一次性购买预付卡

5万元以上的，通过银行转账等非现金结算方式购买，不得使用现金。购卡人不得使用信用卡购买预付卡。

12. ABC【解析】单张记名预付卡资金限额不得超过5000元，单张不记名预付卡资金限额不得超过1000元。因此选项AB正确。预付卡以人民币计价，不具有透支功能。因此，选项C正确，选项D错误。

三、判断题

1. 错【解析】撤销银行结算账户的，应先撤销一般存款账户、专用存款账户、临时存款账户，将账户资金转入基本存款账户后，方可办理基本存款账户的撤销。

2. 错【解析】根据规定，一般存款账户只能办理现金缴存，不得办理现金支取。

3. 对

4. 错【解析】银行承兑汇票的出票人于汇票到期日未能足额交存票款时，承兑银行除凭票向持票人无条件付款外，对出票人尚未支付的汇票金额按照每天万分之五计收利息。

5. 错【解析】单位或个人签发空头支票或者签发与其预留的签章不符的支票，不以骗取财物为目的的，由中国人民银行处以票面金额5%但不低于1000元的罚款；持票人有权要求出票人赔偿支票金额2%的赔偿金。

6. 错【解析】委托收款以“单位”为付款人的，银行应当及时通知付款人，付款人应于接到通知的当日书面通知银行付款，付款人未在接到通知的次日起3日内通知银行付款的，视同付款人同意付款。

7. 对【解析】本题主要考核国内信用证。

四、不定项选择题

1. CD【解析】开立单位银行结算账户时，应填写“开立单位银行结算账户申请书”并加盖单位公章和法定代表人（单位负责人）或其授权代理人的签名或者盖章。

2. BC【解析】存款人更改名称，但不改变开户银行及账号的，应在5个工作日内向开户银行提出银行结算账户的变更申请，并出具有关部门的证明文件。

3. B【解析】单位的法定代表人或主要负责人、住址以及其他开户资料发生变更时，应于5个工作日内书面通知开户银行并提供有关证明。

4. BCD【解析】一个单位只能开立一个基本存款账户，故乙股份有限公司不能再开立基本存款账户。因此选项A错误。一般账户不能和基本账户在一个网点机构，在基本存款账户开户银行以外的银行营业机构开立。专用账户是根据资金的特定用途和专项管理而开立的，无银行限制。因此选项B、C正确。临时存款账户用于办理临时机构以及存款人临时经营活动发生的资金收付，可在异地S银行开立。因此选项D正确。

第四章　增值税、消费税法律制度

第一节　税收法律制度概述★

一、税收与税收法律关系

（一）税收与税法

1. 税收

前提：社会剩余产品和国家的存在是税收产生的基本前提。

作用：资源配置、收入再分配、稳定经济和维护国家政权。

特征：强制性、无偿性和固定性。

2. 税法

税法是调整税收法律规范的总称，是国家法律的重要组成部分。

（二）税收法律关系

税收法律关系体现为国家征税与纳税人纳税的利益分配关系。由税收法律关系的主体、客体和内容三方面构成，如图 4-1 所示。

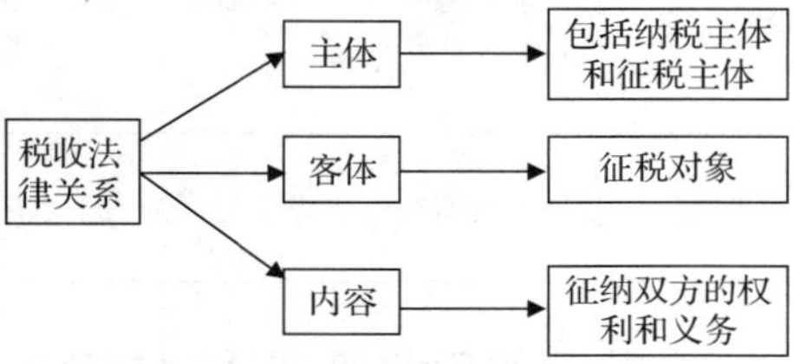

图 4-1　税收法律关系的构成

【例题 1 · 多选题】（2015 年）根据税收征收管理法律制度的规定，下列各项中，属于税收法律关系主体的有（　　）。

A. 征税对象　　B. 纳税人

C. 海关　　D. 税务机关

【解析】（1）税收法律关系主体包括征税主体和纳税主体，故选项 BCD 正确；（2）选项 A：属于税收法律关系的客体。因此，本题的正确答案是 BCD。

二、税法要素（见表 4-1）

表 4-1　税法要素

税法要素	要点	提示
纳税义务人	直接负有纳税义务的法人、自然人和其他组织	扣缴义务人：负有代扣税款并向国库缴纳义务的单位
征税对象	即纳税客体，是征纳税双方权利义务共同指向的对象	是区别不同税种的重要标志
税目	税法中具体规定应当征税的项目，是征税对象的具体化	目的：为了明确征税的具体范围；为了对不同征税项目加以区分，从而制定不同的税率
税率（核心要素）	计算税额的尺度	比例税率
		累进税率：（1）全额累进税率；（2）超额累进税率；（3）超率累进税率
		定额税率
计税依据	计算应纳税额的依据或标准	从价计征
		从量计征

续表

税法要素	要点	提示
纳税环节	征税对象在从生产到消费的流转过程中应当缴纳税款的环节	—
纳税期限	纳税义务发生后应依法缴纳税款的期限	纳税义务发生时间
		纳税期限
		缴库期限
纳税地点	申报缴纳税收的地方	包括代征、代扣、代缴义务人
税收优惠	国家对某些纳税人和征税对象给予鼓励和照顾的一种特殊规定	减税和免税
		起征点
		免征额
法律责任	对违反国家税法规定的行为人采取的处罚措施	行政责任
		刑事责任

三、我国的税收管理体制与现行税种（2019 年调整）

（1）我国税收征收管理机关有税务局和海关。

（2）税务机关是我国主要的征税主体，除由海关征收和委托海关代征的税种外，其他税种由税务机关负责征收。

（3）海关，其主要负责下列税种的征收和管理。

① 关税。

② 船舶吨税。

③ 委托代征的进口增值税和消费税。

第二节 增值税法律制度★★★

一、增值税纳税人

（一）纳税人

在中华人民共和国境内销售或进口货物，提供加工、修理修配劳务和销售服务、无形资产或者不动产的单位和个人，为增值税的纳税人。

（二）纳税人的分类

按照我国现行增值税的规定，依据企业经营规模和会计核算健全程度的不同，增值税纳税人可以分为一般纳税人和小规模纳税人。

1. 一般纳税人

一般纳税人，是指年应税销售额超过《增值税暂行条例实施细则》规定的小规模纳税人标准（见表 4-2）的企业和企业性单位。

表 4-2 年应税销售额的标准（2019 年新增）

	小规模纳税人	一般纳税人
标准	年应税销售额 500 万元以下	超过小规模纳税人标准

增值税一般纳税人资格实行登记制，登记事项由增值税纳税人向其主管税务机关办理。

下列纳税人不办理一般纳税人登记。

（1）个体工商户以外的其他个人。

（2）选择按照小规模纳税人纳税的非企业性单位。

（3）选择按照小规模纳税人纳税的不经常发生应税行为的企业。

除财政部、国家税务总局另有规定外，纳税人自其选择的一般纳税人资格生效之日起，按照增值税一般计税方法计算应纳税额，并按照规定领用增值税专用发票。

年应税销售额 500 万元以下，但“已登记”为增值税一般纳税人的单位和个人，在 2018 年 12 月 31 日前，可转登记为小规模纳税人，其未抵扣的进项税额做转出处理（2019 年新增）。

纳税人一经登记为一般纳税人后，不得转为小规模纳税人。

2. 小规模纳税人

小规模纳税人包括以下三类。

（1）年销售额在规定标准以下，并且会计核算不健全，不能按规定报送有关税务资料的无法申请成为一般纳税人的增值税纳税人。

（2）个体工商户以外的其他个人，即自然人。

（3）选择按照小规模纳税人纳税的非企业性单位和不经常发生应税行为的企业。

小规模纳税人实行简易计税方法，一般不使用增值税专用发票。小规模纳税人和一般纳税人之间发生经济往来需要使用增值税专用发票的，可以申请税务机关代开增值税专用发票。

住宿业、建筑业和鉴证咨询业等行业小规模纳税人试点自行开具增值税专用发票的（销售其取得的不动产除外），税务机关不再为其代开。

【例题2·单选题】根据增值税法律制度的规定，下列各项中，不属于小规模纳税人的是（　　）。

A. 应税服务年销售额为600万元的提供有形动产租赁服务的其他个人

B. 应税服务年销售额为400万元的提供物流辅助服务的其他个人

C. 应税服务年销售额为400万元的从事技术研发的纳税人

D. 应税服务年销售额为600万元的从事鉴证咨询服务的纳税人

【解析】应税服务年销售额超过规定标准的其他个人不属于一般纳税人，因此选项A属于小规模纳税人，选项A错误；选项B未超过一般纳税人标准且为"其他个人"，属于小规模纳税人，选项B错误；选项C未超过一般纳税人标准，属于小规模纳税人，选项C错误；选项D中，年应税销售额超过500万元的纳税人为一般纳税人，因此，本题的正确答案是D。

（三）扣缴义务人

境外的单位和个人在境内发生应税行为，在境内未设有经营机构的，以购买方为扣缴义务人。财政部和国家税务总局另有规定的除外。

二、增值税的征税范围

增值税是以商品、应税劳务和应税服务、无形资产或不动产在流转过程中产生的增值额作为征税对象而征收的一种间接税。

（一）增值税征税范围的一般规定

增值税的征税范围包括发生在中国境内的以下应税行为：销售或进口货物；提供加工、修理修配劳务和销售服务、无形资产或者不动产。

1. 销售或进口的货物

货物是指有形动产，包括电力、热力、气体在内，不包括不动产和无形资产。

境内销售货物，是指销售货物的起运地或者所在地在境内。

2. 提供的加工、修理修配劳务

（1）"加工"是指委托方提供原料和主要材料，受托方按委托方要求制造货物并收取加工费的业务；如果受托方提供原料并按委托方要求制造货物，属于受托方自制货物。"修理修配"是受托对损伤和丧失功能的货物进行修复，使其恢复原状和功能的业务。

（2）单位或者个体工商户聘用的员工为本单位或者雇主提供的加工、修理修配劳务，不包括在内。

境内提供应税劳务，是指提供的应税劳务发生在境内。

3. 销售服务、无形资产或者不动产

销售服务、无形资产或者不动产，是指有偿提供服务、有偿转让无形资产或者不动产，但属于下列非经营活动的情形除外。

（1）行政单位收取的同时满足特定条件的政府性基金或者行政事业性收费。

（2）单位或者个体工商户聘用的员工为本单位或者雇主提供取得工资的服务。

（3）单位或者个体工商户为聘用的员工提供服务。

（4）财政部和国家税务总局规定的其他情形。

在境内销售服务、无形资产或者不动产，是指：

（1）服务（租赁不动产除外）或者无形资产（自然资源使用权除外）的销售方或者购买方在境内；

（2）所销售或者租赁的不动产在境内；

（3）所销售自然资源使用权的自然资源在境内；

（4）财政部和国家税务总局规定的其他情形。

下列情形不属于在境内销售服务或者无形资产。

（1）境外单位或者个人向境内单位或者个人销售完全在境外发生的服务；

（2）境外单位或者个人向境内单位或者个人销售完全在境外使用的无形资产；

（3）境外单位或者个人向境内单位或者个人出租完全在境外使用的有形动产。

销售服务、无形资产或者不动产具体税目如表 4-3 所示。

表 4–3　销售服务、无形资产或者不动产具体税目

	行业	应税服务	具体内容	提示
销售服务	交通运输服务	陆路运输服务	包括铁路运输和其他陆路运输。 出租车公司向使用本公司自有出租车的出租车司机收取的管理费用，按照陆路运输服务缴纳增值税	无运输工具承运业务，按照交通运输服务缴纳增值税
		水路运输服务	水路运输的程租、期租业务，属于水路运输服务	
		航空运输服务	航空运输的湿租业务，属于航空运输服务； 对航天运输服务，按照航空运输服务征收增值税	
		管道运输服务	—	
	邮政服务	邮政普遍服务	函件、包裹等邮件寄递，以及邮票发行、报刊发行和邮政汇兑等业务活动	—
		邮政特殊服务	是指义务兵平常信函、机要通信、盲人读物和革命烈士遗物的寄递等业务活动	
		其他邮政服务	是指邮册等邮品销售、邮政代理等业务活动	
	电信服务	基础电信服务	是指利用固网、移动网、卫星、互联网，提供语音通话服务的业务活动，以及出租或者出售带宽、波长等网络元素的业务活动	卫星电视信号落地转接服务，按照“增值电信服务”缴纳增值税
		增值电信服务	是指利用固网、移动网、卫星、互联网、有线电视网络，提供短信和彩信服务、电子数据和信息的传输及应用服务、互联网接入服务等业务活动	
	建筑服务	工程服务	是指新建、改建各种建筑物、构筑物的工程作业	固定电话、有线电视、宽带、水、电、燃气、暖气等经营者向用户收取的安装费、初装费、开户费、扩容费以及类似收费，按照安装服务缴纳增值税
		安装服务	是指生产设备、动力设备等各种设备、设施的装配、安置工程作业	
		修缮服务	是指对建筑物、构筑物进行修补、加固、养护、改善，使之恢复原来的使用价值或者延长其使用期限的工程作业	
		装饰服务	是指对建筑物、构筑物进行修饰装修，使之美观或者具有特定用途的工程作业	
		其他建筑服务	如钻井（打井）、拆除建筑物或者构筑物、平整土地、园林绿化、疏浚（不包括航道疏浚）、建筑物平移、搭脚手架、爆破、矿山穿孔、表面附着物（包括岩层、土层、沙层等）剥离和清理等工程作业	

续表

	行业	应税服务	具体内容	提示
销售服务	金融服务	贷款服务	是指将资金贷与他人使用而取得利息收入的业务活动	融资性售后回租和以货币资金投资收入固定利润或者保底利润，均按照贷款服务缴纳增值税
		直接收费金融服务	是指为货币资金融通及其他金融业务提供相关服务并且收取费用的业务活动	
		保险服务	包括人身保险服务和财产保险服务	
		金融商品转让	是指转让外汇、有价证券、非货物期货和其他金融商品所有权的业务活动	
	现代服务	研发和技术服务	包括研发服务、合同能源管理服务、工程勘察勘探服务、专业技术服务	将建筑物、构筑物等不动产或者飞机、车辆等有形动产的广告位出租给其他单位或者个人用于发布广告，按照经营租赁服务缴纳增值税。 车辆停放服务、道路通行服务（包括过路费、过桥费、过闸费等）等按照不动产经营租赁服务缴纳增值税
		信息技术服务	包括软件服务、电路设计及测试服务、信息系统服务和业务流程管理服务和信息系统增值服务	
		文化创意服务	包括设计服务、知识产权服务、广告服务和会议展览服务	
		物流辅助服务	包括航空服务、港口码头服务、货运客运场站服务、打捞救助服务、仓储服务、装卸搬运服务和收派服务	
		租赁服务	融资租赁服务：有形动产融资租赁、不动产融资租赁 经营租赁服务：有形动产经营租赁、不动产经营租赁	
		鉴证咨询服务	包括认证服务、鉴证服务和咨询服务	
		广播影视服务	包括广播影视节目（作品）的制作服务、发行服务和播映（含放映）服务	
		商务辅助服务	包括企业管理服务、经纪代理服务、人力资源服务、安全保护服务	
		其他现代服务	—	
	生活服务	文化体育服务	包括文化服务和体育服务	—
		教育医疗服务	包括教育服务和医疗服务	
		旅游娱乐服务	包括旅游服务和娱乐服务	
		餐饮住宿服务	包括餐饮服务和住宿服务	
		居民日常服务	市容市政管理、家政、婚庆、养老、殡葬、照料和护理、救助救济、美容美发、按摩、桑拿、氧吧、足疗、沐浴、洗染、摄影扩印等服务	
		其他生活服务	—	
销售无形资产			是指转让无形资产所有权或者使用权的业务活动，包括技术、商标、著作权、商誉、自然资源使用权（如土地使用权）和其他权益性无形资产	—
销售不动产			是指转让不动产所有权的业务活动，包括建筑物、构筑物等。 转让建筑物有限产权或者永久使用权的，转让在建的建筑物或者构筑物所有权的，以及在转让建筑物或者构筑物时一并转让其所占土地的使用权的，按照销售不动产缴纳增值税	转让不动产使用权的业务，按租赁服务缴纳增值税

【例题3·单选题】（2018年）根据增值税法律制度的规定，下列各项业务中，属于“金融服务——贷款服务”的是（　　）。

A. 资金结算

B. 账户管理

C. 金融支付

D. 融资性售后回租

【解析】选项ABC：属于“销售金融服务——直接收费金融服务”。因此，本题的正确答案是D。

（二）征税范围的特殊规定

1. 视同销售货物

单位或者个体工商户的下列行为，视同销售货物。

（1）将货物交付他人代销。

（2）销售代销货物。（对收取的手续费，单独缴纳增值税）

（3）统一核算的总分机构（不在同一县市）之间移送货物用于销售。

（4）将自产、委托加工的货物用于集体福利或个人消费。

（5）将自产、委托加工或购买的货物作为投资，提供给其他单位或个体经营者。

（6）将自产、委托加工或购买的货物分配给股东或投资者。

（7）将自产、委托加工或购买的货物无偿赠送给他人。

单位或者个体工商户的下列行为，视为销售服务、无形资产或者不动产。

（1）单位或者个体工商户向其他单位或者个人无偿提供服务，但用于公益事业或者以社会公众为对象的除外。

（2）单位或者个人向其他单位或者个人无偿转让无形资产或者不动产，但用于公益事业或者以社会公众为对象的除外。

（3）财政部和国家税务总局规定的其他情形。

2. 混合销售行为

一项销售行为如果既涉及服务又涉及货物，为混合销售。从事货物的生产、批发或者零售的单位和个体工商户的混合销售行为，按照销售货物缴纳增值税；其他单位和个体工商户的混合销售行为，按照销售服务缴纳增值税。

3. 兼营行为

纳税人的经营范围既包括销售货物，又包括加工修理修配劳务或销售服务、无形资产和不动产的，为兼营行为。纳税人兼营销售货物、劳务、服务、无形资产或者不动产，适用不同税率或者征收率的，应当分别核算适用不同税率或者征收率的销售额；未分别核算的，从高适用税率。

知识点拨

混合销售与兼营的区别如下。

混合销售强调的是在同一销售行为中存在两类经营项目的混合，销售货款及服务价款是同时从一个购买方取得的。

兼营强调的是在同一纳税人的经营活动中存在着两类经营项目，但是这两类经营项目不是在同一销售行为中发生的，即销售货物和应税服务或劳务不是同时发生在同一购买者身上的。

（三）不属于增值税征税范围的项目

（1）根据国家指令无偿提供的铁路运输服务、航空运输服务，属于《营业税改征增值税试点实施办法》第十四条规定的用于公益事业的服务。

（2）存款利息。

（3）被保险人获得的保险赔付。

（4）房地产主管部门或者其指定机构、公积金管理中心、开发企业以及物业管理单位代收的住宅专项维修资金。

（5）在资产重组过程中，通过合并、分立、出售、置换等方式，将全部或者部分实物资产以及与其相关联的债权、负债和劳动力一并转让给其他单位和个人，其中涉及的货物、不动产、土地使用权转让行为。

三、增值税税率和征收率

增值税采用比例税率形式，其税率可以分为基本税率、低税率和零税率。除此之外，小规模纳税人和采用简易办法征税的一般纳税人计算税款时还要用到征收率。

（一）税率（见表 4-4）

表 4-4　增值税税率

税率		适用范围
基本税率 16%		（1）一般纳税人销售货物，除适用低税率、零税率和征收率的除外； （2）所有纳税人（包括小规模纳税人）进口货物，除适用低税率的除外； （3）一般纳税人提供加工、修理修配劳务； （4）一般纳税人提供有形动产租赁服务
低税率	10%	（1）粮食、食用植物油、鲜奶； （2）自来水、暖气、冷气、热水、煤气、石油液化气、天然气、沼气、居民用煤炭制品； （3）图书、报纸、杂志； （4）饲料、化肥、农药、农机、农膜； （5）（初级）农产品； （6）音像制品； （7）电子出版物； （8）二甲醚； （9）食用盐
		提供交通运输、邮政、基础电信、建筑、不动产租赁服务，销售不动产，转让土地使用权
	6%	提供增值电信服务、金融服务、现代服务（租赁服务除外）、生活服务和销售无形资产（土地使用权除外）
零税率		纳税人出口货物或发生“营改增”跨境应税行为

知识点拨

不征税、免税、零税率的区别如下。

不征税是不属于增值税征税范围，从性质上来说就是不征收增值税。

免税是属于增值税征税范围，但免予征收，即有优惠政策。享受免征增值税的，应纳增值税为0，同时不能抵扣进项税额。

零税率是属于征税范围，有优惠政策，免税并退税。增值税应纳税额＝销项税额－进项税额，零税率的情况下，纳税人的销项税额为0，则增值税应纳税额＝0－进项税额，这种情况下销售方可以退还税款或进项留抵。

【例题 4·单选题】下列选项中，适用 10% 税率的是（　　）。

A. 金融服务　　B. 销售不动产

C. 生活服务　　D. 提供修理修配劳务

【解析】金融服务和生活服务均适用 6% 的税率；提供修理修配劳务适用 16% 的税率。销售不动产适用 10% 的税率，因此，本题的正确答案是 B。

（二）征收率

增值税小规模纳税人和一般纳税人从事特定业务选择依照简易计税方法计税时，采用的征税比例被称为征收率。一般纳税人选择简易办法计算缴纳增值税后，36 个月内不得变更。

1. 适用 3% 征收率的范围

（1）小规模纳税人在中华人民共和国境内销售货物、销售服务、无形资产或不动产，适用简易方法计税，增值税征收率为 3%（适用 5% 征收率的除外）。征收率的调整，由国务院决定。

（2）对于一般纳税人生产销售的下列货物，可以选择适用简易计税方法计税，增值税征收率为 3%。

① 县级及县级以下小型水力发电单位生产的电力。

② 建筑用和生产建筑材料所用的砂、土、石料。

③ 以自己采掘的砂、土、石料或其他矿物连续生产的砖、瓦、石灰（不含黏土实心砖、瓦）。

④ 用微生物、微生物代谢产物、动物毒素、人或动物的血液或组织制成的生物制品。

⑤ 自来水。

⑥ 商品混凝土。

（3）纳税人销售自己使用过的物品或经营旧货（见表 4-5）

表 4-5 纳税人销售自己使用过的物品或经营旧货

纳税人	销售情形	税务处理	计税公式
一般纳税人	销售旧货	按简易办法：依3%征收率减按2%征收	增值税＝售价÷（1＋3%）×2%
	纳税人购进或者自制固定资产时为小规模纳税人，认定为一般纳税人后销售该固定资产		
	销售其按照规定不得抵扣且未抵扣进项税额的固定资产		
一般纳税人	销售自己使用过的其他固定资产（即除上述两种情形以外的使用过的固定资产）	按正常销售货物适用税率征收增值税	增值税＝售价÷（1＋16%）×16%
	销售自己使用过的除固定资产以外的物品		
小规模纳税人（除其他个人外）	销售旧货	减按2%征收率征收增值税	增值税＝售价÷（1＋3%）×2%
	销售自己使用过的固定资产		
	销售自己使用过的除固定资产以外的物品	按3%的征收率征收增值税	增值税＝售价÷（1＋3%）×3%

2. 适用5%征收率的范围

（1）一般纳税人销售不动产，选择适用简易计税方法的，征收率为5%。

（2）房地产开发企业的一般纳税人销售自行开发的房地产老项目，选择适用简易计税方法的，征收率为5%。

（3）小规模纳税人销售不动产、出租不动产，适用5%的征收率。

（4）一般纳税人出租其2016年4月30日前取得的不动产，选择按简易方法计税的，征收率为5%。

3. 个人出租住房的征收率

个人出租住房，按照5%的征收率减按1.5%计算纳税。

四、增值税应纳税额的计算

（一）一般性规定

增值税的计税方法，包括一般计税方法和简易计税方法。一般纳税人发生应税行为适用一般计税方法计税。

一般纳税人发生财政部和国家税务总局规定的特定应税行为，可以选择适用简易计税方法计税，但一经选择，36个月内不得变更。

小规模纳税人发生应税行为适用简易计税方法计税。

境外单位或者个人在境内发生应税行为，在境内未设有经营机构的，扣缴义务人按照下列公式计算应扣缴税额：

应扣缴税额＝购买方支付的价款÷（1＋税率）×税率

（二）一般计税方法

一般纳税人计算本月应纳增值税税额通常采用一般计税方法（也称购进扣税法）。购进扣税法下，计算税额围绕两个关键环节：一是销项税额如何计算；二是进项税额如何抵扣。计算公式如下：

当期应纳税额＝当期销项税额－当期进项税额

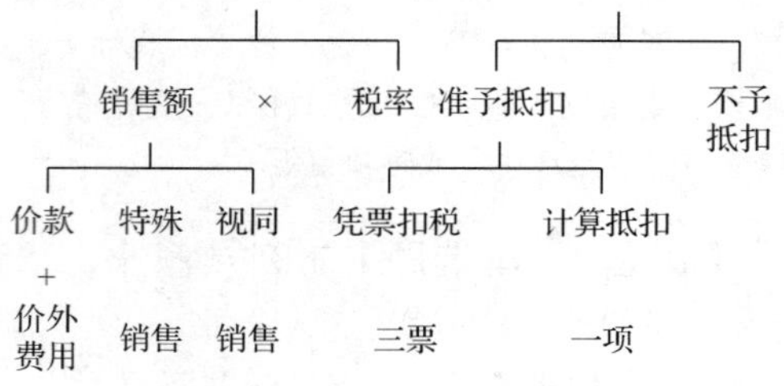

其中，销项税额的计算关键是销售额的确定；而进项税额的抵扣主要分为凭票抵扣和计算抵扣。

1. 一般销售方式下的销售额

销售额是纳税人销售货物，提供应税劳务和销售服务、无形资产或不动产向购买方收取的全部价款和价外费用。

（1）销售额中不包含向购买方收取的销

项税额。如果是含税销售额，应换算为不含税销售额，换算公式为：

不含税销售额＝含税销售额÷（1＋税率）

（2）向购买方收取的价外费用应被视为含税收入，需要先被换算成不含税收入再并入销售额。

（3）销售额中不包括：

① 受托加工应税消费品所代收代缴的消费税；

② 同时符合条件的代收政府性基金或者行政事业性收费；

③ 销售货物的同时代办保险费，代收车辆购置税、车辆牌照费；

④ 以委托方名义开具发票代委托方收取的款项。（包括符合条件的代垫运费）

2. **特殊销售方式下的销售额**

（1）折扣销售

折扣销售是指销货方在销售货物或应税劳务时，因购货方购货数量较多等原因而给予购货方的价格优惠。

纳税人采取折扣方式销售货物，如果销售额和折扣额在同一张发票上分别注明（在同一张发票上的“金额”栏中分别注明），可按折扣后的销售额缴纳增值税。

未在同一张发票“金额”栏中注明折扣额，而仅在发票的“备注”栏中注明折扣额的，折扣额不得从销售额中减除。

（2）销售折让或销售退回

销售折让是指货物销售后，由于其品种、质量等原因购货方未予退货，但销货方需给予购货方的一种价格折让。折让的增值税税额可从当期销项税额中扣减。

一般纳税人因销货退回而退还给购买方的增值税税额，应从发生销货退回当期的销项税额中扣减。

（3）以旧换新方式销售

以旧换新是指纳税人在销售自己的货物时，有偿收回旧货物的行为。

纳税人采取以旧换新方式销售货物，应按新货物的同期销售价格确定销售额。考虑到金银首饰以旧换新业务的特殊情况，对金银首饰以旧换新业务，明确规定可以按销售方实际收取的不含增值税的全部价款征收增值税。

（4）还本销售方式销售

还本销售是指纳税人在销售货物后，到一定期限由销售方一次或分次退还给购货方全部或部分价款。

纳税人采取还本销售方式销售货物，不得从销售额中减除还本支出，直接以货物的销售价格为销售额。

（5）以物易物销售

以物易物是一种较为特殊的购销活动，是指购销双方不是以货币结算，而是以同等价款的货物相互结算，实现货物购销的一种方式。

以物易物在税法中可以分解为销售和购货两项业务，双方均作购销处理，以各自发出的货物核算销售额并计算销项税额，以各自收到的货物核算购货额，取得增值税专用发票的，可以按发票上注明的增值税税款抵扣进项税额。

（6）直销方式销售

直销企业先将货物销售给直销员，直销员再将货物销售给消费者的，直销企业的销售额为其向直销员收取的全部价款和价外费用。直销员将货物销售给消费者时，应按照现行规定缴纳增值税。

直销企业通过直销员向消费者销售货物，直接向消费者收取货款，直销企业的销售额为其向消费者收取的全部价款和价外费用。

（7）包装物押金

包装物押金是企业为保证包装物的及时回收而向购货方收取的保证金，在包装物回收后还要返还给购货方。

通常情况下，纳税人对为销售货物而出租出借包装物收取的押金，单独记账核算的，该押金不并入销售额纳税。

但对因逾期未收回包装物不再退还的押金，应视为含税收入，按所包装货物的适用税率征收增值税。

（8）外币折算

纳税人按人民币以外的货币结算销售额

的，需将外币折算为人民币，折算时可以选择销售额发生的当天或者当月1日的人民币外汇中间价。折算方法一经选定，1年内不得变更。

知识点拨

如果题目中没有明确告知是否为含税价格，可以遵循以下原则来判断：（1）普通发票中注明的价款为含税价格；（2）增值税专用发票中注明的“价格”一般为不含税价格；（3）价外收入均为含税收入；（4）小规模纳税人取得的收入一般为含税收入。

【例题5·多选题】根据增值税法律制度的规定，下列各项中，正确的有（　　）。

A. 纳税人采取折扣方式销售货物，如果销售额和折扣额在同一张发票上分别注明，按折扣前的销售额缴纳增值税

B. 对金银首饰以旧换新业务，可以按销售方实际收取的不含增值税的全部价款征收增值税

C. 以物易物双方都应作购销处理，以各自发出的货物核算销售额并计算销项税额，以各自收到的货物按规定核算购货额并计算进项税额

D. 直销企业先将货物销售给直销员，直销员再将货物销售给消费者的，直销企业的销售额为直销员向消费者收取的全部价款和价外费用

【解析】纳税人采取折扣方式销售货物，如果销售额和折扣额在同一张发票上分别注明，可以按折扣后的销售额缴纳增值税，选项A错误；直销企业先将货物销售给直销员，直销员再将货物销售给消费者的，直销企业的销售额为其向直销员收取的全部价款和价外费用，选项D错误。因此，本题的正确答案是BC。

3. “营改增”业务销售额的特殊规定

（1）贷款服务，以提供贷款服务取得的全部利息及利息性质的收入为销售额。

（2）直接收费金融服务，以提供直接收费金融服务收取的手续费、佣金、酬金、管理费、服务费、经手费、开户费、过户费、结算费、转托管费等各类费用为销售额。

（3）金融商品转让，按照卖出价扣除买入价后的余额为销售额。

（4）经纪代理服务，以取得的全部价款和价外费用，扣除向委托方收取并代为支付的政府性基金或者行政事业性收费后的余额为销售额。

（5）航空运输企业的销售额，不包括代收的机场建设费和代售其他航空运输企业客票而代收转付的价款。

（6）试点纳税人中的一般纳税人提供客运场站服务，以其取得的全部价款和价外费用，扣除支付给承运方运费后的余额为销售额。

（7）试点纳税人提供旅游服务，可以选择以取得的全部价款和价外费用，扣除向旅游服务购买方收取并支付给其他单位或者个人的住宿费、餐饮费、交通费、签证费、门票费和支付给其他接团旅游企业的旅游费用后的余额为销售额。

（8）试点纳税人提供建筑服务适用简易计税方法的，以取得的全部价款和价外费用扣除支付的分包款后的余额为销售额。

（9）房地产开发企业中的一般纳税人销售其开发的房地产项目（选择简易计税方法的房地产老项目除外），以取得的全部价款和价外费用，扣除受让土地时向政府部门支付的土地价款后的余额为销售额。

4. 视同销售业务销售额的确定

对视同销售业务征税而无销售额或纳税人提供应税服务价格明显偏低或者偏高且不具有合理商业目的的，按下列顺序确定其销售额。

（1）按纳税人最近时期同类货物、服务、无形资产或者不动产的平均价格确定；

（2）按其他纳税人最近时期同类货物、服务、无形资产或者不动产的平均价格确定；

（3）按组成计税价格确定。组成计税价格的公式为：

组成计税价格＝成本×（1＋成本利润率）

对征收增值税的货物，同时又征收消费

税的，其组成计税价格中应加上消费税税额。其组成计税价格公式为：

组成计税价格＝成本 ×（1＋成本利润率）＋消费税税额

或：组成计税价格＝成本 ×（1＋成本利润率）÷（1－消费税税率）

纳税人发生固定资产视同销售行为，对已使用过的固定资产无法确定销售额的，以固定资产净值为销售额。

5. 一般纳税人进项税额的抵扣

进项税额是纳税人购进货物、加工修理修配劳务、服务、无形资产或不动产所支付或负担的增值税税额，它与销售方收取的销项税额相对应。

纳税人支付的所有进项税额并非都可以从销项税额中抵扣，进项税额的抵扣规定如表 4-6 所示。

表 4–6　一般纳税人进项税额抵扣规定

类型		具体情形
准予抵扣	以票抵税	（1）从销售方取得的增值税专用发票上注明的增值税税额（360 日）； （2）从海关取得的海关进口增值税专用缴款书上注明的增值税额（360 日）； （3）从税务机关取得的税收缴款完税凭证上注明的增值税税额（指接受境外单位或者个人提供的应税服务，所代扣代缴的增值税）
	计算抵税	购进农产品的进项税额＝买价 ×10%
不予抵扣	形式要件	纳税人取得的增值税扣税凭证不符合相关规定的
	实质要件	（1）用于简易计税方法计税项目、免征增值税项目、集体福利或者个人消费的购进货物、加工修理修配劳务、服务、固定资产、无形资产和不动产。其中涉及的固定资产、无形资产、不动产，仅指专用于上述项目的固定资产、无形资产（不包括其他权益性无形资产）、不动产； （2）非正常损失的购进货物，以及相关的加工修理修配劳务和交通运输服务； （3）非正常损失的在产品、产成品所耗用的购进货物（不包括固定资产）、加工修理修配劳务和交通运输服务； （4）非正常损失的不动产，以及该不动产所耗用的购进货物、设计服务和建筑服务； （5）非正常损失的不动产在建工程所耗用的购进货物、设计服务和建筑服务； （6）购进的旅客运输服务、贷款服务、餐饮服务、居民日常服务和娱乐服务； （7）财政部和国家税务总局规定的其他情形 例如：纳税人接受贷款服务向贷款方支付的与该笔贷款直接相关的投融资顾问费、手续费、咨询费等费用，其进项税额不得从销项税额中抵扣

所谓“非正常损失”，是指因管理不善造成货物被盗、丢失、霉烂变质，以及因违反法律法规造成货物或者不动产被依法没收、销毁、拆除的情形。

适用一般计税方法的纳税人，兼营简易计税方法计税项目、免征增值税项目而无法划分不得抵扣的进项税额的，按照下列公式计算不得抵扣的进项税额：

不得抵扣的进项税额＝当期无法划分的全部进项税额 ×（当期简易计税方法计税项目销售额＋免征增值税项目销售额）÷ 当期全部销售额

已抵扣进项税额的购进货物（不含固定资产）、劳务、服务，发生上述情形（简易计税方法计税项目、免征增值税项目除外)的，应当将该进项税额从当期进项税额中扣减；无法确定该进项税额的，按照当期实际成本计算应扣减的进项税额。

已抵扣进项税额的固定资产、无形资产或者不动产，发生上述情形的，按照下列公式计算不得抵扣的进项税额：

不得抵扣的进项税额＝固定资产、无形资产或者不动产净值 × 适用税率

固定资产、无形资产或者不动产净值，是指纳税人根据财务会计制度计提折旧或摊销后的余额。

如果购进的固定资产、无形资产（不包括其他权益性无形资产）和不动产专用于简易计税方法计税项目、免征增值税项目、集体福利或者个人消费，其进项税额不得抵扣。

如果既用于上述不允许抵扣项目又用于准予抵扣项目的，其进项税额准予全额抵扣。（2019年新增）

自2018年1月1日起，纳税人租入固定资产、不动产，既用于一般计税方法计税项目，又用于简易计税方法计税项目、免征增值税项目、集体福利或者个人消费的，其进项税额准予全额抵扣。（2019年新增）

【例题6·单选题】根据增值税法律制度的规定，下列各项中，可以从销项税额中抵扣进项税额的是（　　）。

A. 购进生产用电力所支付的增值税税款

B. 购进用于个人消费的材料所支付的增值税税款

C. 因管理不善被盗材料所支付的增值税税款

D. 购进用于集体福利的产品所支付的增值税税款

【解析】用于免征增值税项目、集体福利或者个人消费的购进货物或者应税劳务，其进项税额不得抵扣。非正常损失的购进货物及相关的应税劳务，其进项税额不得抵扣。非正常损失，是指因管理不善造成被盗、丢失、霉烂变质的损失，以及被执法部门依法没收或者强令自行销毁的货物。因此，本题的正确答案是A。

6. 进项税额抵扣的特殊规定

（1）适用一般计税方法的试点纳税人，在2016年5月1日后取得并在会计制度上按固定资产核算的不动产或者在2016年5月1日后取得的不动产在建工程，其进项税额应自取得之日起分2年从销项税额中抵扣，第一年抵扣比例为60%，第二年抵扣比例为40%。

取得的不动产，包括以直接购买、接受捐赠、接受投资入股以及抵债等各种形式取得的不动产。

纳税人新建、改建、扩建、修缮、装饰不动产，属于不动产在建工程。

房地产开发企业自行开发的房地产项目，融资租入的不动产，以及在施工现场修建的临时建筑物、构筑物，其进项税额不适用上述分2年抵扣的规定。

（2）按照规定不得抵扣且未抵扣进项税额的固定资产、无形资产、不动产，发生用途改变，用于允许抵扣进项税额的应税项目的，可在用途改变的次月按照下列公式计算可以抵扣的进项税额：

可以抵扣的进项税额＝固定资产、无形资产、不动产净值 ÷（1＋适用税率）× 适用税率

（三）简易计税方法应纳税额的计算

简易计税方法应纳税额，是指按照销售额和征收率计算的增值税税额，不得抵扣进项税额。应纳税额的计算公式为：

应纳税额＝销售额 × 征收率

简易计税方法的销售额不包括其应纳税额，纳税人采用销售额和应纳税额合并定价方法的，按照下列公式计算销售额：

销售额＝含税销售额 ÷（1＋征收率）

纳税人适用简易计税方法计税的，因销售折让、中止或者退回而退还给购买方的销售额，应当从当期销售额中扣减。扣减当期销售额后仍有余额造成多缴的税款，可以从以后的应纳税额中扣减。

一般纳税人发生下列应税行为，可以选择适用简易计税方法计税。

（1）公共交通运输服务，包括轮客渡、公交客运、地铁、城市轻轨、出租车、长途客运、班车。

（2）经认定的动漫企业为开发动漫产品提供的动漫脚本编撰、形象设计、背景设计、动画设计、分镜、动画制作、摄制、描线、上色、画面合成、配音、配乐、音效合成、剪辑、字幕制作、压缩转码（面向网络动漫、手机动漫格式适配）服务，以及在境内转让动漫版权（包括动漫品牌、形象或者内容的授权及再授权）。

（3）电影放映服务、仓储服务、装卸搬运服务、收派服务和文化体育服务。

（4）以纳入“营改增”试点之日前取得的有形动产为标的物提供的经营租赁服务。

（5）在纳入“营改增”试点之日前签订的尚未执行完毕的有形动产租赁合同。

【例题7·单选题】某运输公司为增值税小规模纳税人，2019年10月取得含税运输收入53万元，赔偿金收入533万元；购买汽车用汽油，取得的增值税普通发票上注明的价款为5.58万元。该运输公司当月上述业务应缴纳增值税（　　）万元。

A. 1.7　　　　B. 1.54

C. 1.12　　　　D. 0.96

【解析】赔偿金属于向购买方收取的价外费用，应并入销售额缴纳增值税。小规模纳税人不得抵扣进项税额。小规模纳税人的应纳增值税＝含税销售额÷（1＋征收率）×征收率＝[（53＋5.3）÷（1＋3%）]×3%＝1.7（万元）。因此，本题的正确答案是A。

（四）进口货物应纳税额的计算

纳税人进口货物，按照组成计税价格和规定税率计算应纳税额。其计算公式为：

应纳进口增值税＝组成计税价格×税率

其中，组成计税价格＝关税完税价格＋关税（＋消费税）

五、增值税税收优惠★★

（一）《增值税暂行条例》规定的免税项目

（1）农业生产者销售的自产农产品。

（2）避孕药品和用具。

（3）古旧图书。古旧图书是指向社会收购的古书和旧书。

（4）直接用于科学研究、科学试验和教学的进口仪器、设备。

（5）外国政府、国际组织无偿援助的进口物资和设备。

（6）由残疾人的组织直接进口供残疾人专用的物品。

（7）销售自己使用过的物品。自己使用过的物品是指其他个人自己使用过的物品。

（二）《营业税改征增值税试点过渡政策》规定的免税项目

（1）托儿所、幼儿园提供的保育和教育服务。

（2）养老机构提供的养老服务。

（3）残疾人福利机构提供的育养服务。

（4）婚姻介绍服务。

（5）殡葬服务。

（6）残疾人员本人为社会提供的服务。

（7）医疗机构提供的医疗服务。

（8）从事学历教育的学校提供的教育服务。

（9）学生勤工俭学提供的服务。

（10）个人转让著作权。

（11）个人销售自建自用住房。

（12）2018年12月31日前，公共租赁住房经营管理单位出租公共租赁住房。

（13）国债利息收入。

（14）保险公司开办一年期以上人身保险产品取得的保费收入。

（15）个人从事金融商品转让收入。

（16）金融同业往来利息收入。

（17）纳税人提供技术转让、技术开发和与之相关的技术咨询、技术服务。

（18）家政服务企业由员工制家政服务员提供家政服务取得的收入。

（19）福利彩票、体育彩票的发行收入。

（20）军队空余房产租赁收入。

（21）将土地使用权转让给农业生产者用于农业生产。

（22）涉及家庭财产分割的个人无偿转让不动产、土地使用权。

（23）土地所有者出让土地使用权和土地使用者将土地使用权归还给土地所有者。

（三）个人购买住房的增值税政策

个人将购买不足2年的住房对外销售的，按照5%的征收率全额缴纳增值税；个人将购买2年以上（含2年）的住房对外销售的，免缴增值税。上述政策适用于北京市、上海市、广州市和深圳市之外的地区。

个人将购买不足2年的住房对外销售的，按照5%的征收率全额缴纳增值税；个人将购买2年以上（含2年）的非普通住房对外销售的，以销售收入减去购买住房价款后的差额按照5%的征收率缴纳增值税；个人将购买2年以上（含2年）的普通住房对外销售的，免缴增值税。上述政策仅适用于北京市、上海市、广州市和深圳市。

（四）跨境应税行为适用免税规定

对境内单位和个人销售的下列服务和无形资产免征增值税，但财政部和国家税务总局规定适用增值税零税率的除外。

（1）对下列在境外销售的服务免征增值税。

① 工程项目在境外的建筑服务。

② 工程项目在境外的工程监理服务。

③ 工程、矿产资源在境外的工程勘察勘探服务。

④ 会议展览地点在境外的会议展览服务。

⑤ 存储地点在境外的仓储服务。

⑥ 标的物在境外使用的有形动产租赁服务。

⑦ 在境外提供的广播影视节目（作品）的播映服务。

⑧ 在境外提供的文化体育服务、教育医疗服务、旅游服务。

（2）为出口货物提供的邮政服务、收派服务、保险服务。

为出口货物提供的保险服务，包括出口货物保险和出口信用保险。

（3）向境外单位提供的完全在境外消费的下列服务和无形资产。

① 电信服务。

② 知识产权服务。

③ 物流辅助服务（仓储服务、收派服务除外）。

④ 鉴证咨询服务。

⑤ 专业技术服务。

⑥ 商务辅助服务。

⑦ 广告投放地在境外的广告服务。

⑧ 无形资产。

（4）以无运输工具承运方式提供的国际运输服务。

（5）为境外单位之间的货币资金融通及其他金融业务提供的直接收费金融服务，且该服务与境内的货物、无形资产和不动产无关。

（6）财政部和国家税务总局规定的其他服务。

提示

跨境应税行为适用零税率的规定

中华人民共和国境内（以下简称“境内”）的单位和个人销售的下列服务和无形资产，适用增值税零税率。

1．国际运输服务

2．航天运输服务

3．向境外单位提供的完全在境外消费的下列服务

（1）研发服务。

（2）合同能源管理服务。

（3）设计服务。

（4）广播影视节目（作品）的制作和发行服务。

（5）软件服务。

（6）电路设计及测试服务。

（7）信息系统服务。

（8）业务流程管理服务。

（9）离岸服务外包业务。

（10）转让技术。

4．财政部和国家税务总局规定的其他服务

（五）增值税起征点的规定

增值税的起征点适用范围限于个人，且不适用于登记为一般纳税人的个体工商户。

（1）按期纳税的，为月销售额5 000～20 000元（含本数）。

（2）按次纳税的，为每次（日）销售额300～500元（含本数）。

个人销售货物、提供应税劳务或者发生应税行为的销售额未达到增值税起征点的，免缴增值税；达到起征点的，全额计算缴纳增值税。

（六）小微企业增值税优惠政策

（1）对增值税小规模纳税人，月销售额不超过3万元（含3万元，下同）的，免征增值税。其中，对以1个季度为纳税期限的增值税小规模纳税人，季度销售额不超过9万元的，免征增值税。

（2）增值税小规模纳税人兼营“营改增”应税服务的，应当分别核算“营改增”应税服务的销售额，月销售额不超过3万元（按季纳税9万元）的，免缴增值税。

（七）增值税优惠政策的运用

纳税人兼营免税、减税项目的，应当分别核算免税、减税项目的销售额；未分别核算销售额的，不得免税、减税。

纳税人销售货物或者应税劳务适用免税规定的，可以放弃免税，依照《增值税暂行条例》的规定缴纳增值税。放弃免税后，36个月内不得再申请免税。

纳税人发生应税行为同时适用免税和零税率规定的，纳税人可以选择适用免税或者零税率。

【例题8·单选题】根据“营改增”的规定，对下列项目不予免征增值税的是（　　）。

A. 个人转让著作权

B. 残疾人个人提供应税服务

C. 运输企业提供管道运输服务

D. 纳税人提供技术转让、技术开发和与之相关的技术咨询、技术服务

【解析】运输企业提供管道运输服务，应按交通运输服务缴纳增值税，没有免税规定。其他选项均免征增值税。因此，本题的正确答案是C。

六、增值税征收管理

（一）纳税义务发生时间的确定

1. 一般规定

销售货物或者应税劳务、服务、无形资产或不动产，其增值税纳税义务发生时间为收讫销售款项或者取得索取销售款项凭据的当天；先开具发票的，为开具发票的当天。

进口货物，其增值税纳税义务发生时间为报关进口的当天。

增值税扣缴义务发生时间为纳税人增值税纳税义务发生的当天。

2. 具体规定

收讫销售款项或者取得索取销售款项凭据的当天，按销售结算方式的不同，具体有以下几类情况。

（1）采取直接收款方式销售货物，不论货物是否发出，均为收到销售款或者取得索取销售款凭据的当天。

（2）采取托收承付和委托银行收款方式销售货物，为发出货物并办妥托收手续的当天。

（3）采取赊销和分期收款方式销售货物，为书面合同约定的收款日期的当天，无书面合同的或者书面合同没有约定收款日期的，为货物发出的当天。

（4）采取预收货款方式销售货物的，为货物发出的当天，但生产销售生产工期超过12个月的大型机械设备、船舶、飞机等货物，为收到预收款或者书面合同约定的收款日期的当天。

（5）委托其他纳税人代销货物的，为收到代销单位的代销清单或者收到全部或者部分货款的当天。未收到代销清单及货款的，为发出代销货物满180天的当天。

（6）销售应税劳务，为提供劳务同时收讫销售款或者取得索取销售款凭据的当天。

（7）提供“营改增”应税行为，收讫销售款项，是指纳税人在销售服务、无形资产、不动产过程中或者完成后收到款项。取得索取销售款项凭据的当天，是指书面合同确定的付款日期；未签订书面合同或者书面合同未确定付款日期的，为服务、无形资产转让完成的当天或者不动产权属变更的当天。

（8）纳税人提供租赁服务采取预收款方式的，其纳税义务发生时间为收到预收款的当天。

（9）纳税人从事金融商品转让的，为金融商品所有权转移的当天。

（10）纳税人发生视同销售货物行为，为货物移送的当天；发生视同销售服务、无形资产或者不动产的，其纳税义务发生时间为服务、无形资产转让完成的当天或者不动产权属变更的当天。

（二）纳税地点（2019年调整）

（1）固定业户应当向其机构所在地的税务机关申报纳税。

（2）固定业户到外县（市）销售货物或者劳务，应当向其机构所在地的税务机关报告外出经营事项，并向其机构所在地的税务机关申报纳税；未报告的，应当向销售地或者劳务发生地的税务机关申报纳税；未向销售地或者劳务发生地的税务机关申报纳税的，

由其机构所在地的税务机关补征税款。

（3）非固定业户销售货物或者劳务，应当向销售地或者劳务发生地的税务机关申报纳税；未向销售地或者劳务发生地的税务机关申报纳税的，由其机构所在地或者居住地的税务机关补征税款。

（4）进口货物，应当向报关地海关申报纳税。

（5）其他个人提供建筑服务，销售或者租赁不动产，转让自然资源使用权，应向建筑服务发生地、不动产所在地、自然资源所在地税务机关申报纳税。

（6）扣缴义务人应当向其机构所在地或者居住地的税务机关申报缴纳其扣缴的税款。

（三）纳税期限

（1）纳税期限：1日、3日、5日、10日、15日、1个月、1季度。

小规模纳税人、银行、财务公司、信托投资公司、信用社，以及财政部和国家税务总局规定的其他纳税人适用于以季度为纳税期限。

（2）报缴税款期限：以月（季）纳税，自期满之日起15日内。

（3）进口货物：海关填发进口增值税专用缴款书之日起15日内。

【例题9·单选题】甲公司采取预收货款方式向乙公司销售一批货物，双方于2019年6月18日签订了一份买卖合同，合同约定乙公司于7月28日向甲公司预付货款。但甲公司在7月10日就收到乙公司的预付货款；甲公司于8月30日发出货物。按我国《增值税暂行条例》及其实施细则的规定。甲公司增值税纳税义务发生时间应当为（　　）。

A. 6月18日　　B. 7月10日

C. 7月28日　　D. 8月30日

【解析】采取预收货款方式销售货物的，增值税纳税义务发生时间为货物发出的当天。本题中，甲公司发出货物的时间是8月30日，所以纳税义务发生时间为8月30日，因此，本题的正确答案是D。

七、增值税专用发票使用规定★

增值税专用发票，是增值税一般纳税人销售货物、劳务、服务、无形资产和不动产开具的发票，是购买方支付增值税税额并可按照增值税有关规定据以抵扣增值税进项税额的凭证。

（一）专用发票的联次及用途

增值税专用发票由基本联次或者基本联次附加其他联次构成，基本联次为三联：记账联、抵扣联和发票联。

（1）记账联，作为销售方核算销售收入和增值税销项税额的记账凭证。

（2）抵扣联，作为购买方报送主管税务机关认证和留存备查的扣税凭证。

（3）发票联，作为购买方核算采购成本和增值税进项税额的记账凭证。

（二）不得领购开具增值税专用发票的情形

（1）会计核算不健全，不能向税务机关准确提供增值税销项税额、进项税额、应纳税额数据及其他有关增值税税务资料的。

（2）有《中华人民共和国税收征管法》规定的税收违法行为，拒不接受税务机关处理的。

（3）有下列行为之一，经税务机关责令限期改正而仍未改正的。

① 虚开增值税增值税专用发票。

② 私自印制增值税专用发票。

③ 向税务机关以外的单位和个人买取增值税专用发票。

④ 借用他增值税人专用发票。

⑤ 未按规定开具增值税专用发票。

⑥ 未按规定保管增值税专用发票和专用设备。

⑦ 未按规定申请办理防伪税控系统变更发行。

⑧ 未按规定接受税务机关检查。

（三）增值税专用发票的使用管理

1. 增值税专用发票开具限额

增值税专用发票实行最高开票限额管理。最高开票限额，是指单份增值税专用发票开具的销售额合计数不得达到的上限额度。

最高开票限额由一般纳税人申请，税务机关依法审批。最高开票限额为10万元及以下的，由区（县）级税务机关审批；最高开票限额为100万元的，由地市级税务机关审批；最高开票限额为1000万元及以上的，由省级税务机关审批。

2. 增值税专用发票开具范围

一般纳税人销售货物、服务、劳务、无形资产和不动产，应向购买方开具增值税专用发票。有下列情形之一的，不得开具增值税专用发票。

（1）商业企业一般纳税人零售的烟、酒、食品、服装、鞋帽（不包括劳保专用部分）、化妆品等消费品。

（2）销售货物、提供应税劳务或者发生应税行为适用免税规定的（法律、法规及国家税务总局另有规定的除外）。

（3）向消费者个人销售货物、提供应税劳务或者发生应税行为的。

（4）小规模纳税人销售货物、提供应税劳务或者发生应税行为的（需要开具增值税专用发票的，可向主管税务机关申请代开，国家税务总局另有规定的除外）。

【例题 10·多选题】下列选项中，不得开具增值税专用发票的有（　　）。

A. 房地产企业向消费者个人销售商品房

B. 某餐厅向消费者个人提供餐饮服务

C. 某婚介所提供的婚姻介绍服务

D. 从事学历教育的学校提供的教育服务

【解析】选项AB属于向消费者个人销售服务或者不动产，选项CD属于提供免征增值税的服务。向消费者个人销售服务、无形资产或者不动产，以及适用免税政策的行为都是不得开具增值税专用发票的。因此，本题的正确答案是ABCD。

第三节　消费税法律制度★★★

一、消费税纳税人及征税范围

（一）消费税的纳税人

消费税的纳税人是指在中华人民共和国境内生产、委托加工和进口应税消费品的单位和个人，以及国务院确定的销售应税消费品的其他单位和个人。

（二）消费税的征税范围

消费税的征税范围分为生产应税消费品、委托加工应税消费品、进口应税消费品和批发零售应税消费品。

1. 生产应税消费品

生产应税消费品是消费税征收的主要环节，因消费税具有单一环节征税的特点，在生产销售环节征税以后，在后续流通环节一般不用再征收。

生产应税消费品除了直接对外销售应征收消费税外，纳税人将生产的应税消费品换取生产资料、消费资料、投资入股、偿还债务，以及用于继续生产应税消费品以外的其他方面的都应缴纳消费税。

工业企业以外的单位和个人的下列行为视为应税消费品的生产行为，按规定缴纳消费税。

（1）将外购的消费税非应税产品以消费税应税产品对外销售的；

（2）将外购的消费税低税率应税产品以高税率应税产品对外销售的。

2. 委托加工应税消费品

委托加工应税消费品，属于消费税的征税范围，由受托方代收代缴消费税。

由受托方提供原材料和其他情形的一律不作为委托加工应税消费品纳税，而是作为自行生产应税消费品销售纳税。

3. 进口应税消费品

进口环节的消费税由海关代征。

4. 批发零售应税消费品

批发零售应税消费品，是指批发卷烟，零售金银首饰、钻石及钻石饰品和零售超豪华小汽车。

二、消费税的税目与税率

（一）税目

根据《消费税暂行条例》的规定，消费税税目共有15个。消费税税目具体如表4-7所示。

表 4–7 消费税税目表

税目	子目	注释
烟	1. 卷烟 2. 雪茄烟 3. 烟丝	—
酒	1. 白酒 2. 黄酒 3. 啤酒 4. 其他酒	①对饮食业、商业、娱乐业举办的啤酒屋（啤酒坊）利用啤酒生产设备生产的啤酒，应当征收消费税； ②调味料酒不征消费税
高档化妆品	—	①包括高档美容、修饰类化妆品、高档护肤类化妆品和成套化妆品； ②舞台、戏剧、影视演员化妆用的上妆油、卸妆油、油彩，不属于本税目的征收范围
贵重首饰和珠宝玉石	1. 金、银、铂金首饰和钻石及钻石饰品； 2. 其他贵重首饰和珠宝玉石	对宝石坯应按规定征收消费税
鞭炮、焰火	—	不包括体育上用的发令纸、鞭炮引线
成品油	汽油、柴油、石脑油、溶剂油、航空煤油、润滑油、燃料油	自 2012 年 11 月 1 日起，催化料、焦化料属于燃料油的征收范围，对其应当征收消费税
摩托车	—	气缸容量 250 毫升（不含）以下的小排量摩托车不征收消费税
小汽车	1. 小汽车 2. 中轻型商用客车 3. 超豪华小汽车	①对于购进乘用车或中轻型商用客车整车改装生产的汽车，应按规定征收消费税； ②电动汽车、沙滩车、雪地车、卡丁车、高尔夫车不属于消费税征收范围； ③货车或厢式货车改装生产的商务车、卫星通信车等专用汽车不征消费税； ④超豪华小汽车的征收范围为每辆零售价格 130 万元（不含增值税）及以上的乘用车和中轻型商用客车
高尔夫球及球具	—	包括高尔夫球、高尔夫球杆、高尔夫球包（袋）。高尔夫球杆的杆头、杆身和握把属于本税目的征收范围
高档手表	—	销售价格（不含增值税）每只在 10000 元（含）以上的各类手表
游艇	—	艇身长度大于 8 米（含）小于 90 米（含）
木制一次性筷子	—	本税目征收范围包括各种规格的木制一次性筷子。未经打磨、倒角的木制一次性筷子属于本税目征税范围
实木地板	—	未经涂饰的素板也属于本税目征税范围
电池	—	自 2015 年 2 月 1 日起对电池（铅蓄电池除外）征收消费税；铅蓄电池自 2016 年 1 月 1 日起征收消费税
涂料	—	—

（二）税率

消费税采用比例税率和定额税率两种形式，以适应不同应税消费品的实际情况。

消费税根据不同的税目或子目确定相应的税率或单位税额。一般情况下，对一种消费品只选择一种税率形式，但为了更好、更有效地保全消费税税基，对卷烟和白酒采取了比例税率和定额税率复合征收的形式。消费税的税目、税率，依照“消费税税目税率表”（见表 4-8）执行。

表 4-8　消费税税目税率表

税目	税率
一、烟	
1．卷烟	
（1）甲类卷烟	56% 加 0.003 元 / 支
（2）乙类卷烟	36% 加 0.003 元 / 支
（3）批发	11% 加 0.005 元 / 支
2．雪茄烟	36%
3．烟丝	30%
二、酒	
1．白酒	20% 加 0.5 元 /500 克（或者 500 毫升）
2．黄酒	240 元 / 吨
3．啤酒	
（1）甲类啤酒	250 元 / 吨
（2）乙类啤酒	220 元 / 吨
4．其他酒	10%
三、高档化妆品	15%
四、贵重首饰及珠宝玉石	
1．金银首饰、铂金首饰和钻石及钻石饰品	5%
2．其他贵重首饰和珠宝玉石	10%
五、鞭炮、焰火	15%
六、成品油	
1．汽油	1.52 元 / 升
2．柴油	1.20 元 / 升
3．航空煤油	1.20 元 / 升
4．石脑油	1.52 元 / 升
5．溶剂油	1.52 元 / 升
6．润滑油	1.52 元 / 升
7．燃料油	1.20 元 / 升
七、摩托车	
1．气缸容量（排气量，下同）为 250 毫升的	3%
2．气缸容量在 250 毫升（不含 250 毫升）以上的	10%
八、小汽车	
1．乘用车	
（1）气缸容量（排气量，下同）在 1.0 升（含 1.0 升）以下的	1%
（2）气缸容量在 1.0 升以上至 1.5 升（含 1.5 升）的	3%
（3）气缸容量在 1.5 升以上至 2.0 升（含 2.0 升）的	5%
（4）气缸容量在 2.0 升以上至 2.5 升（含 2.5 升）的	9%
（5）气缸容量在 2.5 升以上至 3.0 升（含 3.0 升）的	12%
（6）气缸容量在 3.0 升以上至 4.0 升（含 4.0 升）的	25%
（7）气缸容量在 4.0 升以上的	40%
2．中轻型商用客车	5%
3．零售超豪华小汽车	10%
九、高尔夫球及球具	10%
十、高档手表	20%
十一、游艇	10%
十二、木制一次性筷子	5%
十三、实木地板	5%
十四、电池	4%
十五、涂料	4%

纳税人兼营不同税率的应税消费品，应当分别核算不同税率应税消费品的销售额、销售数量。未分别核算销售额、销售数量，或者将不同税率的应税消费品组成成套消费品销售的，从高适用税率。

【例题 11 · 单选题】根据消费税法律制度的规定，下列各项中，不属于消费税税目的是（　　）。

A. 电池　　B. 木制一次性筷子

C. 涂料　　D. 高档西服

【解析】目前征收消费税的应税消费品有：烟，酒，高档化妆品，成品油，贵重首饰和珠宝玉石，鞭炮、焰火，高尔夫球及球具，高档手表，游艇，木制一次性筷子，实木地板，小汽车，摩托车，电池，涂料。高档西服不属于该范围。因此，本题的正确答案是 D。

三、消费税应纳税额的计算

（一）消费税计税依据的确定

消费税实行从价定率、从量定额或者从价定率和从量定额复合计税（以下简称“复合计税”）的方法计算应纳税额。消费税的计税依据分为销售额、销售量两个方面。

1. 从价定率——销售额

实行从价定率办法征税的应税消费品，消费税的计税依据为应税消费品的销售额。

由于消费税和增值税实行交叉征税，实行从价定率办法征税的应税消费品，其消费税的计税依据和增值税的计税依据基本相同，均按含消费税而不含增值税的销售额作为计税依据。

销售额为纳税人销售应税消费品向购买方收取的全部价款和价外费用。包含不含增值税的销售收入以及价外费用（含基金、返利、补贴、手续费等），价外费用要折算成不含增值税的收入。

价外费用不包括下列项目。

（1）同时符合以下条件的代垫运输费用。

① 承运部门的运输费用发票开具给购买方的。

② 纳税人将该项发票转交给购买方的。

（2）同时符合规定条件代为收取的政府性基金或者行政事业性收费。

2. 从量定额——销售量

实行从量定额办法征税的应税消费品，计税依据为应税消费品的销售数量、重量或容积。现行消费税的征税范围中，黄酒、啤酒和成品油采用从量定额的征税方法。具体规定如下。

（1）纳税人销售应税消费品的，为应税消费品的销售数量。

（2）自产自用应税消费品的，为应税消费品的移送使用数量。

（3）委托加工应税消费品的，为纳税人收回的应税消费品数量。

（4）进口的应税消费品，为海关核定的应税消费品进口征税数量。

3. 复合计税

实行复合计税办法征税的应税消费品，计税依据为应税消费品的销售额和销售数量或重量。现行消费税的征税范围中，只有卷烟和白酒采用复合计征方法。

4. 消费税计税依据的特殊规定

（1）对纳税人通过自设非独立核算门市部销售的自产应税消费品，应当按照门市部对外销售额征收消费税。

（2）应税消费品连同包装物销售。

实行从价定率办法计算应纳税额的应税消费品连同包装物销售的，无论包装物是否单独计价，也不论在会计上如何核算，均应并入应税消费品的销售额中缴纳消费税。

如果包装物不作价随同产品销售，而是收取押金，此项押金则不应并入应税消费品的销售额中纳税（啤酒、黄酒之外的酒类除外）。但对因逾期未收回的包装物不再退还的或者已收取的时间超过 12 个月的押金，应并入应税消费品的销售额，按照应税消费品的适用税率缴纳消费税。

对既作价随同应税消费品销售，又另外收取押金的包装物的押金，凡纳税人在规定的期限内没有退还的，均应并入应税消费品的销售额，按照应税消费品的适用税率缴纳消费税。

对酒类生产企业销售酒类产品而收取的包装物押金，无论押金是否返还及会计上如何核算，均应并入酒类产品销售额，征收消费税。

知识点拨

对包装物押金征收增值税和消费税的相关规定如表4-9所示。

表 4-9　对包装物押金征收增值税和消费税的相关规定

具体情况	相关规定	
一般应税消费品押金	逾期	征收消费税和增值税
	没有逾期	不征收增值税和消费税
酒类产品包装物押金（黄酒、啤酒除外）	不管是否逾期，收取时均征收增值税和消费税	
啤酒、黄酒、成品油包装物押金	逾期	征收增值税，不征收消费税
	没有逾期	不征收增值税和消费税

（3）纳税人用于换取生产资料和消费资料、投资入股和抵偿债务等方面的应税消费品，以纳税人同类应税消费品的最高销售价格作为计税依据计算消费税。

（4）白酒生产企业向商业销售单位收取的“品牌使用费”是随着应税白酒的销售而向购货方收取的，属于应税白酒销售价款的组成部分，因此，不论企业采取何种方式或以何种名义收取价款，均应并入白酒的销售额中缴纳消费税。

（二）消费税应纳税额的计算

根据消费税的征税范围，消费税应纳税额的计算可以分为以下几个环节。

1. 生产应税消费品应纳税额的计算

纳税人生产销售环节应缴纳的消费税，包括直接对外销售应税消费品应缴纳的消费税和自产自用应税消费品应缴纳的消费税。

（1）对外销售

纳税人生产的应税消费品，于纳税人销售时纳税。应纳税额计算公式为：

① 实行从价定率办法计算的应纳税额＝销售额 × 比例税率

② 实行从量定额办法计算的应纳税额＝销售数量 × 定额税率

③ 实行复合计税办法计算的应纳税额＝销售额 × 比例税率＋销售数量 × 定额税率

（2）自产自用

纳税人自产自用的应税消费品，用于连续生产应税消费品的，不纳税。用于其他方面的，于移送使用时纳税，有同类消费品销售价格的，按照纳税人生产的同类消费品的销售价格计算纳税；没有同类消费品销售价格的，按照组成计税价格计算纳税。

① 实行从价定率办法计算纳税的组成计税价格和应纳税额的计算公式为：

组成计税价格＝（成本＋利润）÷（1－比例税率）

应纳税额＝组成计税价格 × 比例税率

② 实行从量定额办法计算的应纳税额＝自用数量 × 定额税率

③ 实行复合计税办法计算纳税的组成计税价格和应纳税额的计算公式为：

组成计税价格＝（成本＋利润＋自产自用数量 × 定额税率）÷（1－比例税率）

应纳税额＝组成计税价格 × 比例税率＋自用数量 × 定额税率

如当月同类消费品各期销售价格高低不同，应按销售数量加权平均计算，但销售的应税消费品有下列两种情况之一的，不得列入加权平均计算。

① 销售价格明显偏低又无正当理由的；

② 无销售价格的。

2. 委托加工应税消费品应纳税额的计算

委托加工的应税消费品，按照受托方的同类消费品的销售价格计算纳税；没有同类消费品销售价格的，按照组成计税价格计算纳税。

实行从价定率办法计算纳税的组成计税价格和应纳税额的计算公式为：

组成计税价格＝（材料成本＋加工费）÷（1－比例税率）

应纳税额＝组成计税价格 × 比例税率

实行从量定额办法计算的应纳税额＝委托加工数量 × 定额税率

实行复合计税办法计算纳税的组成计税价格和应纳税额的计算公式为：

组成计税价格＝（材料成本＋加工费＋委托加工数量 × 定额税率）÷（1－比例税率）

应纳税额＝组成计税价格 × 比例税率＋委托加工数量 × 定额税率

3. 进口应税消费品应纳税额的计算

进口的应税消费品，按照组成计税价格计算纳税。

（1）实行从价定率办法计算纳税的组成计税价格和应纳税额的计算公式为：

组成计税价格＝（关税完税价格＋关税）÷（1－消费税比例税率）

应纳税额＝组成计税价格 × 比例税率

（2）实行从量定额办法计算的应纳税额＝进口数量 × 定额税率

（3）实行复合计税办法计算纳税的组成计税价格和应纳税额的计算公式为：

组成计税价格＝（关税完税价格＋关税＋进口数量 × 定额税率）÷（1－消费税比例税率）

应纳税额＝组成计税价格 × 消费税比例税率＋进口数量 × 定额税率

知识点拨

价内税（消费税）与价外税（增值税）的区别。

判断某个税种是价内税还是价外税，要看其计税依据是否包括该税款本身。

（1）价内税是指销售方取得的货款就是其销售额，而税款由销售额来承担并从中扣除。因此，税款等于销售额乘以税率。

（2）价外税是指销售方取得的货款包括销售额和税款两部分。由于税款等于销售额乘以税率，而这里的销售额等于货款（即含税价格）减去税款，即不含税价格，因此，税款计算公式演变为：税款＝货款 ÷（1＋税率）× 税率。

在计算应纳消费税时，如果题目中给出不含增值税的销售价格，该销售价格中肯定是包含消费税的，直接用售价乘以消费税税率计算应纳消费税即可；只有没有同类售价，在计算组成计税价格时才需要除以（1－消费税税率），将消费税包含在计税依据中。

4. 销售消费品应纳税额的计算

（1）批发卷烟

对卷烟除了在生产环节按复合计税的方法征收消费税之外，在批发环节加征一道消费税（从价税税率11%，并按0.005元/支加征从量税）。其应纳税额的计算公式为：

应纳税额＝纳税人批发卷烟不含增值税的销售额 × 比例税率＋批发数量 × 定额税率

卷烟批发企业将卷烟销售给其他烟草批发企业的，不缴纳消费税。

卷烟消费税改为在生产和批发两个环节征收后，批发企业在计算应纳税额时不得扣除已含的生产环节的消费税税款。

纳税人兼营卷烟批发和零售业务的，应当分别核算批发和零售环节的销售额、销售数量；未分别核算批发和零售环节销售额、销售数量的，按照全部销售额、销售数量计征批发环节消费税。

（2）零售金银首饰

① 一般规定：按不含增值税的销售额乘以税率计算消费税。其应纳税额的计算公式为：

应纳税额＝不含增值税销售额 × 比例税率（5%）

② 用于其他方面（馈赠、赞助、集资、广告、样品、职工福利、奖励等）的，应按纳税人销售同类金银首饰的销售价格确定计

税依据征收消费税；没有同类金银首饰销售价格的，按照组成计税价格计算纳税。组成计税价格和应纳税额的计算公式为：

组成计税价格＝购进原价 ×（1 ＋利润率）÷（1 －金银首饰消费税税率 5%）

应纳税额＝组成计税价格 × 比例税率（5%）

③ 特殊规定

对金银首饰与其他产品组成成套消费品销售的，按销售额全额征收消费税。

连同包装物销售的，包装物应并入金银首饰的销售额，计征消费税。

带料加工的金银首饰，按受托方销售同类金银首饰的销售价格确定计税依据征收消费税；没有同类金银首饰销售价格的，按照组成计税价格计算纳税。

以旧换新（含翻新改制）销售金银首饰的，按实际收取的不含增值税的全部价款确定计税依据征收消费税。

（3）零售钻石及钻石饰品

钻石及钻石饰品消费税的纳税环节为零售环节。其应纳税额的计算公式为：

应纳税额＝纳税人零售钻石及钻石饰品不含增值税的销售额 × 比例税率（5%）

（4）零售超豪华小汽车

自 2016 年 12 月 1 日起，对不含税零售价格在 130 万元以上的超豪华小汽车在零售环节加征 10% 的消费税。

将超豪华小汽车销售给消费者的单位和个人为超豪华小汽车零售环节纳税人。

超豪华小汽车零售环节消费税应纳税额计算公式为：

应纳税额＝零售环节销售额（不含增值税，下同）× 零售环节税率

国内汽车生产企业直接销售给消费者的超豪华小汽车，消费税税率按照生产环节税率和零售环节税率加总计算。消费税应纳税额计算公式为：

应纳税额＝销售额 ×（生产环节税率＋零售环节税率）

（三）已纳消费税扣除的计算

为了避免重复征税，现行消费税规定，将外购或委托加工收回的应税消费品连续生产应税消费品销售的，可以将外购或委托加工应税消费品已纳的消费税给予扣除。

当期准予扣除的外购或委托加工收回的应税消费品的已纳消费税税款，应按当期生产领用数量计算。

扣除范围如下：

（1）以外购或委托加工已税烟丝生产的卷烟；

（2）以外购或委托加工已税高档化妆品原料生产的高档化妆品；

（3）以外购或委托加工已税珠宝玉石原料生产的贵重首饰及珠宝玉石；

（4）以外购或委托加工已税鞭炮焰火原料生产的鞭炮焰火；

（5）以外购或委托加工已税杆头、杆身和握把为原料生产的高尔夫球杆；

（6）以外购或委托加工已税木制一次性筷子为原料生产的木制一次性筷子；

（7）以外购或委托加工已税实木地板为原料生产的实木地板；

（8）以外购或委托加工汽油、柴油、石脑油、燃料油、润滑油为原料生产的应税成品油。

【例题 12 · 单选题】某木地板厂为增值税一般纳税人。2019 年 3 月 15 日向某建材商场销售实木地板一批，取得含增值税销售额 104.40 万元。已知实木地板适用的增值税税率为 16%，消费税税率为 5%。该厂当月应纳消费税税额为（　　）。

A. 104.40×5% ＝ 5. 27（万元）

B. 104.40÷（1 － 16%）×5% ＝ 6.21（万元）

C. 104.40÷（1 ＋ 16%）×5% ＝ 4.5（万元）

D. 104.40÷（1 － 5%）×5% ＝ 5.49（万元）

【解析】应纳消费税＝不含增值税销售额 × 消费税税率。不含增值税销售额＝104.40÷（1 ＋ 16%）＝ 90（万元）；应纳消费税税额＝ 90×5% ＝ 4.5（万元）。因此，本题的正确答案是 C。

【例题13·多选题】根据消费税的规定，下列应税消费品中，准予扣除外购已纳消费税的有（　　）。

A. 以已税柴油为原料生产的柴油

B. 以已税珠宝玉石为原料生产的贵重珠宝首饰

C. 以已税粮食白酒生产白酒

D. 以已税润滑油为原料生产的润滑油

【解析】以已税粮食白酒生产白酒不属于消费税准予扣除的范围。其他选项均是准予扣除已纳消费税的，因此，本题的正确答案是ABD。

四、消费税的征收管理

（一）消费税纳税义务发生时间

（1）纳税人销售应税消费品，按不同的销售结算方式确定纳税义务发生时间如下：

① 采取赊销和分期收款结算方式的，其纳税义务发生时间为书面合同约定的收款日期的当天，书面合同没有约定收款日期或者无书面合同的，其纳税义务发生时间为发出应税消费品的当天；

② 采取预收货款结算方式的，其纳税义务发生时间为发出应税消费品的当天；

③ 采取托收承付和委托银行收款方式的，其纳税义务发生时间为发出应税消费品并办妥托收手续的当天；

④ 采取其他结算方式的，其纳税义务发生时间为收讫销售款或者取得索取销售款凭据的当天。

（2）纳税人自产自用应税消费品的，其纳税义务发生时间为移送使用的当天。

（3）纳税人委托加工应税消费品的，其纳税义务发生时间为纳税人提货的当天。

（4）纳税人进口应税消费品的，其纳税义务发生时间为报关进口的当天。

（二）消费税纳税地点

纳税人销售的应税消费品，以及自产自用的应税消费品，除国务院另有规定外，应当向纳税人机构所在地或者居住地的主管税务机关申报纳税。

委托加工的应税消费品，除委托个人加工以外，由受托方向所在地主管税务机关代收代缴消费税税款。委托个人加工的应税消费品，由委托方向其机构所在地或者居住地主管税务机关申报纳税。

进口的应税消费品，应当向报关地海关申报纳税。

（三）消费税纳税期限

消费税的纳税期限分别为1日、3日、5日、10日、15日、1个月或者1个季度。

纳税人以1个月或以1个季度为一期纳税的，自期满之日起15日内申报纳税；以1日、3日、5日、10日或者15日为一期纳税的，自期满之日起5日内预缴税款，于次月1日起至15日内申报纳税并结清上月应纳税款。

纳税人进口应税消费品，应当自海关填发海关进口消费税专用缴款书之日起15日内缴纳税款。

【例题14·单选题】根据消费税法律制度的规定，下列关于消费税纳税义务发生时间的表述，不正确的是（　　）。

A. 采取分期收款结算方式的，有书面合同的，为书面合同约定的收款日期的当天

B. 采取赊销结算方式的，书面合同没有约定收款日期或者无书面合同的，为收到货款的当天

C. 采取托收承付收款方式的，为发出应税消费品并办妥托收手续的当天

D. 采取委托银行收款方式的，为发出应税消费品并办妥托收手续的当天

【解析】纳税人销售应税消费品，采取赊销和分期收款结算方式的，其纳税义务发生时间为书面合同约定的收款日期的当天，书面合同没有约定收款日期或者无书面合同的，其纳税义务发生时间为发出应税消费品的当天。因此，本题的正确答案是B。

同步训练

一、单项选择题

1. 税收是国家取得财政收入的一种重要工具，其本质是一种（　　）。

A. 生产关系　　　B. 分配关系

C. 社会关系　　D. 阶级关系

2. 下列各项中，不属于税收法律关系主体中纳税主体的是（　　）。

A. 法人　　B. 自然人

C. 其他组织　　D. 海关

3. 税法的构成要素中，不包括的是（　　）。

A. 税目　　B. 税率

C. 纳税环节　　D. 税收立法

4. 下列行为中，应当按销售货物征收增值税的是（　　）。

A. 提供贷款服务

B. 销售房地产

C. 将自产电视机无偿赠送他人

D. 将房屋出租

5. 下列关于增值税纳税人的说法中，错误的是（　　）。

A. 年应税销售额在500万元（含）以下的企业，为小规模纳税人

B. 小规模纳税人会计核算健全，能提供准确税务资料，可申请不作为小规模纳税人

C. 除国家税务总局另有规定外，已登记为小规模纳税人的企业不得再转为一般纳税人

D. 其他个人不得申请登记为一般纳税人

6. 下列各项中，不属于应按视同销售货物行为征收增值税的是（　　）。

A. 将外购的货物用于集体福利

B. 用外购货物分配给股东

C. 销售代销的货物

D. 用自产产品对外投资

7. 根据增值税法律制度的规定，下列选项中，不需要缴纳增值税的是（　　）。

A. 纳税人提供的矿产资源开采劳务

B. 纳税人在资产重组过程中，通过置换方式，将部分实物资产以及与其相关联的债权等一并转让，其中涉及的货物转让

C. 银行销售金银

D. 服装厂受托加工服装

8. 根据增值税法律制度的规定，企业下列行为属于增值税兼营行为的是（　　）。

A. 建筑公司为承建的某项工程既提供建筑材料又承担建筑、安装业务

B. 照相馆在提供照相业务的同时销售相框

C. 饭店开设客房、餐厅从事服务业务并附设商场销售货物

D. 饭店在提供餐饮服务的同时销售酒水饮料

9. 根据增值税的现行规定，一般纳税人销售下列货物，适用10%增值税税率的是（　　）。

A. 汽油　　B. 暖气

C. 化妆品　　D. 汽车轮胎

10. 根据增值税法律制度规定，下列各项增值税服务中，增值税税率为16%的是（　　）。

A. 基础电信服务

B. 建筑服务

C. 不动产租赁服务

D. 加工劳务

11. 某生产企业为增值税一般纳税人，2018年10月从国外进口一批原材料，海关核定的关税完税价格为200万元。已知进口关税税率为10%，增值税税率为16%。该公司进口环节应纳增值税税额的下列计算中，正确的是（　　）。

A. 200×10%×16%＝3.2（万元）

B. （200×10%＋200）×16%＝35.20（万元）

C. 200×10%÷（1＋16%）×16%＝2.76（万元）

D. （200×10%＋200）÷（1＋16%）×16%＝30.35（万元）

12. 某公司系一般纳税人，2019年4月取得货物销售额收入，开具的增值税专用发票上注明的价款为50万元，当月委托某运输企业提供货物运输，支付运费，取得的增值税专用发票上注明的价款为2万元，则公司4月应纳增值税税额为（　　）。

A. 50×16%＋2×10%＝8.20（万元）

B. 50×16%＝8（万元）

C. 50×16%－2×10%＝7.80（万元）

D. 2×10%＝0.20（万元）

13. 某化工企业为增值税一般纳税人，因需要装修，销售了一批使用过的低值易耗品，取得收入 3 480 元（含税），则该企业对此业务应缴纳的增值税为（　　）元。

A. 67.57　　B. 101.36

C. 480　　D. 403.8

14. 北京市甲工程机器租赁公司为增值税一般纳税人，2019 年 1 月，向本市某建筑公司出租工程用设备 1 台（经营性租赁），取得不含税租金收入 100 万元，并按规定开具增值税专用发票，当月购入出租用工程车一辆，取得增值税专用发票 1 份，其上注明不含税价款 80 万元，经过主管税务机关认证，甲公司当月应缴纳的增值税为（　　）万元。

A. 16　　B. 3.2

C. 0　　D. 6

15. 根据增值税法律制度的规定，下列各项中，属于增值税免税项目的是（　　）。

A. 向外国政府购买的物资

B. 由残疾人的组织直接进口的用于销售的物品

C. 书店销售的图书

D. 其他个人销售的自己使用过的物品

16. 根据增值税法律制度的规定，下列各项中，正确的是（　　）。

A. 纳税人兼营免税、减税项目的，应当分别核算免税、减税项目的销售额；未分别核算销售额的，由税务机关核算可以减免的税额

B. 纳税人销售货物或者应税劳务适用免税规定的，可以放弃免税，依照《增值税暂行条例》的规定缴纳增值税。放弃免税后，12 个月内不得再申请免税

C. 纳税人兼营免税、减税项目的，应当分别核算免税、减税项目的销售额；未分别核算销售额的，不得免税、减税

D. 纳税人销售货物或者应税劳务适用免税规定的，可以放弃免税，依照《增值税暂行条例》的规定缴纳增值税。放弃免税后，24 个月不得再申请免税

17. 下列关于"营改增"纳税义务发生时间的表述中，不正确的是（　　）。

A. 纳税人提供应税服务并收讫销售款项或者取得索取销售款项凭据的，其纳税义务发生时间当天

B. 纳税人提供应税服务先开具发票的，其纳税义务发生时间为开具发票的当天

C. 纳税人提供有形动产租赁服务采取预收款方式的，其纳税义务发生时间为有形动产发出的当天

D. 纳税人发生视同提供应税服务的，其纳税义务发生时间为应税服务完成的当天

18. 2019 年 5 月 8 日，甲公司与乙公司签订了买卖计算机的合同，双方约定总价款为 80 万元。6 月 3 日，甲公司就 80 万元货款全额开具了增值税专用发票，6 月 10 日，甲公司收到乙公司第一笔货款 45 万元，6 月 25 日，甲公司收到乙公司第二笔货款 35 万元。根据增值税法律制度的规定，甲公司增值税纳税义务发生的时间为（　　）。

A. 5 月 8 日　　B. 6 月 3 日

C. 6 月 10 日　　D. 6 月 25 日

19. 下列选项中，可以开具增值税专用发票的是（　　）。

A. 房地产企业向消费者个人销售商品房

B. 某餐厅向消费者个人提供餐饮服务

C. 某婚介所提供的婚姻介绍服务

D. 某一般纳税人企业销售给某单位一批彩电

20. 下列关于增值税专用发票的说法中，不正确的是（　　）。

A. 商业企业一般纳税人零售劳保专用的鞋帽，不得开具增值税专用发票

B. 专用发票的基本联次为 3 联

C. 虚开增值税专用发票，经税务机关责令限期改正而仍未改正的，不得领购开具专用发票

D. 增值税专用发票的最高开票限额为 100 万元的，由地市级税务机关审批

21. 根据消费税法律制度的规定，属于消费税纳税人的是（　　）。

A. 粮食批发企业　B. 家电零售企业

C. 卷烟进口企业　D. 服装企业

22. 根据消费税法律制度的规定，下列

各项中，应征收消费税的是（　　）。

A. 零售环节销售的卷烟

B. 零售环节销售的鞭炮

C. 生产环节销售的金银首饰

D. 进口环节购进的小汽车

23. 根据消费税现行规定，下列车辆属于应税小汽车征税范围的是（　　）。

A. 电动汽车

B. 高尔夫车

C. 用中轻型商用客车底盘改装的中轻型商用客车

D. 雪地车

24. 根据消费税法律制度的规定，下列应税消费品中，征收消费税时采取比例税率和定额税率双重征收形式的有（　　）。

A. 烟丝　　B. 小汽车

C. 成品油　　D. 粮食白酒

25. 某珠宝生产企业本期外购珠宝取得的增值税专用发票上注明价款 100 000 元，该珠宝企业本期领用20%的珠宝生产贵重首饰，生产出贵重首饰对外销售，取得不含税销售额 200 000 元。已知珠宝消费税税率为 10%。则该企业当期应纳消费税为（　　）。

A. 0 元

B. 200 000×10% ＋ 100 000×10% ＝ 30 000（元）

C. 200 000×10% － 100 000×10% ＝ 10 000（元）

D. 200 000×10% － 100 000×20%×10% ＝ 18 000（元）

26. 某酒厂为增值税一般纳税人。2019 年 4 月销售白酒 4 000 斤，取得销售收入 14 040 元（含增值税）。已知白酒的消费税定额税率为 0.5 元 / 斤，比例税率为 20%。该酒厂 4 月应缴纳的消费税税额为（　　）元。

A. 6 229.92　　B. 5 510

C. 4 420.69　　D. 4 000

27. A 化妆品厂 3 月委托 B 化妆品厂加工一批高档化妆品，提供原料的成本为 57 000 元，一次性支付加工费 9 500 元（均不含增值税）。已知 A 化妆品厂同类产品不含增值税的销售价格为 100 000 元，高档化妆品适用的消费税税率为 15%。则加工该批高档化妆品 A 化妆品厂应缴纳的消费税是（　　）元。

A. 10 058.82　　B. 11 735.29

C. 13 730.29　　D. 15 000

28. 某汽车贸易公司 2017 年 11 月从国外进口小汽车 50 辆，海关核定的每辆小汽车关税完税价为 28 万元，已知小汽车关税税率为 20%，消费税税率为 25%。则该公司进口小汽车应纳消费税税额是（　　）万元。

A. 560　　B. 420

C. 350　　D. 280

29. 下列各项中，不符合消费税纳税地点规定的是（　　）。

A. 进口应税消费品的，由进口人或其代理人向报关地海关申报纳税

B. 纳税人的总机构与分支机构不在同一县（市）的，应分别向各自机构所在地缴纳消费税

C. 委托加工应税消费品的，一律由委托方向受托方所在地主管税务机关申报纳税

D. 纳税人到外县销售自产应税消费品的，应向机构所在地或者居住地主管税务机关申报纳税

30. 纳税人采取预收货款结算方式销售应税消费品的，其纳税义务发生时间为（　　）。

A. 签订销售合同的当天

B. 收到预收货款的当天

C. 发出应税消费品的当天

D. 开具预收款发票的当天

二、多项选择题

1. 税收与其他财政收入形式相比，具有的特征包括（　　）。

A. 强制性　　B. 固定性

C. 无偿性　　D. 对等性

2. 下列属于税法关于纳税时限规定概念的有（　　）。

A. 纳税义务发生时间

B. 纳税期限

C. 申报期限

D. 缴库期限

3. 根据税收法律制度的规定，下列税种中由海关负责征收的有（　　）。

A. 关税　　　B. 增值税

C. 契税　　　D. 船舶吨税

4. 根据“营改增”相关规定，下列各项中属于非营业活动的有（　　）。

A. 非企业性单位按照法律和行政法规的规定，为履行国家行政管理和公共服务职能收取政府性基金或者行政事业性收费的活动

B. 单位聘用的员工为本单位提供应税服务

C. 个体工商户聘用的员工为雇主提供应税服务

D. 单位或者个体工商户为员工提供应税服务

5. 下列选项中，属于现代服务的有（　　）。

A. 鉴证咨询服务

B. 广播影视服务

C. 建筑服务

D. 商务辅助服务

6. 根据增值税法律制度的规定，下列应当按照销售货物征收增值税的有（　　）。

A. 货物期货

B. 典当业的死当物品销售业务

C. 饮食业纳税人销售非现场消费的食品

D. 电力公司向发电企业收取的过网费

7. 一般纳税人销售货物暂按简易办法依照3%征收率计算缴纳增值税的有（　　）。

A. 寄售商店代销寄售物品（包括居民个人寄售的物品）

B. 典当业销售死当物品

C. 纳税人销售旧货

D. 销售使用过的已抵扣进项税额的固定资产

8. 一般纳税人销售自产的货物，可选择按照简易办法依照3%征收率计算缴纳增值税的有（　　）。

A. 县及县级以下小型水力发电单位生产的电力

B. 建筑用和生产建筑材料所用的砂、土、石料

C. 以自己采掘的砂、土、石料或其他矿物连续生产的砖、瓦、石灰（不含黏土实心砖、瓦）

D. 实木地板

9. 某百货商场为一般纳税人，于2018年11月购进一批货物，取得增值税专用发票，不含税进价为120万元。当月将该批货物销售给签约的零售超市（小规模纳税人），取得含税销售收入160万元。零售超市当月再将购入的货物销售给消费者，取得零售收入180万元。已知：增值税专用发票当月认证通过，一般纳税人的适用税率为16%。则下列陈述正确的有（　　）。

A. 百货商场本月应纳增值税2.87万元

B. 百货商场可以抵扣的进项税额为19.20万元

C. 零售超市本月应纳增值税5.24万元

D. 零售超市本月应纳增值税5.4万元

10. 根据增值税法律制度的规定，下列各项中，不得从销项税额中抵扣进项税额的有（　　）。

A. 购进生产用原材料所支付的增值税税款

B. 购进用于个人消费的货物所支付的增值税税款

C. 因被执法部门依法没收或者强令自行销毁的货物所支付的增值税税款

D. 购进的用于不动产在建工程的原材料所支付的增值税税款

11. 根据增值税税收法律制度的规定，下列项目中属于增值税免税项目的有（　　）。

A. 提供学历教育的学校收取的赞助费

B. 个人转让著作权

C. 残疾人提供修理自行车劳务

D. 养老机构提供的养老服务

12. 根据增值税法律制度的规定，下列项目中，属于增值税免税项目的有（　　）。

A. 外国政府、国际组织无偿援助的进口物资和设备

B. 其他个人销售自己使用过的物品

C. 小规模纳税人销售自己使用过的固定资产

D. 一般纳税人销售购进的农产品

13. 根据增值税法律制度的规定，下列各项中，表述不正确的有（　　）。

A. 纳税人进口货物，应当自海关填发进口增值税专用缴款书之日起5日内缴纳税款

B. 小规模纳税人的具体纳税期限，由主管税务机关根据其销售额的多少分别核定

C. 不能按照固定期限纳税的，可以按次纳税

D. 以1个季度为纳税期限的规定仅适用于一般纳税人

14. 根据增值税法律制度的规定，下列关于增值税纳税地点的表述中，正确的有（　　）。

A. 固定业户到外县（市）销售货物或者应税劳务，应当向其机构所在地的主管税务机关申请开具外出经营活动税收管理证明，并向其机构所在地的主管税务机关申报纳税

B. 非固定业户销售货物或者应税劳务，应当向销售地或者劳务发生地的主管税务机关申报纳税

C. 进口货物，应当向报关地海关申报纳税

D. 扣缴义务人应当在纳税人机构所在地或者居住地的主管税务机关申报缴纳其扣缴的税款

15. 下列各项中，属于增值税专用发票基本联次的有（　　）。

A. 发票联　　B. 抵扣联

C. 存根联　　D. 记账联

16. 根据增值税专用发票管理办法的规定，增值税专用发票开具的要求有（　　）。

A. 项目齐全，与实际交易相符

B. 字迹清楚，不得压线、错格

C. 发票联和抵扣联加盖财务专用章或者发票专用章

D. 按照增值税纳税义务的发生时间开具

17. 下列环节既征消费税又征增值税的有（　　）。

A. 卷烟的生产和批发环节

B. 金银首饰的生产和零售环节

C. 小汽车的零售环节

D. 高档化妆品的生产环节

18. 下列消费品中，征收消费税的有（　　）。

A. 实木复合地板

B. 电动汽车

C. 高尔夫球杆

D. 农用拖拉机专用轮胎

19. 下述关于自产自用或委托加工应税消费品的销售额的表述中，正确的有（　　）。

A. 纳税人自产自用的应税消费品，按照纳税人生产的同类消费品的销售价格计算纳税

B. 纳税人自产自用的应税消费品，没有同类消费品销售价格的，按照组成计税价格计算纳税

C. 自产自用组成计税价格计算公式：组成计税价格＝（成本＋利润）÷（1＋消费税税率）

D. 委托加工的应税消费品，按照受托方的同类消费品的销售价格计算纳税

20. 根据消费税法律制度的规定，下列各项中，符合销售数量确定规定的有（　　）。

A. 销售应税消费品的，为应税消费品的销售数量

B. 自产自用应税消费品的，为完工后应税消费品折算的耗用数量

C. 委托加工应税消费品的，为纳税人收回的应税消费品数量

D. 进口应税消费品的，为纳税人申报的应税消费品进口数量

21. 根据消费税法律制度的规定，下列关于消费税纳税期限的表述中，正确的有（　　）。

A. 消费税的纳税期限分别为1日、3日、5日、10日、15日、1个月或者1个季度

B. 纳税人的具体纳税期限，由主管税务机关根据纳税人应纳税额的多少分别核定

C. 纳税人不能按照固定期限纳税的，可以按次纳税

D. 纳税人进口应税消费品，应当自海关填发海关进口消费税专用缴款书之日起15日内缴纳税款

22. 下列关于纳税人销售应税消费品的

消费税纳税义务发生时间的表述中，正确的有（　　）。

A. 纳税人采取赊销和分期收款结算方式的，为书面合同约定的收款日期的当天

B. 纳税人自产自用应税消费品的，为移送使用的当天

C. 纳税人采取托收承付和委托银行收款方式的，为发出应税消费品并办妥托收手续的当天

D. 纳税人采取其他结算方式的，为收讫销售款或者取得索取销售款凭据的当天

三、判断题

1. 取得工资薪金的个人不属于纳税主体。（　　）

2. 对于累进税率，一般情况下，课税数额越大，适用税率越高。（　　）

3. 根据增值税法律制度的规定，中华人民共和国境外的单位或者个人在境内提供应税劳务，在境内未设有经营机构的，以其境内代理人为扣缴义务人；在境内没有代理人的，以购买方为扣缴义务人。（　　）

4. 增值税一般纳税人资格实行登记制，登记事项由增值税纳税人向其主管税务机关办理。（　　）

5. 某商业广场经营单位将该广场1号楼的外墙出租给一家广告公司用于发布公告，该经营业务取得的收入应按照“文化创意服务——广告服务”的税目缴纳增值税。（　　）

6. 纳税人兼营不同税率的货物或者应税劳务，应当分别核算不同税率货物或者应税劳务的销售额；未分别核算销售额的，从高适用税率。（　　）

7. 小规模纳税人销售货物或者应税劳务，实行按销售额和征收率计算应纳税额的简易办法的，取得专用发票可以抵扣进项税额。（　　）

8. 一般纳税人因销售货物退回或者折让而退还给购买方的增值税税额，应从发生销售货物退回或者折让当期的销项税额中扣减。（　　）

9. “营改增”试点纳税人提供技术转让、技术开发和与之相关的技术咨询、技术服务，免征增值税。（　　）

10. 对个人提供应税服务的销售额未达到增值税起征点的，免征增值税；达到起征点的，超过部分计算缴纳增值税。（　　）

11. 根据增值税法律制度的规定，固定业户应当向其机构所在地的主管税务机关申报纳税，如总机构和分支机构不在同一县（市），则应由总机构汇总向总机构所在地的主管税务机关申报纳税。（　　）

12. 纳税人进口货物，应当自海关填发进口增值税专用缴款书之日起10日内缴纳税款。（　　）

13. 我国的消费税主要在生产和委托加工环节课征，实行单一环节征税，在批发、零售等环节一律不征收消费税。（　　）

14. 对将外购的消费税非应税产品以消费税应税产品对外销售的，应视为应税消费品的生产行为，按规定征收消费税。（　　）

15. 纳税人兼营不同税率的应税消费品，应当分别核算不同税率应税消费品的销售额、销售数量。未分别核算销售额、销售数量，或者将不同税率的应税消费品组成成套消费品销售的，从高适用税率。（　　）

16. 舞台、戏剧、影视演员化妆用的上妆油、卸妆油、油彩，属于消费税中高档化妆品的征收范围。（　　）

四、不定项选择题

甲公司为增值税一般纳税人，主要生产和销售洗衣机。2018年7月有关经济业务如下。

（1）购进一批原材料，取得的增值税专用发票上注明的税额为272 000元；支付运输费，取得的增值税专用发票上注明税额2 750元。

（2）购进低值易耗品，取得的增值税普通发票上注明的税额为8 500元。

（3）销售A型洗衣机1 000台，含增值税销售单价3 480元/台；另收取优质费522 000元、包装物租金174 000元。

（4）采取以旧换新方式销售A型洗衣机50台，旧洗衣机作价116元/台。

（5）向优秀职工发放A型洗衣机10台，生产成本2 088元/台。

已知：增值税税率为16%，上期留抵增值税税额59 000元，取得的增值税专用发票已通过税务机关认证。

要求：根据上述资料，不考虑其他因素，分析回答下列问题。

1. 甲公司下列增值税进项税额中，准予抵扣的是（　　）。

A. 购进低值易耗品的进项税额8 500元

B. 上期留抵的进项税额59 000元

C. 购进原材料的进项税额272 000元

D. 支付运输费的进项税额2 750元

2. 甲公司当月销售A型洗衣机增值税销项税额的下列计算中，正确的是（　　）。

A. [1 000×3 480 ＋ 522 000÷（1 ＋ 16%）]×16% = 628 800（元）

B. （1 000×3 480 ＋ 522 000 ＋ 174 000）×16% = 668 160（元）

C. （1 000×3 480 ＋ 522 000 ＋ 174 000）÷（1 ＋ 16%）×16% = 576 000（元）

D. 1 000×3 480×16% = 556 800（元）

3. 甲公司当月以以旧换新方式销售A型洗衣机增值税销项税额的下列计算中，正确的是（　　）。

A. 50×3 480×16% = 27840（元）

B. 50×（3 480 － 116）÷（1 ＋ 16%）×16% = 23 200（元）

C. 50×3 480÷（1 ＋ 16%）×16% = 24 000（元）

D. 50×（3 480 － 116）×16% = 26 912（元）

4. 甲公司当月向优秀职工发放A型洗衣机增值税销项税额的下列计算中，正确的是（　　）。

A. 10×2 088÷（1 ＋ 16%）×16% = 2 880（元）

B. 10×3 480×16% = 5 568（元）

C. 10×2 088×16% = 3340.8（元）

D. 10×3 480÷（1 ＋ 16%）×16% = 4 800（元）

参考答案及解析

一、单项选择题

1. B【解析】税收是国家取得财政收入的一种重要工具，其本质是一种分配关系。

2. D【解析】根据规定，纳税主体包括法人、自然人和其他组织。海关属于征税主体。

3. D【解析】税法的构成要素包括纳税义务人、征税对象、税目、税率、纳税环节、纳税期限等，不包括税收立法。

4. C【解析】选项A，属于“金融服务”，选项B，属于销售“不动产”，选项D，属于“现代服务——租赁服务”。

5. C【解析】除国家税务总局另有规定外，纳税人一经登记为一般纳税人后，不得转为小规模纳税人。

6. A【解析】选项B、C、D属于视同销售行为，应缴纳增值税。选项A不属于视同销售，不计算销项税额，其购进货物的进项税额不得抵扣。

7. B【解析】纳税人在资产重组过程中，通过合并、分立、出售、置换等方式，将全部或者部分实物资产以及与其相关的债权、负债和劳动力一并转让给其他单位和个人，不属于增值税的征税范围，其中涉及的货物转让，不征收增值税。

8. C【解析】选项A、B、D属于增值税混合销售行为，是既涉及服务又涉及货物的行为。

9. B【解析】选项ACD适用16%的税率。

10. D【解析】选项ABC税率为10%。

11. B【解析】进口环节应纳增值税税额 =（200×10% ＋ 200）×16% = 35.20（万元）。

12. C【解析】销项税额 = 50×16% = 8（万元），进项税额 = 2×10% = 0.20（万元），则应纳增值税 = 8 － 0.20 = 7.80（万元）。

13. C【解析】对一般纳税人销售自己使用过的除固定资产以外的物品，按正常销售货物适用税率征收增值税。因此应纳增值税 = 3 480÷（1 ＋ 16%）×16% = 480（元）。

14. B【解析】有形动产租赁适用16%的增值税税率。应缴纳增值税＝100×16%－80×16%＝3.2（万元）。

15. D【解析】外国政府无偿援助的进口物资、残疾人的组织直接进口供残疾人专用的物品和古旧图书是免税的，因此ABC选项错误。

16. C【解析】纳税人兼营免税、减税项目的，应当分别核算免税、减税项目的销售额；未分别核算销售额的，不得免税、减税；纳税人销售货物或者应税劳务适用免税规定的，可以放弃免税，依照《增值税暂行条例》的规定缴纳增值税。放弃免税后，36个月内不得再申请免税。

17. C【解析】纳税人提供有形动产租赁服务采取预收款方式的，其纳税义务发生时间为收到预收款的当天。

18. B【解析】根据规定，销售货物或提供应税劳务的，其纳税义务发生的时间为收讫销售款或者取得索取销售款凭据的当天。先开具发票的，为开具发票的当天。本题中，6月3日，甲公司就80万元货款全额开具了增值税专用发票，所以增值税纳税义务发生的时间为6月3日。

19. D【解析】对婚介所提供的婚姻介绍服务免征增值税。向消费者个人销售服务、无形资产或者不动产，以及适用免税政策的行为都是不得开具增值税专用发票的。

20. A【解析】商业企业一般纳税人零售劳保专用的鞋帽，可以开具增值税专用发票。

21. C【解析】在中华人民共和国境内生产、委托加工和进口应税消费品的单位和个人，以及国务院确定的销售应税消费品的其他单位和个人，为消费税的纳税人。选项ABD中的粮食、家电和服装均不属于应税消费品。

22. D【解析】选项A，卷烟在生产环节和批发环节缴纳消费税，零售环节不缴纳消费税；选项B，鞭炮在零售环节不征收消费税；选项C，金银首饰在零售环节征收消费税。

23. C【解析】用排气量小于1.5升（含）的乘用车底盘（车架）改装、改制的车辆属于乘用车征收范围。用排气量大于1.5升的乘用车底盘(车架)或用中轻型商用客车底盘(车架）改装、改制的车辆属于中轻型商用客车征收范围。

24. D【解析】卷烟和白酒，采取比例税率和定额税率双重征收的形式。选项AB采用比例税率；选项C采用定额税率。

25. D【解析】外购已税消费品用于生产应税消费品，符合扣除条件的，可凭取得的专用发票，扣除已纳消费税。准予扣除消费税＝100 000×20%×10%＝2 000（元）；应纳消费税＝200 000×10%－2 000＝18 000（元）。

26. C【解析】该酒厂4月应缴纳的消费税税额＝14 040÷（1＋16%）×20%＋4 000×0.5＝4 420.69（元）。

27. B【解析】委托加工的应税消费品，按照受托方（注意不是委托方）的同类消费品的销售价格计算纳税，没有同类消费品销售价格的，按照组成计税价格计算纳税。应纳消费税＝（57 000＋9 500）÷（1－15%）×15%＝11 735.29（元）。

28. A【解析】应纳关税税额＝50×28×20%＝280（万元），组成计税价格＝（50×28＋280）÷（1－25%）＝2 240（万元），应纳消费税税额＝2 240×25%＝560（万元）。

29. C【解析】委托加工的应税消费品，除受托方为个人外，由受托方向机构所在地或者居住 地的主管税务机关代收代缴消费税税款。受托方为个人的，由委托方向机构所在地或居住地的主管税务机关申报纳税。

30. C【解析】根据消费税法律制度的规定，纳税人采取预收货款结算方式的，其纳税义务的发生时间为发出应税消费品的当天。

二、多项选择题

1. ABC【解析】税收与其他财政收入形式相比，具有强制性、无偿性、固定性的特征。

2. ABD【解析】税法关于纳税时限的规定，有三个概念：纳税义务发生时间、纳税期限和缴库期限。

3. AD【解析】选项 AD，由海关负责征收；选项 C，由税务机关负责征收；选项 B，分为进口环节和国内流转环节，进口环节的增值税由海关负责征收，国内流转环节的增值税由税务机关负责征收，在不做特别强调的情况下，认定为国内流转环节的增值税。

4. ABCD【解析】非营业活动，是指：（1）非企业性单位按照法律和行政法规的规定，为履行国家行政管理和公共服务职能收取政府性基金或者行政事业性收费的活动。（2）单位或者个体工商户聘用的员工为本单位或者雇主提供应税服务。（3）单位或者个体工商户为员工提供服务。（4）财政部和国家税务总局规定的其他情形。

5. ABD【解析】现代服务包括研发和技术服务、信息技术服务、文化创意服务、物流辅助服务、租赁服务、鉴证咨询服务、广播影视服务、商务辅助服务和其他现代服务。

6. AB【解析】选项 C，按照餐饮服务征收增值税；选项 D，按照提供加工劳务征收增值税。

7. AB【解析】纳税人销售旧货，按照简易办法依照 3% 征收率减按 2% 征收增值税。一般纳税人销售使用过的已抵扣进项税额的固定资产，按适用的税率征税。

8. ABC【解析】选项 D 不适用 3% 征收率，应适用 16% 的税率。

9. ABC【解析】百货商场可以抵扣的进项税额＝120×16%＝19.20（万元）；

百货商店应纳增值税额＝160÷（1＋16%）×16%－120×16%＝2.87（万元）；

零售超市应纳增值税额＝180÷（1＋3%）×3%＝5.24（万元）。

10. BC【解析】因管理不善造成被盗、丢失、霉烂变质的损失，以及被执法部门依法没收或者强令自行销毁的货物的增值税款以及用于个人消费、集体福利的增值税税款不允许从销项税额中抵扣。

11. BCD【解析】赞助费需要缴纳增值税。

12. AB【解析】选项 C 中需要减按 2% 的征收率征收增值税；选项 D 中按低税率 10% 计征增值税。

13. ABD【解析】纳税人进口货物，应当自海关填发进口增值税专用缴款书之日起 15 日内缴纳税款，选项 A 错误；小规模纳税人的具体纳税期限，由主管税务机关根据其“应纳税额”的多少分别核定，选项 B 错误；纳税人的具体纳税期限，由主管税务机关根据纳税人应纳税额的多少分别核定；不能按照固定期限纳税的，可以按次纳税，选项 C 正确；以 1 个季度为纳税期限的规定仅适用于小规模纳税人，选项 D 错误。

14. ABC【解析】扣缴义务人应当向扣缴义务人机构所在地或者居住地的税务机关申报缴纳其扣缴的税款。

15. ABD【解析】增值税专用发票基本联次有：发票联、抵扣联、记账联。

16. ABCD【解析】专用发票应按下列要求开具：（1）项目齐全，与实际交易相符；（2）字迹清楚，不得压线、错格；（3）发票联和抵扣联加盖财务专用章或者发票专用章；（4）按照增值税纳税义务的发生时间开具。

17. AD【解析】金银首饰消费税在零售环节征收，小汽车在零售环节缴纳增值税。

18. AC【解析】电动汽车和拖拉机专用轮胎不征收消费税，实木复合地板和高尔夫球杆属于消费税征收范围。

19. ABD【解析】纳税人自产自用的应税消费品，按照纳税人生产的同类消费品的销售价格计算纳税；没有同类消费品销售价格的，按照组成计税价格计算纳税。组成计税价格计算公式：组成计税价格＝（成本＋利润）÷（1－消费税税率）。

20. AC【解析】自产自用应税消费品的，为应税消费品的移送使用数量；进口应税消费品的，为海关核定的应税消费品进口征税数量。

21. ABCD

22. ABCD【解析】（1）纳税人销售应税消费品，按不同的销售结算方式确定纳税义务发生时间。

① 采取赊销和分期收款结算方式的，其纳税义务发生时间为书面合同约定的收款日期的当天，书面合同没有约定收款日期或者无书面合同的，其纳税义务发生时间为发出应税消费品的当天。

② 采取预收货款结算方式的，其纳税义务发生时间为发出应税消费品的当天。

③ 采取托收承付和委托银行收款方式的，其纳税义务发生时间为发出应税消费品并办妥托收手续的当天。

④ 采取其他结算方式的，其纳税义务发生时间为收讫销售款或者取得索取销售款凭据的当天。

（2）纳税人自产自用应税消费品的，其纳税义务发生时间为移送使用的当天。

（3）纳税人委托加工应税消费品的，其纳税义务发生时间为纳税人提货的当天。

（4）纳税人进口应税消费品的，其纳税义务发生时间为报关进口的当天。

三、判断题

1. 错【**解析**】负有纳税义务的法人、自然人和其他组织都属于纳税主体，都是纳税人。

2. 对

3. 对

4. 对

5. 错【**解析**】根据规定，将建筑物、构筑物等不动产或者飞机、车辆等有形动产的广告位出租给其他单位或者个人用于发布广告的，按照经营租赁服务缴纳增值税。

6. 对

7. 错【**解析**】小规模纳税人销售货物或者应税劳务，实行按销售额和征收率计算应纳税额的简易办法的，不得抵扣进项税额。

8. 对

9. 对

10. 错【**解析**】个人提供应税服务的销售额未达到增值税起征点的，免征增值税；达到起征点的，全额计算缴纳增值税。

11. 错【**解析**】固定业户应当向其机构所在地的税务机关申报纳税，总机构和分支机构不在同一县（市），应当分别向各自所在地的税务机关申报纳税；经国务院、税务主管部门或者其授权的财政、税务机关批准，可以由总机构汇总向总机构所在地的税务机关申报纳税。

12. 错【**解析**】纳税人进口货物，应当自海关填发进口增值税专用缴款书之日起15日内缴纳税款。

13. 错【**解析**】目前，经过国务院批准，在零售、批发环节也有征收消费税的特殊情形。

14. 对

15. 对

16. 错【**解析**】舞台、戏剧、影视演员化妆用的上妆油、卸妆油、油彩，不属于消费税中高档化妆品的征收范围。

四、不定项选择题

1. BCD【**解析**】选项A，取得增值税普通发票，不得抵扣进项税额；选项B，上期期末抵扣完的进项税额可在下一期继续抵扣；选项CD，从销售方取得的“增值税专用发票”（含税控机动车销售统一发票）上注明的增值税税额，可以抵扣进项税额。

2. C【**解析**】（1）纳税人取得的销售额为含增值税销售额；（2）收取的优质费、包装物租金属于价外费用，价外费用为含增值税销售额；（3）销项税额＝（1 000×3 480 ＋ 522 000 ＋ 174 000）÷（1 ＋16%）×16% ＝ 576 000（元）。

3. C【**解析**】（1）纳税人采取以旧换新方式销售除金银首饰以外的货物的，按“新货物”的同期销售价格确定销售额，不得扣减旧货物的收购价格；（2）新货物的销售价格为含增值税销售价格；（3）销项税额＝50×3 480÷（1＋16%）×16% ＝ 24 000（元）。

4. D【**解析**】（1）将自产货物用于集体福利和个人消费，应当视同销售；（2）纳税人视同销售而无销售额，应当按照本企业同类产品的销售价格确定销售额；（3）本企业同类产品的销售价格为含税销售价格；（4）销项税额＝10×3 480÷（1＋16%）×16% ＝ 4 800（元）。

第五章　企业所得税、个人所得税法律制度

第一节　企业所得税法律制度★★★

一、企业所得税纳税人

企业所得税的纳税人是指在中华人民共和国境内的企业和其他取得收入的组织。企业所得税的纳税义务人分为居民企业和非居民企业（见表 5-1）。

表 5–1　企业所得税纳税人

纳税人	判定标准	举例
居民企业	依照中国法律、法规在中国境内成立的企业	北京自来水公司、海尔集团公司
	依照外国（地区）法律成立但实际管理机构在中国境内的企业	中国移动通信公司在百慕大注册离岸公司，但其实际管理机构仍在国内
非居民企业	依照外国（地区）法律、法规成立且实际管理机构不在中国境内，但在中国境内设立机构、场所的企业	在我国设立有代表处及其他分支机构的外国企业
	在中国境内未设立机构、场所，但有来源于中国境内所得的企业	在中国境内未设立机构场所的某外国企业投资中国境内居民企业

二、企业所得税征税范围★★

企业所得税的征税对象是指企业的生产经营所得、其他所得和清算所得。

（一）居民企业的征税对象

居民企业应就其来源于中国境内、境外的所得缴纳企业所得税。企业所得税包括销售货物所得、提供劳务所得、转让财产所得、股息红利等权益性投资所得、租金所得、利息所得、特许权使用费所得、接受捐赠所得和其他所得。

（二）非居民企业的征税对象

非居民企业在中国境内设立机构、场所的，应当就其所设机构、场所取得的来源于中国境内的所得，以及发生在中国境外但与其所设机构、场所有实际联系的所得，缴纳企业所得税。

非居民企业在中国境内未设立机构、场所的，或者虽设立机构、场所但取得的所得与其所设机构、场所没有实际联系的，应当就其来源于中国境内的所得缴纳企业所得税。

（三）所得来源的确定

来源于中国境内、境外的所得，按照以下原则确定。

（1）销售货物所得，按照交易活动发生地确定。

（2）提供劳务所得，按照劳务发生地确定。

（3）转让财产所得，不动产转让所得按照不动产所在地确定，动产转让所得按照转让动产的企业或者机构、场所所在地确定，权益性投资资产转让所得按照被投资企业所在地确定。

（4）股息、红利等权益性投资所得，按照分配所得的企业所在地确定。

（5）利息所得、租金所得、特许权使用费所得，按照负担、支付所得的企业或者机构、场所所在地确定，或者按照负担、支付所得的个人的住所地确定。

（6）其他所得，由国务院财政、税务主管部门确定。

知识点拨

所得来源的确定，它的作用是判断所得的来源地，进而判断该所得是否需要在我国缴纳企业所得税。注意，它不是用来判断纳税地点的，请将其与纳税地点的确定相区别。

【例题1·单选题】根据企业所得税法律制度的规定，下列关于企业所得税所得来源的说法中，错误的是（　　）。

A. 提供劳务所得，按照劳务发生地确定

B. 权益性投资资产转让，按照投资企业所在地确定

C. 动产转让所得，按照转让动产的企业或机构、场所所在地确定

D. 不动产转让所得，按照不动产所在地确定

【解析】权益性投资资产转让，按照被投资企业所在地确定。所以本题应选B，其他选项的说法均是正确的。

三、企业所得税税率

企业所得税实行比例税率。企业所得税的基本税率为25%，在基本税率外还设有优惠税率。企业所得税税率具体如表5-2所示。

表5-2　企业所得税税率

企业类型		纳税义务	税率
居民企业	一般企业	境内所得和境外所得	25%
	高新技术企业		15%
	小型微利企业		20%
非居民企业	在我国境内设立机构、场所的	与机构、场所有联系的境内、境外所得	25%
		与机构、场所没有联系的境内所得	20%（10%）
	在我国境内未设立机构、场所的	境内所得	20%（10%）

国家需要重点扶持的高新技术企业按15%的所得税税率征收企业所得税。

知识点拨

对于在中国境内未设立机构、场所的，或者虽设立机构、场所但取得的所得与其所设机构、场所没有实际联系的，法定所得税税率是20%，但是实际征收按10%征收所得税。也就是计算性题目中直接按10%计算税额。

四、应纳税所得额的计算

企业所得税的计税依据是应纳税所得额，即指企业每一纳税年度的收入总额，减除不征税收入、免税收入、各项扣除以及允许弥补的以前年度亏损后的余额。

应纳税所得额＝收入总额－不征税收入－免税收入－各项扣除－以前年度亏损

企业应纳税所得额的计算，以权责发生制为原则。企业财务、会计处理办法与税收法律法规的规定不一致的，应当依照税收法律法规的规定计算。

（一）收入总额

企业以货币形式和非货币形式从各种来源取得的收入，为收入总额。包括：①销售货物收入；②提供劳务收入；③转让财产收入；④股息、红利等权益性投资收益；⑤利息收入；⑥租金收入；⑦特许权使用费收入；⑧接受捐赠收入；⑨其他收入。

1. 销售货物收入

除法律另有规定外，企业销售货物收入的确认，应遵循权责发生制原则和实质重于形式原则。

符合上述收入确认条件，采取下列商

品销售方式的，应按以下规定确认收入实现时间。

（1）销售商品采用托收承付方式的，在办妥托收手续时确认收入。

（2）销售商品采取预收款方式的，在发出商品时确认收入。

（3）销售商品需要安装和检验的，在购买方接受商品以及安装和检验完毕时确认收入。如果安装程序比较简单，可在发出商品时确认收入。

（4）销售商品采用支付手续费方式委托代销的，在收到代销清单时确认收入。

（5）采用售后回购方式销售商品的，销售的商品按售价确认收入，回购的商品作为购进商品处理。有证据表明不符合销售收入确认条件的，如以销售商品方式进行融资，收到的款项应确认为负债，回购价格大于原售价的，差额应在回购期间确认为利息费用。

（6）销售商品以旧换新的，销售商品应当按照销售商品收入确认条件确认收入，回收的商品作为购进商品处理。

（7）商品销售涉及商业折扣的，应当按照扣除商业折扣后的金额确定销售商品收入金额。

销售商品涉及现金折扣的，应当按扣除现金折扣前的金额确定销售商品收入金额，现金折扣在实际发生时作为财务费用扣除。

企业已经确认销售收入的售出商品发生销售折让和销售退回，应当在发生当期冲减当期销售商品收入。

2. 提供劳务收入

企业在各个纳税期末，提供劳务交易的结果能够可靠估计的，应采用完工进度法（完工百分比）确认提供劳务收入。

企业受托加工制造大型机械设备、船舶、飞机，以及从事建筑、安装、装配工程业务或者提供其他劳务等，持续时间超过12个月的，按照纳税年度内完工进度或者完成的工作量确认收入的实现。

3. 转让财产收入

转让财产收入，是指企业转让固定资产、生物资产、无形资产、股权、债权等财产取得的收入。（不包括销售货物）

4. 股息、红利等权益性投资收益

股息、红利等权益性投资收益，按照被投资方做出利润分配决定的日期确认收入的实现。

5. 利息收入

利息收入，按照合同约定的债务人应付利息的日期确认收入的实现。

6. 租金收入

租金收入，按照合同约定的承租人应付租金的日期确认收入的实现。

如果租赁期限跨年度，且租金提前一次性支付的，出租人可对上述已确认的收入，在租赁期内分期均匀计入相关年度收入。

7. 特许权使用费收入

特许权使用费收入，按照合同约定的特许权使用人应付特许权使用费的日期确认收入的实现。

8. 接受捐赠收入

接受捐赠收入，按照实际收到捐赠资产的日期确认收入的实现。

企业以“买一赠一”等方式组合销售本企业商品的，不属于捐赠，应将总的销售金额按各项商品的公允价值的比例来分摊确认各项的销售收入。

9. 其他收入

其他收入，是指企业取得的除以上收入外的其他收入，包括企业资产溢余收入、逾期未退包装物押金收入、确实无法偿付的应付款项、已作坏账损失处理后又收回的应收款项、债务重组收入、补贴收入、违约金收入、汇兑收益等。

10. 特殊收入的确认

（1）以分期收款方式销售货物的，可以分期确认收入的实现，按照合同约定的收款日期确认收入的实现。

（2）采取产品分成方式取得收入的，按照企业分得产品的日期确认收入的实现，其收入额按照产品的公允价值确定。

（3）企业发生非货币性资产交换，以及将货物、财产、劳务用于捐赠、偿债、赞助、集资、广告、样品、职工福利或者利润分配等用途的，应当视同销售货物、转让财产或者提供劳务。

【例题2·多选题】根据企业所得税法律制度的规定，下列各项关于收入确认的表述中，正确的有（ ）。

A. 企业以非货币形式取得的收入，应当按照公允价值确定收入额

B. 以分期收款方式销售货物的，按照合同约定的收款日期确认收入的实现

C. 租金收入，按照合同约定的承租人应付租金的日期确认收入的实现

D. 接受捐赠收入，按照承诺捐赠资产的日期确定收入

【解析】选项D接受捐赠收入，按照实际收到捐赠资产的日期确定收入。其他选项表述都是正确的，所以本题应选ABC。

（二）不征税收入

（1）财政拨款。

（2）依法收取并纳入财政管理的行政事业性收费、政府性基金。

（3）国务院规定的其他不征税收入。

国务院规定的其他不征税收入，是指企业取得的，由国务院财政、税务主管部门规定专项用途并经国务院批准的财政性资金。

（三）免税收入

（1）国债利息收入。

（2）符合条件的居民企业之间的股息、红利等权益性收益。

符合条件的居民企业之间的股息、红利等权益性收益，是指居民企业直接投资于其他居民企业取得的投资收益。

（3）在中国境内设立机构、场所的非居民企业从居民企业取得与该机构、场所有实际联系的股息、红利等权益性投资收益。

（2）、（3）所称股息、红利等权益性投资收益，不包括连续持有居民企业公开发行并上市流通的股票不足12个月取得的投资收益。

（4）符合条件的非营利组织的收入。（不包括非营利组织从事营利性活动取得的收入）

知识点拨

不征税收入和免税收入的区别：不征税收入是不属于征税范围；而免税收入是属于征税范围，但可以享受免税的优惠政策。

（四）税前扣除项目

企业实际发生的与取得收入有关的、合理的支出，包括成本、费用、税金、损失和其他支出，准予在计算应纳税所得额时扣除。

企业发生的支出应当区分收益性支出和资本性支出。收益性支出在发生当期直接扣除；资本性支出应当分期扣除或者计入有关资产成本，不得在发生当期直接扣除。

（1）成本，是指企业在生产经营过程中发生的销售成本、销货成本、业务支出，以及其他耗费。

（2）费用，是指企业在生产经营活动中发生的销售费用、管理费用和财务费用。已经计入成本的有关费用除外。

（3）税金，是指企业发生的除企业所得税和允许抵扣的增值税以外的各项税金及附加。

（五）扣除标准

扣除的具体项目及标准如下。

1. 工资、薪金支出

企业发生的合理的工资薪金支出，准予据实扣除。工资薪金，是指企业每一纳税年度支付给在本企业任职或者受雇的员工的所有现金形式或者非现金形式的劳动报酬，包括基本工资、奖金、津贴、补贴、年终加薪、加班工资，以及与员工任职或者受雇有关的其他支出。

2. 职工福利费、工会经费、职工教育经费

企业发生的职工福利费、工会经费、职工教育经费按标准扣除。未超过标准的按实际发生额扣除，超过扣除标准的只能按标准扣除。

企业发生的职工福利费支出，不超过工资、薪金总额14%的部分，准予扣除。

企业拨缴的工会经费，不超过工资、薪金总额2%的部分，准予扣除。

除国务院财政、税务主管部门另有规定外，企业发生的职工教育经费支出，不超过工资、薪金总额8%的部分，准予扣除；超过部分，准予在以后纳税年度结转扣除。

3. 社会保险费支出

（1）企业按规定范围和标准为职工缴纳的基本养老保险费、基本医疗保险费、失业保险费、工伤保险费、生育保险费等基本社会保险费和住房公积金，准予扣除。

企业根据国家有关政策规定，为在本企业任职或者受雇的全体员工支付的补充养老保险费、补充医疗保险费，分别在不超过职工工资总额5%标准内的部分，在计算应纳税所得额时准予扣除；超过的部分，不予扣除。

（2）除企业依照国家有关规定为特殊工种职工支付的人身安全保险费和国务院财政、税务主管部门规定可以扣除的其他商业保险费外，企业为投资者或者职工支付的商业保险费，不得扣除。

4. 借款费用支出

企业在生产经营活动中发生的合理的不需要资本化的借款费用，准予扣除。

企业为购置、建造固定资产、无形资产和经过12个月以上的建造才能达到预定可销售状态的存货发生借款的，在有关资产购置、建造期间发生的合理的借款费用，应当作为资本性支出计入有关资产的成本，并依照《实施条例》有关规定扣除。

5. 利息支出

（1）企业在生产经营活动中发生的下列利息支出，准予扣除。

① 非金融企业向金融企业借款的利息支出、金融企业的各项存款利息支出和同业拆借利息支出、企业经批准发行债券的利息支出，可据实扣除。

② 非金融企业向非金融企业借款的利息支出，不超过按照金融企业同期同类贷款利率计算的数额的部分可据实扣除。

（2）企业向无关联关系的内部职工或其他人员借款的利息支出，其借款情况同时符合以下条件的，其利息支出在不超过按照金融企业同期同类贷款利率计算的数额的部分，根据税法规定，准予扣除。

① 企业与个人之间的借贷是真实、合法、有效的，并且不具有非法集资目的或其他违反法律、法规的行为。

② 企业与个人之间签订了借款合同。

6. 汇兑损失

企业在货币交易中，以及纳税年度终了时将人民币以外的货币性资产、负债按照期末即期人民币汇率中间价折算为人民币时产生的汇兑损失，除已经计入有关资产成本以及与向所有者进行利润分配相关的部分外，准予扣除。

7. 公益性捐赠支出

企业发生的公益性捐赠支出，在年度利润总额12%以内的部分，准予在计算应纳税所得额时扣除；超过部分，准予在未来3年内结转扣除。

年度利润总额，是指企业依照国家统一会计制度的规定计算的年度会计利润。

8. 业务招待费支出

企业发生的与生产经营活动有关的业务招待费支出，按照发生额的60%扣除，但最高不得超过当年销售（营业）收入的5‰。

企业在筹建期间，发生的与筹办活动有关的业务招待费支出，可按实际发生额的60%计入企业筹办费，并按有关规定在税前扣除。

【例题3·单选题】甲公司2018年度取得销售货物收入1000万元，发生的与生产经营活动有关的业务招待费支出6万元，甲公司在计算2018年度企业所得税应纳税所得额时，准予扣除的业务招待费支出为（　　）万元。

A. 6　　B. 5

C. 4.97　　D. 3.6

【解析】企业发生的与其生产、经营活动有关的业务招待费支出，按照发生额的60%扣除，但最高不得超过当年销售（营业）收入的5。业务招待费扣除限额＝1 000×5‰＝5（万元），业务招待费扣除限额＝6×60%＝3.6（万元），在税前准予扣除的业务招待费为3.6万元。所以本题应选择D选项。

9. 广告费和业务宣传费支出

企业发生的符合条件的广告费和业务宣传费支出，除国务院财政、税务主管部门另有规定外，不超过当年销售（营业）收入15%的部分，准予扣除；超过部分，准予在以后纳税年度结转扣除。

自2016年1月1日起至2020年12月31日，对化妆品制造或销售、医药制造和饮料制造（不含酒类制造）企业发生的广告费和业务宣传费支出，不超过当年销售（营业）收入30%的部分，准予扣除；超过部分，准予在以后纳税年度结转扣除。

烟草企业的烟草广告费和业务宣传费支出，一律不得在计算应纳税所得额时扣除。

知识点拨

计提业务招待费、广告费和业务宣传费的基数［销售（营业）收入］是指主营业务收入、其他业务收入及视同销售收入之和。

10. 环境保护、生态恢复等方面的专项资金

企业依照法律、行政法规有关规定提取的用于环境保护、生态恢复等方面的专项资金，准予扣除。上述专项资金提取后改变用途的，不得扣除。

11. 财产保险费

企业参加财产保险，按规定缴纳的保险费，准予扣除。

12. 租赁费

企业根据生产经营活动的需要租入固定资产支付的租赁费，按照以下方法扣除。

（1）以经营租赁方式租入固定资产发生的租赁费支出，按照租赁期限均匀扣除。

（2）以融资租赁方式租入固定资产发生的租赁费支出，按照规定构成融资租入固定资产价值的部分应当提取折旧费用，分期扣除。

13. 劳动保护费

企业发生的合理的劳动保护支出，准予扣除。

14. 固定资产折旧支出

企业按照规定计算的固定资产折旧，准予扣除。但下列固定资产不得计算折旧扣除。

（1）房屋、建筑物以外未投入使用的固定资产。

（2）以经营租赁方式租入的固定资产。

（3）以融资租赁方式租出的固定资产。

（4）已足额提取折旧仍继续使用的固定资产。

（5）与经营活动无关的固定资产。

（6）单独估价作为固定资产入账的土地。

（7）其他不得计算折旧扣除的固定资产。

15. 无形资产摊销支出

企业按照规定计算的无形资产摊销费用，准予扣除。但下列无形资产不得计算摊销费用扣除。

（1）自行开发的支出已在计算应纳税所得额时扣除的无形资产。

（2）自创商誉。

（3）与经营活动无关的无形资产。

（4）其他不得计算摊销费用扣除的无形资产。

16. 长期待摊费用摊销支出

企业发生的下列支出作为长期待摊费用，按照规定摊销的，准予扣除。

（1）已足额提取折旧的固定资产的改建支出。

（2）租入固定资产的改建支出。

（3）固定资产的大修理支出。

（4）其他应当作为长期待摊费用的支出。

17. 存货成本

企业使用或者销售存货，按照规定计算的存货成本，准予在计算应纳税所得额时扣除。

18. 资产的净值

企业转让资产，该项资产的净值，准予在计算应纳税所得额时扣除。

19. 境外总机构分摊的费用

非居民企业在中国境内设立的机构、场所，就其中国境外总机构发生的与该机构、场所生产经营有关的费用，能够提供总机构出具的费用汇集范围、定额、分配依据和方法等证明文件，并合理分摊的，准予扣除。

20. 资产损失

企业发生的资产损失，应按规定的程序和要求向主管税务机关申报后方能在税前扣除。未经申报的损失，不得在税前扣除。

21. 手续费及佣金支出

企业发生与生产经营有关的手续费及佣金支出，不超过规定比例计算限额以内的部分，准予扣除；超过部分，不得扣除。

22. 所得税前不得扣除的项目

（1）在计算应纳税所得额时，下列支出不得扣除。

① 向投资者支付的股息、红利等权益性投资收益款项。

② 企业所得税税款。

③ 税收滞纳金。

④ 罚金、罚款和被没收财物的损失。

⑤ 非公益性捐赠支出及超过规定标准和结转年限的公益性捐赠支出。

⑥ 赞助支出。

⑦ 未经核定的准备金支出。

⑧ 与取得收入无关的其他支出。

（2）企业之间支付的管理费、企业内营业机构之间支付的租金和特许权使用费，以及非银行企业内营业机构之间支付的利息，不得扣除。

【例题 4· 单选题】根据企业所得税法律制度的规定，下列关于企业所得税税前扣除的表述中，不正确的是（　　）。

A. 企业发生的合理的工资薪金的支出，准予扣除

B. 企业发生的职工福利费支出超过工资薪金总额 14% 的部分，准予在以后纳税年度结转扣除

C. 企业发生的合理的劳动保护支出，准予扣除

D. 企业参加财产保险，按照规定缴纳的保险费，准予扣除

【解析】选项 B，企业发生的职工福利费支出超过工资薪金总额 14% 的部分，不得在以后纳税年度结转扣除。其他选项表述均是正确的，所以本题应选择 B 选项。

（六）亏损弥补

企业纳税年度发生的亏损，准予向以后年度结转，用以后年度的所得弥补，但结转年限最长不得超过五年。

企业在汇总计算缴纳企业所得税时，其境外营业机构的亏损不得抵减境内营业机构的盈利。

（七）非居民企业的应纳税所得额

在中国境内未设立机构、场所的，或者虽设立机构、场所但取得的所得与其所设机构、场所没有实际联系的非居民企业，其取得的来源于中国境内的所得，按照下列方法计算其应纳税所得额。

（1）股息、红利等权益性投资收益和利息、租金、特许权使用费所得，以收入全额为应纳税所得额。

（2）转让财产所得，以收入全额减除财产净值后的余额为应纳税所得额。

财产净值，是指有关资产、财产的计税基础减除已经按规定扣除的折旧、折耗、摊销、准备金等后的余额。

（3）其他所得，参照前两项规定的方法计算应纳税所得额。

五、资产的税务处理

（一）固定资产的税务处理

固定资产是指企业为生产产品、提供劳务、出租或者经营管理而持有的、使用时间超过 12 个月的非货币性资产，包括房屋、建筑物、机器、机械、运输工具以及其他与生产经营活动有关的设备、器具、工具等。固定资产的税务处理具体如表 5-3 所示。

表 5-3 固定资产的税务处理

项目	税务处理
计税基础	（1）外购的固定资产，以购买价款和支付的相关税费以及直接归属于使该资产达到预定用途发生的其他支出为计税基础； （2）自行建造的固定资产，以竣工结算前发生的支出为计税基础； （3）融资租入的固定资产，以租赁合同约定的付款总额和承租人在签订租赁合同过程中发生的相关费用为计税基础，租赁合同未约定付款总额的，以该资产的公允价值和承租人在签订租赁合同过程中发生的相关费用为计税基础； （4）盘盈的固定资产，以同类固定资产的重置完全价值为计税基础； （5）通过捐赠、投资、非货币性资产交换、债务重组等方式取得的固定资产，以该资产的公允价值和支付的相关税费为计税基础； （6）改建的固定资产，除已足额提取折旧的固定资产和租入的固定资产以外的其他固定资产，以改建过程中发生的改建支出增加计税基础
折旧范围	不得计提折旧的范围如下： （1）房屋、建筑物以外未投入使用的固定资产； （2）以经营租赁方式租入的固定资产； （3）以融资租赁方式租出的固定资产； （4）已足额提取折旧仍继续使用的固定资产； （5）与经营活动无关的固定资产； （6）单独估价作为固定资产入账的土地； （7）其他不得计算折旧扣除的固定资产
折旧相关规定	（1）企业应当自固定资产投入使用月份的次月起计算折旧；停止使用的固定资产，应当自停止使用月份的次月起停止计算折旧； （2）企业应当根据固定资产的性质和使用情况，合理确定固定资产的预计净残值，一经确定，不得变更； （3）固定资产按照直线法计算的折旧，准予扣除
最低折旧年限	（1）房屋、建筑物的最低折旧年限为 20 年； （2）飞机、火车、轮船、机器、机械和其他生产设备的最低折旧年限为 10 年； （3）与生产经营活动有关的器具、工具、家具等的最低折旧年限为 5 年； （4）飞机、火车、轮船以外的运输工具的最低折旧年限为 4 年； （5）电子设备的最低折旧年限为 3 年

（二）生产性生物资产

生产性生物资产，是指企业为生产农产品、提供劳务或者出租等而持有的生物资产，包括经济林、薪炭林、产畜和役畜等。

（1）生产性生物资产按照以下方法确定计税基础。

① 外购的生产性生物资产，以购买价款和支付的相关税费为计税基础。

② 通过捐赠、投资、非货币性资产交换、债务重组等方式取得的生产性生物资产，以该资产的公允价值和支付的相关税费为计税基础。

（2）生产性生物资产按照直线法计算的折旧，准予扣除。企业应当自生产性生物资产投入使用月份的次月起计算折旧；停止使用的生产性生物资产，应当自停止使用月份的次月起停止计算折旧。

（3）生产性生物资产计算折旧的最低年限如下。

① 林木类生产性生物资产的最低年限为 10 年。

② 畜类生产性生物资产的最低年限为 3 年。

（三）无形资产

无形资产包括专利权、商标权、著作权、土地使用权、非专利技术、商誉等。

（1）下列无形资产不得计算摊销费用扣除。

① 自行开发的支出已在计算应纳税所得额时扣除的无形资产。

② 自创商誉。

③ 与经营活动无关的无形资产。

④ 其他不得计算摊销费用扣除的无形资产。

（2）无形资产按以下方法确定计税基础。

① 外购的无形资产，以购买价款和支付的相关税费以及直接归属于使该资产达到预定用途发生的其他支出为计税基础。

② 自行开发的无形资产，以开发过程中该资产符合资本化条件后至达到预定用途前发生的支出为计税基础。

③ 通过捐赠、投资、非货币性资产交换、债务重组等方式取得的无形资产，以该资产的公允价值和支付的相关税费为计税基础。

（3）无形资产按照直线法计算的摊销费用，准予扣除。无形资产的摊销年限不得低于10年。

（四）投资资产

投资资产，是指企业对外进行权益性投资和债权性投资形成的资产。企业对外投资期间，投资资产的成本在计算应纳税所得额时不得扣除。企业在转让或者处置投资资产时，投资资产的成本，准予扣除。

（五）存货

存货，是指企业持有以备出售的产品或者商品、处在生产过程中的在产品、在生产或者提供劳务过程中耗用的材料和物料等。

企业使用或者销售存货，按照规定计算的存货成本，准予在计算应纳税所得额时扣除。

企业使用或者销售的存货的成本计算方法，可以在先进先出法、加权平均法、个别计价法中选用一种。计价方法一经选用，不得随意变更。

（六）资产损失

资产损失是指企业在生产经营活动中实际发生的，与取得应税收入有关的资产损失，包括现金损失，存款损失，坏账损失，贷款损失，股权投资损失，固定资产和存货的盘亏、毁损、报废、被盗损失，自然灾害等不可抗力因素造成的损失以及其他损失。

企业以前年度发生的资产损失未能在当年税前扣除的，可以按照规定，向税务机关说明并进行专项申报扣除。其中，属于实际资产损失，准予追补至该项损失发生年度扣除，其追补确认期限一般不得超过五年。

【例题5•单选题】根据企业所得税法律制度的规定，下列各项无形资产中，可以计算摊销费用税前扣除的是（　　）。

A. 自创商誉

B. 自行开发无形资产的资本化支出

C. 自行开发的支出已在计算应纳税所得额时扣除的无形资产

D. 与经营活动无关的的无形资产

【解析】下列无形资产不得计算摊销费用扣除：（1）自行开发的支出已在计算应纳税所得额时扣除的无形资产；（2）自创商誉；（3）与经营活动无关的无形资产；（4）其他不得计算摊销费用扣除的无形资产。所以本题应选择B。

六、企业所得税应纳税额的计算

企业的应纳税所得额乘以适用税率，减除依照《中华人民共和国企业所得税法》（以下简称“企业所得税法”）关于税收优惠的规定减免和抵免的税额后的余额，为应纳税额。其计算公式为：

（境内）应纳税额＝应纳税所得额 × 适用税率－减免税额－抵免税额

通过上述公式计算出境内实际应纳税额之后，单独计算境外所得应纳所得税额，合并后扣除境外所得在境外已经缴纳的所得税税款之后，可以得出境内外实际应纳所得税额。用公式可以表述为：

（境内外）实际应纳税额＝（境内）应纳税额＋境外所得应纳所得税额－境外所得抵免所得税额

抵免限额＝中国境内、境外所得依照企业所得税法和本条例的规定计算的应纳税总额 × 来源于某国（地区）的应纳税所得额 ÷ 中国境内、境外应纳税所得总额

【例题6•单选题】甲公司2017年度企业所得税应纳税所得额1000万元，减免税额10万元，抵免税额20万元。已知企业所得税税率为25%，甲公司当年企业所得税应纳税额的下列计算列式中，正确的是（　　）。

A. 1 000×25% － 10 － 20 ＝ 220（万元）

B. 1 000×25% － 10 ＝ 240（万元）

C. 1 000×25% ＝ 250（万元）

D. 1 000×25% － 20 ＝ 230（万元）

【解析】应纳税额＝应纳税所得额 × 适用税率－减免税额－抵免税额。所以计算列式中正确的是A。

七、企业所得税税收优惠

（一）免征与减征优惠

（1）从事农、林、牧、渔业项目的所得。

企业从事农、林、牧、渔业项目的所得，包括免征和减征两部分。

① 企业从事下列项目的所得，免征企业所得税。

a. 蔬菜、谷物、薯类、油料、豆类、棉花、麻类、糖料、水果、坚果的种植。

b. 农作物新品种的选育。

c. 中药材的种植。

d. 林木的培育和种植。

e. 牲畜、家禽的饲养。

f. 林产品的采集。

g. 灌溉、农产品初加工、兽医、农技推广、农机作业和维修等农、林、牧、渔服务业项目；

h. 远洋捕捞。

② 企业从事下列项目的所得，减半征收企业所得税。

a. 花卉、茶以及其他饮料作物和香料作物的种植。

b. 海水养殖、内陆养殖。

（2）从事国家重点扶持的公共基础设施项目投资经营的所得。（3 免 3 减半）

（3）从事符合条件的环境保护、节能节水项目的所得。（3 免 3 减半）

（4）符合条件的技术转让所得。

居民企业转让技术所有权所得不超过 500 万元的部分，免征企业所得税；超过 500 万元的部分，减半征收企业所得税。其计算公式为：

技术转让所得＝技术转让收入－技术转让成本－相关税费

（二）小型微利企业优惠

（1）小型微利企业减按 20% 的所得税税率征收企业所得税。

（2）2015 年 10 月 1 日至 2017 年 12 月 31 日，对年应纳税所得额低于 30 万元（含 30 万元）的小型微利企业，其所得减按 50% 计入应纳税所得额，按 20% 的税率缴纳企业所得税。

（3）2017 年起，为扩大小微企业享受减半征收所得税优惠的范围，年应纳税所得额上限由 30 万元提高到 50 万元。

（三）加计扣除优惠

加计扣除优惠包括以下两项内容。

1. 研究开发费

研究开发费，是指企业为开发新技术、新产品、新工艺发生的研究开发费用，未形成无形资产计入当期损益的，在按照规定据实扣除的基础上，按照研究开发费用的 75% 加计扣除；形成无形资产的，按照无形资产成本的 175% 摊销。

科技型中小企业开展研发活动中实际发生的研发费用，未形成无形资产计入当期损益的，在按规定据实扣除的基础上，在 2017 年 1 月 1 日至 2019 年 12 月 31 日期间，再按照实际发生额的 75% 在税前加计扣除；形成无形资产的，在上述期间按照无形资产成本的 175% 在税前摊销。

2. 企业安置残疾人员所支付的工资

企业安置残疾人员所支付工资费用，在据实扣除的基础上，按照支付给残疾职工工资的 100% 加计扣除。

（四）投资抵免优惠

创投企业，采取股权投资方式投资于未上市的中小高新技术企业 2 年以上的，可以按照其投资额的 70% 在股权持有满 2 年的当年抵扣该创业投资企业的应纳税所得额；当年不足抵扣的，可以在以后纳税年度结转抵扣。

（五）加速折旧优惠

（1）可采用加速折旧方法的固定资产。

① 由于技术进步，产品更新换代较快的固定资产。

② 常年处于强震动、高腐蚀状态的固定资产。

（2）采取缩短折旧年限方法的，最低折旧年限不得低于规定折旧年限的60%；采取加速折旧方法的，可以采取双倍余额递减法或者年数总和法。

（3）加速折旧的特殊规定。

① 对指定6个行业的企业2014年1月1日后新购进的固定资产，可缩短折旧年限或采取加速折旧的方法。

a. 生物药品制造业。

b. 专用设备制造业。

c. 铁路、船舶、航空航天和其他运输设备制造业。

d. 计算机、通信和其他电子设备制造业。

e. 仪器仪表制造业。

f. 信息传输、软件和信息技术服务业等。

② 对轻工、纺织、机械、汽车四个领域重点行业企业2015年1月1日后新购进的固定资产（包括自行建造），允许缩短折旧年限或采取加速折旧方法。

③ 对所有行业企业：2014年1月1日后新购进的专门用于研发的仪器、设备，单位价值不超过100万元的，允许一次性计入当期成本费用，在计算应纳税所得额时扣除，不再分年度计算折旧；单位价值超过100万元的，可缩短折旧年限或采取加速折旧的方法。

（4）对所有行业企业：持有的单位价值不超过5 000元的固定资产，允许一次性计入当期成本费用，在计算应纳税所得额时扣除，不再分年度计算折旧。

（六）减计收入优惠

综合利用资源，生产国家非限制和禁止并符合国家和行业相关标准的产品取得的收入，减按90%计入收入总额。

（七）抵免应纳税额优惠

企业购置并实际使用《优惠目录》规定的环境保护、节能节水、安全生产等专用设备的，该专用设备的投资额的10%可以从企业当年的应纳税额中抵免；当年不足抵免的，可以在以后5个纳税年度结转抵免。

【例题7·单选题】根据企业所得税法律制度的规定，下列项目可以享有加计扣除的是（　　）。

A. 企业安置残疾人员所支付的工资

B. 企业购置节水专用设备的投资

C. 企业从事国家需要重点扶持和鼓励的创业投资

D. 购进的环境保护专用设备的投资

【解析】根据规定，可以在计算应纳税所得额时加计扣除的企业支出有：（1）研究开发费用；（2）安置残疾人员及国家鼓励安置的其他就业人员所支付的工资。企业购置用于环境保护、节能节水、安全生产等专用设备的投资额，可以按一定比例实行税额抵免，不可以加计扣除；创业投资企业从事国家需要重点扶持和鼓励的创业投资，可以按投资额的一定比例抵扣应纳税所得额。因此选项A正确。

八、企业所得税征收管理

（一）纳税地点

1. 居民企业

除另有规定外，居民企业以企业登记注册地为纳税地点；但登记注册地在境外的，以实际管理机构所在地为纳税地点。

2. 非居民企业

非居民企业在中国境内设立机构、场所的，以机构、场所所在地为纳税地点。非居民企业在中国境内未设立机构、场所的，或者虽设立机构、场所但取得的所得与其所设机构、场所没有实际联系的所得，以扣缴义务人所在地为纳税地点。

（二）纳税期限

企业所得税按年度计征，分月或者分季预缴，年终汇算清缴，多退少补。纳税年度自公历1月1日起至12月31日止。

年度中间开业，或者终止经营活动，使该纳税年度的实际经营期不足12个月的，应当以其实际经营期为1个纳税年度。企业清算时，应将整个清算期作为1个纳税年度计算。

（三）纳税申报

（1）按月或按季预缴的，应当自月份或者季度终了之日起15日内，向税务机关报送预缴企业所得税纳税申报表，预缴税款。

（2）企业应当自年度终了之日起5个月

内，向税务机关报送年度企业所得税纳税申报表，并汇算清缴，结清应缴应退税款。

（3）企业在纳税年度内无论盈利或者亏损，都应当依照规定的期限，向税务机关报送预缴企业所得税纳税申报表、年度企业所得税纳税申报表、财务会计报告和税务机关规定应当报送的其他有关资料。

【例题 8· 多选题】根据企业所得税法律制度的规定，下列表述正确的有（　　）。

A. 企业应自年度终了之日起 4 个月内，向税务机关报送年度企业所得税纳税申报表，并汇算清缴，结清应缴应退税款

B. 纳税年度自公历 1 月 1 日起至 12 月 31 日止

C. 企业在一个纳税年度中间开业，或者终止经营活动，使该纳税年度的实际经营期不足 12 个月的，应当以其实际经营期为 1 个纳税年度

D. 企业依法清算时，应当以清算期间作为 1 个纳税年度

【解析】企业应自年度终了之日起 5 个月内，向税务机关报送年度企业所得税纳税申报表，并汇算清缴，结清应缴应退税款。选项 A 错误，其他选项表述均是正确的。因此，本题应选择 BCD。

第二节　个人所得税法律制度 ★★★

一、个人所得税纳税人

个人所得税的纳税人依据住所和居住时间两个标准，区分为居民纳税人和非居民纳税人。

（一）居民纳税人

居民纳税人：在中国境内有住所，或者无住所而一个纳税年度内在中国境内居住累计满 183 天的个人。

（二）非居民纳税人

非居民纳税人：在中国境内无住所又不居住，或者无住所而一个纳税年度内在中国境内居住累计不满 183 天的个人。非居民个人从中国境内取得的所得，缴纳个人所得税。

（1）中国境内有住所，是指因户籍、家庭、经济利益关系而在中国境内习惯性居住（住所≠住房=习惯性居住地）

（2）纳税年度自公历 1 月 1 日至 12 月 31 日。

（3）个人独资企业和合伙企业不缴纳企业所得税，只对投资者个人或个人合伙人取得的生产经营所得征收个人所得税。个人独资企业以投资者个人为纳税义务人，合伙企业以每一个合伙人为纳税义务人。

【例题 9· 判断题】在中国境内无住所的玛丽于 2018 年 3 月 1 日入境，2019 年 3 月 1 离境，根据我国个人所得税法律制度的规定，无住所而一个纳税年度内在中国境内居住累计满 183 天的个人为居民纳税人，因此 2019 年度玛丽从中国境内和境外取得的所得按规定缴纳个人所得税。（　　）

【解析】玛丽在 2019 年度并没有在中国居住满 183 天，不属于居民个人，只就中国境内所得缴纳个人所得税。因此，本题说法错误。

知识点拨

个人独资企业和普通合伙企业的区别。

（1）个人独资企业投资人以其个人财产对企业债务承担无限责任。

（2）普通合伙企业合伙人对合伙企业债务承担无限连带责任。有限合伙企业由普通合伙人和有限合伙人组成，普通合伙人对合伙企业债务承担无限连带责任，有限合伙人以其认缴的出资额为限对合伙企业债务承担责任。

二、居民纳税人和非居民纳税人的纳税义务

（1）居民个人从中国境内和境外取得的所得，缴纳个人所得税。

（2）非居民个人从中国境内取得的所得，缴纳个人所得税。

（3）无住所个人纳税义务总结如表 5-4 所示。

表 5-4　无住所个人纳税义务总结

<table>
<tr><th colspan="2" rowspan="2">居住时间</th><th colspan="2">境内所得</th><th colspan="2">境外所得</th></tr>
<tr><th>境内支付</th><th>境外支付</th><th>境内支付</th><th>境外支付</th></tr>
<tr><td rowspan="2">不满 183 天</td><td>（1）连续或累计不超过 90 天</td><td>√</td><td>免税</td><td>×</td><td>×</td></tr>
<tr><td>（2）90 ～ 183 天</td><td>√</td><td>√</td><td>×</td><td>×</td></tr>
<tr><td rowspan="3">满 183 天</td><td>（3）累计满 183 天的年度连续不满五年</td><td rowspan="2">√</td><td rowspan="2">√</td><td rowspan="2">√</td><td rowspan="2">免税（备案）</td></tr>
<tr><td>（4）累计满 183 天的年度连续满 5 年期间有单次离境超过 30 天的</td></tr>
<tr><td>（5）累计满 183 天的年度连续满 5 年，且 5 年内未发生单次离境超过 30 天的，从第 6 年起，境内居住累计满 183 天</td><td>√</td><td>√</td><td>√</td><td>√</td></tr>
</table>

【说明】“√”表示征税，“×”表示不征税。

【例题 10• 多选题】根据个人所得税法律制度的规定，下列说法正确的有（　　）。

A. 在中国境内无住所，且在一个纳税年度中在中国境内连续或者累计居住不超过 90 天的个人，其来源于中国境内的所得，由境外雇主支付并且不由该雇主在中国境内的机构、场所负担的部分，免予缴纳个人所得税

B. 在中国境内无住所的居民个人，在境内居住累计满 183 天的年度连续不满五年的，其来源于中国境外的所得，经向主管税务机关备案，可以只就由中国境内企事业单位和其他经济组织或者居民个人支付的部分缴纳个人所得税

C. 在中国境内无住所的居民个人，在境内居住累计满 183 天的年度连续满五年但其间有单次离境超过 30 天情形的，其来源于中国境外的所得，经向主管税务机关备案，可以只就由中国境内企事业单位和其他经济组织或者居民个人支付的部分缴纳个人所得税

D. 在境内居住累计满 183 天的年度连续满五年的纳税人，且在五年内未发生单次离境超过 30 天情形的，从第六年起，中国境内居住累计满 183 天的，应当就其来源于中国境外的全部所得缴纳个人所得税

【解析】本题 ABCD 四个说法全部正确，因此本题答案选 ABCD。

三、所得来源的确定

除国务院财政、税务主管部门另有规定外，下列所得，不论支付地点是否在中国境内，均为来源于中国境内的所得，所得来源地具体内容如表 5-5 所示。

表 5-5　企业所得税所得来源的确定

项目	具体规定	快速记忆办法【境内“+”】
1	（1）因任职、受雇、履约等而在中国境内提供劳务取得的所得； （2）在中国境内开展经营活动而取得与经营活动相关的所得	境内+“活动”
2	（3）将财产出租给承租人在中国境内使用而取得的所得； （4）许可各种特许权在中国境内使用而取得的所得	境内+“使用”
3	（5）转让中国境内的不动产、土地使用权取得的所得；转让对中国境内企事业单位和其他经济组织投资形成的权益性资产取得的所得；在中国境内转让动产以及其他财产取得的所得	境内+“财产”
4	（6）由中国境内企事业单位和其他经济组织以及居民个人支付或负担的稿酬所得、偶然所得； （7）从中国境内企事业单位和其他经济组织或者居民个人取得的利息、股息、红利所得	境内+“收付资金”

四、个人所得税税目及应纳税额的计算

（一）工资、薪金所得

1. 工资、薪金所得的一般规定

工资、薪金所得，是指个人因任职或者受雇取得的工资、薪金、奖金、年终加薪、劳动分红、津贴、补贴以及与任职或者受雇有关的其他所得。

独生子女补贴、执行公务员工资制度未纳入基本工资总额的补贴、津贴差额和家属成员的副食补贴、托儿补助费、差旅费津贴、误餐补助等项目，不属于工资、薪金性质的补贴、津贴，不予征收个人所得税。

知识点拨

误餐补助是指个人因公在城区、郊区工作，不能在工作单位或返回就餐的，根据实际误餐顿数，按规定的标准领取的误餐费。单位以误餐补助名义发给职工的补助、津贴不包括在内。

【例题 11· 单选题】（2018 年）根据个人所得税法律制度的规定，下列各项中，应缴纳个人所得税的是（　　）。

A. 年终加薪　　B. 托儿补助费

C. 差旅费津贴　　D. 误餐补助

【解析】BCD 选项都是属于不征收个人所得税的项目，A 选项属于工资薪金所得，因此，本题应选择 A。

2. 工资、薪金所得应纳税所得额和应纳税额的计算

这里按照 2018 年 4 季度的相关政策和 2019 年开始执行的新政策分别介绍，此处先介绍 2018 年 4 季度的政策。

基本公式：（2018 年 4 季度计算工资薪金所得时适用）

应纳税额＝应纳税所得额 × 适用税率－速算扣除数

＝（每月收入额－ 5000 元）× 适用税率－速算扣除数

个人所得税税率表（工资薪金所得适用）如表 5-6 所示。

表 5–6　个人所得税税率表（工资薪金所得适用）

级数	全月应纳税所得额	税率（%）	速算扣除数
1	不超过 3 000 元的部分	3	0
2	超过 3 000 元至 12 000 元的部分	10	210
3	超过 12 000 元至 25 000 元的部分	20	1 410
4	超过 25 000 元至 35 000 元的部分	25	2 660
5	超过 35 000 元至 55 000 元的部分	30	4 410
6	超过 55 000 元至 80 000 元的部分	35	7 160
7	超过 80 000 元的部分	45	15 160

2019 年度适用的政策将在后面的综合所得中介绍

3. 工资、薪金所得的特殊规定（2019 年重大调整）

（1）个人因与用人单位解除劳动关系而取得的一次性补偿收入（包括用人单位发放的经济补偿金、生活补助费和其他补助费用），其收入超过当地上年职工平均工资 3 倍数额部分的一次性补偿收入，可视为一次取得数月的工资、薪金收入，允许在一定期限内平均计算。

（2）个人领取一次性补偿收入时，按照国家和地方政府规定的比例实际缴纳的住房公积金、医疗保险费、基本养老保险费、失业保险费可以在计征其一次性补偿收入的个人所得税时予以扣除。

当地上年职工平均工资 3 倍以内的数额免税，即应纳税额＝一次性补偿收入－当地上年职工平均工资 ×3 倍，同时注意“平均”计算。

（3）按“工资、薪金所得”项目缴纳个

人所得税的收入。

① 退休人员再任职取得的收入（注：退休领取的养老金免税）。

② 离退休人员除按规定领取离退休工资或养老金外，另从原任职单位取得的各类补贴、奖金、实物，不属于免税的退休工资、离休工资、离休生活补助费。

③ 个人因任职、受雇从上市公司取得的股票增值权所得和限制性股票所得。

（4）个人因公务用车和通信制度改革而取得的公务用车、通信补贴收入，扣除一定标准的公务费用后，按照“工资、薪金所得”项目计征个人所得税。按月发放的，并入当月工资、薪金所得计征个人所得税；不按月发放的，分解到所属月份并与该月份工资、薪金所得合并后计征个人所得税。

（5）保险年金相关政策汇总

① 城镇企业事业单位及其职工个人实际缴付的失业保险费，超过《失业保险条例》规定比例的，应将其超过规定比例缴付的部分计入职工个人当期的工资薪金收入，计征个人所得税。

② 企业为员工支付各项免税之外的保险金，应在企业向保险公司缴付时（即该保险落到被保险人的保险账户）并入员工当期的工资收入，按“工资、薪金所得”项目计征个人所得税，税款由企业负责代扣代缴。企业年金、职业年金征税问题如表5-7所示。

表5-7 企业年金、职业年金征税问题

缴费	① 企业和事业单位根据规定的办法和标准，为在本单位任职或者受雇的全体职工缴付的企业年金或职业年金单位缴费部分在计入个人账户时，个人暂不缴纳； ② 个人根据规定缴付的年金个人缴费部分，在不超过本人缴费工资计税基数的4%标准内的部分暂从当期应纳税所得额中扣除。以上超过部分并入个人当期工资、薪金所得征税
运营	年金基金投资运营收益分配计入个人账户时，个人暂不缴纳个人所得税
领取	个人达到国家规定的退休年龄按月领取的年金，全额按照“工资、薪金所得”项目适用的税率，计征个人所得税；按年或按季领取的年金，平均分摊计入各月，每月领取额全额按照“工资、薪金所得”项目适用的税率，计征个人所得税

4. 兼职律师从律师事务所取得工资、薪金性质的所得

兼职律师从律师事务所取得工资、薪金性质的所得，不再减除个人所得税法规定的费用扣除标准，以收入全额（取得分成收入的为扣除办理案件支出费用后的余额）直接确定适用税率，计算扣缴个人所得税。

知识点拨

兼职律师应自行向主管税务机关申报两处或两处以上取得的工资、薪金所得，合并计算缴纳个人所得税。

5. 科技人员的现金奖励

（2019年新增）依法设立的非营利性研究机构和高等学校根据规定，从职务科技成果转化收入中给予科技人员的现金奖励，可减按50%计入科技人员当月“工资、薪金所得”，依法缴纳个人所得税。

【例题12·多选题】根据个人所得税法律制度，下列应按“工资、薪金所得”项目，征收个人所得税的是（　　）。

A. 单位全勤奖

B. 参加商场活动中奖

C. 兼职律师从律师事务所取得工资、薪金性质的所得

D. 退休人员再任职取得的收入

【解析】参加商场活动中奖，应按“偶然所得”项目计征个人所得税。因此，本题应选择ACD。

（二）劳务报酬所得、稿酬所得和特许权使用费所得

1. 劳务报酬所得

劳务报酬所得是指个人独立从事非雇佣的各种劳务所取得的所得。劳务报酬所得包括：设计、装潢、安装、制图、化验、测试、

医疗、法律、会计、咨询、讲学、新闻、广播、翻译、审稿、书画、雕刻、影视、录音、录像、演出、表演、广告、展览、技术服务、介绍服务、经纪服务、代办服务、其他劳务。

① 个人兼职取得的收入应按照“劳务报酬所得”纳税。

② 律师以个人名义再聘请其他人员为其工作而支付的报酬，应由该律师按“劳务报酬所得”应税项目负责代扣代缴个人所得税。

③ 证券经纪人从证券公司取得的佣金收入，应按照“劳务报酬所得”项目缴纳个人所得税。佣金收入由展业成本和劳务报酬构成，对展业成本部分不征收个人所得税。展业成本的比例暂定为每次收入额的40%。

④ 个人保险代理人（不包括个体工商户）以其取得的佣金、奖励和劳务费等相关收入（不含增值税）减去地方税费附加及展业成本计算个人所得税。展业成本，为佣金收入减去地方税费附加余额的40%。

【例题13·单选题】（2018年）根据个人所得税法律制度的规定，下列各项中，应按照“劳务报酬所得”税目计缴个人所得税的是（　　）。

A. 个人因与用人单位解除劳动关系而取得的一次性补偿收入

B. 退休人员从原任职单位取得的补贴

C. 兼职律师从律师事务所取得的工资性质的所得

D. 证券经纪人从证券公司取得的佣金收入

【解析】选项ABC属于工资薪金性质的收入。因此本题应选择D。

2. 稿酬所得

稿酬所得，是指个人因其作品以图书、报刊形式出版、发表而取得的所得。作品包括文学作品、书画作品、摄影作品，以及其他作品。作者去世后，财产继承人取得的遗作稿酬，也应征收个人所得税。

3. 特许权使用费所得

特许权使用费所得指个人提供专利权、商标权、著作权、非专利技术以及其他特许权的使用权取得的所得。

① 作者将自己的文字作品手稿原件或复印件公开拍卖（竞价）取得的所得按“特许权使用费所得”征税。

② 个人取得特许权的经济赔偿收入，应按“特许权使用费所得”纳税。

③ 编剧从电视剧的制作单位取得的剧本使用费，不再区分剧本的使用方是否为其任职单位，统一按“特许权使用费所得”项目征收个人所得税。

（三）综合所得（2019年新增）

居民个人取得“工资薪金所得”和劳务报酬所得、稿酬所得和特许权使用费所得四项所得，称为综合所得，按纳税年度合并计算个人所得税。非居民个人取得上述四项所得，按月或者按次分项计算个人所得税。

综合所得的应纳税额的计算如下。

应纳税额＝应纳税所得额 × 适用税率－速算扣除数

＝（每一纳税年度的收入额－费用60 000－专项扣除－专项附加扣除－依法确定的其他扣除）× 适用税率－速算扣除数

收入额的计算：劳务报酬所得、稿酬所得、特许权使用费所得以收入减除20%的费用后的余额为收入额。稿酬所得的收入额减按70%计算。

知识点拨

劳务报酬所得、特许权使用费所得打八折计入收入；稿酬所得折上折，实际打五六折计入收入。

专项扣除：包括居民个人按照国家规定的范围和标准缴纳的基本养老保险、基本医疗保险、失业保险等社会保险费和住房公积金等。（三险一金）

专项附加扣除：子女教育、继续教育、住房租金、住房贷款利息、大病医疗和赡养老人共6项。一个纳税年度扣除不完的，不得结转以后年度扣除。纳税人对所提交信息的真实性、准确性、完整性负责。

① 教育支出扣除部分如表5-8所示。

表 5-8　教育支出扣除部分

子女教育	子女接受全日制学历教育的相关支出，按每个子女每月 1000 元的标准定额扣除。 学历教育包括义务教育（小学和初中教育）、高中阶段教育（普通高中、中等职业教育，增加：技工教育）、高等教育（大学专科、大学本科、硕士研究生、博士研究生）。年满 3 岁到小学入学前处于学前教育阶段的子女按本规定执行。 受教育子女的父母分别按扣除标准的 50% 扣除；经父母约定，也可以选择由其中一方按扣除标准的 100% 扣除。具体扣除方式在一个纳税年度内不得变更
继续教育	境内接受学历继续教育的支出，在学历（学位）教育期间按照每月 400 元定额扣除。 纳税人接受技能人员职业资格继续教育支出、专业技术人员职业资格继续教育支出，在取得相关证书的年度，按照 3 600 元定额扣除。 个人接受本科及以下学历（学位）继续教育，符合规定扣除条件的，可以选择由其父母扣除，也可以选择由本人扣除

② 住房相关扣除项目如表 5-9 所示。

表 5-9　住房相关扣除项目

住房贷款利息	本人或配偶使用商业银行或住房公积金个人住房贷款为本人或其配偶购买境内住房，首套住房贷款利息支出，在实际发生贷款利息年度，按每月 1 000 元标准定额扣除。 首套指购买住房享受首套住房贷款利率的住房贷款。 经夫妻双方约定，可以选择由其中一方扣除，具体扣除方式在一个纳税年度内不得变更
住房租金	主要工作城市没有自有住房发生的住房租金支出的定额扣除标准：①直辖市、省会、计划单列市及国务院确定其他城市为 1 500 元 / 月；② 其他城市的，市辖区户籍人口超过 100 万：1 100 元 / 月；不超过 100 万（含）：800 元 / 月。 配偶在纳税人主要工作城市有自有住房的，视同有自有住房。 夫妻双方主要工作城市相同的只能由一方扣除。 纳税人及其配偶不得同时分别享受住房贷款利息专项附加扣除和住房租金专项附加扣除

③ 大病医疗和赡养老人扣除项目如表 5-10 所示。

表 5-10　大病医疗和赡养老人扣除项目

大病医疗	一个纳税年度内大病医疗支出可以按照每年 80 000 元标准限额据实扣除。 范围：一个纳税年度内，与基本医疗相关的医药费支出，扣除医保报销后个人负担（指医保目录范围内自付部分）累计超过 15 000 元的部分。 大病医疗专项附加扣除由纳税人办理汇算清缴时扣除。 可以选择由本人或者其配偶扣除，未成年子女的可选择由其父母一方扣除
赡养老人	赡养 60 岁（含）以上父母以及其他法定赡养人的赡养支出可按以下标准定额扣除：① 纳税人为独生子女的，按照每月 2 000 元的标准定额扣除；② 纳税人为非独生子女的，应当与其兄弟姐妹分摊每月 2 000 元的扣除额度。 分摊方式：平均分摊、被赡养人指定分摊或者赡养人约定分摊，具体分摊方式在一个纳税年度内不得变更。 采取指定分摊或约定分摊方式的，每一纳税人分摊的扣除额最高不得超过每月 1 000 元，并签订书面分摊协议。 指定分摊与约定分摊不一致的，以指定分摊为准

【例题 14· 单选题】根据个人所得税法律制度的规定，关于综合所得的下列表述中，不正确的是（　　）。

A. 纳税人赡养 2 个及以上老人的，不按老人人数加倍扣除

B. 子女接受学前教育和学历教育的相关支出按每个子女每年 12 000 元标准定额扣除

C. 大病医疗专项附加扣除由纳税人办理汇算清缴时扣除

D. 本人或配偶使用商业银行或住房公积金个人住房贷款为本人或其配偶购买住房，发生的住房贷款利息支出，在偿还贷款期间，可以按照每年 12 000 元（每月 1 000 元）标准定额扣除

【解析】本人或配偶使用商业银行或住房公积金个人住房贷款为本人或其配偶购买

住房，发生的首套住房贷款利息支出，在偿还贷款期间，可以按照每年12 000元（每月1 000元）标准定额扣除。因此，本题应选择D。

（四）非居民个人的工资、薪金所得

以每月收入额减除费用5 000元后的余额为应纳税所得额；劳务报酬所得、稿酬所得、特许权使用费所得，以每次收入额为应纳税所得额。

知识点拨

每次收入的确定：非居民个人取得的劳务报酬所得、稿酬所得、特许权使用费所得，属于一次性收入的，以取得该项收入为一次；属于同一项目连续性的，一个月内取得的收入为一次。

（五）经营所得

1. 经营所得的内容

经营所得包括：

（1）个人通过在中国境内注册登记的个体工商户、个人独资企业、合伙企业从事生产、经营活动取得的所得；

（2）个人依法取得执照，从事办学、医疗、咨询以及其他有偿服务活动取得的所得；

（3）个人承包、承租、转包、转租取得的所得；

（4）个人从事其他生产、经营活动取得的所得。

个体工商户业主、个人独资企业投资者、合伙企业个人合伙人以及从事其他生产、经营活动的个人，以其每一纳税年度来源于个体工商户、个人独资企业、合伙企业以及其他生产、经营活动的所得，减除费用6万元、专项扣除以及依法确定的其他扣除后的余额，为应纳税所得额。

2. 经营所得的应纳税额的计算。

（1）个体工商户的生产、经营所得应纳税所得额的计算公式为：

应纳税额＝应纳税所得额 × 税率－速算扣除数

＝（收入总额－成本－费用－损失－税金－其他支出－允许弥补以前年度亏损）× 税率－速算扣除数

（2）对企事业单位的承包经营、承租经营所得应纳税额的计算公式为：

应纳税额＝应纳税所得额 × 适用税率－速算扣除数

＝（纳税年度收入总额－必要费用）× 适用税率－速算扣除数

（3）应纳税额的计算涉及的主要内容。

① 个体工商户下列支出不得扣除：个人所得税税款；税收滞纳金；罚金、罚款和被没收财物的损失；不符合扣除规定的捐赠支出；赞助支出；用于个人和家庭的支出；与取得生产经营收入无关的其他支出；国家税务总局规定不准扣除的支出。

② 个体工商户生产经营活动中，应当分别核算生产经营费用和个人、家庭费用。对于生产经营与个人、家庭生活混用难以分清的费用，其40%视为与生产经营有关费用，准予扣除。工资薪金支出、工会经费、职工福利费支出、职工教育经费等相关费用扣除总结如表5-11所示。

表5-11　工资薪金支出、工会经费、职工福利费支出、职工教育经费等相关费用扣除总结

	从业人员	业主本人
工资薪金支出	实际支付据实扣除	不得税前扣除，2018年分段（前三季度3500元/月，后一季度5000元/月）
“五险一金”	规定的范围和标准缴纳的可扣	
商业保险费	按规定为特殊工种从业人员支付的人身安全保险费和规定可以扣除的其他商业保险费外，为业主本人或从业人员支付商业保险费不得扣除	
工会经费2%、职工福利费支出14%、职工教育经费支出2.5%	工资薪金总额的2%、14%和2.5%的标准内据实扣除	当地（地级市）上年度社会平均工资的3倍为计算基数，在规定比例内据实扣除
补充养老保险费5%和补充医疗保险费5%	不超过工资总额5%标准内部分据实扣除；超过部分不得扣除	当地上年度社会平均工资3倍为基数，不超过标准内的部分据实扣除；超过部分，不得扣除

③ 个体工商户代其从业人员或者他人负担的税款，不得税前扣除。

④ 个体工商户自申请营业执照之日起至开始生产经营之日止所发生符合规定的费用，除为取得固定资产、无形资产的支出，以及应计入资产价值的汇兑损益、利息支出外，作为开办费，个体工商户可以选择在开始生产经营的当年一次性扣除，也可自生产经营月份起在不短于 3 年期限内摊销扣除，但一经选定，不得变更。

⑤ 个体工商户通过公益性社会团体或者县级以上人民政府及其部门，用于规定的公益事业的捐赠，捐赠额不超过其应纳税所得额 30% 的部分可以据实扣除。个体工商户直接对受益人的捐赠不得扣除。

⑥ 个体工商户研究开发新产品、新技术、新工艺所发生的开发费用，以及研究开发新产品、新技术而购置单台价值在 10 万元以下的测试仪器和试验性装置的购置费准予直接扣除；单台价值在 10 万元以上（含 10 万元）的测试仪器和试验性装置，按固定资产进行管理，不得在当期直接扣除。

⑦ 查账征收的个人独资企业和合伙企业的扣除项目比照《个体工商户个人所得税计税办法》的规定确定。

⑧ 个体工商户和从事生产、经营的个人，取得与生产、经营活动无关的其他各项应税所得，应分别按照有关规定，计算征收个人所得税。

⑨ 投资者兴办两个或两个以上企业，并且企业性质全部是个人独资的，年度终了后汇算清缴时，应纳税款的计算按以下方法进行：汇总其投资兴办的所有企业的经营所得作为应纳税所得额，以此确定适用税率，计算出全年经营所得的应纳税额，再根据每个企业的经营所得占所有企业经营所得的比例，分别计算出每个企业的应纳税额和应补缴税额。

⑩ 个体工商户、个人独资企业和合伙企业或个人从事种植业、养殖业、饲养业、捕捞业取得的所得，暂不征收个人所得税。

【例题 15• 多选题】（2018 年）根据个人所得税法律制度的规定，个体工商户的下列支出中，在计算个人所得税应纳税所得额时，不得扣除的有（　　）。

A. 税收滞纳金

B. 个人所得税税款

C. 业主的工资薪金支出

D. 在生产经营活动中因自然灾害造成的损失

【解析】个体工商户下列支出不得扣除：①个人所得税税款；②税收滞纳金；③罚金、罚款和被没收财物的损失；④不符合扣除规定的捐赠支出；⑤赞助支出；⑥用于个人和家庭的支出；⑦与取得生产经营收入无关的其他支出；⑧国家税务总局规定不准扣除的支出。个体工商户实际支付给从业人员的、合理的工资薪金支出，准予扣除，个体工商户业主的工资薪金支出不得税前扣除。因此，本题应选择 ABC。

（六）利息、股息、红利所得、财产租赁所得、财产转让所得和偶然所得

1. 利息、股息、红利所得

利息、股息、红利所得是指个人拥有债权、股权等而取得的利息、股息、红利所得。

应纳税额＝应纳税所得额 × 适用税率＝每次收入额 × 适用税率

知识点拨

每次收入的确定：以支付利息、股息、红利时取得的收入为一次。

上市公司股息红利差别化个人所得税政策：

（1）个人从公开发行和转让市场取得的上市公司股票，持股期限在 1 个月以内（含 1 个月）的，其股息红利所得全额计入应纳税所得额；持股期限在 1 个月以上至 1 年（含 1 年）的，暂减按 50% 计入应纳税所得额；持股期限超过 1 年的，暂免征收。上述所得统一适用 20% 的税率计征个人所得税；

（2）对个人持有的上市公司限售股，解禁后取得的股息红利，按照上市公司股息红利差别化个人所得税政策规定计算纳税，持股时间自解禁日起计算；解禁前取得的股息

红利继续暂减按 50% 计入应纳税所得额，适用 20% 的税率计征个人所得税。

2. 财产租赁所得

财产租赁所得是指个人出租不动产、土地使用权、机器设备、车船以及其他财产而取得的所得。

（1）应纳税额计算。

每次（月）收入不足 4 000 元的：

应纳税额＝［每次（月）收入额－财产租赁过程中缴纳的税费－由纳税人负担的租赁财产实际开支的修缮费用（800 元为限）－800 元］×20%

每次（月）收入在 4 000 元以上的：

应纳税额＝［每次（月）收入额－财产租赁过程中缴纳的税费－由纳税人负担的租赁财产实际开支的修缮费用（800 元为限）］×（1－20%）×20%

知识点拨

每次收入的确定：财产租赁所得，以一个月内取得的收入为一次。

个人出租房屋的个人所得税应税收入不含增值税，计算房屋出租所得可扣除的税费不包括本次出租缴纳的增值税。个人转租房屋的，其向房屋出租方支付的租金及增值税额，在计算转租所得时予以扣除。

收入不含增值税，本环节的增值税不能扣除，以前环节负担的增值税可以扣除。

（2）特殊规定。

① 个人取得的财产转租收入，属于“财产租赁所得”的征税范围。

② 房地产开发企业与商店购买者个人签订协议规定，房地产开发企业按优惠价格出售其开发的商店给购买者个人，但购买者个人在一定期限内必须将购买的商店无偿提供给房地产开发企业对外出租使用。对购买者个人少支出的购房价款，应视同个人财产租赁所得，按照“财产租赁所得”项目征收个人所得税。每次财产租赁所得的收入额，按照少支出的购房价款和协议规定的租赁月份数平均计算确定。

【例题 16 · 单选题】（2016 年）2016 年 7 月，王某出租住房取得不含增值税租金收入 3 000 元，房屋租赁过程中缴纳的可以税前扣除的相关税费 120 元，支付出租房屋维修费 1 000 元，已知个人出租住房取得的所得按 10% 的税率征收个人所得税，每次收入不足 4 000 元的减除费用 800 元。王某当月出租住房应缴纳个人所得税税额的下列算式中，正确的是（　　）。

A. （3 000－120－800－800）×10%＝128（元）

B. （3 000－120－800）×10%＝208（元）

C. （3 000－120－1 000）×10%＝188（元）

D. （3 000－120－1 000－800）×10%＝108（元）

【解析】房屋租赁期间发生修缮费用准予在税前扣除，但以每月 800 元为限，应纳税额＝（3 000－120－800－800）×10%＝128（元）。因此，本题应选择 A。

3. 财产转让所得

财产转让所得是指个人转让有价证券、股权、合伙企业中的财产份额、不动产、土地使用权、机器设备、车船以及其他财产取得的所得。

（1）应纳税额的计算。

应纳税额＝应纳税所得额 × 适用税率＝（收入总额－财产原值－合理费用）×20%

知识点拨

个人转让房屋的个人所得税应税收入不含增值税，其取得房屋时所支付价款中包含的增值税计入财产原值，计算转让所得时可扣除的税费不包括本次转让缴纳的增值税。

收入不含增值税，本环节的增值税不能扣除，以前取得时负担的增值税可以计入财产原值扣除。

财产原值，按照下列方法计算：

① 有价证券，为买入价以及买入时按照规定缴纳的有关费用；

② 不动产，为建造费或者购进价格以及其他有关费用；

③ 土地使用权，为取得土地使用权所支付的金额、开发土地的费用以及其他有关费用；

④ 机器设备、车船，为购进价格、运输费、安装费以及其他有关费用。

⑤ 其他财产，参照上述规定的方法确定财产原值。

纳税人未提供完整、准确的财产原值凭证，不能正确计算财产原值的，由主管税务机关核定其财产原值。

合理费用，是指卖出财产时按照规定支付的有关税费。

个人发生非货币性资产交换，以及将财产用于捐赠、偿债、赞助、投资等用途的，应当视同转让财产并缴纳个人所得税，但国务院财政、税务主管部门另有规定的除外。

（2）特殊规定。

① 个人因各种原因终止投资、联营、经营合作等行为，从被投资企业或合作项目、被投资企业的其他投资者以及合作项目的经营合作人取得股权转让收入、违约金、补偿金、赔偿金及以其他名目收回的款项等，均属于个人所得税应税收入，应按照“财产转让所得”项目适用的规定计算缴纳个人所得税。

② 个人以非货币性资产投资属于转让非货币性资产和投资同时发生，对转让的非货币性资产的所得按“财产转让所得”项目征税。

③ 个人转让限售股：应纳税所得额＝限售股转让收入－（限售股原值＋合理税费）

④ 通过招标、竞拍或其他方式购置债权以后，通过相关司法或行政程序主张债权而取得的所得。

⑤ 收购网络玩家的虚拟货币加价后出售取得的收入。

⑥ 受赠人转让受赠房屋的：应纳税所得额＝转让受赠房屋的收入－原捐赠人取得该房屋的实际购置成本－赠予和转让过程中受赠人支付的相关税费。

【例题 17• 多选题】根据个人所得税法律制度的规定，下列各项中，应按“财产转让所得”税目计征个人所得税的有（　　）。

A. 转让机器设备所得

B. 提供著作权的使用权所得

C. 转让股权所得

D. 提供非专利技术使用权所得

【解析】选项 BD 属于特许权使用费所得。因此，本题应选择 AC。

4. 偶然所得

偶然所得是指个人得奖、中奖、中彩以及其他偶然性质的所得。

（1）应纳税额的计算。

应纳税额＝收入额 × 税率

知识点拨

每次收入的确定：以每次取得该项收入为一次。

（2）特殊规定。

① 累计消费达到一定额度的顾客给予额外抽奖机会的获奖所得属于偶然所得。

② 单张有奖发票奖金所得超过 800 元的全额征税。

【例题 18• 单选题】（2018 年）2017 年 12 月李某在有奖销售活动中，购买了 1 000 元商品，中奖一台价值 3 000 元的电视机，领奖时支付交通运输费 60 元，已知偶然所得个人所得税税率为 20%，计算李某当月收入应缴纳个人所得税税额的下列算式中，正确的是（　　）。

A. （3 000 － 1 000 － 60）×20% ＝ 388（元）

B. （3 000 － 1 000）×20% ＝ 400（元）

C. 3 000×20% ＝ 600（元）

D. （3 000 － 60）×20% ＝ 588（元）

【解析】偶然所得无扣除项目，以全额计算应纳税额。因此，本题答案选 C。

（七）九项应税项目应纳税所得额的总结

个人所得税的计税依据是纳税人取得的应纳税所得额。应纳税所得额为个人取得的各项收入减去税法规定的费用扣除金额和减免税收入后的余额。由于个人所得税的应税项目不同，扣除费用标准也各不相同，需要按不同应税项目分项计算。

1. 个人所得的形式

个人所得的形式，包括现金、实物、有价证券和其他形式的经济利益。所得为实物的，应当按照取得的凭证上的价格计算应纳税所得额；无凭证的实物或者凭证上所注明的价格明显偏低的，参照市场价格核定应纳税所得额；所得为有价证券的，根据票面价格和市场价格核定应纳税所得额；所得为其他形式的经济利益的，参照市场价格核定应纳税所得额。

2. 成本费用的扣除

应纳税所得额确定时成本费用的扣除，相关总结如表5-12所示。

表5–12 个人所得税应纳税所得额确定时成本费用的扣除总结表

扣除方法	应税项目
综合扣除	（1）工资薪金、劳务报酬、稿酬和特许权使用费； （2）按年：年度收入额－6万元－专项扣除－专项附加扣除－其他扣除 （3）非居民纳税人按次
计算扣除	（1）经营所得（计算类似企业所得税）； （2）财产转让（收入－原值－税费）
定额和定率扣除	财产租赁所得（按月每次扣除800元或20%）
无扣除	（1）利息、股息、红利所得； （2）偶然所得

（八）其他费用扣除规定、应纳税额计算的其他规定和特殊规定

1. 其他费用扣除规定

（1）捐赠的扣除（2019年变化）个人将其所得对教育、扶贫、济困等公益慈善事业进行捐赠，捐赠额未超过纳税人申报的应纳税所得额30%的部分，可以从其应纳税所得额中扣除；国务院规定对公益慈善事业捐赠实行全额税前扣除的，从其规定。

知识点拨

应纳税所得额，是指计算扣除捐赠额之前的应纳税所得额。

（2）特殊可以全额扣除的项目（需要通过非营利社会团体和国家机关的捐赠）。

① 红十字事业。

② 农村义务教育，农村义务教育的范围是指政府和社会力量举办的农村乡镇（不含县和县级市政府所在地的镇）、村的小学和初中以及属于这一阶段的特殊教育学校。纳税人对农村义务教育与高中在一起的学校的捐赠，也享受规定的所得税前扣除政策。

③ 公益性青少年活动场所。

④ 福利性、非营利性老年服务机构捐赠、通过宋庆龄基金会等6家单位、中国医药卫生事业发展基金会等8家单位、中华健康快车基金会等5家单位用于公益救济性的捐赠，符合相关条件的，准予在缴纳个人所得税税前全额扣除。

【例题19·单选题】中国公民李某取得财产转让收入40 000元，将其中6 000元通过民政部门捐赠给贫困山区，可以扣除的原值和相关税费22 000元，李某应缴纳个人所得税（　）元。

A. 2 520　　B. 3 808

C. 4 480　　D. 4 760

【解析】捐赠扣除限额＝（40 000－22 000）×30%＝5 400（元），实际捐赠额6 000大于捐赠限额，所以可以税前扣除的金额5 400（元）。应缴纳个人所得税＝[（40 000－22 000）－5 400]×20%＝2 520（元）。因此，本题应选择A。

（3）个人的所得（不含偶然所得，经国务院财政部门确定征税的其他所得）用于对非关联的科研机构和高等学校研究开发新产品、新技术、新工艺所发生的研究开发经费的资助，可以全额在下月（工资、薪金所得）或下次（按次计征的所得）或当年（按年计

征的所得）计征个人所得税时，从应纳税所得额中扣除，不足抵扣的，不得结转抵扣。

（4）自2017年7月1日起，对个人购买符合规定的商业健康保险产品的支出，允许在当年（月）计算应纳税所得额时予以税前扣除，扣除限额为2 400元/年（200元/月）。

知识点拨

① 单位统一为员工购买符合规定的商业健康保险产品的支出，应分别计入员工个人工资薪金，视同个人购买，按上述限额予以扣除。

② 2 400元/年（200元/月）的限额扣除为个人所得税法规定减除费用标准之外的扣除。

③ 适用商业健康保险税收优惠政策的纳税人，是指取得工资薪金所得、连续性劳务报酬所得的个人，以及取得个体工商户生产经营所得、对企事业单位的承包承租经营所得的个体工商户业主、个人独资企业投资者、合伙企业合伙人和承包承租经营者。

【例题20•单选题】（2018年）根据个人所得税法律制度的规定，个人购买符合规定的商业健康保险产品的支出，允许在当年计算工资、薪金所得应纳税所得额时在一定限额内予以税前扣除，该限额为（　　）。

A. 3 600元/年　　B. 2 400元/年

C. 3 200元/年　　D. 2 800元/年

【解析】自2017年7月1日起，对个人购买符合规定的商业健康保险产品的支出，允许在当年（月）计算应纳税所得额时予以税前扣除，扣除限额为2 400元/年（200元/月）。因此，本题应选择B。

2. 应纳税额计算的其他规定

（1）两个或者两个以上的个人共同取得同一项目收入的，应当对每个人取得的收入分别按照个人所得税法规定减除费用后计算纳税。（先分后税，分别扣）

（2）居民个人从境内和境外取得的综合所得或者经营所得，应当分别合并计算应纳税额；从境内和境外取得的其他所得应当分别单独计算应纳税额。（综合经营合，其他单独）

（3）个人独资企业、合伙企业及个人从事其他生产、经营活动在境外营业机构的亏损，不得抵减境内营业机构的盈利。（同企业所得税）

（4）居民个人从中国境外取得的所得，可以从其应纳税额中抵免已在境外缴纳的个人所得税税额，但抵免额不得超过该纳税人境外所得依照规定计算的应纳税额。

知识点拨

境外已纳税额抵免的计算方法（三步法）。

第一步：抵免限额＝综合所得抵免限额＋经营所得抵免限额＋其他所得项目抵免限额

第二步：实缴税额，即已在境外缴纳的所得税税额。

第三步：比较确定补税额。比较原则：多不退，少要补。

① 第一步＞第二步，差额补税。

② 第一步＜第二步，本期不补税，差额部分可以在以后5个年度内，用每年抵免限额抵免当年应抵税额后的余额进行抵补。

3. 应纳税额计算的特殊规定

（1）出租车问题（理解关键词“看车权”）。

① 出租汽车经营单位对驾驶员采取单车承包、承租的，驾驶员从事客运取得收入按“工资、薪金所得”征税。

② 出租车属于个人所有，但挂靠出租汽车经营单位或企事业单位，驾驶员向挂靠单位缴纳管理费的，或出租汽车经营单位将出租车所有权转移给驾驶员的，出租车驾驶员从事客货运营取得的收入，比照“经营所得”项目征税。从事个体出租车运营的出租车驾驶员取得的收入，按“经营所得”项目缴纳个人所得税。

（2）关于企业改组改制过程中个人取得的量化资产征税问题。

① 职工个人以股份形式取得的仅作为分红依据，不拥有所有权的企业量化资产，不征。

② 职工个人以股份形式取得的拥有所有权的企业量化资产，暂缓征收。待个人将股份转让时按“财产转让所得”项目计征。

职工个人以股份形式取得的企业量化资

产参与企业分配而获得的股息、红利，应按“利息、股息、红利”项目征收。

（3）符合以下情形的房屋或其他财产，不论所有权人是否将财产无偿或有偿交付企业使用，其实质均为企业对个人进行了实物性质的分配，应依法计征个人所得税。

① 企业出资购买房屋及其他财产，将所有权登记为投资者个人、投资者家庭成员或企业其他人员的。

② 企业投资者个人、投资者家庭成员或企业其他人员向企业借款用于购买房屋及其他财产，将所有权登记为投资者、投资者家庭成员或企业其他人员，且借款年度终了后未归还借款的。相关税务处理如表5-13所示。

表5-13　房屋或其他财产取得对象不同相关税务处理的总结

取得人员	税务处理
个人独资企业、合伙企业的个人投资者或其家庭成员取得的	按“经营所得”计税
对除个人独资企业、合伙企业以外其他企业的个人投资者或其家庭成员取得的	按“利息、股息、红利所得”计税
其他人员取得的	按“综合所得”计税

五、税收优惠

（一）免税项目

（1）省级人民政府、国务院部委和中国人民解放军军以上单位，以及外国组织、国际组织颁发的科学、教育、技术、文化、卫生、体育、环境保护等方面的奖金。

（2）国债和国家发行的金融债券利息。

（3）按照国家统一规定发给的补贴、津贴。

（4）福利费、抚恤金、救济金。

（5）保险赔款。

（6）军人的转业费、复员费、退役金。

（7）按照国家统一规定发给干部、职工的安家费、退职费、基本养老金或者退休费、离休费、离休生活补助费。

（8）依照有关法律规定应予免税的各国驻华使馆、领事馆的外交代表、领事官员和其他人员的所得。

（9）中国政府参加的国际公约、签订的协议中规定免税的所得。

（10）对外籍个人取得的探亲费免征个人所得税。可以享受免征个人所得税优惠待遇的探亲费，仅限于外籍个人在我国的受雇地与其家庭所在地（包括配偶或父母居住地）之间搭乘交通工具且每年不超过2次的费用。

（11）按照国家规定，单位为个人缴付和个人缴付的住房公积金、基本医疗保险费、基本养老保险费、失业保险费，从纳税义务人的应纳税所得额中扣除。

（12）个人取得的拆迁补偿款按有关规定免征个人所得税。

（13）国务院规定的其他免税所得。该项免税规定，由国务院报全国人民代表大会常务委员会备案。

【例题21•单选题】（2018年）2017年9月退休职工张某取得的下列收入中，免征个人所得税的是（　　）。

A. 退休工资4 000元

B. 出租店铺取得租金6 000元

C. 发表一篇论文取得稿酬1 000元

D. 提供技术咨询取得的一次性报酬2 000元

【解析】退休工资属于免税项目。因此，本题应选择A。

（二）减税项目

有下列情形之一的，可以减征个人所得税，具体幅度和期限，由省、自治区、直辖市人民政府规定，并报同级人民代表大会常务委员会备案。

（1）残疾、孤老人员和烈属的所得。

（2）因严重自然灾害遭受重大损失的。

（三）暂免征收项目

（1）外籍个人以非现金形式或实报实销形式取得的住房补贴、伙食补贴、搬迁费、洗衣费。

（2）外籍个人按合理标准取得的境内、境外出差补贴。

（3）外籍个人取得的语言训练费、子女教育费等，经当地税务机关审核批准为合理的部分。

（4）外籍个人从外商投资企业取得的股息、红利所得。

（5）股票转让所得。

（6）个人举报、协查各种违法、犯罪行为而获得的奖金。

（7）个人办理代扣代缴手续，按规定取得的扣缴手续费。

（8）个人转让自用达5年以上，并且是唯一的家庭生活用房取得的所得。

（9）对个人购买福利彩票、赈灾彩票、体育彩票，一次中奖收入在1万元以下的（含1万元）暂免征收个人所得税，超过1万元的，全额征收个人所得税。

（10）个人取得单张有奖发票奖金所得不超过800元（含800元）的。

（11）达到离休、退休年龄，但确因工作需要，适当延长离休、退休年龄的高级专家（指享受国家发放的政府特殊津贴的专家、学者），其在延长离休、退休期间的工资、薪金所得，视同离休、退休工资。

（12）对国有企业职工，因企业依法宣告破产，从破产企业取得的一次性安置费收入。

（13）个人领取原提存的住房公积金、基本医疗保险金、基本养老保险金，以及失业保险金。

（14）对工伤职工及其近亲属按规定取得的工伤保险待遇。

（15）自2008年10月9日（含）起，对储蓄存款利息所得暂免征收个人所得税。

（16）自2009年5月25日（含）起，以下情形的房屋产权无偿赠予的，对当事双方不征收个人所得税。

① 房屋产权所有人将房屋产权无偿赠予配偶、父母、子女、祖父母、外祖父母、孙子女、外孙子女、兄弟姐妹。

② 房屋产权所有人将房屋产权无偿赠予对其承担直接抚养或者赡养义务的抚养人或者赡养人。

③ 房屋产权所有人死亡，依法取得房屋产权的法定继承人、遗嘱继承人或者受遗赠人。

（17）企业在销售商品（产品）和提供服务过程中向个人赠送礼品，属于下列情形之一的，不征收个人所得税：

① 企业通过价格折扣、折让方式向个人销售商品（产品）和提供服务。

② 企业在向个人销售商品（产品）和提供服务的同时给予赠品，如通信企业对个人购买手机赠话费、入网费，或者购话费赠手机等。

③ 企业对累积消费达到一定额度的个人按消费积分反馈礼品。

知识点拨

① 税法中未明确规定纳税人享受减免税必须经税务机关审批，且纳税人取得的所得完全符合减免税条件的，无须经主管税务机关审核，纳税人可自行享受减免税。

② 税法中明确规定纳税人享受减免税必须经税务机关审批的，或者纳税人无法准确判断其取得的所得是否应享受个人所得税减免的，必须经主管税务机关按照有关规定审核或批准后，方可减免个人所得税。

六、个人所得税的征收管理

（一）纳税申报

（1）个人所得税以所得人为纳税人，以支付所得的单位或者个人为扣缴义务人。

① 扣缴义务人向个人支付应税款项时，应当依照预扣或代扣税款，按时缴库，并专项记载备查。支付包括现金支付、汇拨支付、转账支付和以有价证券、实物以及其他形式的支付。

② 对扣缴义务人按照所扣缴的税款，付给扣缴义务人2%的手续费。

③ 纳税人应当凭纳税人识别号实名办税。

（2）有下列情形之一的，纳税人应当依法办理纳税申报。

① 取得综合所得需要办理汇算清缴，包括下列情形。

a. 在两处或者两处以上取得综合所得，且综合所得年收入额减去专项扣除的余额超过6万元。

b. 取得劳务报酬所得、稿酬所得、特许权使用费所得中的一项或者多项所得，且综合所得年收入额减去专项扣除的余额超过6万元。

c. 纳税年度内预缴税额低于应纳税额的。纳税人需要退税的，应当办理汇算清缴，申报退税。申报退税应当提供本人在中国境内开设的银行账户。

② 取得应税所得没有扣缴义务人。

③ 取得应税所得，扣缴义务人未扣缴税款。

④ 取得境外所得。

⑤ 因移居境外注销中国户籍。

⑥ 非居民个人在中国境内从两处以上取得工资、薪金所得。

⑦ 国务院规定的其他情形。

（3）居民个人取得工资、薪金所得时，可以向扣缴义务人提供专项附加扣除有关信息，由扣缴义务人扣缴税款时办理专项附加扣除。纳税人同时从两处以上取得工资、薪金所得，并由扣缴义务人办理专项附加扣除的，对于同一专项附加扣除项目，纳税人只能选择从其中一处扣除。

居民个人取得劳务报酬所得、稿酬所得、特许权使用费所得，应当在汇算清缴时向税务机关提供有关信息，办理专项附加扣除。

（4）暂不能确定纳税人为居民个人或者非居民个人的，应当按照非居民个人缴纳税款，年度终了，确定纳税人为居民个人的，按照规定办理汇算清缴。

（5）对年收入超过国务院税务主管部门规定数额的个体工商户、个人独资企业、合伙企业，税务机关不得采取定期定额、事先核定应税所得率等方式征收个人所得税。

（6）纳税人可以委托扣缴义务人或者其他单位和个人办理汇算清缴。

（7）纳税人有下列情形之一的，税务机关可以不予办理退税。

① 纳税申报或者提供的汇算清缴信息，经税务机关核实为虚假信息，并拒不改正的。

② 法定汇算清缴期结束后申报退税的。

（二）纳税期限

（1）居民个人取得综合所得，按年计算个人所得税；有扣缴义务人的，由扣缴义务人按月或者按次预扣预缴税款（预扣税款应当在次月15日内申报预缴入库）；需要办理汇算清缴的，应当在取得所得的次年3月1日至6月30日内办理汇算清缴。

（2）非居民个人取得工资、薪金所得，劳务报酬所得，稿酬所得和特许权使用费所得，有扣缴义务人的，由扣缴义务人按月或者按次代扣代缴税款，不办理汇算清缴。

（3）纳税人取得经营所得，按年计算个人所得税，由纳税人在月度或者季度终了后15日内向税务机关报送纳税申报表，并预缴税款；在取得所得的次年3月31日前办理汇算清缴。

（4）纳税人取得利息、股息、红利所得，财产租赁所得，财产转让所得和偶然所得，按月或者按次计算个人所得税；有扣缴义务人的，由扣缴义务人按月或者按次代扣代缴税款（在次月15日内缴入国库，并向税务机关报送扣缴个人所得税申报表）。

（5）各项所得的计算，以人民币为单位。所得为人民币以外货币的，按照办理纳税申报或扣缴申报的上一月最后一日人民币汇率中间价，折合成人民币缴纳税款。

同步训练

一、单项选择题

1. 下列各项中，不属于企业所得税纳税人的是（　　）。

A. 在外国成立但实际管理机构在中国境内的企业

B. 在中国境内成立的一人有限责任公司

C. 在中国境内成立的个人独资企业

D. 在中国境内未设立机构、场所，但有来源于中国境内所得的企业

2. 根据《企业所得税法》的规定，下列各项中属于非居民企业的是（　　）。

A. 依法在外国成立但实际管理机构在中

国境内的企业

B. 在中国境内成立的外商独资企业

C. 依法在中国境外成立，在中国境内未设立机构、场所，但有来源于中国境内所得的企业

D. 依法在中国境外成立，在中国境内未设立机构、场所，也没有来源于中国境内所得的企业

3. 根据企业所得税法律制度的规定，下列关于企业所得税所得来源的说法中，错误的是（ ）。

A. 提供劳务所得，按照劳务发生地确定

B. 权益性投资资产转让，按照投资企业所在地确定

C. 动产转让所得，按照转让动产的企业或机构、场所所在地确定

D. 不动产转让所得，按照不动产所在地确定

4. 根据企业所得税法律制度的规定，下列各项中，不属于企业所得税征税范围的有（ ）。

A. 居民企业来源于境外的所得

B. 非居民企业来源于中国境内的所得

C. 未在境内设立机构场所的非居民企业来源于中国境外的所得

D. 居民企业来源于中国境内的所得

5. 根据企业所得税法律制度规定，下列关于不同方式下销售商品收入金额确定的表述中，正确的是（ ）。

A. 采用商业折扣方式销售商品的，按照扣除折扣后的金额确定销售商品收入金额

B. 采用以旧换新方式销售商品的，按照扣除回收商品公允价值后的余额确定销售商品收入金额

C. 采用买一赠一方式销售商品的，按照总的销售金额确定销售商品收入金额

D. 采用现金折扣方式销售商品的，按照扣除现金折扣后的金额确定销售商品收入金额

6. 根据企业所得税法律制度的规定，下列各项中，属于不征税收入的是（ ）。

A. 财产转让收入

B. 接受捐赠收入

C. 依法收取并纳入财政管理的政府性基金

D. 国债利息收入

7. 某居民企业，2019 年计入成本、费用的实发工资总额为 300 万元，拨缴职工工会经费 5 万元，支出职工福利费 45 万元、职工教育经费 15 万元，该企业 2019 年计算应纳税所得额时准予在税前扣除的工资和 3 项经费合计为（ ）万元。

A. 310　　B. 349.84

C. 394.84　　D. 362

8. 某设备生产企业 2017 年营业收入为 1 500 万元，广告费支出为 52 万元。2016 年超标广告费为 90 万元，则 2017 年税前准允扣除的广告费为（ ）万元。

A. 52　　B. 142

C. 135　　D. 225

9. 根据企业所得税法律制度的规定，无形资产的摊销年限不得低于（ ）。

A. 5 年　　B. 7 年

C. 10 年　　D. 20 年

10. 根据《企业所得税法》的有关规定，不得提取折旧的固定资产是（ ）。

A. 以经营租赁方式出租的固定资产

B. 房屋、建筑物

C. 季节性停用和大修理停用的机器设备

D. 以经营租赁方式租入的固定资产

11. 某企业 2017 年取得产品销售收入 150 万元，发生产品销售成本 60 万元，管理费用 5 万元，销售费用 10 万元，财务费用 2 万元，销售产品的税金及附加 5 万元（不含增值税），则该企业当年应缴纳的企业所得税为（ ）万元。

A. 17　　B. 18.25

C. 19.5　　D. 20

12. 某企业 2017 年税前会计利润为 150 万元，当年 8 月某地发生地震，该企业以自己的名义直接向灾区捐款 30 万元，该笔捐款已在税前会计利润中据实扣除。已知该企业适用的企业所得税税率为 25%，假设无其他纳税调整事项，则该企业 2017 年所得税应纳

税额为（　　）万元。

A. 30　　B. 37.5

C. 40.5　　D. 45

13. 2017年某居民企业实现产品销售收入1 200万元，视同销售收入400万元，债务重组收益100万元，发生的成本费用总额1 600万元，其中业务招待费支出20万元。假定不存在其他纳税调整事项，2017年度该企业应缴纳企业所得税为（　　）万元。

A. 16.2　　B. 16.8

C. 27　　D. 28

14. 根据《企业所得税法》的规定，下列项目中，属于免税收入的是（　　）。

A. 财政拨款

B. 国债利息收入

C. 企业债券利息收入

D. 依法收取并纳入财政管理的行政事业性收费、政府性基金

15. 下列所得中，免征企业所得税的是（　　）。

A. 海水养殖

B. 居民企业技术转让所得超过500万元的部分

C. 中药材的种植

D. 高新技术企业所得

16. 某企业2017年利润总额为200万元，当年开发新产品研发费用的实际支出为20万元。税法规定，研发费用可实行50%加计扣除政策，则该企业2017年计算应纳税所得额时可以扣除的研发费用为（　　）万元。

A. 10　　B. 20

C. 30　　D. 40

17. 根据《企业所得税法》的规定，企业所得税的征收办法是（　　）。

A. 按月征收

B. 按季计征，分月预缴

C. 按季征收

D. 按年计征，分月或分季预缴

18. 根据企业所得税法律制度的规定，下列关于企业所得税征收管理的说法正确的是（　　）。

A. 按月预缴所得税的，应当自月份终了之日起10日内，向税务机关报送预缴企业所得税纳税申报表，预缴税款

B. 企业应当在办理注销登记后，就其清算所得向税务机关申报并依法缴纳企业所得税

C. 企业纳税年度亏损的，可以不向税务机关报送年度企业所得税纳税申报表

D. 依照《企业所得税法》计算缴纳的企业所得税，以人民币以外货币计算的，应当折合成人民币计算并缴纳税款

19. 根据个人所得税法律制度的规定，下列各项中，属于工资、薪金所得项目的是（　　）。

A. 劳动分红　　B. 托儿补助费

C. 独生子女补贴　　D. 误餐补助

20. 根据个人所得税法律制度的规定，下列各项中，不属于劳务报酬所得的是（　　）。

A. 个人举办展览活动所得

B. 个人雕刻业务所得

C. 个人担任公司董事长所取得的收入

D. 个人应邀为大学做学术报告取得的收入

21. 作家马某于2018年12月从某电视剧制作中心取得剧本使用费50 000元。关于马某该项收入计缴个人所得税的下列表述中，正确的是（　　）。

A. 应按“稿酬所得”计缴个人所得税

B. 应按“工资、薪金所得”计缴个人所得税

C. 应按“劳务报酬所得”计缴个人所得税

D. 应按“特许权使用费所得”计缴个人所得税

22. 根据个人所得税法律制度的规定，受赠人转让无偿受赠房屋所取得的收入适用的税目是（　　）。

A. 偶然所得

B. 劳务报酬所得

C. 免征个人所得税

D. 财产转让所得

23. 某个人独资企业2018年的销售收

入为 5 000 万元，实际支出的业务招待费为 40 万元。根据个人所得税法律的规定，在计算应纳税所得额时允许扣除的业务招待费是（　　）万元。

A. 18　　B. 24

C. 25　　D. 30

24. 张某取得一次提供劳务的报酬所得 3 000 元，其通过民政局向某灾区全部捐赠，因此，张某是（　　）。

A. 可以在税前扣除 3 000 元的捐赠，因此不再需要缴纳个人所得税

B. 可以在税前扣除 2 400 元的捐赠，因此不再需要缴纳个人所得税

C. 可以在税前扣除 720 元的捐赠，因此仍需缴纳个人所得税

D. 可以在税前扣除 660 元的捐赠，因此仍需缴纳个人所得税

25. 根据个人所得税法律制度的规定，下列所得中，"次"的使用错误的是（　　）。

A. 为房地产企业设计图纸的收入以每次提供劳务取得的收入作为一次

B. 利息所得，以一个月内支付利息取得的收入作为一次

C. 租赁房屋以一个月的收入作为一次

D. 偶然所得，以每次收入作为一次

26. 作家赵某的一篇小说在一家晚报上连载 3 个月，3 个月的稿酬收入分别为 3 000 元、4 000 元和 5 000 元。已知稿酬所得每次应纳税所得额不超 3 000 元的，适用税率为 3%；超过 3 000 元至 12 000 元的部分，适用税率为 10%，速算扣除数 210 元。代扣代缴赵某 3 个月所获稿酬应缴纳个人所得税的下列计算中，正确的是（　　）。

A. （3 000 + 4 000 + 5 000)×（1 − 20%）×70%×3% = 201.6（元）

B. （3 000 + 4 000 + 5 000）×（1 − 20%）×70%×10% − 210 = 462（元）

C. （3 000 + 4 000 + 5 000）×70%×10% − 210 = 630（元）

D. （3 000 + 4 000 + 5 000）×（1 − 20%）×10% − 210 = 750（元）

27. 根据个人所得税法律制度的规定，下列各项中，属于综合所得计算应纳税额时可以做专项扣除的是（　　）。

A. 个人缴纳的基本养老保险

B. 子女教育支出

C. 继续教育支出

D. 赡养老人支出

28. 赵某 2019 年 6 月工资收入为 10 000 元，其中含差旅费津贴 1 000 元，托儿补助费 500 元，个人缴纳三险一金 2 200 元。已知工资、薪金所得减除费用标准为每月 5 000 元，全月应纳税所得额不超过 3 000 元的，适用税率为 3%；全月应纳税所得额超过 3 000 元至 12 000 元的部分，适用税率为 10%，速算扣除数 210 元。则单位代扣代缴赵某 6 月应缴纳个人所得税的下列计算列式中，正确的是（　　）。

A. （10 000 − 5 000）×10% − 210 = 290（元）

B. （10 000 − 1 000 − 500 − 5 000）×10% − 210 = 140（元）

C. （10 000 − 1 000 − 500 − 5 000 − 2 200）×3% = 39（元）

D. （10 000 − 1 000 − 500 − 2 200）×10% − 210 = 420（元）

二、多项选择题

1. 根据企业所得税法律制度规定，下列各项中，属于企业所得税纳税人的有（　　）。

A. 股份有限公司

B. 有境内所得的外国企业

C. 个人合伙企业

D. 有经营所得的非营利组织

2. 根据企业所得税法律制度的规定，下列各项中可以在计算应纳税所得额时扣除的有（　　）。

A. 企业实际发生的合理会议费

B. 企业支付的诉讼费用

C. 企业转让各类固定资产发生的费用

D. 非金融企业向金融企业借款的利息支出

3. 企业缴纳的下列税金中，在计算企业所得税应纳税所得额时准予扣除的有（　　）。

A. 企业所得税

B. 增值税

C. 房产税

D. 消费税

4. 根据企业所得税法律制度的规定，企业从事下列项目的所得，减半征收企业所得税的有（　　）。

A. 家禽的饲养

B. 海水养殖

C. 香料作物的种植

D. 林木的培育和种植

5. 根据企业所得税法律制度的规定，下列各项中，在计算应纳税所得额时有加计扣除规定的有（　　）。

A. 企业开发新技术、新产品、新工艺发生的研究开发费用

B. 创业投资企业采取股权投资方式投资于未上市的中小高新技术企业两年以上的

C. 企业以规定的资源作为主要原材料，生产国家非限制和禁止并符合国家和行业相关标准的产品取得的收入

D. 企业安置残疾人员及国家鼓励安置的其他就业人员所支付的工资

6. 根据企业所得税法律制度的规定，下列说法不正确的有（　　）。

A. 企业自年度终了之日起5个月内，向税务机关报送年度企业所得税纳税申报表，并汇算清缴，结清应缴应退税款

B. 企业在年度中间终止经营活动的，应当自实际经营终止之日起30日内，向税务机关办理当期企业所得税汇算清缴

C. 按月或按季预缴的，应当自月份或者季度终了之日起7日内，向税务机关报送预缴企业所得税纳税申报表，预缴税款

D. 非居民企业在中国境内未设立机构、场所的，以扣缴义务人所在地为纳税地点

7. 下列关于“经营所得”个人所得税的表述中，正确的有（　　）。

A. 个人因从事彩票代销业务而取得所得的，按经营所得征税

B. 经营所得按月计征个人所得税

C. 个人对企事业单位承包经营后，工商登记变更为个体工商户的，按经营所得计征个人所得税

D. 个体工商户取得与生产经营无关的其他所得，按经营所得计征个人所得税

8. 下列关于个人所得税纳税人的说法中，错误的有（　　）。

A. 对合伙企业中的个人合伙人从合伙企业取得的所得，应征收企业所得税

B. 判定个人所得税居民纳税人的标准为是否在我国境内有住所

C. A国甲，于2019年5月1日入境，2019年12月20日离境，甲在2019年属于我国居民纳税人

D. B国乙，2019年10月10日入境，2020年5月1日离境，乙属于我国居民纳税人

9. 根据个人所得税法律制度的规定，个人所得税的纳税义务人包括（　　）。

A. 个体工商户

B. 合伙企业合伙人

C. 有限责任公司

D. 在中国境内有所得的外籍个人

10. 根据个人所得税法律制度的规定，下列关于个体工商户生产经营所得征收个人所得税的表述中，正确的有（　　）。

A. 个人因从事彩票代销业务而取得所得，按个体工商户的生产、经营所得征税

B. 个体工商户生产经营所得按月计征

C. 个人对企事业单位承包经营后，工商登记改变为个体工商户的，按个体工商户的生产、经营所得计征个人所得税

D. 个体工商户取得与生产经营无关的其他所得，同样按个体工商户的生产、经营所得计征个人所得税

11. 下列各项中，属于个人所得税劳务报酬所得的有（　　）。

A. 装潢收入　　B. 雕刻收入

C. 代办服务收入　D. 咨询服务收入

12. 根据个人所得税法律制度的规定，下列选项按照特许权使用费所得缴纳个人所得税的有（　　）。

A. 个人提供专利权所得

B. 个人提供著作权所得

C. 个人出版图书的所得

D. 个人转让专利权的所得

13．下列所得，应按照财产转让所得缴纳个人所得税的有（　　）。

A．赵某持有的甲公司股权被法院强制过户取得的所得

B．钱某终止投资，从被投资方乙企业收回的款项

C．孙某转让持有的上市公司股票取得所得

D．李某转让持有的国债取得所得

14．根据个人所得税法律制度的规定，下列各项支出，属于居民个人综合所得中允许扣除的专项附加扣除的有（　　）。

A．子女学前教育支出

B．配偶大病医疗支出

C．住房租金支出

D．继续教育支出

15．根据个人所得税法律制度的规定，个人通过非营利性的社会团体和国家机关进行的下列公益性捐赠支出中，准予在缴纳个人所得税前的所得额中全额扣除的有（　　）。

A．向贫困地区的捐赠

B．向农村义务教育的捐赠

C．向公益性青少年活动场所的捐赠

D．向红十字事业的捐赠

16．根据现行个人所得税法律制度的规定，下列各项中，免征或者暂免征收个人所得税的有（　　）。

A．个人为他人提供担保取得的所得

B．个人取得的保险赔款

C．国家发行的金融债券利息

D．外籍个人以现金形式取得的住房补贴和伙食补贴

三、判断题

1．根据企业所得税所得来源地的规定，动产转让所得按照转让动产的交易活动发生地确定。（　　）

2．企业接受捐赠所得不属于企业所得税的征税对象。（　　）

3．计提业务招待费、广告费和业务宣传费的基数（销售（营业）收入）是指主营业务收入、其他业务收入及视同销售收入之和。（　　）

4．企业发生的与生产经营活动有关的业务招待费支出，按照发生额的60%扣除，但最高不得超过当年销售（营业）收入的15%。（　　）

5．外购商誉的支出，在企业整体转让或者清算时，准予税前扣除。（　　）

6．企业根据生产经营活动的需要以融资租赁方式租入固定资产发生的租赁费支出，在计算企业所得税时按照租赁期限均匀扣除。（　　）

7．根据企业所得税法的规定，创业投资企业采取股权投资方式投资于未上市的中小高新技术企业两年以上的，可以按照其投资额的70%在股权持有满两年的当年抵扣该创业投资企业的应纳税所得额；当年不足抵扣的，可以在以后纳税年度结转抵扣。（　　）

8．企业持有的固定资产，单位价值不超过10 000元的，可以一次性在计算应纳税所得额时扣除。（　　）

9．居民纳税人，应就其来源于中国境内和境外的所得，依照个人所得税法律制度的规定向中国政府履行全面纳税义务，缴纳个人所得税。（　　）

10．个体工商户为从业人员缴纳的补充养老保险费、补充医疗保险费，分别在不超过从业人员工资总额5%的标准的部分据实扣除；超过部分，不得扣除。（　　）

11．利息、股息、红利所得以每次收入额为应纳税所得额。（　　）

12．集体所有制企业职工个人在企业改制过程中，以股份形式取得的仅作为分红依据，不拥有所有权的企业量化资产，应按“利息、股息、红利所得”计缴个人所得税。（　　）

13．赵某以自有汽车一辆作价50万元出资，与钱某、孙某等人成立保卫萝卜有限责任公司，赵某的该行为应按照财产转让所得缴纳个人所得税。（　　）

14．赵某在中国移动参与存话费送手机活动，缴费1 000元，获赠四星手机一部，其获得手机应缴纳个人所得税。（　　）

四、不定项选择题

1．某居民企业于2018年12月注册成立，

主要从事货物生产及加工，2019年度生产经营情况如下。

（1）销售产品取得不含税收入8 000万元；提供加工劳务取得不含税收入1 000万元。

（2）产品销售成本3 500万元、税金及附加200万元、销售费用1 000万元；财务费用200万元；管理费用1 200万元（其中包括业务招待费80万元，广告费和业务宣传费500万元）。

（3）营业外支出600万元（其中，直接赞助支出80万元；税收滞纳金10万元）。

（4）全年计入成本费用的实发工资是900万元，发生职工工会经费、职工教育经费、职工福利费（不包括列入企业员工工资薪金制度、固定与工资薪金一起发放的福利性补贴）分别为15万元、80万元、150万元，并取得相应合法的票据。

要求：根据上述资料，回答下列小题。

（1）下列关于企业纳税处理的说法中，正确的是（　　）。

A. 税前允许扣除的业务招待费48万元

B. 税前允许扣除的广告费和业务宣传费500万元

C. 直接赞助支出不能在税前扣除

D. 税前允许扣除的税收滞纳金10万元

（2）2019年该企业在税前准予扣除的营业外支出为（　　）万元。

A. 600　　B. 590

C. 520　　D. 510

（3）2019年工资及3项经费应调整应纳税所得额为（　　）万元。

A. 94.5　　B. 51.5

C. 32.00　　D. 45.5

（4）2019年该企业应缴纳的企业所得税为（　　）万元。

A. 617.88　　B. 624.13

C. 606.63　　D. 614.25

2. 某研究所高级工程师张某2019年的收入情况如下。

（1）每月工资收入为7 300元。

（2）向某家公司转让专有技术一项，获得特许权使用费6 000元。

（3）为某企业进行产品设计，取得报酬50 000元。

（4）因汽车失窃，获得保险公司赔偿80 000元。

已知，当地规定的社会保险和住房公积金个人缴存比例为：基本养老保险8%，基本医疗保险2%，失业保险0.5%，住房公积金12%。张某缴纳社会保险费核定的缴费工资基数为6 000元。张某为独生子女，其父母均已年过60岁，女儿就读于高中三年级，儿子就读于小学四年级。

要求：根据上述资料，分析回答下列小题。

根据上述资料，不考虑其他因素，分析回答下列小题。

（1）计算综合所得时，允许减除的专项附加扣除是（　　）元。

A. 12 000 + 24 000 = 36 000（元）

B. 12 000×2 + 24 000 = 48 000（元）

C. 12 000 + 24 000×2 = 60 000（元）

D. 12 000×2 + 24 000×2 = 72 000（元）

（2）计算综合所得时，特许权使用费应计入收入额的是（　　）元。

A. 4 800　　B. 6 000

C. 4 200　　D. 2 688

（3）计算综合所得时，允许减除的专项扣除是（　　）。

A. 6 000×（8% + 0.05 + 12%）×12 = 18 000（元）

B. 6 000×（8% + 2% + 0.05 + 12%）×12 = 19 440（元）

C. 6 000×（8% + 2%）×12 = 7 200（元）

D. 6 000×（8% + 2% + 12%）×12 = 15 840（元）

（4）根据个人所得税法律制度的规定，下列表述中正确的是（　　）。

A. 保险赔款应按照20%的税率计算个人所得税

B. 提供设计服务，应按“劳务报酬”计算个人所得税

C. 提供设计服务应计入收入额4 000元

D. 工资、薪金所得应计入收入额87 600元

参考答案及解析

一、单项选择题

1. C【解析】选项C，缴纳个人所得税。

2. C【解析】依法在中国境内成立，或者依照外国（地区）法律成立但实际管理机构在中国境内的企业，为居民企业。依照外国（地区）法律、法规成立且实际管理机构不在中国境内，但在中国境内设立机构、场所的，或者在中国境内未设立机构、场所，但有来源于中国境内所得的企业，为非居民企业。

3. B【解析】选项B，权益性投资资产转让，按照被投资企业所在地确定。

4. C【解析】居民企业承担全面纳税义务，就其来源于我国境内外的全部所得纳税；非居民企业承担有限纳税义务，一般只就其来源于我国境内的所得纳税。

5. A【解析】选项B，销售商品以旧换新的，销售商品应当按照销售商品收入确认条件确认收入，回收的商品作为购进商品处理；选项C，采用“买一赠一”方式销售商品的，应将总的销售金额按各项商品的公允价值的比例来分摊确认各项的销售收入；选项D，采用现金折扣方式销售商品的，按照扣除现金折扣前的金额确定销售商品收入金额。

6. C【解析】选项AB属于征税收入；选项D属于免税收入。

7. D【解析】企业发生的合理工资、薪金支出准予据实扣除。

福利费扣除限额为300×14%＝42（万元），实际发生45万元，准予扣除42万元；

工会经费扣除限额＝300×2%＝6（万元），实际发生5万元，可以据实扣除；

职工教育经费扣除限额＝300×8%＝24（万元），实际发生15万元，准予扣除15万元；

税前准予扣除的工资和3项经费合计＝300＋42＋5＋15＝362（万元）。

8. B【解析】2017年广告费税前扣除限额＝1 500×15%＝225（万元），实际支出52万元，尚结余税前扣除指标173万元，2016年超标的广告费90万元小于173万元，超标的广告费90万元可以在本年全部扣除。则2017年税前准许扣除的广告费＝52＋90＝142（万元）。

9. C【解析】无形资产的摊销年限不得低于10年。

10. D【解析】以经营租赁方式租入的固定资产，由出租方计提折旧，承租方不计提折旧。

11. A【解析】该企业2017年应缴纳企业所得税＝（150－60－5－10－2－5）×25%＝17（万元）。

12. D【解析】该企业2017年应纳税额＝（150＋30）×25%＝45（万元）。

13. D【解析】企业发生的与生产经营活动有关的业务招待费，按照发生额的60%扣除，但最高不得超过当年销售（营业）收入的5‰。（1 200＋400）×0.5%＝8（万元），20×60%＝12（万元），业务招待费纳税调整20－8＝12（万元）。应纳企业所得税＝（1 200＋400＋100－1 600＋12）×25%＝28（万元）。

14. B【解析】财政拨款、依法收取并纳入财政管理的行政事业性收费、政府性基金属于不征税收入；企业债券利息收入属于应税收入。

15. C【解析】选项AB，减半征收企业所得税；选项D，国家需要重点扶持的高新技术企业所得，减按15%的税率征收企业所得税。

16. C【解析】加计扣除是指按照税法规定在实际发生数额的基础上，再加成一定比例，作为计算应纳税所得额时扣除数额的一种税收优惠措施。本题中的企业当年开发新产品研发费用的实际支出为20万元，就可按30万元（20×150%）数额在税前进行扣除。

17. D【解析】企业所得税按纳税年度计算，分月或者分季预缴。

18. D【解析】按月预缴所得税的，应当自月份终了之日起15日内，向税务机关报送预缴企业所得税纳税申报表，预缴税款；企业应当在办理注销登记前，就其清算所得向税务机关申报并依法缴纳企业所得税；企业在纳税年度内无论盈利或者亏损，都应按照企业所得税法规定的期限，向税务机关报送预缴企业所得税纳税申报表、年度企业所得税纳税申报表、财务会计报告和税务机关规定应当报送的其他有关资料。

19. A【解析】BCD 选项都是属于免税所得。

20. C【解析】个人担任董事长的收入属于工资、薪金所得。

21. D【解析】自 2002 年 5 月 1 日起，编剧从电视剧的制作单位取得的剧本使用费，不再区分剧本的使用方是否为其任职单位，统一按特许权使用费所得项目征收个人所得税。

22. D【解析】受赠人转让无偿受赠房屋取得的受赠所得按“财产转让所得”项目征税。

23. B【解析】企业发生的与生产经营活动有关的业务招待费支出，按照发生额的 60% 扣除，即 40×60% = 24（万元），但最高不得超过当年销售（营业）收入的 5‰，即 5 000×5‰ = 25（万元），业务招待费可以扣除的金额是 24 万元。

24. C【解析】根据规定，未扣除捐赠的应纳税所得额 = 3 000×（1 − 20%）= 2 400（元），捐赠的扣除限额 = 2 400×30% = 720（元），所以应纳税所得额 = 2 400 − 720 = 1 680（元）。

25. B【解析】利息所得，以支付利息时取得的收入作为一次

26. B【解析】（1）属于“一次性”收入的，以取得该项收入作为一次计算稿酬所得，分次支付要合并计税；（2）稿酬所得以收入减除 20% 的费用后的余额的“70%”为应纳税所得额。

27. A【解析】选项 BCD，属于专项附加扣除。

28. C【解析】差旅费津贴和托儿补助费不属于工资、薪金性质的补贴、津贴，不征收个人所得税。

二、多项选择题

1. ABD【解析】企业所得税纳税人是在中华人民共和国境内的企业和其他取得收入的组织，个人独资企业和合伙企业不是企业所得税的纳税人。

2. ABCD【解析】本题 4 个选项均可以在计算应纳税所得额时扣除。

3. CD【解析】企业缴纳的增值税属于价外税，不在扣除之列。

4. BC【解析】减半征收企业所得税：（1）花卉、茶以及其他饮料作物和香料作物的种植；（2）海水养殖、内陆养殖。选项 AD 属于免税所得。

5. AD【解析】可以在计算应纳税所得额时加计扣除的项目共两项：（1）开发新技术、新产品、新工艺发生的研究开发费用；（2）安置残疾人员及国家鼓励安置的其他就业人员所支付的工资。选项 B，创业投资企业采取股权投资方式投资于未上市的中小高新技术企业两年以上的，可以按照其投资额的 70% 在股权持有满两年的当年抵扣该创业投资企业的应纳税所得额，不是加计扣除，故不正确；选项 C，企业以规定的资源作为主要原材料，生产国家非限制和禁止并符合国家和行业相关标准的产品取得的收入，减按 90% 计入收入总额，可以在计算应纳税所得额时减计收入，但不是加计扣除，故不正确。

6. BC【解析】选项 B，企业在年度中间终止经营活动的，应当自实际经营终止之日起 60 日内，向税务机关办理当期企业所得税汇算清缴；选项 C，按月或按季预缴的，应当自月份或者季度终了之日起 15 日内，向税务机关报送预缴企业所得税纳税申报表，预缴税款。

7. AC【解析】选项 B，经营所得按年计征；选项 D，不属于经营所得，按有关规定计征个人所得税。

8. ABD【解析】选项 A，缴纳个人所得税；选项 B，判定标准包括住所和居住时间；选项 C，甲 2019 年度在中国境内居住满 183 天，属于居民纳税人；选项 D，乙 2019 年度和 2020 年度在中国境内居住均不满 183 天，属于非居民纳税人。

9. ABD【解析】个人所得税的纳税人包

括中国公民、个体工商户、个人独资企业投资者、合伙企业合伙人等，也包括外籍人员、港澳台同胞。有限责任公司缴纳的是企业所得税。

10. AC【解析】个体工商户生产经营所得，对账册健全的，按年计算、分月预缴；账册不健全的，由税务机关确定，选项B错误；个体工商户取得与生产经营无关的其他所得，不属于“个体工商户”的生产经营所得，选项D错误。

11. ABCD【解析】本题4个选项均为劳务报酬所得。

12. ABD【解析】选项C属于稿酬所得的范畴，不属于特许权使用费范畴。

13. ABD【解析】选项C，个人转让上市公司股票取得的所得暂免征收个人所得税。

14. ACD【解析】选项B，纳税人发生的大病医疗支出由纳税人本人扣除，配偶的大病医疗支出不能扣除。

15. BCD【解析】对个人将其所得通过中国境内非营利的社会团体、国家机关向贫困地区的捐赠，捐赠额不超过应纳税所得额的30%的部分，可以从其应纳税所得额中扣除，而不是全额扣除。

16. BC【解析】个人为单位或他人提供担保取得的所得，按“其他所得”征收个人所得税。外籍个人以非现金形式或者实报实销形式取得的住房补贴、伙食补贴、搬迁费、洗衣费暂免征收个人所得税。

三、判断题

1. 错【解析】动产转让所得按照转让动产的企业或者机构、场所所在地确定。

2. 错【解析】接受捐赠收入属于企业所得税征税对象。

3. 对

4. 错【解析】企业发生的与生产经营活动有关的业务招待费支出，按照发生额的60%扣除，但最高不得超过当年销售（营业）收入的5‰。

5. 对

6. 错【解析】企业根据生产经营活动的需要以经营租赁方式租入固定资产发生的租赁费支出，按照租赁期限均匀扣除。以融资租赁方式租入固定资产发生的租赁费支出，按照规定构成融资租入固定资产价值的部分应当提取折旧费用分期扣除。

7. 对

8. 错【解析】企业持有的固定资产，单位价值不超过5 000元的，可以一次性在计算应纳税所得额时扣除。

9. 对【解析】本题表述正确。考核的是个人所得税中的居民纳税人。

10. 对【解析】本题表述正确。

11. 对【解析】本题表述正确。

12. 错【解析】对职工个人以股份形式取得的仅作为分红依据、不拥有所有权的企业量化资产，不征收个人所得税。

13. 对【解析】个人以非货币资产投资，属于个人转让非货币性资产和投资同时发生。对个人转让非货币性资产的所得，应按照“财产转让所得”项目计算缴纳个人所得税。

14. 错【解析】本题考核的是“买一赠一”的情况，这种情况下获得的手机无须缴纳个人所得税。

四、不定项选择题

1. （1）BC【解析】业务招待费扣除限额＝9 000×5‰＝45（万元），80×60%＝48（万元），所以业务招待费税前可以扣除45万元，纳税调增80－45＝35（万元）。广告费和业务宣传费的扣除限额＝（8 000＋1 000）×15%＝1 350（万元），实际发生500万元可以全额扣除；税收滞纳金不得税前扣除。

（2）D【解析】营业外支出可税前扣除金额＝600－80－10＝510（万元）。

（3）C【解析】税前准予扣除的职工工会经费＝900×2%＝18（万元），实际发生15万元，不需要调整；税前准予扣除的职工教育经费＝900×8%＝72（万元），实际发生80万元，应调增8万元；税前准予扣除的职工福利经费＝900×14%＝126（万元），实际发生150万元，应调增24万元。工资及三项经费纳税调增＝8＋24＝32（万元）。

（4）D【解析】应纳税所得额＝8 000＋

1 000 － 3 500 － 200 － 1 000 － 200 － 1 200 ＋ 35 － 600 ＋ 80 ＋ 10 ＋ 32 ＝ 2 457.00（万元）；该企业2019年应缴纳企业所得＝2 457×25%＝614.25（万元）。

2.（1）B【解析】子女教育专项附加扣除按照每个子女每年12 000元的标准定额扣除。纳税人赡养60岁以上父母，且纳税人为独生子女的，按照每年24 000元的标准定额扣除，赡养两个以上老人的，不按老人人数加倍扣除。

（2）A【解析】特许权使用费所得以收入减除20%的费用后的余额为收入额。

（3）B【解析】专项扣除包括居民个人按照国家规定的范围和标准缴纳的基本养老保险、基本医疗保险、失业保险等社会保险费和住房公积金等。

（4）BCD【解析】获得保险公司赔偿免征个人所得税。

第六章　其他税收法律制度

第一节　房产税法律制度★★

房产税，是以房产为征税对象，按照房产的计税价值或房产租金收入向房产所有人或经营管理人等征收的一种税。

一、纳税人

房产税的纳税人，是指在我国城市、县城、建制镇和工矿区内拥有房屋产权的单位和个人，包括产权所有人、承典人、代管人或使用人三类。

具体内容如下。

（1）产权属国家所有的，由经营管理单位纳税；产权属集体和个人所有的，由集体单位和个人纳税。

（2）产权出典的，由承典人纳税。

（3）产权所有人、承典人不在房屋所在地的，由房产代管人或者使用人纳税。

（4）产权未确定及租典纠纷未解决的，由房产代管人或者使用人纳税。

（5）无租使用其他房产的，由房产使用人纳税。

二、征税范围

房产税的征税范围是坐落在城市、县城、建制镇和工矿区的房产，不包括农村的房产。

独立于房屋之外的建筑物（如水塔、围墙等）不属于房屋，不征房产税。

三、计税依据

房产税的计税依据是房产的计税价值（从价计征）或房产的租金收入（从租计征）。

（一）从价计征

从价计征房产税，其计税依据是房产原值一次减除10%～30%的扣除比例后的余值。

对依照房产原值计税的房产，不论是否记载在会计账簿固定资产科目中，均应按照房屋原价计算缴纳房产税。房屋原价应根据国家有关会计制度规定进行核算。

知识点拨

房产税中的房产原值与会计账上固定资产原值的区别。

通常情况下，房产税中的房产原值等于会计账上固定资产原值。但房产原值中应包含地价，若会计核算中土地单独以无形资产入账，计征房产税时，房产原值应在固定资产原值的基础上加上以无形资产核算的土地成本。同时，凡以房屋为载体，不可随意移动的附属设备和配套设施，不管会计上如何核算，均应计入房产原值，计征房产税。

纳税人对原有房屋进行改建、扩建的，要相应增加房屋的原值。对于更换房屋附属设备和配套设施的，在将其价值计入房产原值时，可扣减原来相应设备和设施的价值；对附属设备和配套设施中易损坏、需要经常更换的零配件，更新后不再计入房产原值。

（二）从租计征

房产出租的，以房产租金收入为房产税的计税依据。计征房产税的租金收入不含增值税。

需要注意的特殊问题如下。

第一，以房产联营投资的，房产税计税依据应区别对待：

以房产联营投资，共担经营风险的，以房产余值为计税依据计征房产税；以房产联营投资，收取固定收入，不承担经营风险，只收取固定收入的，实际是以联营名义取得房产租金，因此应由出租方按租金收入计征房产税。

第二，居民住宅区内业主共有的经营性房产，由代管人或使用人缴纳房产税，其计税依据应区别对待：

（1）自营的，依照房产原值减除 10% ~ 30% 后的余值计征；

（2）出租的，依照租金收入计征。

四、税率

房产税采用比例税率，分为从价计征和从租计征两种方式。

（1）从价计征：税率为 1.2%；

（2）从租计征：税率为 12%；对个人按市场价格出租的居民住房，减按 4% 税率征收房产税。

五、应纳税额的计算

（一）从价计征的计算

从价计征是按房产原值一次减除 10% ~ 30% 后的余值计征，其计税公式为：

应纳税额＝应税房产原值 ×（1 －扣除比例）×1.2%

（二）从租计征的计算

从租计征是按房产的租金收入计征，其计算公式为：

应纳税额＝租金收入 ×12%（4%，个人出租住房按照 4% 计算房产税）

【例题 1 · 单选题】某工业企业 2017 年有用于生产经营的厂房 2 000 平方米，原值为 240 万元；另外还有用于出租的仓库 500 平方米，原值为 60 万元，全年共取得租金 10 万元。该地区规定的扣除比例为 25%。该工业企业全年应纳的房产税（　　）万元。

A. 240×（1 － 25%）×1.2% ＋ 10×12% = 3.36

B. 240×1.2% ＋ 10×12% = 4.08

C. （240 ＋ 60）×（1 － 25%）×1.2% ＋ 10×12% = 3.9

D. （240 ＋ 60）×1.2% ＋ 10×12% = 4.8

【解析】该工业企业全年应缴纳的房产税 = 240×（1 － 25%）×1.2% ＋ 10×12% = 3.36（万元）。因此，本题的正确答案是 A。

六、税收优惠

《中华人民共和国房产税暂行条例》第五条规定，下列房产免纳房产税。

（1）国家机关、人民团体、军队自用的房产。

（2）由国家财政部门拨付事业经费的单位自用的房产。

（3）宗教寺庙、公园、名胜古迹自用的房产。

（4）个人所有非营业用的房产。

（5）经财政部批准免税的其他房产。例如，①毁损不堪居住的房屋和危险房屋，在停止使用后，可免征房产税；② 房屋大修停用在半年以上的，在大修期间可免征房产税；③ 对高校学生公寓免征房产税；④ 对公共租赁住房免征房产税。

【例题 2 · 单选题】根据房产税法律制度的规定，下列各项中，不予免征房产税的是（　　）。

A. 公园中附设的饮食部

B. 公园自用的办公用房

C. 个人所有的唯一普通居住用房

D. 国家机关的职工食堂

【解析】宗教寺庙、公园、名胜古迹中附设的营业单位，如影剧院、饮食部、茶社、照相馆等所使用的房产及出租的房产，不属于免税范围，应照章征税。因此，本题的正确答案是 A。

七、征收管理

（一）纳税义务发生时间

（1）纳税人将原有房产用于生产经营，从生产经营之月起缴纳房产税。

（2）纳税人自行新建房屋用于生产经营，从建成之次月起缴纳房产税。

（3）纳税人委托施工企业建设的房屋，从办理验收手续之次月起缴纳房产税。

（4）纳税人购置新建商品房，自房屋交付使用之次月起缴纳房产税。

（5）纳税人购置存量房，自办理房屋权属转移、变更登记手续，房地产权属登记机关签发房屋权属证书之次月起，缴纳房产税。

（6）纳税人出租、出借房产，自交付出租、出借房产之次月起，缴纳房产税。

（7）房地产开发企业自用、出租、出借本企业建造的商品房，自房屋使用或交付之次月起，缴纳房产税。

（8）纳税人因房产的实物或权利状态发生变化而依法终止房产税纳税义务的，其应纳税款的计算应截止到房产的实物或权利状态发生变化的当月末。

（二）纳税地点

房产税在房产所在地缴纳。房产不在同一地方的纳税人，应按房产的坐落地点分别向房产所在地的税务机关纳税。

（三）纳税期限

房产税实行按年计算、分期缴纳的征税方法。

第二节 契税法律制度★★

契税是以在中华人民共和国境内转移土地、房屋权属为征税对象，向产权承受人征收的一种财产税。

一、纳税人

契税的纳税人是指在我国境内承受土地、房屋权属转移的单位和个人。

二、征税范围

在中华人民共和国境内转移土地、房屋权属，属于契税的征税范围。产权未发生转移的，不征收契税。契税征税范围包括以下五项内容。

（一）国有土地使用权出让

国有土地使用权出让是指土地使用者向国家交付土地使用权出让费用，国家将国有土地使用权在一定年限内让与土地使用者的行为。

土地使用者受让国有土地使用权，应当依法缴纳契税。

（二）土地使用权的转让

土地使用者以出售、赠予、交换或者其他方式将土地使用权转移给其他单位和个人的行为，属于契税的征税范围，承受人应依法缴纳契税。农村集体土地承包经营权的转移不属于契税的征税范围。

（三）房屋买卖

房屋买卖属于契税的征税范围，房屋的买受人要按规定缴纳契税。

（四）房屋赠予

房屋赠予属于契税的征税范围，房屋的受赠人要按规定缴纳契税。

（五）房屋交换

以房抵债和实物交换房屋，均视同房屋买卖，属于契税的征税范围，应由产权承受人按房屋现值缴纳契税。此外，公司增资扩股中，对以土地、房屋权属作价入股或作为出资投入企业的，征收契税；企业破产清算期间，对非债权人承受破产企业土地、房屋权属的，征收契税。

土地、房屋典当、继承、分拆（分割）、抵押以及出租等行为，不属于契税的征税范围。

【例题3·多选题】下列选项中，属于契税征税范围的有（　　）。

A. 房屋交换　　B. 房屋赠予

C. 房屋买卖　　D. 房屋租赁

【解析】土地、房屋权属未发生转移的，不征收契税。租赁房屋的房屋权属不发生转移，因此，本题的正确答案是ABC。

三、计税依据

契税的计税依据为土地或不动产的价格。契税的计税依据确定如下。

（1）国有土地使用权出让、土地使用权出售、房屋买卖，以成交价格为计税依据。成交价格是指土地、房屋权属转移合同确定的价格，包括承受者应交付的货币、实物、无形资产或其他经济利益。计征契税的成交价格不含增值税。

（2）土地使用权赠予、房屋赠予，由征税机关参照土地使用权出售、房屋买卖的市场价格核定。

（3）土地使用权交换、房屋交换，以所交换的土地使用权、房屋的价格的差额为计税依据。

（4）以划拨方式取得土地使用权的，经批准转让房地产时，应由房地产转让者补缴契税。其计税依据为补缴的土地使用权出让费用或者土地收益。

四、税率

契税实行3% ~ 5%的幅度比例税率。具体税率由各省、自治区、直辖市人民政府确定。

五、应纳税额的计算

契税应纳税额的计算公式为：

应纳税额＝计税依据 × 税率

【例题4·单选题】某公司2017年发生两笔互换房产业务，并已办理了相关手续。第一笔业务换出的房产价值500万元，换进的房产价值800万元，并向对方支付差额300万元；第二笔业务换出的房产价值600万元，换进的房产价值200万元，并收取差额400万元。已知当地人民政府规定的契税税率为3%，该公司该两笔互换房产业务应缴纳契税（　　）万元。

A. （500＋600）×3%＝33

B. 300×3%＝9

C. 400×3%＝12

D. （300＋400）×3%＝21

【解析】房屋交换以交换房屋的价格差额为契税的计税依据，并由多交付货币、实物等经济利益的一方为纳税人。应纳税额＝300×3%＝9（万元）。因此，本题的正确答案是B。

六、税收优惠

（1）《中华人民共和国契税暂行条例》第六条规定，有下列情形之一的，减征或者免征契税。

① 国家机关、事业单位、社会团体、军事单位承受土地、房屋用于办公、教学、医疗、科研和军事设施的，免征契税。

② 城镇职工按规定第一次购买公有住房的，免征契税。

③ 因不可抗力灭失住房而重新购买住房的，酌情准予减征或者免征契税。

④ 财政部规定的其他减征、免征契税的项目。

（2）根据《中华人民共和国契税暂行条例实施细则》第十五条规定，下列项目免征契税。

① 纳税人承受荒山、荒沟、荒丘、荒滩土地使用权，用于农、林、牧、渔业生产的，免征契税。

② 依照我国有关法律规定以及我国缔结或参加的双边和多边条约或协定的规定应当予以免税的外国驻华使馆、领事馆、联合国驻华机构及其外交代表、领事官员和其他外交人员承受土地、房屋权属的，经外交部确认，可以免征契税。

七、征收管理

（一）纳税义务发生时间

契税的纳税义务发生时间，为纳税人签订土地、房屋权属转移合同的当天，或者纳税人取得其他具有土地、房屋权属转移合同性质凭证的当天。

（二）纳税地点

契税在土地、房屋所在地的征收机关缴纳。

（三）纳税期限

纳税人应当自纳税义务发生之日起10日内，向土地、房屋所在地的契税征收机关办理纳税申报，并在契税征收机关核定的期限内缴纳税款。

第三节　土地增值税法律制度★★

土地增值税是对有偿转让国有土地使用权、地上建筑物及其附着物并取得收入的单位和个人，就其转让房产所取得的增值额征收的一种税。

一、纳税人

土地增值税的纳税人为转让国有土地使用权、地上的建筑及其附着物并取得收入的单位和个人。

二、征税范围

（一）征税范围的一般规定

（1）土地增值税只对转让国有土地使用权的行为征税，对出让国有土地的行为不征税。

（2）土地增值税既对转让国有土地使用权的行为征税，也对转让地上建筑物及其他附着物产权的行为征税。

税法规定，纳税人转让地上建筑物和其他附着物的产权，取得的增值性收入，也应计算缴纳土地增值税。

（3）土地增值税只对有偿转让的房产征税，对以继承、赠予等方式无偿转让的房产，不予征税。

不征土地增值税的房产税赠予行为包括以下两种情况。

① 房产所有人、土地使用权所有人将房屋产权、土地使用权赠予直系亲属或承担直接赡养义务人的行为。

② 房产所有人、土地使用权所有人通过中国境内非营利的社会团体、国家机关将房屋产权、土地使用权赠予教育、民政和其他社会福利、公益事业的行为。

（二）征税范围的特殊规定

1. 房地产的交换

在房地产的交换行为中，既发生了房物产权、土地使用权的转移，交换双方又取得了实物形态的收入，属于土地增值税的征税范围。但对个人之间互换自有居住用房地产的，经当地税务机关核实，可以免征土地增值税。

2. 合作建房

对于一方出地，一方出资金，双方合作建房，建成后按比例分房自用的，暂免征收土地增值税；建成后转让的，应征收土地增值税。

3. 房地产的出租

对于房地产的出租，出租人虽然取得了收入，但是没有发生房屋产权、土地使用权的转让，不属于土地增值税的征税范围。

4. 房地产的抵押

房地产的抵押，在抵押期间不属于土地增值税的征税范围。抵押期满后，视该房地产是否转移占有而确定是否征收土地增值税。对于以房地产抵债而发生房地产权属转让的，应列入土地增值税的征税范围。

5. 房地产的代建房行为

对于房地产开发公司而言，虽然取得了收入，但没有发生房地产权属的转移，其收入属于劳务收入性质，所以不属于土地增值税的征税范围。

6. 房地产的重新评估

房地产的重新评估增值的情况下，房地产虽然有增值，但其既没有发生房地产权属的转移，房屋产权、土地使用权人也未取得收入，所以不属于土地增值税的征税范围。

7. 企业改制重组

（1）按照《中华人民共和国公司法》的规定，非公司制企业整体改建为有限责任公司或者股份有限公司，有限责任公司（股份有限公司）整体改建为股份有限公司（有限责任公司）。对改建前的企业将国有土地、房屋权属转移、变更到改建后的企业，暂不征土地增值税。

（2）按照法律规定或者合同约定，两个或两个以上企业合并为一个企业，且原企业投资主体存续的，对原企业将国有土地、房屋权属转移、变更到合并后的企业，暂不征土地增值税。

（3）按照法律规定或者合同约定，企业分设为两个或两个以上与原企业投资主体相同的企业，对原企业将国有土地、房屋权属转移、变更到分立后的企业，暂不征土地增值税。

（4）单位、个人在改制重组时以国有土地、房屋进行投资，对其将国有土地、房屋权属转移、变更到被投资的企业，暂不征土地增值税。

上述有关改制重组的土地增值税政策不适用于房地产开发企业。

【例题 5 · 单选题】根据土地增值税法律制度的规定，下列各项中，应当征收土地增值税的是（　　）。

A. 公司与公司之间互换房产

B. 房地产开发公司为客户代建房产

C. 两个企业（非房地产开发企业）合并为一个企业，且原企业投资主体存续的，对

原企业将国有土地、房屋权属转移、变更到合并后的企业

D. 双方合作建房按比例分配房产后自用

【解析】公司与公司之间互换房产，应缴纳土地增值税；房地产开发公司为客户代建房产，没有发生房屋产权的转移，不属于土地增值税征税范围；两个房地产开发企业合并为一个企业，且原企业投资主体存续的，对原企业将国有土地、房屋权属转移、变更到合并后的企业，暂不征土地增值税；双方合作建房，建成后按比例分房自用的，暂免征收土地增值税。因此，本题的正确答案是A。

三、计税依据

土地增值税以纳税人转让房地产所取得的增值额为计税依据。增值额为纳税人转让房地产所取得的收入减去税法规定的扣除项目金额后的余额。

（一）应税收入

纳税人取得的收入包括转让房地产的全部价款和相关经济收益，但不含增值税税款。形式上包括货币收入、实物收入和其他收入。

（二）扣除项目及其金额

土地增值税的计税依据是其增值额，计算增值额的关键在于确定扣除项目。为了便于区分理解，我们按照销售对象的不同，将其分为以下几类分别进行说明。

1. 房地产企业新建房的扣除项目

房地产企业新建房扣除项目如表6-1所示。

表6–1 房地产企业新建房扣除项目

扣除项目	具体规定
取得土地使用权所支付的金额	取得土地使用权所支付的地价款或出让金。 按国家统一规定缴纳的有关费用，包括登记、过户手续费和契税等
房地产开发成本	纳税人开发房地产项目实际发生的成本，可按实际发生额扣除。 房地产开发成本包括土地的征用及拆迁补偿费、前期工程费、建筑安装工程费、基础设施费、公共配套设施费、开发间接费用等
房地产开发费用	利息支出能够按转让房地产项目计算分摊并提供金融机构证明的，据实扣除，但不能超过按商业银行同类同期贷款利率计算的金额；其他房地产开发费用： 允许扣除的房地产开发费用＝利息＋（取得土地使用权所支付的金额＋房地产开发成本）×5%以内
	利息支出不能按转让房地产项目计算分摊或不能提供金融机构证明的： 允许扣除的房地产开发费用＝（取得土地使用权所支付的金额＋房地产开发成本）×10%以内
与转让房地产有关的税金	城建税、教育费附加
其他扣除项目	按取得土地使用权所支付的金额和房地产开发成本计算的金额之和，加计20%扣除

房地产开发费用，是指与房地产开发项目有关的销售费用、管理费用、财务费用。

房地产开发费用中利息的扣除，需要注意以下几个问题。

（1）利息的上浮幅度按国家有关规定执行，超过上浮幅度的利息支出部分不允许扣除。

（2）对超过贷款期限的利息部分和加罚的利息不允许扣除。

2. 非房地产企业新建房的扣除项目

非房地产企业新建房扣除项目如表6-2所示。

表6–2 非房地产企业新建房扣除项目

扣除项目	具体规定
取得土地使用权所支付的金额	取得土地使用权所支付的地价款或出让金。 按国家统一规定缴纳的有关费用，包括登记、过户手续费和契税等
房地产开发成本	纳税人开发房地产项目实际发生的成本，可按实际发生额扣除。 房地产开发成本包括土地的征用及拆迁补偿费、前期工程费、建筑安装工程费、基础设施费、公共配套设施费、开发间接费用等

续表

扣除项目	具体规定
房地产开发费用	利息支出能够按转让房地产项目计算分摊并提供金融机构证明的，据实扣除，但不能超过按商业银行同类同期贷款利率计算的金额；其他房地产开发费用： 允许扣除的房地产开发费用＝利息＋（取得土地使用权所支付的金额＋房地产开发成本）×5%以内
	利息支出不能按转让房地产项目计算分摊或不能提供金融机构证明的： 允许扣除的房地产开发费用＝（取得土地使用权所支付的金额＋房地产开发成本）×10%以内
与转让房地产有关的税金	城建税、教育费附加、印花税

知识点拨

相对房地产企业来说，非房地产企业新建房的扣除项目少一项“其他扣除项目”，扣除的与转让房地产有关的税金中多一项“印花税”。

3. 转让旧房及建筑物的扣除项目

转让纳税人自建旧房及建筑物扣除项目如表 6-3 所示。

表 6-3　转让纳税人自建旧房及建筑物扣除项目

扣除项目	具体规定
评估价格	旧房及建筑物的评估价格＝重置成本价 × 成新度折扣率 重置成本价：对旧房及建筑物，按转让时的建材价格及人工费用计算，建造同样面积、同样层次、同样结构、同样建设标准的新房及建筑物所需花费的成本费用
取得土地使用权所支付的金额	取得土地使用权所支付的地价款或出让金。 按国家统一规定缴纳的有关费用，包括登记、过户手续费和契税等
与转让房地产有关的税金	城建税、教育费附加、印花税

纳税人转让外购旧房及建筑物，凡不能取得评估价格，但能提供购房发票的，经当地税务部门确认，可按发票所载金额并从购买年度起至转让年度止每年加计 5% 计算扣除。

对纳税人购房时缴纳的契税，凡能提供契税完税凭证的，准予作为“与转让房地产有关的税金”予以扣除，但不作为加计 5% 的基数。

4. 转让土地使用权的扣除项目

转让土地使用权的扣除项目如表6-4所示。

表 6-4　转让土地使用权的扣除项目

扣除项目	具体规定
取得土地使用权所支付的金额	取得土地使用权所支付的地价款或出让金。 按国家统一规定缴纳的有关费用，包括登记、过户手续费和契税等
与转让房地产有关的税金	城建税、教育费附加、印花税

四、税率

土地增值税实行四级超率累进税率。土地增值税税率表如表 6-5 所示。

表 6-5　土地增值税税率表

级数	增值额与扣除项目金额的比率	税率（%）	速算扣除系数（%）
1	不超过 50% 的部分	30	0
2	超过 50% 至 100% 的部分	40	5
3	超过 100% 至 200% 的部分	50	15
4	超过 200% 的部分	60	35

五、应纳税额的计算

应纳税额＝∑（每级距的土地增值额 × 适用税率）

根据《中华人民共和国土地增值税暂行条例实施细则》第十条规定，计算土地增值税税额，可按增值额乘以适用的税率减去扣除项目金额乘以速算扣除系数的简便方法计算。即：

应纳税额＝增值额 × 适用税率－扣除项目金额 × 速算扣除系数

【例题 6 · 单选题】2017 年 5 月，某国有企业转让 2014 年 5 月在市区购置的一栋办公楼，取得不含增值税收入 10 000 万元，签订产权转移书据，计算土地增值税时准予扣除的税费为 115 万元，2014 年购买该办公楼时支付价款 8000 万元，办公楼经税务机关认定的重置成本价为 12 000 万元，成新率 70%。该企业在缴纳土地增值税时计算的增值额为（　　）万元。

A. 400

B. 1 485

C. 1 490

D. 200

【解析】评估价格＝12 000×70%＝8 400（万元）；增值额＝10 000－8 400－115＝1 485（万元）。因此，本题的正确答案是 B。

六、税收优惠

（1）纳税人建造普通标准住宅出售，增值额未超过扣除项目金额 20% 的，免征土地增值税；超过 20% 的，应按全部增值额缴纳土地增值税。

（2）因国家建设需要依法征用、收回的房地产，免征土地增值税。

（3）对企事业单位、社会团体以及其他组织转让旧房作为公共租赁住房房源的且增值额未超过扣除项目金额 20% 的，免征土地增值税。

（4）自 2008 年 11 月 1 日起，对个人销售住房暂免征土地增值税。

七、征收管理

纳税人应自转让房地产合同签订之日起 7 日内向房地产所在地主管税务机关办理纳税申报，并在税务机关核定的期限内缴纳土地增值税。

八、房地产开发企业土地增值税清算

（一）土地增值税的清算单位

土地增值税以国家有关部门审批的房地产开发项目为单位进行清算，对于分期开发的项目，以分期项目为单位清算。

开发项目中同时包含普通住宅和非普通住宅的，应分别计算增值额。

（二）土地增值税的清算条件

（1）符合下列情形之一的，纳税人应当进行土地增值税的清算。

① 房地产开发项目全部竣工、完成销售的。

② 整体转让未竣工决算房地产开发项目的。

③ 直接转让土地使用权的。

（2）符合下列情形之一的，主管税务机关可要求纳税人进行土地增值税清算。

① 已竣工验收的房地产开发项目，已转让的房地产建筑面积占整个项目可售建筑面积的比例在 85% 以上，或该比例虽未超过 85%，但剩余可售建筑面积已经出租或自用的。

② 取得销售（预售）许可证满三年仍未销售完毕的。

③ 纳税人申请注销税务登记但未办理土地增值税清算手续的。

④ 省税务机关规定的其他情况。

（3）清算后再转让房地产的处理。

在土地增值税清算时未转让的房地产，清算后销售或有偿转让的，纳税人应按规定进行土地增值税的纳税申报，扣除项目金额按清算时的单位建筑面积成本费用乘以销售或转让面积计算。

单位建筑面积成本费用＝清算时的扣除项目总金额 ÷ 清算的总建筑面积

（4）土地增值税核定征收。

在土地增值税清算中符合以下条件之一的，可实行核定征收。

① 依照法律、行政法规的规定应当设置但未设置账簿的。

② 擅自销毁账簿或者拒不提供纳税资料的。

③ 虽设置账簿，但账目混乱或者成本资料、收入凭证、费用凭证残缺不全，难以确定转让收入或扣除项目金额的。

④ 符合土地增值税清算条件，企业未按照规定的期限办理清算手续，经税务机关责令期限清算，逾期仍不清算的。

⑤ 申报的计税依据明显偏低，又无正当理由的。

第四节 城镇土地使用税法律制度★★

城镇土地使用税是国家在城市、县城、建制镇和工矿区范围内，对使用土地的单位和个人，以其实际占用的土地面积为计税依据，依照规定的税额计算征收的一种税。

一、纳税人

城镇土地使用税的纳税人，是指在我国使用城市、县城、建制镇和工矿区土地的单位和个人。

纳税人通常包括以下几类。

（1）拥有土地使用权的单位和个人。

（2）拥有土地使用权的单位和个人不在土地所在地的，其土地的实际使用人和代管人为纳税人。

（3）土地使用权未确定或权属纠纷未解决的，其实际使用人为纳税人。

（4）土地使用权共有的，共有各方都是纳税人，由共有各方分别纳税。

【例题7·多选题】根据城镇土地使用税法律制度的规定，下列有关城镇土地使用税纳税人的表述中，正确的有（　　）。

A. 城镇土地使用税由拥有土地使用权的单位和个人缴纳

B. 土地使用权共有的，共有各方均为纳税人，由共有各方分别纳税

C. 土地使用权未确定或权属纠纷未解决的，由实际使用人纳税

D. 拥有土地使用权的纳税人不在土地所在地的，由代管人或实际使用人纳税

【解析】上述四项表述均正确。因此，本题的正确答案是ABCD。

二、征税范围

城镇土地使用税的征税范围是城市、县城、建制镇和工矿区内属于国家所有和集体所有的土地，不包括农村集体所有的土地。

三、计税依据

城镇土地使用税以纳税人实际占用的土地面积为计税依据，土地面积以平方米为计量标准。

纳税人实际占用的土地面积按下列办法确定。

（1）凡由省级人民政府确定的单位组织测定土地面积的，以测定的土地面积为准。

（2）尚未组织测定，但纳税人持有政府部门核发的土地使用证书的，以证书确定的土地面积为准。

（3）尚未核发土地使用证书的，应由纳税人据实申报土地面积，并据以纳税，待核发土地使用证书后再做调整。

土地使用权共有的，各方应按其实际使用的土地面积占总面积的比例，分别计算缴纳城镇土地使用税。

四、税率

城镇土地使用税采用定额税率，即采用有幅度的差别税额，每个幅度税额的差距为20倍。

经济落后地区，土地使用税的适用税额标准可适当降低，但降低额不得超过上述规定最低税额的30%；经济发达地区的适用税额标准可以适当提高，但须报财政部批准。

五、应纳税额的计算

城镇土地使用税是以纳税人实际占用的土地面积为计税依据，依照规定的适用税额计算征收。其计税公式为：

全年应纳税额＝实际占用应税土地面积×单位税额

六、税收优惠

（一）免征

《中华人民共和国城镇土地使用税暂行条例》第六条规定，下列土地免缴城镇土地使用税：

① 国家机关、人民团体、军队自用的土地。

② 由国家财政部门拨付事业经费的单位自用的土地。

③ 宗教寺庙、公园、名胜古迹自用的土地。

④ 市政街道、广场、绿化地带等公共用地。

⑤ 直接用于农、林、牧、渔业的生产用地。

⑥ 经批准开山填海整治的土地和改造的废弃土地，从使用的月份起免缴土地使用税 5 年至 10 年。

⑦ 由财政部另行规定免税的能源、交通、水利设施用地和其他用地。

> **知识点拨**
>
> 城镇土地使用税和房产税内容的区别：
>
> 由于“房”和“地”往往捆绑在一起，房产税和城镇土地使用税从纳税人和征税范围开始，很多内容都比较类似，需要对比学习。尤其是此处的税收优惠和接下来的征收管理，有相同的规定，也存在差异，需要通过对比加强记忆。

（二）税收优惠的特殊规定

（1）城镇土地使用税和耕地占用税的征税范围衔接。

城镇土地使用税和耕地占用税不能同时征收，凡是缴纳了耕地占用税的，从批准之日起满 1 年后征收城镇土地使用税；征用非耕地不需要缴纳耕地占用税，应从批准征用之次月起征收城镇土地使用税。

（2）免税单位与纳税单位之间无偿使用的土地。

免税单位无偿使用纳税单位的土地（如公安、海关等单位使用铁路、民航等单位的土地），免征城镇土地使用税。纳税单位无偿使用免税单位的土地，纳税单位应照章缴纳城镇土地使用税。

（3）企业的铁路专用线、公路等用地。

对企业的铁路专用线、公路等用地除另有规定外，在企业厂区以内的，应照章征收城镇土地使用税；在厂区以外、与社会公用地段未加隔离的，暂免征收城镇土地使用税。

（4）盐场、盐矿用地。

① 对盐场、盐矿的生产厂房、办公、生活区用地，应照章征收城镇土地使用税；

② 盐场的盐滩、盐矿的矿井用地，暂免征收城镇土地使用税；

③ 对盐场、盐矿的其他用地，由各省、自治区、直辖市税务局根据实际情况，确定征收城镇土地使用税或给予定期减征、免征的照顾。

（5）老年服务机构自用的土地免征城镇土地使用税。

（6）邮政部门的土地。

对邮政部门坐落在城市、县城、建制镇、工矿区范围内的土地，应当依法征收城镇土地使用税；对坐落在城市、县城、建制镇、工矿区范围以外的，尚在县邮政局内核算的土地，在单位财务账中划分清楚的，不征收城镇土地使用税。

七、征收管理

（一）纳税义务发生时间

（1）纳税人购置新建商品房，自房屋交付使用之次月起，缴纳城镇土地使用税。

（2）纳税人购置存量房，自办理房屋权属转移、变更登记手续，房地产权属登记机关签发房屋权属证书之次月起，缴纳城镇土地使用税。

（3）纳税人出租、出借房产，自交付出租、出借房产之次月起，缴纳城镇土地使用税。

（4）以出让或转让方式有偿取得土地使用权的，应由受让方从合同约定交付土地时间的次月起缴纳城镇土地使用税；合同未约定交付时间的，由受让方从合同签订的次月起缴纳城镇土地使用税。

（5）纳税人新征用的耕地，自批准征用之日起满 1 年时开始缴纳土地使用税。

（6）纳税人新征用的非耕地，自批准征用次月起缴纳城镇土地使用税。

（二）纳税地点

城镇土地使用税在土地所在地缴纳。纳税人使用的土地不属于同一省、自治区、直辖市管辖的，由纳税人分别向土地所在地的税务机关缴纳城镇土地使用税；在同一省、自治区、直辖市管辖范围内，纳税人跨地区使用的土地，其纳税地点由各省、自治区、直辖市税务局确定。

（三）纳税期限

城镇土地使用税实行按年计算、分期缴纳的征税方法。

第五节 车船税法律制度 ★★

车船税是指对在中国境内车船管理部门登记的车辆、船舶依法征收的一种税。

一、纳税人

车船税的纳税人，是指在中华人民共和国境内，应税 车辆、船舶的所有人或者管理人。

从事机动车第三者责任强制保险业务的保险机构为机动车车船税的扣缴义务人。

二、征税范围

车船税的征收范围，是指在中华人民共和国境内属于车船税法所规定的车辆（乘用车、商用车、其他车辆、摩托车）和船舶（机动船舶、游艇）。

（1）依法应当在车船管理部门登记的机动车辆和船舶。

（2）依法不需要在车船管理部门登记、在单位内部场所行驶或者作业的机动车辆和船舶。

三、计税依据

车船税按其具体的税目不同，计税依据包括：辆、整备质量、净吨位、艇身长度。其中，

（1）乘用车、客车和摩托车按辆定额征收；

（2）货车和其他车辆按整备质量每吨定额征收；

（3）机动船舶按净吨位每吨定额征收；

（4）游艇按艇身长度每米定额征收。

四、税率

车船税实行定额税率。挂车按照货车税额的50%计算；拖船、非机动驳船分别按照机动船舶税额的50%计算。

五、应纳税额的计算

（1）车船税各税目应纳税额的计算公式为：

乘用车、客车和摩托车的应纳税额＝辆数 × 年基准税额

货车、专用作业车和轮式专业机械车的应纳税额＝整备质量吨位数 × 年基准税额

机动船舶的应纳税额＝净吨位数 × 年基准税额

拖船和非机动驳船的应纳税额＝净吨位数 × 年基准税额 ×50%

游艇的应纳税额＝艇身长度 × 年基准税额

（2）购置的新车船，购置当年的应纳税额自纳税义务发生的当月起按月计算。计算公式为：

应纳税额＝年基准税额 ÷12× 应纳税月份数

【例题 8 · 单选题】2017 年某生产企业拥有 2 辆六座载客汽车和 4 辆整备质量 5 吨的货车。当地车船税的年税额为：货车年基准税额每吨 60 元，载客汽车每辆 360 元。2017 年该公司的应纳车船税为（　　）元。

A．960　　B．1 020

C．1 920　　D．2 160

【解析】2017 年该公司的应纳车船税＝360×2 ＋ 5×4×60 ＝ 1 920（元）。因此，本题的正确答案是 C。

【例题 9 · 单选题】赵某 2017 年 4 月 12 日购买了 1 艘净吨位为 200 吨的拖船，已知机动船舶净吨位每吨的年基准税额为 6 元，则赵某 2017 年应缴纳车船税税额为(　　)元。

A．400　　B．450

C．800　　D．900

【解析】购置的新车船，购置当年的应纳税额自纳税义务发生的当月起按月计算。拖船按机动船舶年基准税额的 50% 计算，赵某 2017 年应缴纳车船税＝ 200×6×50%×9÷12 ＝ 450（元）。因此，本题的正确答案是 B。

六、税收优惠

（1）《中华人民共和国车船税法》第三条规定，下列车船免征车船税。

① 捕捞、养殖渔船。

② 军队、武装警察部队专用的车船。

③ 警用车船。

④ 依照法律规定应当予以免税的外国驻华使领馆、国际组织驻华代表机构及其有关人员的车船。

（2）《中华人民共和国车船税法》第四条规定，对使用新能源的车船免征车船税。对节约能源的车船，减半征收车船税。

（3）临时入境的外国车船和香港特别行政区、澳门特别行政区、台湾地区的车船，不征收车船税。

（4）按照规定缴纳船舶吨税的机动船舶，自车船税法实施之日起5年内免征车船税。

（5）依法不需要在车船登记管理部门登记的机场、港口、铁路站场内部行驶或者作业的车船，自车船税法实施之日起5年内免征车船税。

（6）省、自治区、直辖市人民政府根据当地实际情况，可以对公共交通车船，农村居民拥有并主要在农村地区使用的摩托车、三轮车和低速载货汽车定期减征或免征车船税。

七、征收管理

（一）纳税义务发生时间

根据《中华人民共和国车船税法》规定，车船税纳税义务发生时间为取得车船所有权或者管理权的当月。

（二）纳税地点

车船税的纳税地点为车船的登记地或者车船税扣缴义务人所在地。依法不需要办理登记的车船，车船税的纳税地点为车船的所有人或者管理人所在地。

（三）纳税申报

车船税按年申报，分月计算，一次性缴纳。

第六节 印花税法律制度 ★★★（2019年调整）

印花税是对经济活动和经济交往中书立、领受、使用的应税经济凭证征收的一种税。

一、纳税人

印花税的纳税人，是在中国境内书立、使用、领受税法所列举凭证的单位和个人。

按照书立、使用、领受应税凭证的不同，可以分别确定为立合同人、立据人、立账簿人、领受人、使用人和各类电子应税凭证的签订人。

二、征税范围

印花税针对列举的应税凭证征收，未列举的应税凭证不征收印花税。列举的凭证包括：经济合同、产权转移书据、营业账簿、权利、许可证照和经财政部门确认的其他凭证。

印花税具体列举凭证如表6-6所示。

表6-6 印花税税目表

税目	具体范围
合同	供应、预购、采购、购销结合及协作、调剂、补偿、贸易等合同。此外，还包括出版单位与发行单位之间订立的图书、报纸、期刊和音像制品的应税凭证。还包括发电厂与电网之间、电网与电网之间签订的购售电合同。但是，电网与用户之间签订的供用电合同不属于印花税列举征税的凭证，不征收印花税
承揽合同	加工、定做、修缮、修理、印刷广告、测绘、测试等合同
建设工程合同	勘察、设计建筑、安装工程合同的总包合同、分包合同和转包合同
租赁合同	租赁房屋、船舶、飞机、机动车辆、机械、器具、设备等合同，还包括企业、个人出租门店、柜台等签订的合同，但不包括企业与主管部门签订的租赁承包合同
运输合同	民航、铁路运输、海上运输、公路运输和联运合同
保管合同	仓储、保管合同，以及作为合同使用的仓单、栈单等
借款合同	银行及其他金融组织与借款人（不包括银行同业拆借）所签订的合同，融资租赁合同也属于借款合同

税目	具体范围
融资租赁合同	—
财产保险合同	财产、责任、保证、信用保险合同
技术合同	包括技术开发、转让、咨询、服务等合同。 （1）技术转让合同包括专利申请转让和非专利技术转让所书立的合同；（2）一般的法律、会计、审计等方面的咨询不属于技术咨询，其所立的合同不贴印花；（3）技术服务合同包括技术服务合同、技术培训合同和技术中介合同
产权转移书据	包括土地使用权出让和转让书据；房屋等建筑物、构筑物所有权；股权（不包括上市和挂牌公司股票）、商标专用权、著作权、专利权、专有技术使用权转让书据
营业账簿	生产经营用账册
权利、许可证照	包括政府部门发给的房屋产权证、工商营业执照、商标注册证、专利证、土地使用证
证券交易	在依法设立的证券交易所上市交易或者在国务院批准的其他证券交易场所转让公司股票和以股票为基础发行的存托凭证

【例题10·单选题】（2018年）下列各项中，不属于印花税征税范围的是（　　）。

A. 餐饮服务许可证

B. 营业执照

C. 商标注册证

D. 不动产权证书

【解析】在印花税的税目中，权利、许可证照，包括政府部门发放的不动产权证书、营业执照、商标注册证、专利证书，适用定额税率，均为按件贴花，税额为5元。因此，本题的正确答案是A。

三、税率

印花税的税率有两种形式，即比例税率和定额税率。

（一）比例税率

（1）借款合同、融资租赁合同，适用税率为0.05‰。

（2）营业账簿，适用税率为0.25‰。

（3）买卖合同、承揽合同、建设工程合同、运输合同、技术合同等，适用税率为0.3‰。

（4）土地使用权出让和转让书据；房屋等建筑物、构筑物所有权、股权（不包括上市和挂牌公司股票）、商标专用权、著作权、专利权、专有技术使用权转让书据，适用税率为0.5‰。

（5）租赁合同、保管合同、仓储合同、财产保险合同、证券交易，适用税率为1‰。

（二）定额税率

在印花税的税目中，权利、许可证照，包括政府部门发放的不动产权证书、营业执照、商标注册证、专利证书，适用定额税率，均为按件贴花，税额为5元。

四、计税依据

印花税按应税凭证的性质，其计税依据分为按应税凭证所载金额计税和按件贴花两种。

印花税的计税依据如表6-7所示。

表6-7　印花税的计税依据

应税项目	计税依据	备注
合同	为合同列明的价款或者报酬（不包括增值税税款；合同中价款或者报酬与增值税税款未分开列明的，按照合计金额确定）	具体包括买卖合同和建设工程合同中的支付价款、承揽合同中的支付报酬、租赁合同和融资租赁合同中的租金、运输合同中的运输费用、保管合同中的保管费、仓储合同中的仓储费、借款合同中的借款金额、财产保险合同中的保险费以及技术合同中的支付价款、报酬或者使用费等
产权转移书据	为产权转移书据列明的价款（不包括增值税税款；产权转移书据中价款与增值税税款未分开列明的，按照合计金额确定）	（1）按照订立合同、产权转移书据时市场价格确定；依法应当执行政府定价的，按照其规定确定 （2）不能按照上述规定的方法确定的，按照实际结算的价款或者报酬确定

续表

应税项目	计税依据	备注
营业账簿	营业账簿记载的实收资本（股本）、资本公积合计金额	—
权利、许可证照	按件确定	5元/件
证券交易	为成交金额	以非集中交易方式转让证券时无转让价格的，按照办理过户登记手续前一个交易日收盘价计算确定计税依据；办理过户登记手续前一个交易日无收盘价的，按照证券面值计算确定计税依据

知识点拨

同一应税凭证载有两个或者两个以上经济事项并分别列明价款或者报酬的，按照各自适用税目税率计算应纳税额；未分别列明价款或者报酬的，按税率高的计算应纳税额。

同一应税凭证由两方或者两方以上当事人订立的，应当按照各自涉及的价款或者报酬分别计算应纳税额。

五、应纳税额的计算

纳税人根据应纳税凭证的性质，分别按比例税率或者按件定额计算应纳税额。

比例税率：应纳税额＝计税金额 × 税率

定额税率：应纳税额＝定额税率 × 应税凭证件数

营业账簿中记载资金的账簿，印花税应纳税额的计算公式：

应纳税额＝（实收资本＋资本公积）×0.25‰

其他账簿按件贴花，每件5元。

【例题11·单选题】（2014年）甲公司与乙公司签订一份加工承揽合同，合同载明由甲公司提供原材料200万元，支付乙公司加工费30万元；又与丙公司签订了一份财产保险合同，保险金额1000万元，支付保险费1万元。已知承揽合同印花税税率为0.3‰，财产保险合同印花税税率为1‰，则甲公司签订的上述两份合同应缴纳印花税税额的下列计算中，正确的是（　　）。

A. 200×0.3‰＋1 000×1‰

B. 200×0.3‰＋1×1‰

C. 30×0.3‰＋1×1‰

D. 30×0.3‰＋1 000×1‰

【解析】（1）承揽合同，按支付报酬的0.3‰贴花；（2）财产保险合同，按保险费的1‰贴花。因此，本题的正确答案是C。

六、税收优惠

（一）法定凭证免税

下列凭证，免征印花税：

（1）应税凭证的副本或者抄本，免征印花税；

（2）农民、农民专业合作社、农村集体经济组织、村民委员会购买农业生产资料或者销售自产农产品订立的买卖合同和农业保险合同，免征印花税；

（3）无息或者贴息借款合同、国际金融组织向我国提供优惠贷款订立的借款合同、金融机构与小型微型企业订立的借款合同，免征印花税；

（4）财产所有权人将财产赠与政府、学校、社会福利机构订立的产权转移书据，免征印花税；

（5）军队、武警部队订立、领受的应税凭证，免征印花税；

（6）转让、租赁住房订立的应税凭证，免征个人（不包括个体工商户）应当缴纳的印花税；

（7）国务院规定免征或者减征印花税的其他情形。

（二）免税额

应纳税额不足1角的，免征印花税。

（三）特定情形免税

有下列情形之一的，免征印花税：

（1）对商店、门市部的零星加工修理业务开具的修理单，不贴印花；

（2）对铁路、公路、航运、水路承运快件行李、包裹开具的托运单据，暂免贴花；

（3）对企业车间、门市部、仓库设置的不属于会计核算范围的账簿，不贴印花。

提示

印花税的税收优惠教材列举较多，都应予以关注，此处不一一列举。复习时应注意选择题。

七、征收管理

（一）纳税义务发生时间

印花税纳税义务发生时间为纳税人订立、领受应税凭证或者完成证券交易的当日。如果合同是在国外签订，并且不便在国外贴花的，应在将合同带入境时办理贴花纳税手续。

证券交易印花税扣缴义务发生时间为证券交易完成的当日。证券登记结算机构为证券交易印花税的扣缴义务人。

（二）纳税地点

单位纳税人应当向其机构所在地的主管税务机关申报缴纳印花税；个人纳税人应当向应税凭证订立、领受地或者居住地的税务机关申报缴纳印花税。

纳税人出让或者转让不动产产权的，应当向不动产所在地的税务机关申报缴纳印花税。

证券交易印花税的扣缴义务人应当向其机构所在地的主管税务机关申报缴纳扣缴的税款。

（三）纳税期限

印花税按季、按年或者按次计征。实行按季、按年计征的，纳税人应当于季度、年度终了之日起15日内申报并缴纳税款。实行按次计征的，纳税人应当于纳税义务发生之日起15日内申报并缴纳税款。

证券交易印花税按周解缴。证券交易印花税的扣缴义务人应当于每周终了之日起5日内申报解缴税款及孳息。

已缴纳印花税的凭证所载价款或者报酬增加的，纳税人应当补缴印花税；已缴纳印花税的凭证所载价款或者报酬减少的，纳税人可以向主管税务机关申请退还印花税税款。

（四）纳税方法

根据税额大小、贴花次数以及税收征收管理的需要，印花税分别采用以下三种纳税办法。

1. 自行贴花

这是缴纳印花税的基本方法。纳税人书立、领受或者使用印花税法列举的应纳税凭证的同时，纳税义务即已产生，应当根据应纳税凭证的性质和适用的税目税率自行计算应纳税额，自行购买印花税票，自行一次贴足印花税票并加以注销或划销，纳税义务才算全部履行完毕。这也就是通常所说的“三自”纳税办法。

对已贴花的凭证，修改后所载金额增加的，其增加部分应当补贴印花税票。凡多贴印花税票者，不得重用或申请退税。

2. 汇贴或汇缴

这种办法，一般适用于应纳税额较大或者贴花次数频繁的纳税人。

一份凭证应纳税额超过500元的，应向当地税务机关申请填写缴款书或者完税证，将其中一联粘贴在凭证上或者由税务机关在凭证上加注完税标记代替贴花。

同一种类应纳税凭证，需频繁贴花的，纳税人可以根据实际情况自行决定是否采用按期汇总缴纳印花税的方式，汇总缴纳的期限为1个月。

3. 委托代征

为加强征管，简化手续，印花税可以委托有关部门代征，实行源泉管控。

第七节 资源税法律制度★★

资源税是对在我国境内从事应税矿产品开采和生产盐的单位和个人课征的一种税。

一、纳税人

资源税的纳税人是指在中华人民共和国领域及管辖海域开采应税资源的矿产品或者生产盐的单位和个人。

收购未税矿产品的单位为资源税的扣缴义务人。

二、征税范围

资源税的税目反映征收资源税的具体范围，是资源税课税对象的具体表现形式。在具体设计税目时，采取列举法，即按照各种课税的产品类别分别设置税目，各税目的征税对象包括原矿、精矿、金锭、氯化钠初级产品，具体按照《资源税税目税率幅度表》相关规定执行。具体税目如下。

（1）原油：是指开采的天然原油，不包括人造石油。

（2）天然气：是指专门开采或与原油同时开采的天然气。

（3）煤炭：包括原煤和以未税原煤加工的洗选煤。

（4）金属矿：包含铁、金、铜、铝土等矿产品。

（5）其他非金属矿：如石灰石、稀土、煤层（成）气、井矿盐、湖盐、提取地下卤水晒制的盐等。

（6）海盐。

（7）水资源：自2016年7月1日起，在河北省开展水资源试点。

【例题12·单选题】根据资源税法律制度的规定，下列各项中不属于资源税征税范围的是（　　）。

A. 天然气　　B. 人造石油

C. 原油　　D. 海盐

【解析】人造石油不征收资源税。因此，本题的正确答案是B。

三、计税依据

资源税以纳税人开采或者生产应税矿产品的销售额或销售数量为计税依据。

（一）从价征收——销售额

1. 销售额一般规定

销售额为纳税人销售应税产品向购买方收取的全部价款和价外费用（如违约金、优质费等），但不包括收取的增值税销项税额和运杂费用。

其中，“运杂费用”是指应税产品从坑口或洗选（加工）地到车站、码头或购买方指定地点的运输费用、建设基金以及随运销产生的装卸、仓储、港杂费用。运杂费用应与销售额分别核算，凡未取得相应凭据或不能与销售额分别核算的，应当一并计征资源税。

2. 煤炭销售额具体规定

（1）纳税人开采原煤直接对外销售的，以原煤销售额作为应税煤炭销售额计算缴纳资源税。

（2）纳税人将其开采的原煤，自用于连续生产洗选煤的，在原煤移送使用环节不缴纳资源税；自用于其他方面的，视同销售原煤，计算缴纳资源税。

（3）纳税人将其开采的原煤加工为洗选煤销售的，以洗选煤销售额乘以折算率作为应税煤炭销售额计算缴纳资源税。

洗选煤对外销售应纳税额＝洗选煤销售额 × 折算率 × 适用税率

3. 关于原矿销售额与精矿销售额的换算或折算

对同一种应税产品，征税对象为精矿的，纳税人销售原矿时，应将原矿销售额换算为精矿销售额缴纳资源税；征税对象为原矿的，纳税人销售自采原矿加工的精矿，应将精矿销售额折算为原矿销售额缴纳资源税。

（二）从量征收——销售数量

（1）销售数量包括纳税人开采或者生产应税产品的实际销售数量和视同销售的自用数量。

（2）纳税人不能准确提供应税产品销售数量的，以应税产品的产量或者主管税务机关确定的折算比换算成的数量为计征资源税的销售数量。

（3）纳税人的减税、免税项目，应当单独核算销售额和销售数量；未单独核算或者不能准确提供销售额和销售数量的，不予减税或者免税。

四、税率

资源税采用比例税率和定额税率两种形式。列举名称的应税产品中，除黏土、砂石，按照便利征管原则，仍实行从量定额计征；

其他资源税应税产品实行从价定率计征。

纳税人开采或者生产不同税目应税产品的，应当分别核算不同税目应税产品的销售额或者销售数量；未分别核算或者不能准确提供不同税目应税产品的销售额或者销售数量的，从高适用税率。

五、应纳税额的计算

资源税的应纳税额，按照从价定率或者从量定额的办法，分别以应税产品的销售额乘以纳税人具体适用的比例税率或者以应税产品的销售数量乘以纳税人具体适用的定额税率计算。

（1）从价定率征收

应纳税额＝销售额 × 适用税率

（2）从量定额征收

应纳税额＝课税数量 × 单位税额

【例题 13·单选题】某煤矿 2017 年 1 月共开采原煤 6 500 吨，对外销售 2 000 吨，取得不含税销售额 20 万元，剩余 4 500 吨全部移送生产洗选煤，本月销售洗选煤 1 500 吨，取得不含税销售额 25 万元，已知，该企业开采煤炭适用的资源税税率为 4%，当地政府规定的折算率为 80%，则该企业本月应纳资源税为（　　）万元。

A. 0.8　　B. 1.6

C. 1.8　　D. 2.05

【解析】将开采的原煤加工为洗选煤销售的，以洗选煤销售额乘以折算率作为应税煤炭销售额，计算缴纳资源税。（1）销售原煤应纳资源税税额＝20×4%＝0.8（万元）；（2）销售洗选煤应纳资源税税额＝25×80%×4%＝0.8（万元）；（3）该煤矿 1 月份应纳资源税税额＝0.8＋0.8＝1.6（万元）。因此，本题的正确答案是 B。

六、税收优惠

有下列情形之一的，减征或者免征资源税。

（1）开采原油过程中用于加热、修井的原油，免税。

（2）纳税人开采或者生产应税产品过程中，因意外事故或者自然灾害等原因遭受重大损失的，由省、自治区、直辖市人民政府酌情决定减税或者免税。

（3）对稠油、高凝油和高含硫天然气资源税减征 40%；三次采油资源税减征 30%；低丰度油气田资源税减征 20%；深水油气田减征 30%。

（4）对依法在建筑物、铁路下、水体下通过充填开采方式采出的矿产资源，资源税减征 50%。

（5）对实际开采年限在 15 年以上的衰竭期矿山开采的矿产资源，资源税减征 30%。

七、征收管理

（一）纳税义务发生时间

《中华人民共和国资源税暂行条例》第九条规定，纳税人销售应税产品，纳税义务发生时间为收讫销售款或者取得索取销售款凭据的当天；自产自用应税产品，纳税义务发生时间为移送使用的当天。

《中华人民共和国资源税暂行条例实施细则》第十一条规定，资源税纳税义务发生时间具体规定如下。

（1）纳税人销售应税产品，其纳税义务发生时间是：

① 纳税人采取分期收款结算方式的，其纳税义务发生时间，为销售合同规定的收款日期的当天；

② 纳税人采取预收货款结算方式的，其纳税义务发生时间，为发出应税产品的当天；

③ 纳税人采取其他结算方式的，其纳税义务发生时间，为收讫销售款或者取得索取销售款凭据的当天。

（2）纳税人自产自用应税产品的纳税义务发生时间，为移送使用应税产品的当天。

（3）扣缴义务人代扣代缴税款的纳税义务发生时间，为支付首笔货款或首次开具支付货款凭据的当天。

（二）纳税地点

纳税人应当向矿产品的开采地或盐的生产地缴纳资源税。扣缴义务人代扣代缴的资源税，应当向收购地主管税务机关缴纳。

（三）纳税期限

资源税的纳税期限为 1 日、3 日、5 日、

10 日、15 日或者 1 个月，纳税人的纳税期限由主管税务机关根据实际情况具体核定。不能按固定期限计算纳税的，可以按次计算纳税。

纳税人以 1 个月为一期纳税的，自期满之日起 10 日内申报纳税；以 1 日、3 日、5 日、10 日或者 15 日为一期纳税的，自期满之日起 5 日内预缴税款，于次月 1 日起 10 日内申报纳税并结清上月税款。

第八节 其他相关税收法律制度★

一、城市维护建设税与教育费附加法律制度

（一）城市维护建设税

城市维护建设税是对从事经营活动，缴纳增值税、消费税的单位和个人征收的一种税。

1. 纳税人

城市维护建设税的纳税人，是指负有缴纳增值税、消费税（以下简称“两税”）义务的单位和个人。

2. 计税依据

城市维护建设税的计税依据，是指纳税人实际缴纳的增值税和消费税税额。纳税人违反“两税”有关税法而加收的滞纳金和罚款，是税务机关对纳税人违法行为的经济制裁，不作为城市维护建设税的计税依据。

3. 税率

城市维护建设税按纳税人所在地的不同，设置了三档地区差别比例税率。城市维护建设税税率表如表 6-8 所示。

表 6-8　城市维护建设税税率表

档次	纳税人所在地	税率
1	纳税人所在地在市区的	7%
2	纳税人所在地在县城、镇的	5%
3	纳税人所在地不在市、县城、镇的	1%

（1）由受托方代扣代缴、代收代缴“两税”的单位和个人，其代扣代缴、代收代缴的城市维护建设税按受托方所在地适用税率执行。

（2）流动经营等无固定纳税地点的单位和个人，在经营地缴纳“两税”的，其城市维护建设税的缴纳按经营地适用税率执行。

4. 应纳税额的计算

城市维护建设税应纳税额的计算公式为：

应纳税额＝（实纳增值税税额＋实纳消费税税额）× 适用税率

【例题 14 · 单选题】（2018 年）2017 年 3 月甲公司向税务机关应缴纳增值税 10 万元，实际缴纳增值税 8 万元，应缴纳消费税 5 万元，实际缴纳消费税 4.5 万元。已知适用的城市维护建设税税率为 7%，计算甲公司当月应缴纳城市维护建设税的下列算式中，正确的是（　　）万元。

A. 4.5×7% ＝ 0.315

B. （8 ＋ 4.5）×7% ＝ 0.875

C. 10×7% ＝ 0.7

D. （10 ＋ 5）×7% ＝ 1.05

【解析】城市维护建设税的计税依据是纳税人实际缴纳的增值税、消费税的税额，不包括土地增值税。企业应缴纳的城市维护建设税＝（8 ＋ 4.5）×7% ＝ 0.875（万元）。因此，本题的正确答案是 B。

5. 税收优惠

城市维护建设税原则上不单独减免，“两税”发生减免时，城市维护建设税相应发生税收减免。现行城市维护建设税的减免规定主要有：

（1）海关对进口产品代征的增值税、消费税，不征收城市维护建设税；

（2）对于因减免增值税、消费税而发生的退税，同时退还已缴纳的城市维护建设税。但对出口产品退还增值税、消费税的，不退还已缴纳的城市维护建设税；

（3）对“两税”实行先征后返、先征后退、即征即退办法的，除另有规定外，对随“两税”附征的城建税和教育费附加，一律不予退（返）还。

知识点拨

对于前两项的税收优惠，可以总结为“进口不征、出口不退”。

6. 征收管理

（1）纳税义务发生时间

城市维护建设税以纳税人实际缴纳的增值税、消费税税额为计税依据，分别与“两税”同时缴纳。纳税人只要发生“两税”的纳税义务，就要计算缴纳城市维护建设税。

（2）纳税地点

纳税人缴纳“两税”的地点，就是该纳税人缴纳城市维护建设税的地点。

（3）纳税期限

由于城市维护建设税是由纳税人在缴纳“两税”时同时缴纳的，所以其纳税期限分别与“两税”的纳税期限一致。

（二）教育费附加

教育费附加是对缴纳增值税、消费税的单位和个人，就其实际缴纳的税额为计算依据征收的一种附加费。

1. 计征依据

教育费附加对缴纳增值税、消费税的单位和个人征收，以其实际缴纳的“两税”为计征依据，分别与“两税”同时缴纳。增值税、消费税的纳税人违反“两税”有关税法规定而加收的滞纳金和罚款，同样不作为教育费附加的计征依据。

2. 征收比率

教育费附加征收比率为3%。

3. 教育费附加的计算

教育费附加的计算公式为：

应纳教育费附加=（实纳增值税税额+实纳消费税税额）×征收比率（3%）

4. 减免规定

教育费附加原则上不单独减免，“两税”发生减免时，教育费附加相应发生减免。具体减免规定同城市维护建设税的税收优惠内容相同。

二、关税法律制度

关税是对进出国境或关境的货物、物品征收的一种税。

（一）纳税人

进口货物的收货人、出口货物的发货人、进出境物品的所有人，是关税的纳税义务人。

进出境物品的所有人包括该物品的所有人和推定为所有人的人。一般情况下，对于旅客携带进境的物品，推定其携带人为所有人；对以邮递方式进境的物品，推定其收件人为所有人。

（二）征税范围

关税的征税对象是进出境的货物和物品。

（三）税率

1. 税率的种类

关税的税率分为进口税率和出口税率两种。

进口税率又可分为普通税率、最惠国税率、协定税率、特惠税率、关税配额税率和暂定税率。进口货物适用何种关税税率是以进口货物的原产地为标准的。进口关税一般采用比例税率，实行从价计征的办法。我国目前对原油、啤酒和胶卷等进口商品征收从量税；对录像机、放像机、摄像机、数字照相机和摄录一体机等进口商品征收复合税。

（1）普通税率。对原产于未与我国共同适用最惠国条款的世界贸易组织成员，未与我国订有相互给予最惠国待遇、关税优惠条款贸易协定和特殊关税优惠条款贸易协定的国家或者地区的进口货物，以及原产地不明的货物，按照普通税率征税。

（2）最惠国税率。对原产于与我国共同适用最惠国条款的世界贸易组织成员的进口货物，原产于与我国签订含有相互给予最惠国待遇的双边贸易协定的国家或者地区的进口货物，以及原产于我国的进口货物，按照最惠国税率征税。

（3）协定税率。对原产于与我国签订含有关税优惠条款的区域性贸易协定的国家或地区的进口货物，按协定税率征税。

（4）特惠税率。对原产于与我国签订含有特殊关税优惠条款的贸易协定的国家或地区的进口货物，按特惠税率征收。

（5）关税配额税率。其是指关税配额限度内的税率。关税配额是进口国限制进口货物数量的措施，把征收关税和进口配额相结合以限制进口。

（6）暂定税率。在最惠国税率的基础上，对于一些国内需要降低进口关税的货物，以及出于国际双边关系的考虑需要个别安排的进口货物，可以实行暂定税率。

【例题 15·多选题】根据关税法律制度规定，关税进口税率分为（　　）。

A. 普通税率　　B. 最惠国税率

C. 协定税率　　D. 暂定税率

【解析】关税的税率分为进口税率和出口税率两种。其中关税的进口税率又分为普通税率、最惠国税率、协定税率、特惠税率、关税配额税率和暂定税率。因此，本题的正确答案是 ABCD。

2. 税率的确定

（1）进出口货物，应当按照收发货人或其代理人申报进口或者出口之日实施的税率征税。

（2）进口货物到达前，经海关核准先行申报的，应当适用装载该货物的运输工具申报进境之日实施的税率。

（3）进出口货物的补税和退税，适用该进出口货物原申报进口或者出口之日所实施的税率，但下列情形除外。

① 按照特定减免税办法批准予以减免税的进口货物，后因情况改变经海关批准转让或出售需予补税的，应按其原进口之日实施的税率征税。

② 加工贸易进口料、件等属于保税性质的进口货物，如经批准转为内销，应按向海关申报转为内销之日实施的税率征税；如未经批准擅自转为内销的，则按海关查获日期所施行的税率征税。

③ 暂时进口货物转为正式进口需予补税时，应按其转为正式进口之日实施的税率征税。

④ 分期支付租金的租赁进口货物，分期付税时，都应按该项货物原进口之日实施的税率征税。

⑤ 溢卸、误卸货物事后确定需征税时，应按其原运输工具申报进口日期所实施的税率征税。如原进口日期无法查明的，可按确定补税当天实施的税率征税。

⑥ 对由于税则归类的改变、完税价格的审定或其他工作差错而需补税的，应按原征税日期实施的税率征税。

⑦ 对经批准缓税进口的货物以后交税时，不论是分期或一次交清税款，都应按货物原进口之日实施的税率征税。

⑧ 查获走私进口货物需予补税时，应按查获日期实施的税率征税。

（四）计税依据

关税主要采用从价计征的办法，以进出口货物的完税价格作为计税依据，完税价格由海关以该货物的成交价格为基础审查确定。

1. 进口货物的完税价格

（1）一般贸易方式进口货物的完税价格

一般贸易方式进口货物的完税价格由海关以成交价格为基础审查确定，包括货物的货价、货物运抵中华人民共和国境内输入地点起卸前的运输及其相关费用、保险费。在货物成交价格中，进口人在成交价格外另支付给卖方的佣金，应计入成交价格，而向境外采购代理人支付的买方佣金则不能列入成交价格。

（2）特殊贸易下进口货物的完税价格

① 运往境外加工的货物的完税价格。出境时已向海关报明，并在海关规定期限内复运进境的，以加工后货物进境时的到岸价格与原出境货物价格的差额作为完税价格。

② 运往境外修理的机械器具、运输工具或者其他货物的完税价格。出境时已向海关报明并在海关规定期限内复运进境的，以海关审定的修理费和料件费作为完税价格。

③ 租借和租赁进口货物的完税价格，以海关审查确定的货物租金作为完税价格。

④ 对于国内单位留购的进口货样、展览品和广告陈列品，以留购价格作为完税价格。

⑤ 转让出售进口减免税货物的完税价格。按照特定减免税办法批准予以减免税进口的货物，在转让或出售而需补税时，可按这些货物原进口时的到岸价格来确定其完税价格。其计算公式为：

完税价格＝原入境到岸价格 ×[1 －实际使用月份 ÷（管理年限 ×12）]

2. 出口货物的完税价格

出口货物应当以海关审定的货物销售到境外的离岸价格，扣除出口关税后作为完税价格。计算公式为：

出口货物完税价格＝离岸价格 ÷（1＋出口税率）

3. 进出口货物完税价格的审定

进出口货物的成交价格不符合规定的，或者成交价格不能确定的，海关经了解有关情况，并且与纳税义务人进行价格磋商后，依次以下列方法审查确定该货物的完税价格。

（1）相同货物成交价格法。

（2）类似货物成交价格法。

（3）国际市场价格法。

（4）国内市场价格倒扣法。

（5）合理方法估定的价格。

（五）应纳税额的计算

1. 从价税应纳税额的计算

关税税额＝应税进（出）口货物数量 × 单位完税价格 × 税率

2. 从量税应纳税额的计算

关税税额＝应税进（出）口货物数量 × 单位货物税额

3. 复合税应纳税额的计算

关税税额＝应税进（出）口货物数量 × 单位货物税额＋应税进（出）口货物数量 × 单位完税价格 × 税率

4. 滑准税计算方法

滑准税是指关税的税率随着进口商品的变动而反方向变动的一种税率形式，即价格越高，税率越低，税率为比例税率。对实行滑准税率的进口商品应纳关税税额的计算方法与从价税的计算方法相同。

【例题 16 · 单选题】某外贸公司进口一批货物，货价 100 万元，货物运抵我国关境内输入地点起卸前的包装费和运费分别为 5 万元和 7 万元。已知关税税率 10%。则该公司应缴纳的进口关税为（　　）万元。

A. 100×10% ＝ 10

B. （100 ＋ 5）×10% ＝ 10.5

C. （100 ＋ 7）×10% ＝ 10.7

D. （100 ＋ 5 ＋ 7）×10% ＝ 11.2

【解析】关税完税价格＝ 100 ＋ 5 ＋ 7 ＝ 112（万元）；关税＝ 112×10% ＝ 11.2（万元）。因此，本题的正确答案是 D。

（六）税收优惠

根据《中华人民共和国进出口关税条例》的规定，下列进出口货物，免征关税。

（1）关税税额、进口环节增值税或者消费税税额在人民币 50 元以下的一票货物。

（2）无商业价值的广告品和货样。

（3）外国政府、国际组织无偿赠送的物资。

（4）在海关放行前损失的货物。

（5）进出境运输工具装载的途中必需的燃料、物料和饮食用品。

在海关放行前遭受损坏的货物，可以根据海关认定的受损程度减征关税。

（七）征收管理

关税由海关负责征收。

进口货物的收货人应当自运输工具申报进境之日起 14 日内，出口货物的发货人应当在货物运抵海关监管区，装货的 24 小时以前向海关申报，最后一天为法定节假日向后顺延。

纳税义务人应当自海关填发税款缴款书之日起 15 日内，向指定银行缴纳税款。逾期不缴的，按日加收滞纳税款 0.5‰ 的滞纳金。

进出口货物完税后，如发现少征或漏征税款，海关有权在 1 年内予以补征；如因收发货人或其代理人违反规定而造成少征或漏征税款的，海关在 3 年内可以追缴。

三、环境保护税法律制度

（一）纳税人

在中华人民共和国领域和中华人民共和国管辖的其他海域，直接向环境排放应税污染物的企业事业单位和其他生产经营者为环境保护税的纳税人。按规定征收环境保护税，不再征收排污费。

（二）征税范围

环境保护税的征税范围是《中华人民共和国环境保护税法》规定的大气污染物、水污染物、固体废物和噪声。

有下列情形之一的，不属于直接向环境排放污染物，不缴纳相应污染物的环境保护税。

（1）企业事业单位和其他生产经营者向依法设立的污水集中处理、生活垃圾集中处理场所排放应税污染物的。

（2）企业事业单位和其他生产经营者在符合国家和地方环境保护标准的设施、场所贮存或者处置固体废物的。

依法设立的城乡污水集中处理、生活垃圾集中处理场所超过国家和地方规定的排放标准向环境排放应税污染物的，应当缴纳环境保护税。

企业事业单位和其他生产经营者贮存或者处置固体废物不符合国家和地方环境保护标准的，应当缴纳环境保护税。

【例题 17 · 多选题】根据环境保护法律制度的规定，下列选项中属于环境保护税征税范围的有（　　）。

A. 大气污染物　　B. 水污染物

C. 固体废物　　D. 噪声

【解析】环境保护税的征税范围是《中华人民共和国环境保护税法》规定的大气污染物、水污染物、固体废物和噪声。所以选项 ABCD 均属于环境保护税的征税范围。

（三）税率

环境保护税实行定额税率。税目、税额如表 6-9 所示。

表 6-9　环境保护税税目税额表

<table>
<tr><th colspan="2">税目</th><th>计税单位</th><th>税额</th><th>备注</th></tr>
<tr><td colspan="2">大气污染物</td><td>每污染当量</td><td>1.2 元至 12 元</td><td>—</td></tr>
<tr><td colspan="2">水污染物</td><td>每污染当量</td><td>1.4 元至 14 元</td><td>—</td></tr>
<tr><td rowspan="4">固体废物</td><td>煤矸石</td><td>每吨</td><td>5 元</td><td rowspan="4">—</td></tr>
<tr><td>尾矿</td><td>每吨</td><td>15 元</td></tr>
<tr><td>危险废物</td><td>每吨</td><td>1000 元</td></tr>
<tr><td>冶炼渣、粉煤灰、炉渣、其他固体废物（含半固态、液态废物）</td><td>每吨</td><td>25 元</td></tr>
<tr><td rowspan="6">噪声</td><td rowspan="6">工业噪声</td><td>超标 1-3 分贝</td><td>每月 350 元</td><td rowspan="6">（1）一个单位边界上有多处噪声超标，根据最高一处超标声级计算应纳税额；当沿边界长度超过 100 米有两处以上噪声超标，按照两个单位计算应纳税额。
（2）一个单位有不同地点作业场所的，应当分别计算应纳税额，合并计征。
（3）昼、夜均超标的环境噪声，昼、夜分别计算应纳税额，累计计征。
（4）声源一个月内超标不足 15 天的，减半计算应纳税额。
（5）夜间频繁突发和夜间偶然突发厂界超标噪声，按等效声级和峰值噪声两种指标中超标分贝值高的一项计算应纳税额</td></tr>
<tr><td>超标 4-6 分贝</td><td>每月 700 元</td></tr>
<tr><td>超标 7-9 分贝</td><td>每月 1 400 元</td></tr>
<tr><td>超标 10-12 分贝</td><td>每月 2 800 元</td></tr>
<tr><td>超标 13-15 分贝</td><td>每月 5 600 元</td></tr>
<tr><td>超标 16 分贝以上</td><td>每月 11 200 元</td></tr>
</table>

应税大气污染物和水污染物的具体适用税额的确定和调整，由省、自治区、直辖市人民政府在规定的税额幅度内提出，报同级人民代表大会常务委员会决定，并报全国人民代表大会常务委员会和国务院备案。

（四）计税依据

应税污染物的计税依据，按照下列方法确定。

（1）应税大气污染物按照污染物排放量折合的污染当量数确定。

（2）应税水污染物按照污染物排放量折合的污染当量数确定。

（3）应税固体废物按照固体废物的排放量确定。

（4）应税噪声按照超过国家规定标准的分贝数确定。

（五）应纳税额的计算

环境保护税应纳税额按照下列方法计算。

（1）应税大气污染物的应纳税额为污染当量数乘以具体适用税额。

（2）应税水污染物的应纳税额为污染当量数乘以具体适用税额。

（3）应税固体废物的应纳税额为固体废物排放量乘以具体适用税额。

（4）应税噪声的应纳税额为超过国家规定标准的分贝数对应的具体适用税额。

（六）税收优惠

下列情形，暂予免征环境保护税。

（1）农业生产（不包括规模化养殖）排放应税污染物的。

（2）机动车、铁路机车、非道路移动机械、船舶和航空器等流动污染源排放应税污染物的。

（3）依法设立的城乡污水集中处理、生活垃圾集中处理场所排放相应应税污染物，不超过国家和地方规定的排放标准的。

（4）纳税人综合利用的固体废物，符合国家和地方环境保护标准的。

（5）国务院批准免税的其他情形。

纳税人排放应税大气污染物或者水污染物的浓度值低于国家和地方规定的污染物排放标准30%的，减按75%征收环境保护税。纳税人排放应税大气污染物或者水污染物的浓度值低于国家和地方规定的污染物排放标准50%的，减按50%征收环境保护税。

（七）征收管理

环境保护税由税务机关依照《中华人民共和国税收征收管理法》和《中华人民共和国环境保护税法》的有关规定征收管理。

纳税义务发生时间为纳税人排放应税污染物的当日。纳税人应当向应税污染物排放地的税务机关申报缴纳环境保护税。

环境保护税按月计算，按季申报缴纳。不能按固定期限计算缴纳的，可以按次申报缴纳。

纳税人按季申报缴纳的，应当自季度终了之日起15日内，向税务机关办理纳税申报并缴纳税款。纳税人按次申报缴纳的，应当自纳税义务发生之日起15日内，向税务机关办理纳税申报并缴纳税款。

四、车辆购置税法律制度

车辆购置税是以在中国境内购置规定车辆为课税对象、在特定的环节向车辆购置者征收的一种税。

（一）纳税人

车辆购置税的纳税人是指在我国境内购置应税车辆的单位和个人。

所谓“购置”，是指购买使用行为、进口使用行为、受赠使用行为、自产自用行为、获奖等方式取得并使用的行为。

（二）征税范围

车辆购置税以列举的车辆作为征税范围，未列举的车辆不纳税。其征税范围包括汽车、摩托车、电车、挂车、农用运输车。

（三）计税依据

车辆购置税的计税依据为应税车辆的计税价格。计税价格根据不同情况，按照下列规定确定。

（1）纳税人购买自用的应税车辆的计税价格，为纳税人购买应税车辆而支付给销售者的全部价款和价外费用，不包括增值税税款。

（2）纳税人进口自用的应税车辆的计税价格的计算公式为：

计税价格＝关税完税价格＋关税＋消费税

（3）纳税人自产、受赠、获奖或者以其他方式取得并自用的应税车辆的计税价格，由主管税务机关参照国家税务总局规定的最低计税价格核定。

最低计税价格由国家税务总局依据全国市场的平均销售价格制定。纳税人购买自用或者进口自用应税车辆，申报的计税价格低于同类型应税车辆的最低计税价格，又无正当理由的，按照最低计税价格征收车辆购置税。

国家税务总局未核定最低计税价格的车辆，计税价格为纳税人提供的有效价格证明注明的价格。有效价格证明注明的价格明显偏低的，主管税务机关有权核定应税车辆的计税价格。

（四）税率

车辆购置税实行统一比例税率，税率为10%。

（五）应纳税额的计算

车辆购置税实行从价定率的方法计算应纳税额，计算公式为：

应纳税额＝计税依据 × 税率

进口应税车辆应纳税额＝（关税完税价格＋关税＋消费税）× 税率

（六）税收优惠

车辆购置税的免税、减税，按照下列规定执行：

（1）外国驻华使馆、领事馆和国际组织驻华机构及其外交人员自用的车辆，免税。

（2）中国人民解放军和中国人民武装警察部队列入军队武器装备订货计划的车辆，免税。

（3）设有固定装置的非运输车辆，免税。

（4）自 2017 年 1 月 1 日起至 12 月 31 日止，对购置 1.6 升及以下排量的乘用车减按 7.5% 的税率征收车辆购置税。

（5）自 2016 年 1 月 1 日起至 2020 年 12 月 31 日止，对城市公交企业购置的公共汽电车免征车辆购置税。

（6）自 2014 年 9 月 1 日至 2017 年 12 月 31 日，对购置的符合条件的纯电动汽车、插电式混合动力汽车、燃料电池汽车免征车辆购置税。

（七）征收管理

1. 纳税申报

车辆购置税实行一车一申报制度。车辆购置税由国家税务总局征收。

纳税人购买自用应税车辆的，应自购买之日起 60 日内申报纳税；进口自用应税车辆的，应自进口之日起 60 日内申报纳税；自产、受赠、获奖或者以其他方式取得并自用应税车辆的，应自取得之日起 60 日内申报纳税。

2. 车辆购置税的退税制度

（1）已缴纳车辆购置税的车辆，发生下列情形之一的，准予纳税人申请退税。

① 车辆退回生产企业或者经销商的。

② 符合免税条件的设有固定装置的非运输车辆但已征税的。

③ 其他依据法律法规规定应予退税的情形。

（2）车辆退回生产企业或者经销商的，纳税人申请退税时，主管税务机关自纳税人办理纳税申报之日起，按已缴纳税款每满 1 年扣减 10% 计算退税额；未满 1 年的，按已缴纳税款全额退税。

3. 纳税地点

纳税人购置应税车辆，应当向车辆登记注册地的主管税务机关申报纳税；购置不需办理车辆登记注册手续的应税车辆，应当向纳税人所在地主管税务机关申报纳税。

【例题 18 · 多选题】下列关于车辆购置税的说法中，正确的有（　　）。

A. 购置已征车辆购置税的车辆，不再征收车辆购置税

B. 车辆购置税由国家税务总局征收

C. 纳税人应当在向公安机关车辆管理机构办理车辆登记注册前，缴纳车辆购置税

D. 纳税人购置应税车辆，应当向车辆登记注册地的主管税务机关申报纳税

【解析】各项表述均是正确的，因此，本题的正确答案是 ABCD。

五、耕地占用税法律制度

耕地占用税是对占用耕地建房或从事其他非农业建设的单位和个人，就其实际占用的耕地面积征收的一种税。

（一）纳税人

耕地占用税的纳税人，是占用耕地建房或从事非农业建设的单位和个人。

（二）征税范围

耕地占用税的征税范围包括纳税人为建

房或从事其他非农业建设而占用的国家所有和集体所有的耕地。

所谓“耕地”是指种植农业作物的土地，包括菜地、园地。占用鱼塘及其他农用土地建房或从事其他非农业建设，也视同占用耕地，属于耕地占用税的征税范围。

建设直接为农业生产服务的生产设施占用农用地的，不征收耕地占用税。

（三）计税依据

耕地占用税以纳税人实际占用的耕地面积为计税依据，按照适用税额标准计算应纳税额，一次性缴纳。

（四）税率

耕地占用税采用地区差别定额税率。

经济特区、经济技术开发区和经济发达、人均耕地特别少的地区，适用税额可以适当提高，但最多不得超过当地适用税额的50%。

（五）应纳税额的计算

应纳税额＝实际占用耕地面积（平方米）× 适用定额税率

（六）税收优惠

（1）《中华人民共和国耕地占用税暂行条例》第八条规定，下列情形免征耕地占用税。

① 军事设施占用耕地。

② 学校、幼儿园、养老院、医院占用耕地。

（2）《中华人民共和国耕地占用税暂行条例》第九条规定，铁路线路、公路线路、飞机场跑道、停机坪、港口、航道占用耕地，减按每平方米2元的税额征收耕地占用税。

（3）《中华人民共和国耕地占用税暂行条例》第十条规定，农村居民占用耕地新建住宅，按照当地适用税额减半征收耕地占用税。

【例题19·多选题】下列项目占用耕地，免征耕地占用税的有（　　）。

A. 军事设施　　B. 铁路线路

C. 医院　　D. 学校

【解析】选项B，铁路线路占用耕地，可以减按每平方米2元的税额标准征收耕地占用税，根据实际需要，国务院财政、税务主管部门商国务院有关部门并报国务院批准后，可以免征或者减征耕地占用税。其他选项均免征增值税。因此，本题的正确答案是ACD。

（七）征收管理

1. 纳税义务发生时间

耕地占用税纳税义务发生时间为纳税人收到土地管理部门办理占用农用地手续通知的当天。未经批准占用耕地的，耕地占用税纳税义务发生时间为纳税人实际占用耕地的当天。

2. 纳税地点

耕地占用税由税务机关负责征收。

3. 纳税期限

获准占用耕地的单位或者个人应当在收到土地管理部门的通知之日起30日内缴纳耕地占用税。

六、烟叶税法律制度

烟叶税是向收购烟叶的单位以其收购金额为计税依据征收的一种税。

（一）纳税人

烟叶税的纳税人为在中华人民共和国境内收购烟叶的单位。

（二）征税范围

烟叶税的征税范围是指晾晒烟叶、烤烟叶。

（三）计税依据

烟叶税的计税依据是纳税人收购烟叶的收购金额。

收购金额包括纳税人支付给烟叶销售者的烟叶收购价款和价外补贴。

收购金额＝收购价款 ×（1 + 10%）

（四）税率

烟叶税实行比例税率，税率为20%。

（五）应纳税额的计算

应纳税额的计算公式为：

应纳税额＝烟叶收购金额 × 税率

（六）征收管理

1. 纳税义务发生时间

烟叶税的纳税义务发生时间为纳税人收购烟叶的当天。

2. 纳税地点

纳税人收购烟叶，应当向烟叶收购地的主管税务机关申报纳税。

3. 纳税期限

纳税人应当自纳税义务发生之日起 30 日内申报纳税。

【例题 20 · 单选题】某烟厂为增值税一般纳税人，2017 年 1 月收购烟叶 2 000 千克，合计支付收购金额 30 万元，已开具烟叶收购发票。下列表述正确的是（　　）。

A. 烟厂应该代扣代缴烟叶税 6 万元

B. 烟厂应该代扣代缴烟叶税 6.6 万元

C. 烟厂应该自行缴纳烟叶税 6 万元

D. 烟厂应该自行缴纳烟叶税 6.6 万元

【解析】烟叶税的纳税人是收购烟叶的单位，烟厂应自行缴纳烟叶税＝30×20%＝6（万元）。因此，本题的正确答案是 C。

七、船舶吨税法律制度

船舶吨税是对自中国境外港口进入境内港口的船舶征收的一种税。

（一）纳税人

自中国境外港口进入中国境内港口的船舶征收船舶吨税（简称“吨税”），以应税船舶负责人为纳税人。

（二）税率

（1）吨税采用定额税率，并实行“复式税率”，具体分为两类：普通税率和优惠税率。

（2）适用优惠税率的情形

① 我国国籍的应税船舶。

② 船籍国（地区）与我国签订含有互相给予船舶税费最惠国待遇条款的条约或者协定的应税船舶。

（三）计税依据

（1）吨税以“船舶净吨位”为计税依据；

（2）拖船和非机动驳船分别按相同净吨位船舶税率的 50% 计征。

（四）应纳税额的计算

应纳税额＝应税船舶净吨位 × 适用税率

（五）免征吨税的船舶

（1）应纳税额在人民币 50 元以下的船舶。

（2）自境外以购买、受赠、继承等方式取得船舶所有权的初次进口到港的空载船舶。

（3）吨税执照期满后 24 小时内不上下客货的船舶。

（4）非机动船舶（不包括非机动驳船）。

（5）捕捞、养殖渔船。

（6）避难、防疫隔离、修理、终止运营或者拆解，并不上下客货的船舶。

（7）军队、武装警察部队专用或者征用的船舶。

（8）依照法律规定应当予以免税的外国驻华使领馆、国际组织驻华代表机构及其有关人员的船舶。

（六）纳税义务发生时间

船舶吨税纳税义务发生时间为应税船舶进入境内港口的当日；应税船舶在吨税执照期满后尚未离开港口的，应当申领新的吨税执照，自上一执照期满的次日起续缴吨税。

（七）缴清税款

应税船舶负责人应当自海关填发吨税缴款凭证之日起 15 日内向指定银行缴清税款。

【例题 21 · 单选题】（2014 年）根据船舶吨税法律制度的规定，应税船舶负责人应当自海关填发吨税缴款凭证之日起一定期限内向指定银行缴纳税款，该期限是（　　）。

A. 30 日　　B. 3 日

C. 15 日　　D. 10 日

【解析】应税船舶负责人应当自海关填发吨税缴款凭证之日起 15 日内向指定银行缴清税款。因此，本题的正确答案是 C。

【例题 22 · 单选题】（2013 年）根据船舶吨税法律制度的规定，下列船舶中，不予免征船舶吨税的是（　　）。

A. 捕捞渔船　　B. 非机动驳船

C. 养殖渔船　　D. 军队专用船舶

【解析】（1）选项 AC：捕捞、养殖渔船，免征船舶吨税；（2）选项 B：非机动船舶（不包括非机动驳船），免征船舶吨税；（3）选项 D：军队、武装警察部队“专用或者征用”的船舶，免征船舶吨税。因此，本题的正确答案是 B。

同步训练

一、单项选择题

1. 甲公司拥有一栋办公楼，该办公楼原值为6 000万元，已计提折旧2 000万元，当地政府规定的扣除比例为20%，2017年6月30日甲公司以每月60万元的价格将该办公楼出租，2017年共取得租金360万元。已知房产税从价计征的税率为1.2%，从租计征的税率为12%，则甲公司2017年应缴纳的房产税的下列计算中，正确的是（　　）。

A. $60\times6\times12\%=43.2$（万元）

B. $6\,000\times(1-20\%)\times1.2\%=57.6$（万元）

C. $(6\,000-2000)\times(1-20\%)\times1.2\%\div12\times6+60\times6\times12\%=62.4$（万元）

D. $6\,000\times(1-20\%)\times1.2\%\div12\times6+60\times6\times12\%=72$（万元）

2. 某企业一幢房产原值600 000元，已计提折旧100 000元。已知房产税税率为1.2%，当地规定的房产税扣除比例为30%，该房产全年应缴纳的房产税税额的下列计算中，正确的是（　　）。

A. $600\,000\times1.2\%=7\,200$（元）

B. $(600\,000-100\,000)\times1.2\%=6\,000$（元）

C. $600\,000\times(1-30\%)\times1.2\%=5\,040$（元）

D. $(600\,000-100\,000)\times(1-30\%)\times1.2\%=4\,200$（元）

3. 根据契税法律制度的规定，下列属于契税纳税义务人的是（　　）。

A. 土地、房屋抵债的抵债方

B. 房屋赠予中的受赠方

C. 房屋赠予中的赠予方

D. 土地、房屋投资的投资方

4. 甲公司于2017年9月向乙公司购买一处闲置厂房，合同注明的土地使用权价款2 000万元，厂房及地上附着物价款500万元。已知当地规定的契税税率为3%，甲公司应缴纳的契税税额为（　　）万元。

A. 15　　B. 45

C. 60　　D. 75

5. 根据土地增值税法律制度的规定，下列各项中，不属于土地增值税纳税人的是（　　）。

A. 出借仓库的某工业企业

B. 以房抵债的某房地产开发公司

C. 转让住房的某个人

D. 转让土地使用权的某大专院校

6. 根据土地增值税法律制度的规定，下列各项中，应当征收土地增值税的是（　　）。

A. 公司与公司之间互换房产

B. 房地产开发公司为客户代建房产

C. 两个企业（非房地产开发企业）合并为一个企业，且原企业投资主体存续的，对原企业将国有土地、房屋权属转移、变更到合并后的企业

D. 双方合作建房按比例分配房产后自用

7. 某中外合资化工企业2017年12月转让一幢新建办公楼，取得不含增值税收入6 000万元，已知该单位为取得土地使用权而支付的金额为1 000万元，投入的房地产建造成本3 000万元，房地产开发费用中的利息支出200万元，其利息支出不能取得金融机构的合法证明；转让办公楼计算土地增值税前准予扣除的税金36万元；已知该企业所在地政府规定的其他房地产开发费用的计算扣除比例为10%。该化工企业12月应缴纳土地增值税税额为（　　）万元。

A. 469.2　　B. 480

C. 389.1　　D. 390

8. 根据城镇土地使用税法律制度的规定，下列各项中不属于城镇土地使用税计税依据的确定方法的是（　　）。

A. 以省级人民政府确定的单位组织测定土地面积为准

B. 尚未组织测定，以政府部门核发的土地使用证书确定的土地面积为准

C. 尚未核发土地使用证书的，可以暂不缴纳土地使用税，待核发土地使用证书后再

缴纳

D. 尚未核发土地使用证书的，由纳税人据实申报土地面积，待核发土地使用证书后再做调整

9. 某企业2017年初实际占地面积为2 000平方米，2017年4月底该企业为扩大生产，根据有关部门的批准，新征用非耕地3 000平方米。该企业所处地段适用年税额5元/平方米。该企业2017年应缴纳城镇土地使用税为（　　）万元。

A. 1　　B. 3
C. 2　　D. 5

10. 下列项目中，以"净吨位"为计税依据来征收车船税的是（　　）。

A. 电车　　B. 客车
C. 机动船舶　　D. 摩托车

11. 罗某2017年4月10日购小轿车1辆，当月取得购置发票，到当年12月31日未到车辆管理部门登记。已知小轿车年单位税额480元。则罗某2017年应缴纳车船税税额为（　　）元。

A. 120　　B. 320
C. 360　　D. 480

12. 根据印花税相关法律制度的规定，适用于定额税率的是（　　）。

A. 记载营业资金的账簿
B. 权利、许可证照
C. 产权转移数据
D. 技术合同

13. 某公司于2017年11月注册成立，营业账簿中记载的实收资本为100万元；12月该公司以自有财产50万元作抵押，取得某银行抵押贷款100万元，签订合同，合同规定年底归还，但年底因资金周转困难，无力偿还，按照合同规定将抵押财产产权转移给该银行，并依法签订了产权转移书据。则该公司应缴纳的印花税为（　　）元。

A. 300　　B. 500
C. 550　　D. 800

14. 根据印花税的规定，下列关于印花税计税依据的说法中不正确的是（　　）。

A. 借款合同以借款合同中的借款金额为计税依据

B. 货物运输合同以货物运输合同中的运费收入为计税依据

C. 同一凭证上记载有两个不同税目税率的经济事项，未分别记载金额的，按照平均税率贴花

D. 营业账簿中记载资金的账簿以"实收资本"和"资本公积"两项的合计金额作为计税依据

15. 2017年2月，甲煤矿有限公司开采原煤100万吨，将其中50万吨移送加工生产洗煤，销售洗煤30万吨，销售收入1 200万元，洗煤折算率为75%。销售原煤40万吨，销售收入1 000万元，煤炭资源税税率6%。2017年2月甲煤矿公司应纳资源税的下列计算中，正确的是（　　）万元。

A. （1 000＋1 200×75%）×6%÷2＝57
B. （1 000＋1 200×75%）×6%＝114
C. （1 200＋1 000）×6%＝132
D. （1 000÷40×50＋1 200）×6%＝147

16. 某矿山2018年6月开采铜矿石，将部分原矿用于加工铜精矿，全部对外销售，向购买方收取的含增值税价款为150万元，将铜精矿从洗选厂运送到买方指定仓库的运输费用为10万元。已知铜精矿适用的资源税税率为8%，则该矿山2018年6月应缴纳资源税为（　　）万元。（已知铜矿按照精矿作为征税对象）

A. （150＋10）÷（1＋16%）×8%＝11.03
B. 150÷（1＋16%）×8%＝10.34
C. [150÷（1＋16%）＋10]×8%＝11.14
D. （150－10）÷（1＋16%）×8%＝19.66

17. 某城市乙企业7月份销售应税货物缴纳增值税34万元、消费税12万元，出售房产缴纳增值税10万元、土地增值税4万元。已知该企业所在地适用的城市维护建设税税率为7%。该企业7月份应缴纳的城市维护建设税为（　　）万元。

A. （34＋12＋10＋4）×7%＝4.20

B. （34 + 12 + 10）×7% = 3.92

C. （34 + 12）×7% = 3.22

D. 34×7% = 2.38

18. 根据城市维护建设税法律制度的规定，下列表述中，不正确的是（　　）。

A. 纳税人因违反增值税、消费税的有关规定而加收的滞纳金和罚款，不作为城市维护建设税的计税依据

B. 纳税人在被查补增值税、消费税和被处以罚款时，应同时对其城市维护建设税进行补税、征收滞纳金和罚款

C. 海关对进口产品代征的增值税、消费税，不征收城市维护建设税

D. 对出口产品退还增值税、消费税的，也要同时退还已经缴纳的城市维护建设税

19. 下列关于关税计税依据的表述中，不正确的是（　　）。

A. 一般贸易项下进口的货物以海关审定的成交价格为基础的到岸价格作为完税价格

B. 运往境外加工的货物出境时已向海关报明，并在海关规定期限内复运进境的，以加工后货物进境时的到岸价格与原出境货物价格的差额作为完税价格

C. 运往境外修理的机械器具、运输工具或者其他货物出境时已向海关报明并在海关规定期限内复运进境的，以经海关审定的修理费和料件费作为完税价格

D. 租借、租赁方式进境的货物，以海关审查确定的货物价值作为完税价格

20. 某外贸进出口公司，2017年1月份进口一批化妆品，成交价格为20万元，关税税率40%，从起运地至输入地起卸前的运费3万元。则该公司进口该批化妆品应缴纳的关税为（　　）万元。

A. 1.2　　B. 7.2

C. 8　　D. 9.2

二、多项选择题

1. 下列有关房产税的计税依据说法正确的有（　　）。

A. 融资租赁房屋的，以房产原值计税

B. 联营投资房产、共担投资风险的，以房产余值计税

C. 出租房产的，出租人以租金计税

D. 租入房产的，承租人以租金计税

2. 根据《中华人民共和国房产税暂行条例》的规定，下列各项中，符合房产税纳税义务发生时间规定的有（　　）。

A. 纳税人将原有房产用于生产经营，从生产经营之次月起，缴纳房产税

B. 纳税人委托施工企业建设的房屋，从办理验收手续之次月起，缴纳房产税

C. 纳税人购置新建商品房的，自房屋交付使用之次月起，缴纳房产税

D. 纳税人购置存量房，自办理房屋权属转移、变更登记手续，房地产权属登记机关签发房屋权属证书之次月起，缴纳房产税

3. 根据契税法律制度的规定，下列各项中，属于契税征收范围的有（　　）。

A. 国有土地使用权出租

B. 将自有房屋抵押

C. 房屋赠予

D. 土地使用权转让

4. 甲企业将原值28万的房产评估作价30万元投资乙企业，乙企业办理产权登记后又将该房产以40万元价格售与丙企业，当地契税税率3%，则下列说法正确的有（　　）。

A. 乙企业缴纳契税0.84万元

B. 乙企业缴纳契税0.9万元

C. 丙企业缴纳契税0.9万元

D. 丙企业缴纳契税1.2万元

5. 在计算土地增值税时，允许作为扣除项目的有（　　）。

A. 取得土地所支付的地价款

B. 取得土地使用权按照规定向政府缴纳的有关费用和税金

C. 土地征用及拆迁费

D. 与转让房地产有关的税金

6. 下列各项中，主管税务机关可要求纳税人进行土地增值税清算的有（　　）。

A. 整体转让未竣工决算房地产开发项目的

B. 取得销售（预售）许可证满三年仍未销售完毕的

C. 已竣工验收的房地产开发项目，已转

让的房地产建筑面积占整个项目可售建筑面积的比例在85%以上

D. 纳税人申请注销税务登记但未办理土地增值税清算手续的

7. 根据城镇土地使用税法律制度的有关规定，下列各项中，应征收城镇土地使用税的有（　　）。

A. 某公园内的索道公司经营用地

B. 某村居民居住用地

C. 某市区外资企业生产车间用地

D. 纳税单位无偿使用免税单位的土地

8. 下列关于城镇土地使用税纳税义务发生时间正确的有（　　）。

A. 纳税义务人新征用的非耕地，自批准征用的次月起缴纳土地使用税

B. 房地产企业出租本企业建造的商品房，自交付之次月起，缴纳土地使用税

C. 纳税人购置存量房，自办理房产权属转移变更手续，签发权属证书之日起，缴纳土地使用税

D. 纳税人购置新建商品房，自房屋交付使用之次月起，缴纳土地使用税

9. 下列各项中，可以免征车船税的有（　　）。

A. 养殖渔船　　B. 军队专用的车辆

C. 警用车船　　D. 私人游艇

10. 根据车船税法律制度的规定，下列说法中正确的有（　　）。

A. 扣缴义务人代收代缴车船税的，纳税地点为扣缴义务人所在地

B. 纳税人自行申报缴纳车船税的，纳税地点为车船登记地的主管税务机关所在地

C. 车船税按年申报，分月计算，分期缴纳

D. 已缴纳车船税的车船在同一纳税年度内办理转让过户的，不另纳税，也不退税

11. 根据印花税法律制度的规定，下列各项中，不属于印花税纳税人的有（　　）。

A. 合同的双方当事人

B. 合同的担保人

C. 合同的证人

D. 合同的鉴定人

12. 下列各项中，属于印花税征税范围的有（　　）。

A. 法律咨询服务合同

B. 委托加工合同

C. 技术开发合同

D. 印刷合同

13. 下列各项中，属于印花税免税凭证的有（　　）。

A. 已缴纳印花税的凭证的副本或者抄本

B. 无息、贴息贷款合同

C. 农牧业保险合同

D. 产权转移书据

14. 根据资源税法律制度的规定，下列各项中属于资源税纳税人的有（　　）。

A. 开采原煤的国有企业

B. 进口铁矿石的私营企业

C. 生产盐的个体经营者

D. 开采天然原油的外商投资企业

15. 根据资源税法律制度的规定，纳税人销售应税矿产品向购买方收取的下列款项中，应当计入销售额纳税的有（　　）。

A. 向购买方收取的不含增值税价款

B. 向购买方收取的手续费

C. 向购买方收取的增值税销项税额

D. 向购买方收取的包装费

16. 根据关税法律制度的规定，下列费用中，应计入进口货物完税价格的有（　　）。

A. 进口货物运抵我国关境内输入地点起卸前的运费

B. 进口货物运抵我国关境内输入地点起卸前的保险费

C. 进口货物运抵我国关境内输入地点起卸前的包装费

D. 进口人向境外支付的与该进口货物有关的专利权使用费

17. 根据关税法律制度的规定，下列进口货物实行复合计征关税的有（　　）。

A. 原油　　B. 摄像机

C. 放像机　　D. 啤酒

18. 根据船舶吨税有关法律制度的规定，下列船舶免征船舶吨税的有（　　）。

A. 自境外以购买方式取得船舶所有权的

初次进口到港的空载船舶

B. 捕捞、养殖渔船

C. 吨税执照期满后48小时内不上下客货的船舶

D. 非机动驳船

19. 根据船舶吨税法律制度的规定，下列关于船舶吨税征收管理的说法中，正确的有（　　）。

A. 船舶吨税由海关负责征收

B. 应税船舶负责人发现多缴税款的，可以自缴纳税款之日起1年内要求海关退还多缴的税款，但不能加算银行同期活期存款利息

C. 海关发现少征或漏征税款的，应当自应税船舶应当缴纳税款之日起1年内补征税款

D. 因应税船舶违反规定造成少征或者漏征税款的，海关可以自应当缴纳税款之日起3年内追征税款，并加收滞纳金

三、判断题

1. 以房屋为载体、不可随意移动的附属设备和配套设施，如果单独记账，价值没有计入房产原值，可以不计算缴纳房产税。（　　）

2. 我国现行房产税采用比例税率和定额税率两种形式。（　　）

3. 房屋交换，交换价格不相等的，由收取货币、实物、无形资产或其他经济利益的一方缴纳契税；交换价格相等的，免征契税。（　　）

4. 契税的纳税环节是纳税人签订土地、房屋权属转移合同的当天，或者纳税人取得其他具有土地、房屋权属转移合同性质凭证的当天。（　　）

5. 个人之间互换自有居住用房地产的，经当地税务机关核实，可以免征土地增值税。（　　）

6. 对取得土地使用权时未支付地价款或不能提供已支付的地价款凭据的，在计征土地增值税时不允许扣除。（　　）

7. 建立在城市、县城、建制镇和工矿区以外的工矿企业不需缴纳城镇土地使用税。（　　）

8. 根据城镇土地使用税法律制度的规定，经济落后地区，城镇土地使用税的适用税额标准可适当降低，但降低幅度不得超过上述规定最低税额的20%。经济发达地区，城镇土地使用税的适用税额可以适当提高，但须报经省级人民政府批准。（　　）

9. 从事机动车交通事故责任强制保险业务的保险机构为机动车车船税的扣缴义务人。（　　）

10. 车船税的纳税义务发生时间，为车船管理部门核发的车船登记证书或者行驶证书所记载日期的次月。（　　）

11. 资源税纳税人的减税、免税项目，应当单独核算销售额或者销售数量；未单独核算或者不能准确提供销售额或者销售数量的，不予减税或者免税。（　　）

12. 开采原油过程中用于加热、修井的原油视同自用依法缴纳资源税。（　　）

13. 由受托方代收代缴消费税的，应代收代缴的城市维护建设税按委托方所在地的适用税率计算。（　　）

14. 对海关进口产品征收的增值税、消费税，以征收的进口增值税和消费税为依据征收城市维护建设税。（　　）

15. 城市维护建设税的纳税期限应比照增值税、消费税的纳税期限，由主管税务机关根据纳税人应纳税额大小分别核定；不能按照固定期限纳税的，可以分期纳税。（　　）

16. 滑准税是指关税的税率随着进口商品价格的变动而反方向变动的一种税率形式，即价格越高，税率越低，税率为比例税率。（　　）

17. 根据关税法律制度的规定，出口货物应当以海关审定的货物售予境外的离岸价格作为完税价格。（　　）

参考答案及解析

一、单项选择题

1. D【解析】应纳税额＝6 000×（1－

20%）×1.2%×6÷12＋360×12%＝72（万元）。

2. C【解析】房产税以房产余值为计税依据，房产余值为房产原值扣除规定比例后的余额。不得扣除折旧。则应纳房产税＝600 000×（1－30%）×1.2%＝5 040（元）。

3. B【解析】契税纳税人是在我国境内承受土地、房屋权属转移的承受单位和个人。选项ACD均为转让方，不属于契税的纳税人。

4. D【解析】房屋买卖的，以成交价格为计税依据，成交价格中包括土地、房屋权属的转移合同确定的价格。应缴纳契税＝（2 000＋500）×3%＝75（万元）。

5. A【解析】选项A，出借房地产，未发生房屋产权转移，不属于土地增值税征税范围，所以，出借仓库的某工业企业不是土地增值税的纳税人。

6. A【解析】土地增值税征税范围规定，房地产开发公司为客户代建房产，没有发生房屋产权的转移，不属于土地增值税征税范围；两个房地产开发企业合并为一个企业，且原企业投资主体存续的，对原企业将国有土地、房屋权属转移、变更到合并后的企业，暂不征土地增值税。选项D暂免征收土地增值税。

7. A【解析】扣除项目金额＝1 000＋3 000＋（1 000＋3 000）×10%＋36＝4 436（万元）；增值额＝6 000－4 436＝1 564（万元）；增值率＝1 564÷4 436×100%＝35.26%，适用税率30%；应纳税额＝1 564×30%＝469.2（万元）。

8. C【解析】尚未核发土地使用证书的，由纳税人据实申报土地面积，待核发土地使用证书后再做调整，所以选项C错误。

9. C【解析】根据规定，新征用非耕地的，应该是在新征用的次月开始纳税的，即从5月开始纳税，故2017年4月新征用的非耕地需要缴纳的城镇土地使用税的时间是8个月。本题中应纳城镇土地使用税＝2 000×5＋3 000×5×8÷12＝20 000（元）。

10. C【解析】载客汽车、电车、摩托车以“每辆”为计税依据。

11. C【解析】纳税人未按照规定到车船管理部门办理应税车船登记手续的，以车船购置发票所载开具时间的当月作为车船税的纳税义务发生时间。应缴纳车船税＝480×9÷12＝360（元）。

12. B【解析】权利、许可证照等适用定额税率，按件贴花5元。

13. C【解析】营业账簿中记载资金账簿应缴纳的印花税税额＝1 000 000×0.25‰＝250（元）；借款合同涉及应缴纳印花税税额＝1 000 000×0.05‰（借款合同）＋500 000×0.5‰（产权转移书据）＝300（元）。合计应缴纳印花税＝250＋300＝550（元）。

14. C【解析】载有两个或两个以上应适用不同税目税率经济事项的同一凭证，分别记载金额的，应分别计算应纳税额，相加后按合计税额贴花；如未分别记载金额的，按税率高的计算贴花。

15. B【解析】纳税人将其开采的原煤，自用于连续生产洗选煤的，在原煤移送使用环节不缴纳资源税。纳税人将其开采的原煤加工为洗选煤销售的，以洗选煤销售额乘以折算率作为应税煤炭销售额计算缴纳资源税。所以该煤矿应缴纳的资源税＝（1 000＋1 200×75%）×6%＝114（万元）。

16. B【解析】根据规定，精矿销售额不包括洗选厂到车站、码头或用户指定运达地点的运输费用。该矿山2018年6月应缴纳资源税＝150÷（1＋16%）×8%＝10.34（万元）。

17. B【解析】城市维护建设税的计税依据为纳税人“实际缴纳”的增值税、消费税之和，应缴纳城市维护建设税＝（34＋12＋10）×7%＝3.92（万元）。

18. D【解析】对出口产品退还增值税、消费税的，不退还已缴纳的城市维护建设税。

19. D【解析】租借、租赁方式进境的货物，以海关审查确定的货物租金作为完税价格。

20. D【解析】关税完税价格＝20＋3＝23（万元），关税税额＝23×40%＝9.2（万元）。

二、多项选择题

1. BC【解析】选项A融资租赁的房屋，以房产余值计税；选项D租入房产的一方，不是房产税纳税人。

2. BCD【解析】纳税人将原有房产用于生产经营，从生产经营"之月"起，缴纳房产税。

3. CD【解析】根据规定，契税的征税范围具体包括五项内容：国有土地使用权出让，土地使用权转让，房屋买卖，房屋赠予，房屋交换。

4. BD【解析】乙企业按评估作价入股金额计算契税＝30×3%＝0.9（万元）；丙企业按成交价格计算契税＝40×3%＝1.2（万元）。

5. ABCD【解析】在计算土地增值税时，本题各选项均可作为扣除项目扣除。

6. BCD【解析】选项A属于纳税人应进行土地增值税清算的情形。

7. ACD【解析】城镇土地使用税的征税范围为城市、县城、建制镇、工矿区。自2009年1月1日起，公园、名胜古迹内的索道公司经营用地，应按规定缴纳城镇土地使用税。

8. ABD【解析】纳税人购置存量房，自办理房产权属转移变更手续，签发权属证书之次月起，缴纳土地使用税。

9. ABC【解析】选项D私人游艇需要依法缴纳车船税。

10. ABD【解析】选项C，车船税按年申报，分月计算，一次性缴纳。

11. BCD【解析】合同的当事人是印花税的纳税人，不包括合同的担保人、证人、鉴定人。

12. BCD【解析】法律咨询服务合同不属于印花税列举的征收范围。

13. ABC【解析】选项D属于印花税应税凭证。

14. ACD【解析】进口应税产品不征收资源税，所以选项B不属于资源税纳税人。

15. ABD【解析】销售额是指纳税人销售应税矿产品向购买方收取的全部价款和价外费用，但不包括收取的增值税销项税额和运杂费用。选项BD属于价外费用，应计入销售额。

16. ABCD【解析】一般贸易项下进口的货物以海关审定的成交价格为基础的到岸价格作为完税价格。到岸价格是指包括货价以及货物运抵我国关境内输入地点起卸前的包装费、运费、保险费和其他劳务费等费用构成的一种价格，其中还应包括为了在境内生产、制造、使用或出版、发行的目的而向境外支付的与该进口货物有关的专利、商标、著作权，以及专有技术、计算机软件和资料等费用。

17. BC【解析】复合税是指对某种进（出）口货物同时使用从价和从量计征的一种关税计征方法。目前，我国对广播用录像机、放像机、摄像机等实行复合税。但对啤酒、原油等少数货物则实行从量关税。

18. AB【解析】本题考查的是船舶吨税的税收优惠。选项C：吨税执照期满后"24小时内"不上下客货的船舶，免征船舶吨税；选项D：非机动船舶（不包括非机动驳船），免征船舶吨税，但非机动驳船，是按相同净吨位船舶税率的50%计征船舶吨税的。

19. ACD【解析】选项B：应税船舶负责人发现多缴税款的，可以自缴纳税款之日起1年内要求海关退还多缴的税款并加算银行同期活期存款利息。注意船舶吨税的征收管理和关税的相似，均为"一退一补三追"。

三、判断题

1. 错【解析】凡以房屋为载体，不可随意移动的附属设备和配套设施，无论会计中是否单独记账与核算，都计入房产原值计征房产税。

2. 错【解析】我国现行房产税采用比例税率。

3. 错【解析】房屋交换，交换价格不相等的，由多交付货币、实物、无形资产或其他经济利益的一方缴纳契税；交换价格相等的，免征契税。

4. 对

5. 对

6. 对

7. 对

8. 错【**解析**】经济落后地区，城镇土地使用税的适用税额标准可适当降低，但降低幅度不得超过上述规定最低税额的30%。经济发达地区，城镇土地使用税的适用税额可以适当提高，但须报经财政部批准。

9. 对

10. 错【**解析**】车船税的纳税义务发生时间，为车船管理部门核发的车船登记证书或者行驶证书所记载日期的当月。

11. 对

12. 错【**解析**】开采原油过程中用于加热、修井的原油免征资源税。

13. 错【**解析**】由受托方代收代缴消费税的，应代收代缴的城市维护建设税按受托方所在地适用税率计算。

14. 错【**解析**】对海关进口产品征收的增值税、消费税，不征收城市维护建设税。

15. 错【**解析**】城市维护建设税的纳税期限应比照增值税、消费税的纳税期限，由主管税务机关根据纳税人应纳税额大小分别核定；不能按照固定期限纳税的，可以按次纳税。

16. 对

17. 错【**解析**】出口货物应当以海关审定的货物售予境外的离岸价格，扣除出口关税后作为完税价格。

第七章　税收征收管理法律制度

第一节　税务管理★★★

税务管理是税收征收管理的重要内容，是税款征收的前提和基础。税务管理主要包括税务登记管理、账簿和凭证管理、发票管理、纳税申报管理、涉税专业服务管理等。

一、税务登记管理

税务登记是整个税收征收管理工作的起点，是税务机关对纳税人的基本情况及生产经营项目进行登记管理的一项基本制度，也是纳税人为依法履行纳税义务就有关纳税事宜依法向税务机关办理登记的一种法定手续。

自2015年10月1日起，登记制度改革在全国推行。营业执照、组织机构代码证和税务登记证“三证合一”。自2016年10月1日起，正式实施“五证合一、一照一码”（增加社会保险登记证和统计登记证）登记制度改革，随后又进一步推进为“多证合一、一照一码”。即在全面实施企业、农民专业合作社工商营业执照、组织机构代码证、税务登记证、社会保险登记证、统计登记证“五证合一、一照一码”登记制度改革和个体工商户工商营业执照、税务登记证“两证整合”的基础上，将涉及企业、个体工商户和农民专业合作社（以下统称企业）登记、备案等有关事项和各类证照进一步整合到营业执照上，实现“多证合一、一照一码”。

【例题1·单选题】下列未纳入“五证合一、一照一码”的证件是（　　）。

A. 税务登记证

B. 组织机构代码证

C. 基本存款账户开户许可证

D. 统计登记证

【解析】“五证”是指营业执照、组织机构代码证、税务登记证、社会保险登记证、统计登记证，不包括基本存款账户开户许可证。因此，本题的正确答案是C。

二、账簿和凭证管理

纳税人、扣缴义务人应按照有关法律、行政法规和国务院财政、税务主管部门的规定设置账簿，根据合法、有效凭证进行核算。生产、经营规模小、又确实无建账能力的纳税人，可以聘请经批准从事会计代理记账业务的专业机构或者经税务机关认可的财会人员代为建账和办理账务。聘请上述机构或者人员有实际困难的，经县以上税务机关批准，纳税人可以按照税务机关的规定，建立收支凭证粘贴簿、进货销货登记簿或者使用税控装置。

所谓“账簿”是指总账、明细账、日记账以及其他辅助性账簿。总账、日记账应当采用订本式。

所谓“凭证”是指记录经济业务、明确经济责任的书面证明。

（一）设置账簿的时间要求

（1）从事生产、经营的纳税人应自领取营业执照之日起15日内按照国务院财政部门、税务部门的规定设置账簿。

（2）扣缴义务人应当自税收法律、行政法规规定的扣缴义务发生之日起10日内，按照所代扣、代收的税种，分别设置代扣代缴、代收代缴税款账簿。

（二）对纳税人财务会计制度及其处理办法的管理

纳税人使用计算机记账的，应当在使用

前将会计电算化系统的会计核算软件、使用说明书及有关资料报送主管税务机关备案。

账簿、会计凭证和报表，应当使用中文。民族自治地方可以同时使用当地通用的一种民族文字。外商投资企业和外国企业可以同时使用一种外国文字。

（三）账簿、凭证的保存和管理

从事生产、经营的纳税人、扣缴义务人必须按照国务院财政部门、税务主管部门规定的保管期限保管账簿、记账凭证、完税凭证及其他有关资料。除法律、行政法规另有规定外，账簿、会计凭证、报表、完税凭证及其他有关资料应当保存10年。

【例题2·多选题】关于账簿和凭证管理，下列说法正确的有（　　）。

A. 民族自治地方在设置账簿时，可以仅使用当地通用的一种民族文字

B. 从事生产、经营的纳税人应当自领取营业执照或者发生纳税义务之日起15日内，按照国家有关规定设置账簿

C. 账簿包括总账、明细账、日记账以及其他辅助性账簿

D. 扣缴义务人应当自税收法律、行政法规规定的扣缴义务发生之日起10日内，按照所代扣、代收的税种，分别设置代扣代缴、代收代缴税款账簿

【解析】民族自治地方在设置账簿时，也应当使用中文，同时可以使用当地通用的一种民族文字，所以选项A错误；其他选项的说法均是正确的。因此，本题的正确答案是BCD。

三、发票管理

发票是指单位和个人在购销商品、提供或者接受劳务服务以及从事其他经营活动时，所提供给对方的收付款的书面证明。它是财务收支的法定凭证，是会计核算的原始凭据，是税务检查的重要依据。

（一）发票的类型和适用范围

1. 发票的类型

发票的类型包括增值税专用发票、增值税普通发票和其他发票。

（1）增值税专用发票，包括增值税专用发票和机动车销售统一发票。

（2）增值税普通发票，包括增值税普通发票、增值税电子普通发票和增值税普通发票（卷票）。

（3）其他发票，包括农产品收购发票、农产品销售发票、门票、过路（过桥）费发票、定额发票、客运发票和二手车销售统一发票等。

2. 发票的适用范围

（1）增值税一般纳税人销售货物、提供加工修理修配劳务和发生应税行为，使用增值税发票管理新系统（以下简称新系统）开具增值税专用发票、增值税普通发票、机动车销售统一发票、增值税电子普通发票。

（2）增值税小规模纳税人销售货物、提供加工修理修配劳务月销售额超过3万元（按季纳税9万元），或者销售服务、无形资产月销售额超过3万元（按季纳税9万元），使用新系统开具增值税普通发票、机动车销售统一发票、增值税电子普通发票。

（3）自2017年1月1日起启用增值税普通发票（卷票）。增值税普通发票（卷票）由纳税人自愿选择使用，重点在生活性服务业纳税人中推广。

（4）门票、过路（过桥）费发票、定额发票、客运发票和二手车销售统一发票继续使用。

（5）采取汇总纳税的金融机构，省、自治区所辖地市以下分支机构可以使用地市级机构统一领取的增值税专用发票、增值税普通发票、增值税电子普通发票；直辖市、计划单列市所辖区县及以下分支机构可以使用直辖市、计划单列市机构统一领取的增值税专用发票、增值税普通发票、增值税电子普通发票。

（6）国税机关、地税机关使用新系统代开增值税专用发票和增值税普通发票。代开增值税专用发票使用六联票，代开增值税普通发票使用五联票。

（二）发票的开具和使用

1. 发票的开具

销售商品、提供服务以及从事其他经营活动的单位和个人，对外发生经营业务收取款

项，收款方应当向付款方开具发票；特殊情况下，由付款方向收款方开具发票。特殊情况是指：收购单位和扣缴义务人支付个人款项时；国家税务总局认为其他需要由付款方向收款方开具发票的。

所有单位和从事生产、经营活动的个人在购买商品、接受服务以及从事其他经营活动支付款项时，应当向收款方取得发票。取得发票时，不得要求变更品名和金额。

开具发票应当按照规定的时限、顺序、栏目，全部联次一次性如实开具，并加盖发票专用章。不符合规定的发票，不得作为财务报销凭证，任何单位和个人有权拒收。

任何单位和个人不得有下列虚开发票行为：①为他人、为自己开具与实际经营业务情况不符的发票；②让他人为自己开具与实际经营业务情况不符的发票；③介绍他人开具与实际经营业务情况不符的发票。

2. 发票的使用和保管

任何单位和个人应当按照发票管理规定使用发票，不得有下列行为：①转借、转让、介绍他人转让发票、发票监制章和发票防伪专用品；②知道或者应当知道是私自印制、伪造、变造、非法取得或者废止的发票而受让、开具、存放、携带、邮寄、运输；③拆本使用发票；④扩大发票使用范围；⑤以其他凭证代替发票使用。

开具发票的单位和个人应当建立发票使用登记制度，设置发票登记簿，并定期向主管税务机关报告发票使用情况。开具发票的单位和个人应当在办理变更或者注销税务登记的同时，办理发票和发票领购簿的变更、缴销手续。

开具发票的单位和个人应当按照税务机关的规定存放和保管发票，不得擅自损毁。已经开具的发票存根联和发票登记簿，应当保存5年。保存期满，报经税务机关查验后销毁。

3. 增值税发票开具和使用的特别规定

自2017年7月1日起，购买方为企业（包括公司、非公司制企业法人、企业分支机构、个人独资企业、合伙企业和其他企业）的，在索取增值税普通发票时，应向销售方提供纳税人识别号或统一社会信用代码；销售方为其开具增值税普通发票时，应在"购买方纳税人识别号"栏填写购买方的纳税人识别号或统一社会信用代码。不符合规定的发票，不得作为税收凭证。销售方开具增值税发票时，发票内容应按照实际销售情况如实开具，不得根据购买方要求填开与实际交易不符的内容。销售方开具发票时，通过销售平台系统与增值税发票税控系统后台对接，导入相关信息开票的，系统导入的开票数据内容应与实际交易相符，如不相符应及时修改、完善销售平台系统。

（三）发票的检查

税务机关在发票管理中有权进行下列检查。

（1）检查印制、领购、开具、取得、保管和缴销发票的情况。

（2）调出发票查验。

（3）查阅、复制与发票有关的凭证、资料。

（4）向当事各方询问与发票有关的问题和情况。

（5）在查处发票案件时，对与案件有关的情况和资料，可以记录、录音、录像、照相和复制。

印制、使用发票的单位和个人，必须接受税务机关依法检查，如实反映情况，提供有关资料，不得拒绝、隐瞒。税务人员进行检查时，应当出示税务检查证。

税务机关需要将已开具的发票调出查验时，应当向被查验的单位和个人开具发票换票证。发票换票证与所调出查验的发票有同等效力。被调出查验发票的单位和个人不得拒绝接受。税务机关需要将空白发票调出查验时，应当开具收据；经查无问题的，应当及时返还。

【例题3·多选题】下列行为中属于虚开发票行为的有（　　）。

A. 甲公司向乙公司销售产品一批，售价50万元，给予20%的商业折扣，应乙公司要求，甲公司按100万元开具了增值税专用发票

B. 甲公司购入一批食品用于业务招待，要求对方按办公用品项目开具了发票

C. 甲公司从农民手中收购粮食一批，收购价款100万元，因税法规定其中11万元可以作为进项税额抵扣，因此甲公司按89万元开具了农产品收购发票

D. 甲公司销售商品一批因质量不合格被退回，甲公司按规定给对方开具了红字增值税专用发票

【解析】属于虚开发票行为的有：（1）为他人、为自己开具与实际经营业务情况不符的发票；（2）让他人、为自己开具与实际经营业务情况不符的发票；（3）介绍他人开具与实际经营业务情况不符的发票。选项A、C属于甲公司为他人开具与实际销售金额不符的发票；选项B属于甲公司为他人开具与实际销售商品名称不符的发票；选项D，是符合规定的，不算虚开发票。因此，本题的正确答案是ABC。

知识点拨

发票管理属于本章中的重点内容，该知识点内容需重点关注。考试时一般是直接考查具体的文字性规定，需要进行适当记忆。对于发票的开具和使用，可能以企业的具体业务为例，要求考生判断发票的开具和使用是否存在问题，此处要理解并掌握。

四、纳税申报管理

纳税申报是指纳税人按照税法规定定期或按次就计算缴纳税款的有关事项向税务机关提出的书面报告的法定手续，是税收征收管理的一项重要制度。

（一）纳税申报的内容

纳税人、扣缴义务人必须依照法律、行政法规规定或者税务机关依照法律、行政法规的规定确定的申报期限、申报内容如实办理纳税申报或代扣代缴、代收代缴税款申报。申报的内容具体包括以下几个方面。

（1）税种、税目。

（2）应纳税项目或者应代扣代缴、代收代缴税款项目。

（3）计税依据。

（4）扣除项目及标准。

（5）适用税率或者单位税额。

（6）应退税项目及税额。

（7）应减免税项目及税额。

（8）应纳税额或者应代扣代缴、代收代缴税额。

（9）税款所属期限、延期缴纳税款、欠税、滞纳金等。

（二）纳税申报的方式

纳税人、扣缴义务人可以直接到税务机关办理纳税申报或者报送代扣代缴、代收代缴税款报告表，也可以按照规定采取邮寄、数据电文或其他方式办理上述申报、报送事项。目前，纳税申报的形式主要有以下几种。

（1）自行申报。

（2）邮寄申报。

（3）数据电文申报。数据电文，包括电话语音、电子数据交换和网络传输等电子方式。目前纳税人的网上申报，就是数据电文申报方式的一种形式。

（4）其他申报。实行定期定额缴纳税款的纳税人，可以实行简易申报、简并征期等申报纳税方式。

（三）纳税申报的其他要求

（1）纳税人、扣缴义务人，不论当期是否发生纳税义务，除经税务机关批准外，均应按规定办理纳税申报或者报送代扣代缴、代收代缴税款报告表。

（2）纳税人享受减税、免税待遇的，在减税、免税期间应当按照规定办理纳税申报。

（3）纳税人、扣缴义务人按照规定的期限办理纳税申报或者报送代扣代缴、代收代缴税款报告表确有困难，需要延期的，应当在规定的期限内向税务机关提出书面延期申请，经税务机关核准，在核准的期限内办理。

纳税人、扣缴义务人因不可抗力，不能按期办理纳税申报或者报送代扣代缴、代收代缴税款报告表的，可以延期办理；但是，应当在不可抗力情形消除后立即向税务机关报告。经核准延期办理前款规定的申报、报送事项的，应当在纳税期内按照上期实际缴

纳的税额或者税务机关核定的税额预缴税款，并在核准的延期内办理税款结算。

【例题4·多选题】下列关于纳税申报的表述中，不正确的有（　　）。

A. 纳税人在纳税期内没有应纳税款的，可以不办理纳税申报

B. 纳税人因不可抗力，不能按期办理纳税申报的，可以延期办理

C. 纳税人享受减税、免税待遇的，在减税、免税期间应当按照规定办理纳税申报

D. 邮寄申报以信件载明的日期为实际申报日期

【解析】纳税人在纳税期内没有应纳税款的，也应当按照规定办理纳税申报，所以选项A错误；邮寄申报以寄出的邮戳日期为实际申报日期，所以选项D错误。因此，本题的正确答案是AD。

五、涉税专业服务管理

涉税专业服务是指涉税专业服务机构接受委托，利用专业知识和技能，就涉税事项向委托人提供的税务代理等服务。

（一）涉税专业服务机构

涉税专业服务机构是指税务师事务所和从事涉税专业服务的会计师事务所、律师事务所、代理记账机构、税务代理公司、财税类咨询公司等机构。

税务机关对税务师事务所实施行政登记管理。未经行政登记的，不得使用“税务师事务所”名称，不能享有税务师事务所的合法权益。税务师事务所合伙人或者股东由税务师、注册会计师、律师担任，税务师占比应高于50%，国家税务总局另有规定的除外。税务师事务所办理商事登记后，应当向省税务机关办理行政登记。省税务机关准予行政登记的，颁发《税务师事务所行政登记证书》，并将相关资料报送国家税务总局，抄送省税务师行业协会。不予行政登记的，书面通知申请人，说明不予行政登记的理由。

（二）涉税专业服务的业务范围

涉税专业服务机构可以从事下列涉税业务。

（1）纳税申报代理。对纳税人、扣缴义务人提供的资料进行归集和专业判断，代理纳税人、扣缴义务人进行纳税申报准备和签署纳税申报表、扣缴税款报告表以及相关文件。

（2）一般税务咨询。对纳税人、扣缴义务人的日常办税事项提供税务咨询服务。

（3）专业税务顾问。对纳税人、扣缴义务人的涉税事项提供长期的专业税务顾问服务。

（4）税收策划。对纳税人、扣缴义务人的经营和投资活动提供符合税收法律法规及相关规定的纳税计划、纳税方案。

（5）涉税鉴证。按照法律、法规以及依据法律、法规制定的相关规定要求，对涉税事项真实性和合法性出具鉴定和证明。

（6）纳税情况审查。接受行政机关、司法机关委托，依法对企业纳税情况进行审查，做出专业结论。

（7）其他税务事项代理。如接受纳税人、扣缴义务人的委托，代理建账记账、发票领用、减免退税申请等税务事项。

（8）其他涉税服务。

（三）涉税专业服务机构从事涉税专业服务的要求

涉税专业服务机构从事涉税业务，应当遵守税收法律、法规及相关税收规定，遵循涉税专业服务业务规范。

1. 涉税专业服务的限制

前述列举涉税专业服务业务范围中的第（3）项、第（4）项、第（5）项、第（6）项涉税业务，应当由具有税务师事务所、会计师事务所、律师事务所资质的涉税专业服务机构从事，相关文书应由税务师、注册会计师、律师签字，并承担相应的责任。

税务机关所需的涉税专业服务，应当通过政府采购方式购买。

2. 税务代理委托协议

涉税专业服务关系的确立应当以委托人自愿委托和涉税专业服务机构自愿受理为前提。双方达成一致意见后，签订税务代理委托协议。

税务代理委托协议应当包括以下内容：（1）委托人及涉税专业服务机构名称和住址；

（2）委托代理项目和范围；（3）委托代理的方式；（4）委托代理的期限；（5）双方的义务及责任；（6）委托代理费用、付款方式及付款期限；（7）违约责任及赔偿方式；（8）争议解决方式；（9）其他需要载明的事项。

税务代理委托协议自双方签字、盖章时起即具有法律效力。

税务代理委托协议中的当事人一方必须是涉税专业服务机构，税务代理执业人员不得以个人名义直接接受委托。税务代理执业人员承办税务代理业务由涉税专业服务机构委派。

税务代理执业人员应严格按照税务代理委托协议约定的范围和权限开展工作。代理项目实施中的责任，应根据协议的约定确定。凡是由于委托方未及时提供真实的、完整的、合法的生产经营情况、财务报表及有关纳税资料造成代理工作失误的，由委托方承担责任。执业人员违反国家法律、法规进行代理或未按协议约定进行代理，给委托人造成损失的，由涉税专业服务机构和执业人员个人承担相应的赔偿责任。

3. 涉税报告和文书

涉税专业服务机构为委托人出具的各类涉税报告和文书，由双方留存备查，其中，税收法律、法规及国家税务总局规定报送的，应当向税务机关报送。

涉税专业服务机构所承办的代理业务必须建立档案管理制度，保证税务代理档案的真实、完整。代理业务完成后，应及时将有关代理资料按要求整理归类、装订、立卷，保存归档。

税务代理业务档案需妥善保存，由专人负责。税务代理业务档案保存应不少于5年。

（四）税务机关对涉税专业服务机构的监管

税务机关对涉税专业服务机构在中华人民共和国境内从事涉税专业服务进行监管。税务机关通过建立行政登记、实名制管理、业务信息采集、检查和调查、信用评价、公告与推送等制度，同时加强对税务师行业协会的监督指导，形成较为完整的涉税专业服务机构监管体系。

对违反法律法规及相关规定的涉税专业服务机构及其涉税服务人员，税务机关可以视情节采取下列措施：①责令限期改正或予以约谈；②列为重点监管对象；③降低信用等级或纳入信用记录；④暂停受理其所代理的涉税业务；⑤纳入涉税服务失信名录，予以公告并向社会信用平台推送，不受理其所代理的涉税业务；⑥提请其他行业主管部门及行业协会予以相应处理。

对违反法律法规及相关规定的税务师事务所，省税务机关还可以视情节宣布《税务师事务所行政登记证书》无效；提请工商部门吊销其营业执照；提请全国税务师行业协会取消税务师职业资格证书登记，收回其职业资格证书并向社会公告。

【例题5·多选题】根据税收征收管理法律制度的规定，下列选项中，属于涉税专业服务机构可以接受委托从事的涉税业务有（　　）。

A. 一般税务咨询　B. 税收策划

C. 纳税申报代理　D. 涉税鉴证

【解析】涉税专业服务机构可以从事下列涉税业务：（1）纳税申报代理；（2）一般税务咨询；（3）专业税务顾问；（4）税收策划；（5）涉税鉴证；（6）纳税情况审查；（7）其他税务事项代理，如接受纳税人、扣缴义务人的委托，代理建账记账、发票领用、减免退税申请等税务事项；（8）其他涉税服务。所以本题应选择ABCD。

第二节　税款征收与税务检查★★★

一、税款征收

税款征收是指税务机关依照法律、行政法规的规定将纳税人应纳的税款组织入库的一系列活动的总称，是税收征收管理工作中的中心环节。

（一）税款征收的方式

税款征收的方式是指税务机关根据各税

种的不同特点、征纳双方的具体条件而确定的计算、征收税款的方法和形式。具体的税款征收方式如表 7-1 所示。

表 7–1　税款征收方式

征收方式	适用情形及征收方法
查账征收	适用于财务会计制度健全，能够如实核算和提供生产经营情况，并能正确计算应纳税款和如实履行纳税义务的纳税人。 税务机关依据其报送的纳税申报表、财务会计报表和其他有关纳税资料，依照适用税率，计算其应缴纳税款
查定征收	适用生产经营规模较小、产品零星、税源分散、会计账册不健全，但能控制原材料或进销货的小型厂矿和作坊。 税务机关依据正常条件下的生产能力对其生产的应税产品查定产量、销售额并据以确定其应缴纳税款
查验征收	适用于纳税人财务制度不健全，生产经营不固定，零星分散、流动性大的税源。 税务机关对纳税人的应税商品、产品，通过查验数量，按市场一般销售单价计算其销售收入，并据以计算其应缴纳税款
定期定额征收	适用于达不到设置账簿标准，难以查账征收，不能准确计算计税依据的个体工商户 税务机关对小型个体工商户在一定经营地点、一定经营时期、一定经营范围内的应纳税经营额（包括经营数量）或所得额进行核定，并以此为计税依据，确定其应缴纳税额

（二）应纳税额的核定与调整

（1）核定应纳税额的情形。纳税人有下列情形之一的，税务机关有权核定其应纳税额。

① 依照法律、行政法规的规定可以不设置账簿的。

② 依照法律、行政法规的规定应当设置但未设置账簿的。

③ 擅自销毁账簿或者拒不提供纳税资料的。

④ 虽设置账簿，但账目混乱或者成本资料、收入凭证、费用凭证残缺不全，难以查账的。

⑤ 发生纳税义务，未按照规定的期限办理纳税申报，经税务机关责令限期申报，逾期仍不申报的。

⑥ 纳税人申报的计税依据明显偏低，又无正当理由的。

（2）核定应纳税额的方法。为了减少核定应纳税额的随意性，使核定的税额更接近纳税人的实际情况，税务机关有权采用下列任何一种方法核定应纳税额。

① 参照当地同类行业或者类似行业中经营规模和收入水平相近的纳税人的税负水平核定。

② 按照营业收入或者成本加合理的费用和利润的方法核定。

③ 按照耗用的原材料、燃料、动力等推算或者测算核定。

④ 按照其他合理方法核定。

当其中一种方法不足以正确核定应纳税额时，可以同时采用两种以上的方法核定。纳税人对税务机关采取上述方法核定的应纳税额有异议的，应当提供相关证据，经税务机关认定后，调整应纳税额。

（三）税款征收措施

1. 责令缴纳

（1）未办理税务登记及临时从事经营的纳税人。对未按照规定办理税务登记的从事生产、经营的纳税人以及临时从事经营的纳税人，由税务机关核定其应纳税额，责令缴纳；不缴纳的，税务机关可以扣押其价值相当于应纳税款的商品、货物。扣押后缴纳应纳税款的，税务机关必须立即解除扣押，并归还所扣押的商品、货物；扣押后仍不缴纳应纳税款的，经县以上税务局（分局）局长批准，依法拍卖或者变卖所扣押的商品、货物，以拍卖或者变卖所得抵缴税款。

（2）纳税人有逃避纳税义务行为。税务机关有根据认为从事生产、经营的纳税人有逃避纳税义务行为，可在规定的纳税期之前责令其限期缴纳应纳税款。逾期仍未缴纳的，税务机关有权采取其他税款征收措施（责令提供纳税担保或采取税收保全措施）。

（3）未按期纳税、解缴税款。纳税人未按照规定期限缴纳税款的，扣缴义务人未按照规定期限解缴税款的，税务机关可责令限期缴纳，并从滞纳税款之日起，按日加收滞纳税款万分之五的滞纳金。逾期仍未缴纳的，税务机关可以采取税收强制执行措施。

加收滞纳金的起止时间，为税款法定缴纳期限届满次日起至纳税人、扣缴义务人实际缴纳或者解缴税款之日止。

（4）纳税担保人。纳税担保人未按照规定的期限缴纳所担保的税款，税务机关可责令其限期缴纳应纳税款。逾期仍未缴纳的，税务机关有权采取其他税款征收措施（税收强制执行措施）。

【例题 6 · 单选题】某企业按照规定，应于 2017 年 8 月 15 日前缴纳应纳税款 50 万元，但该企业迟迟未交。当地税务局责令其于 9 月 30 日前缴纳，并加收滞纳金。但直到 10 月 15 日，该企业才缴纳税款。根据《税收征收管理法》的规定，该企业应缴纳的滞纳金金额是（　　）元。

A. 3 750　　B. 8 700

C. 11 500　　D. 15 250

【解析】该企业应缴纳税款期限是 8 月 15 日，即从 8 月 16 日至 10 月 15 日滞纳税款，共计 16 ＋ 30 ＋ 15 ＝ 61（天）。按照税法规定，纳税人未按照规定期限缴纳税款的，扣缴义务人未按照规定期限解缴税款的，税务机关可从滞纳税款之日起，按日加收滞纳税款万分之五的滞纳金。滞纳金＝ 50×61×0.5‰×10 000 ＝ 15 250（元）。因此，本题的正确答案是 D。

2. 责令提供纳税担保

（1）适用纳税担保的情形。

① 发生上述责令缴纳税款第②条的情形，纳税人转移、隐匿财产的。税务机关有根据认为从事生产、经营的纳税人有逃避纳税义务行为的，可以在规定的纳税期前责令纳税人限期缴纳应纳税额，在限期内发现纳税人有明显的转移、隐匿其应纳税的商品、货物以及其他财产或者应纳税的收入的迹象的，税务机关可责成纳税人提供纳税担保。

② 欠缴税款、滞纳金的纳税人或者其法定代表人需要出境的。

③ 纳税人同税务机关在纳税上发生争议而未缴清税款，需要申请行政复议的。

④ 税收法律、行政法规规定可以提供纳税担保的其他情形。

（2）纳税担保的范围。纳税担保范围不仅包括税款，还包括滞纳金和实现税款、滞纳金的费用。费用包括抵押、质押登记费用，质押保管费用，以及保管、拍卖、变卖担保财产等相关费用支出。

（3）纳税担保的方式。纳税担保的方式包括经税务机关认可的有纳税担保能力的保证人为纳税人提供的纳税保证，以及纳税人或者第三人以其未设置或者未全部设置担保物权的财产提供的担保（抵押或质押）。

3. 采取税收保全措施

税务机关责令纳税人提供纳税担保而纳税人拒绝提供纳税担保或无力提供纳税担保的，经县以上税务局（分局）局长批准，税务机关可以采取下列税收保全措施。

（1）书面通知纳税人开户银行或者其他金融机构冻结纳税人的金额相当于应纳税款的存款。

（2）扣押、查封纳税人的价值相当于应纳税款的商品、货物或者其他财产。

个人及其所抚养家属维持生活必需的住房和用品，不在税收保全措施范围之内。但是个人及其所抚养家属维持生活必需的住房和用品不包括机动车辆、金银饰品、古玩字画、豪华住宅或者一处以外的住房。

【例题 7 · 多选题】根据税收征收管理法律制度的规定，下列选项中，属于税收保全措施范围的有（　　）。

A. 纳税人的基金

B. 纳税人的跑车

C. 纳税人价值 4 500 元的笔记本电脑

D. 纳税人所有的价值 10 万元的古董

【解析】个人及其所抚养家属维持生活必需的住房和用品，不在税收保全措施范围之内。机动车辆、金银饰品、古玩字画、豪华住宅或者一处以外的住房不属于个人及其所抚养家属维持生活必需的住房和用品。税务机关对单价 5 000 元以下的其他生活用品，不采取税收保全措施。因此，本题的正确答案是 ABD。

4. 采取强制执行措施

从事生产、经营的纳税人、扣缴义务人未按照规定的期限缴纳或者解缴税款，纳税担保人未按照规定的期限缴纳所担保的税款，由税务机关责令限期缴纳，逾期仍未缴纳的，经县级以上税务局（分局）局长批准，税务机关可以采取下列强制执行措施。

（1）书面通知其开户银行或者其他金融机构从其存款中扣缴税款。

（2）扣押、查封、依法拍卖或者变卖其价值相当于应纳税款的商品、货物或者其他财产，以拍卖或者变卖所得抵缴税款。

税务机关采取强制执行措施时，对前款所列的纳税人、扣缴义务人、纳税担保人未缴纳的滞纳金同时强制执行。

个人及其所抚养家属维持生活必需的住房和用品，不在强制执行措施的范围之内。

税务机关对单价5 000元以下的其他生活用品，不采取税收保全措施和强制执行措施。

知识点拨

税收保全措施和强制执行措施的区别：税收保全措施和强制执行措施均属于税款征收措施，执行时均需县级以上税务局（分局）局长批准，除了具体措施的内容存在差异之外，其区别主要体现在执行对象上。税收保全措施针对从事生产经营的纳税人，不包括扣缴义务人和纳税担保人；强制执行措施可以针对从事生产经营的纳税人、扣缴义务人和纳税担保人执行。同时，执行税收保全的前提是纳税人未提供纳税担保；而执行强制执行措施的前提是责令纳税人、扣缴义务人和纳税担保人限期缴纳，逾期仍未缴纳，才会进入强制执行措施。

5. 阻止出境

欠缴税款的纳税人或者其法定代表人在出境前未按照规定结清应纳税款、滞纳金或者提供纳税担保的，税务机关可以通知出入境管理机关阻止其出境。

【例题8·单选题】根据税收征收管理法律制度的规定，下列各项中，属于强制执行措施的是（　　）。

A. 责令纳税人暂时停业，直至缴足税款

B. 扣押纳税人的价值相当于应纳税款的商品

C. 拍卖纳税人的价值相当于应纳税款的货物

D. 书面通知纳税人开户银行冻结纳税人的金额相当于应纳税款的存款

【解析】强制执行的措施包括：①书面通知其开户银行或者其他金融机构从其存款中扣缴税款；②扣押、查封、依法拍卖或者变卖其价值相当于应纳税款的商品、货物或者其他财产，以拍卖或者变卖所得抵缴税款。只有选项C属于税收强制执行措施。选项B、D均为税收保全措施。因此，本题的正确答案是C。

知识点拨

税款征收属于本章的核心内容，尤其是税款征收措施。对于每一种税款征收措施，都要熟练掌握该措施适用的情形及具体的措施。税收保全措施和税收强制执行措施容易混淆，注意区分。

二、税务检查

税务检查是税务机关依照税收法律、行政法规的规定，对纳税人、扣缴义务人履行纳税义务或者扣缴义务及其他有关税务事项进行审查、核实、监督活动的总称。

（1）检查纳税人的账簿、记账凭证、报表和有关资料；检查扣缴义务人代扣代缴、代收代缴税款账簿、记账凭证和有关资料。

（2）到纳税人的生产、经营场所和货物存放地检查纳税人应纳税的商品、货物或者其他财产；检查扣缴义务人与代扣代缴、代收代缴税款有关的经营情况。

（3）责成纳税人、扣缴义务人提供与纳税或者代扣代缴、代收代缴税款有关的文件、证明材料和有关资料。

（4）询问纳税人、扣缴义务人与纳税或者代扣代缴、代收代缴税款有关的问题和情况。

（5）到车站、码头、机场、邮政企业及其分支机构检查纳税人托运、邮寄应纳税商品、货物或者其他财产的有关单据、凭证和有关资料。

（6）经县级以上税务局（分局）局长批准，指定专人负责，凭全国统一格式的检查存款账户许可证明，查询从事生产、经营的纳税人、扣缴义务人在银行或者其他金融机构的存款账户；税务机关在调查税收违法案件时，经设区的市、自治州以上税务局（分局）局长批准，可以查询案件涉嫌人员的储蓄存款，税务机关查询所获得的资料，不得用于税收以外的用途。

税务机关派出的人员进行税务检查时，应当出示税务检查证件；无税务检查证件，纳税人、扣缴义务人及其他当事人有权拒绝检查。

【例题9·多选题】根据税收征收管理法律制度的规定，下列关于税务检查的表述中，不正确的有（　　）。

A. 税务人员进行税务检查时，只需出示税务检查证

B. 税务机关查询所获得的资料，不得用于税收以外的用途

C. 税务机关采取税收保全措施一律不得超过6个月

D. 纳税人必须接受税务机关依法进行的税务检查，并如实反映情况

【解析】税务机关派出的人员进行税务检查时，应当出示税务检查证和税务检查通知书；因此选项A错误。税务机关采取税收保全措施的期限一般不得超过6个月；重大案件需要延长的，应当报国家税务总局批准；因此选项C错误。因此，本题的正确答案是AC。

第三节　税务行政复议★★

税务行政复议是指纳税人、扣缴义务人、纳税担保人及其他税务当事人不服税务机关及其工作人员做出的税务具体行政行为，依法向上一级税务机关（复议机关）提出申请，复议机关经审理对原税务机关具体行政行为的合法性、合理性做出裁决的活动。

一、税务行政复议的受案范围

（1）征税行为。征税行为包括确认纳税主体、征税对象、征税范围、减税、免税、退税、抵扣税款、适用税率、计税依据、纳税环节、纳税期限、纳税地点和税款征收方式等具体行政行为，以及征收税款、加收滞纳金，扣缴义务人、受税务机关委托的单位和个人做出的代扣代缴、代收代缴、代征行为等。

（2）行政许可、行政审批行为。

（3）发票管理行为，包括发售、收缴、代开发票等。

（4）税收保全措施、税收强制执行措施。

（5）税务行政处罚行为。

① 罚款。

② 没收财物和违法所得。

③ 停止出口退税权。

（6）税务机关不依法履行下列职责的行为。

① 颁发税务登记证。

② 开具、出具完税凭证、外出经营活动税收管理证明。

③ 行政赔偿。

④ 行政奖励。

⑤ 其他不依法履行职责的行为。

（7）税务机关做出的资格认定行为。

（8）税务机关不依法确认纳税担保行为。

（9）政府信息公开工作中的具体行政行为。

（10）税务机关做出的纳税信用等级评定行为。

（11）税务机关做出的通知出入境管理机关阻止出境行为。

（12）税务机关做出的其他具体行政行为。

【例题10·多选题】根据税收征收管理法律制度的规定，税务机关的下列行为中，纳税人不服可以提出行政复议的有（　　）。

A. 税务机关做出的强制执行措施

B. 税务机关做出加收滞纳金的决定

C. 税务机关责令纳税人提供纳税担保

D. 税务机关关于具体贯彻落实税收法规的规定

【解析】复议机关只受理对具体行政行为不服提出的行政复议申请，对抽象行政行

为（规章、规定等）不服，不属于行政复议的受理范围。选项 A、B、C 均属于具体的行政行为，因此，本题的正确答案是 ABC。

知识点拨

申请人对复议范围中税务机关做出的征税行为不服的，应当先向复议机关申请行政复议，对行政复议决定不服的，才能向人民法院提起行政诉讼。申请人对复议范围中征税行为以外的其他具体行政行为不服的，既可以申请行政复议，也可以直接向人民法院提起行政诉讼。所以，税务机关做出的征税行为具体包括哪些内容，考生应熟练掌握。题目中一般会给出某种征税行为要求考生判断是否可以直接向人民法院提起行政诉讼。

二、税务行政复议管辖

（一）一般管辖

（1）对各级税务局的具体行政行为不服的，向其上一级税务局申请行政复议。

（2）对计划单列市税务局的具体行政行为不服的，向国家税务总局申请行政复议。

（3）对税务所（分局）、各级税务局的稽查局的具体行政行为不服的，向其所属税务局申请行政复议。

（4）对国家税务总局的具体行政行为不服的，向国家税务总局申请行政复议。对行政复议决定不服，申请人可以向人民法院提起行政诉讼，也可以向国务院申请裁决。国务院的裁决为最终裁决。

（二）特殊管辖

（1）对两个以上税务机关共同做出的具体行政行为不服的，向共同上一级税务机关申请行政复议；对税务机关与其他行政机关共同做出的具体行政行为不服的，向其共同上一级行政机关申请行政复议。

（2）对被撤销的税务机关在撤销以前所做出的具体行政行为不服的，向继续行使其职权的税务机关的上一级税务机关申请行政复议。

（3）对税务机关做出逾期不缴纳罚款加处罚款的决定不服的，向做出行政处罚决定的税务机关申请行政复议。但是对已处罚款和加处罚款都不服的，一并向做出行政处罚决定的税务机关的上一级税务机关申请行政复议。

申请人也可以向具体行政行为发生地的县级地方人民政府提交行政复议申请，由接受申请的县级地方人民政府依法转送。

【例题 11 · 单选题】下列关于税务行政复议管辖的说法中，不符合法律规定的是（　　）。

A. 对各级税务局的具体行政行为不服的，向其上一级税务局申请行政复议

B. 对各级税务局的具体行政行为不服的，只能向该税务局的本级人民政府申请行政复议

C. 对国家税务总局的具体行政行为不服的，向国家税务总局申请行政复议

D. 对地方各级人民政府的具体行政行为不服的，向上一级人民政府申请行政复议

【解析】对各级税务局的具体行政行为不服的，可以选择向其上一级税务局或者该税务局的本级人民政府申请行政复议。因此，本题的正确答案是 B。

三、税务行政复议申请

申请人申请税务行政复议，可以书面申请，也可以口头申请。

（1）申请人对“征税行为”不服的，应当先向行政复议机关申请行政复议；对行政复议决定不服的，可以向人民法院提起行政诉讼。

申请人对“征税行为”以外的其他具体行政行为不服的，可以申请行政复议，也可以直接向人民法院提起行政诉讼。

（2）申请人对“征税行为”申请行政复议的，必须依照税务机关根据法律、法规确定的税额、期限，先行缴纳或者解缴税款和滞纳金，或者提供相应的担保，才可以在缴清税款和滞纳金以后或者所提供的担保得到做出具体行政行为的税务机关确认之日起 60 日内提出行政复议申请。

申请人对“征税行为”以外的其他具体行政行为申请行政复议的，可以在知道税务机关做出具体行政行为之日起 60 日内提出行

政复议申请。

（3）申请人对税务机关做出逾期不缴纳罚款加处罚款的决定不服的，应当先缴纳罚款和加处罚款，再申请行政复议。

四、税务行政复议受理

税务行政复议机关收到行政复议申请以后，应当在5日内审查，决定是否受理。对符合规定的行政复议申请，自行政复议机构收到之日起即为受理；对不符合规定的行政复议申请，决定不予受理。不管是否受理税务行政复议申请，均应书面告知申请人。

对应当先向税务行政复议机关申请行政复议，对行政复议决定不服再向人民法院提起行政诉讼的具体行政行为（征税行为），行政复议机关决定不予受理或者受理以后超过行政复议期限不做答复的，申请人可以自收到不予受理决定书之日起或者行政复议期满之日起15日内，依法向人民法院提起行政诉讼。

行政复议期间具体行政行为不停止执行；但是有下列情形之一的，可以停止执行。

（1）被申请人认为需要停止执行的。

（2）行政复议机关认为需要停止执行的。

（3）申请人申请停止执行，行政复议机关认为其要求合理，决定停止执行的。

（4）法律规定停止执行的。

五、税务行政复议审查

（1）行政复议机构审理行政复议案件，应当由2名以上行政复议工作人员参加。

（2）行政复议原则上采用书面审查的办法，但是申请人提出要求或者行政复议机构认为有必要时，应当听取申请人、被申请人和第三人的意见，并可以向有关组织和人员调查了解情况。

（3）对重大、复杂的案件，申请人提出要求或者行政复议机构认为必要时，可以采取听证的方式审理。听证应当公开举行，但是涉及国家秘密、商业秘密或者个人隐私的除外。行政复议听证人员不得少于2人，听证主持人由行政复议机构指定。听证应当制作笔录，申请人、被申请人和第三人应当确认听证笔录内容。第三人不参加听证的，不影响听证的举行。

（4）行政复议机关审查被申请人的具体行政行为时，认为其依据不合法，本机关有权处理的，应当在30日内依法处理；无权处理的，应当在7日内按照法定程序逐级转送有权处理的国家机关依法处理。处理期间，中止对具体行政行为的审查。

六、税务行政复议决定

（1）行政复议机构应当对被申请人的具体行政行为提出审查意见，经行政复议机关负责人批准，按照下列规定做出行政复议决定。

① 具体行政行为认定事实清楚，证据确凿，适用依据正确，程序合法，内容适当的，决定维持。

② 被申请人不履行法定职责的，决定其在一定期限内履行。

③ 具体行政行为有下列情形之一的，决定撤销、变更或者确认该具体行政行为违法。

a. 主要事实不清、证据不足的。

b. 适用依据错误的。

c. 违反法定程序的。

d. 超越职权或者滥用职权的。

e. 具体行政行为明显不当的。

决定撤销或者确认该具体行政行为违法的，可以责令被申请人在一定期限内重新做出具体行政行为。

④ 被申请人不按照规定提出书面答复，提交当初做出具体行政行为的证据、依据和其他有关材料的，视为该具体行政行为没有证据、依据，决定撤销该具体行政行为。

（2）行政复议机关应当自受理申请之日起60日内做出行政复议决定。情况复杂，不能在规定期限内做出行政复议决定的，经行政复议机关负责人批准，可以适当延期，并告知申请人和被申请人；但是延期不得超过30日。

行政复议机关做出行政复议决定，应当制作行政复议决定书，并加盖行政复议机关印章。行政复议决定书一经送达，即发生法律效力。

第四节 税收法律责任★

税收法律责任，是指税收法律关系主体违反税收法律制度的行为所引起的不利法律后果，分为行政责任和刑事责任两种。

一、税务管理相对人实施税收违法行为的法律责任

（一）违反税务管理基本规定的法律责任

（1）纳税人有下列行为之一的，由税务机关责令限期改正，可以处2 000元以下的罚款；情节严重的，处2 000元以上10 000元以下的罚款。

① 未按照规定设置、保管账簿或者保管记账凭证和有关资料的。

② 未按照规定将财务、会计制度或者财务、会计处理办法和会计核算软件报送税务机关备查的。

③ 未按照规定将其全部银行账号向税务机关报告的。

④ 未按照规定安装、使用税控装置，或者损毁或者擅自改动税控装置的。

（2）扣缴义务人未按照规定设置、保管代扣代缴、代收代缴税款账簿或者保管代扣代缴、代收代缴税款记账凭证及有关资料的，由税务机关责令限期改正，可以处2 000元以下的罚款；情节严重的，处2 000元以上5 000元以下的罚款。

（3）纳税人未按照规定的期限办理纳税申报和报送纳税资料的，或者扣缴义务人未按照规定的期限向税务机关报送代扣代缴、代收代缴税款报告表和有关资料的，由税务机关责令限期改正，可以处2 000元以下的罚款；情节严重的，处2 000元以上10 000元以下的罚款。

（4）非法印制、转借、倒卖、变造或者伪造完税凭证的，由税务机关责令改正，处2 000元以上10 000元以下的罚款；情节严重的，处10 000元以上50 000元以下的罚款；构成犯罪的，依法追究刑事责任。

（5）银行和其他金融机构未依照《征管法》的规定在从事生产、经营的纳税人的账户中登录税务登记证件号码，或者未按规定在税务登记证件中登录从事生产、经营的纳税人的账户账号的，由税务机关责令其限期改正，处2 000元以上20 000元以下的罚款；情节严重的，处20 000元以上50 000元以下的罚款。

（6）税务代理人违反税收法律、行政法规，造成纳税人未缴或者少缴税款的，除由纳税人缴纳或者补缴应纳税款、滞纳金外，对税务代理人处纳税人未缴或者少缴税款50%以上3倍以下的罚款。

（二）逃避税务机关追缴欠税行为的法律责任

纳税人欠缴应纳税款，采取转移或者隐匿财产的手段，妨碍税务机关追缴欠缴的税款的，由税务机关追缴欠缴的税款、滞纳金，并处罚款；构成犯罪的，依法追究刑事责任。

扣缴义务人应扣未扣、应收而不收税款的，由税务机关向纳税人追缴税款，对扣缴义务人处以应扣未扣、应收未收税款50%以上3倍以下的罚款。

（三）偷税行为的法律责任

偷税，是指纳税人采取伪造、变造、隐匿、擅自销毁账簿、记账凭证，或者在账簿上多列支出或者不列、少列收入，或者经税务机关通知申报而拒不申报或者进行虚假的纳税申报的手段，不缴或者少缴应纳税款的行为。

纳税人偷税的，由税务机关追缴其不缴或者少缴的税款、滞纳金，并处罚款；构成犯罪的，依法追究刑事责任。

扣缴义务人采取上述偷税手段，不缴或者少缴已扣、已收税款，由税务机关追缴其不缴或者少缴的税款、滞纳金，并处罚款；构成犯罪的，依法追究刑事责任。

纳税人、扣缴义务人编造虚假计税依据的，由税务机关责令限期改正，并处罚款。

（四）抗税行为的法律责任

抗税，是指纳税人、扣缴义务人以暴力、威胁方法拒不缴纳税款的行为。

对抗税行为，除由税务机关追缴其拒缴的税款、滞纳金外，依法追究刑事责任。情

节轻微、未构成犯罪的，由税务机关追缴其拒缴的税款、滞纳金，并处罚款。

（五）骗税行为的法律责任

骗税行为，是指纳税人以假报出口或者其他欺骗手段，骗取国家出口退税款的行为。

纳税人有骗税行为，由税务机关追缴其骗取的退税款，并处骗取税款1倍以上5倍以下的罚款；构成犯罪的，依法追究刑事责任。

对骗取国家出口退税款的，税务机关可以在规定期间内停止为其办理出口退税。

（六）不配合税务机关进行税务检查的法律责任

税务检查期间，纳税人、扣缴义务人发生不配合税务机关进行税务检查的下列行为，由税务机关责令改正，可以处1万元以下的罚款；情节严重的，处1万元以上5万元以下的罚款。

（1）逃避、拒绝或者以其他方式阻挠税务机关检查的。

（2）提供虚假资料，不如实反映情况，或者拒绝提供有关资料的。

（3）拒绝或者阻止税务机关记录、录音、录像、照相和复制与案件有关的情况和资料的。

（4）转移、隐匿、销毁有关资料的。

（5）有不依法接受税务检查的其他情形的。

【例题12·单选题】根据税收征收管理法律制度的规定，纳税人未按照规定安装、使用税控装置，或者损毁或者擅自改动税控装置的，由税务机关责令其限期改正，可以处以的罚款金额是（　　）。

A. 2 000元以下

B. 2 000元以上10 000元以下

C. 5 000元以上10 000元以下

D. 10 000元以上50 000元以下

【解析】纳税人未按照规定安装、使用税控装置，或者损毁或者擅自改动税控装置的，由税务机关责令其限期改正，可以处以2 000元以下的罚款；情节严重的，处以2 000元以上10 000元以下的罚款。因此，本题的正确答案是A。

二、税务行政主体实施税收违法行为的法律责任

（一）渎职行为的法律责任

（1）税务人员徇私舞弊，对依法应当移交司法机关追究刑事责任的不移交，情节严重的，依法追究刑事责任。

（2）税务人员利用职务上的便利，收受或者索取纳税人、扣缴义务人财物或者牟取其他不正当利益构成犯罪的，依法追究刑事责任；未构成犯罪的，依法给予行政处分。

（3）税务人员徇私舞弊或者玩忽职守，不征或者少征应征税款，致使国家税收遭受重大损失时构成犯罪的，依法追究刑事责任；未构成犯罪的，依法给予行政处分。

（4）税务人员滥用职权，故意刁难纳税人扣缴义务人的调离税收工作岗位，并依法给予行政处分。

（5）税务人员对控告、检举税收违法行为的纳税人、扣缴义务人以及其他检举人进行打击报复的，依法给予行政处分；构成犯罪的，依法追究刑事责任。

（二）其他违法行为的法律责任

（1）税务机关违反规定擅自改变税收征收管理范围和税款入库预算级次的，责令限期改正，对直接负责的主管人员和其他直接责任人员依法给予降级或者撤职的行政处分。

（2）税务人员在征收税款或者查处税收违法案件时，未按照《中华人民共和国税收征收管理法》（以下简称《税收征收管理法》）的规定进行回避的，对直接负责的主管人员和其他直接责任人员，依法给予行政处分。未按照《税收征收管理法》的规定为纳税人、扣缴义务人、检举人保密的，对直接负责的主管人员和其他直接责任人员，由所在单位或者有关单位依法给予行政处分。

（3）税务人员与纳税人、扣缴义务人勾结，唆使或者协助纳税人、扣缴义务人实施税收违法行为，构成犯罪的，依法追究刑事责任；未构成犯罪的，依法给予行政处分。

（4）税务人员私分扣押、查封的商品、货物或者其他财产，情节严重，构成犯罪的，

依法追究刑事责任；未构成犯罪的，依法给予行政处分。

（5）违反法律、行政法规的规定提前征收、延缓征收或者摊派税款的，由其上级机关或者行政监察机关责令改正，对直接负责的主管人员和其他直接责任人员依法给予行政处分。

（6）违反法律、行政法规的规定，擅自做出税收的开征、停征或者减税、免税、退税、补税以及其他同税收法律、行政法规相抵触的决定的，除按《税收征收管理法》的规定撤销其擅自做出的决定外，补征应征未征税款，退还不应征收而征收的税款，并由上级机关追究直接负责的主管人员和其他直接责任人员的行政责任；构成犯罪的，依法追究刑事责任。

同步训练

一、单项选择题

1．下列证件中，不属于“五证合一”证件的是（　　）。

A．营业执照

B．组织机构代码证

C．卫生许可证

D．税务登记证

2．根据税收征收管理法律制度的规定，扣缴义务人应当在一定期限内设置代扣代缴、代收代缴税款账簿。该一定期限是（　　）。

A．自扣缴义务发生之日起 10 日内

B．自扣缴义务发生之日起 15 日内

C．自扣缴义务发生之日起 20 日内

D．自扣缴义务发生之日起 30 日内

3．下列关于纳税申报的说法中错误的是（　　）。

A．纳税申报包括直接申报、邮寄申报、数据电文申报等方式

B．采用邮寄申报的，以税务机关收到申报资料的日期为实际申报日期

C．采用数据电文申报的，以税务机关的计算机网络收到该数据电文的时间为申报日期

D．纳税人在纳税期内没有应纳税款也应当办理纳税申报

4．税务机关针对纳税人的不同情况可以采取不同的税款征收方式。根据税收法律制度的规定，对于生产经营规模较小、产品零星、税源分散、会计账册不健全，但能控制原材料或进销货的单位，适用的税款征收方式是（　　）。

A．查账征收　　B．查定征收

C．查验征收　　D．定期定额征收

5．根据《税收征收管理法》的规定，税务机关可以采取的税款征收措施不包括（　　）。

A．责令缴纳　　B．责令提供纳税担保

C．取消税收优惠　　D．采取税收保全措施

6．某公司 2017 年 8 月应缴纳增值税 80 000 元，城市维护建设税 5 600 元。该公司在规定期限内未进行纳税申报，税务机关责令其缴纳并加收滞纳金，该公司在 9 月 30 日办理了申报缴纳手续。税务机关核定该公司增值税和城市维护建设税均以 1 个月为一个纳税期。有关该公司应缴纳的滞纳金，下列计算列式正确的是（　　）。

A．（80 000 ＋ 5 600）×0.5‰×15 ＝ 642（元）

B．80 000×0.5‰×15 ＝ 600（元）

C．80 000×0.5‰×30 ＝ 1 200（元）

D．（80 000 ＋ 5 600）×0.5‰×30 ＝ 1 284（元）

7．下列关于税收强制执行措施的表述中，正确的是（　　）。

A．税收强制执行措施不适用于扣缴义务人

B．作为家庭唯一代步工具的轿车，不在税收强制执行的范围之内

C．税务机关采取强制执行措施时，可对纳税人未缴纳的滞纳金同时强制执行

D．书面通知纳税人开户银行冻结纳税人的金额相当于应纳税款的存款是税收强制执行的具体措施

8．根据税收征收管理法律制度的规定，申请人可以在知道税务机关做出具体行政行

为之日起，在一定时间内提出行政复议申请。该时间是（　　）。

A. 15 日　　B. 30 日

C. 60 日　　D. 90 日

9. 甲省 A 市的纳税人张某对该市税务局责令其提供纳税担保的决定不服，欲提出行政复议申请，则关于行政复议机关的确定，下列说法正确的是（　　）。

A. 只能向甲省税务局提出申请

B. 只能向 A 市的人民政府提出申请

C. 可以选择向甲省税务局或者 A 市人民政府提出申请

D. 可以向税务总局提出申请

10. 下列情形中，不属于行政复议期间具体行政行为可以停止执行的是（　　）。

A. 被申请人认为需要停止执行的

B. 行政复议机关认为需要停止执行的

C. 申请人申请停止执行，复议机关认为其要求合理，决定停止执行的

D. 申请人拒绝缴纳延期税款的

11. 根据税收征收管理法律制度的规定，纳税人采取在账簿上多列支出或者不列、少列收入的手段，不缴或少缴应纳税款的行为属于（　　）。

A. 偷税　　B. 欠税

C. 骗税　　D. 抗税

12. 下列关于偷税行为法律责任的处罚的表述中，不正确的是（　　）。

A. 纳税人偷税的，由税务机关追缴其不缴或者少缴的税款、滞纳金，并处罚款；构成犯罪的，依法追究刑事责任

B. 扣缴义务人偷税，不缴或少缴已扣、已收税款，由税务机关追缴其不缴或少缴的税款、滞纳金，并处罚款；构成犯罪的，依法追究刑事责任

C. 纳税人、扣缴义务人编造虚假计税依据的，由税务机关责令改正，并处罚款

D. 税务机关追缴其退税款，并处税款 1 倍以上 5 倍以下的罚款；构成犯罪的，依法追究刑事责任

二、多项选择题

1. 按照发票管理规定使用发票，不得有（　　）行为。

A. 扩大发票使用范围

B. 拆本使用发票

C. 转借、转让发票

D. 以其他凭证代替发票使用

2. 根据发票管理法律制度的规定，下列关于发票开具和保管的表述中，符合法律规定的有（　　）。

A. 不得为他人开具与实际经营业务不符的发票

B. 已经开具的发票存根联和发票登记簿应当保存 3 年

C. 取得发票时，不得要求变更品名和金额

D. 开具发票的单位和个人应当建立发票使用登记制度，设置发票登记簿

3. 根据税收征收管理法律制度的规定，纳税申报的内容包括（　　）。

A. 税种　　B. 计税依据

C. 滞纳金　　D. 扣除项目及标准

4. 下列关于责令缴纳的表述中，正确的有（　　）。

A. 纳税人和扣缴义务人未按照规定期限缴纳税款的，税务机关可责令限期缴纳，并从滞纳税款之日起，按日加收滞纳金

B. 税务机关扣押其价值相当于应纳税款的商品、货物后，纳税人仍不缴纳应纳税款的，经县以上税务机关（分局）局长批准，依法拍卖或者变卖所扣押商品、货物，以拍卖或者变卖所得抵缴税款

C. 税务机关有根据认为从事生产、经营的纳税人有逃避纳税义务行为的，可在规定的纳税期之前责令其限期缴纳应纳税款

D. 纳税担保人未按照规定的期限缴纳所担保的税款，税务机关可责令其限期缴纳应纳税款，逾期仍未缴纳的，税务机关有权采取其他税款征收措施

5. 根据税收征收管理法律制度的规定，纳税担保的范围包括（　　）。

A. 税款　　B. 滞纳金

C. 罚款　　D. 保管担保财产的费用

6. 根据税收征收管理法律制度的规定，下列各项中，属于税收保全措施的有（　　）。

A. 书面通知纳税人开户银行冻结纳税人的金额相当于应纳税款的存款

B. 扣押、查封纳税人的价值相当于应纳税款的商品、货物或者其他财产

C. 暂扣纳税人税务登记证

D. 拍卖纳税人价值相当于应纳税款的货物，以拍卖所得抵缴税款

7. 根据税收征收管理法律制度的规定，下列各项中，纳税人可以申请行政复议，也可以直接提起行政诉讼的情形有（　　）。

A. 甲企业对税务机关停止其出口退税权的决定不服

B. 乙公司对税务机关为其延期颁发税务登记证的行为不服

C. 丙个体工商户对税务机关为其确认的征税范围不服

D. 丁公司法定代表人对税务机关通知出入境管理机构阻止其出境的行为不服

8. 根据法律规定，下列关于税务行政复议的管辖说法正确的有（　　）。

A. 对税务所做出的具体行政行为不服的，向其所属税务局申请行政复议

B. 对两个以上税务机关共同做出的具体行政行为不服的，向共同上一级税务机关申请行政复议

C. 对被撤销的税务机关在撤销以前做出的具体行政行为不服的，向继续行使其职权的税务机关的上一级税务机关申请行政复议

D. 对税务机关做出逾期不缴纳罚款加处罚款的决定不服的，向做出行政处罚决定的税务机关申请行政复议

9. 甲公司所在地因暴雨引发山洪，受此影响，甲公司当月没有进行纳税申报，甲公司主管税务机关认为，甲公司应向税务机关提出申请，经税务机关核准后才能延期申报，遂决定处以甲公司 2 000 元罚款，甲公司不服拟提起税务行政复议，则下列说法中错误的有（　　）。

A. 甲公司因不可抗力原因，不能按期办理纳税申报，可以延期办理，并于不可抗力消除后立即向税务机关报告

B. 税务机关对甲公司做出 2 000 元罚款的决定正确

C. 甲公司提起税务行政复议应先缴纳罚款

D. 甲公司提起税务行政复议应先提供担保

10. 根据我国《税收征收管理法》的规定，对于扣缴义务人应扣未扣、应收未收的税款，税务机关采取的措施包括（　　）。

A. 向扣缴义务人追缴税款

B. 向纳税人追缴税款

C. 对扣缴义务人处以罚款

D. 对纳税人处以罚款

11. 某软件公司以假报出口的方式骗取国家出口退税款 30 万元，后税务机关查实情况并依法进行了处理。根据税收征收管理法律制度的规定，下列说法不正确的有（　　）。

A. 该软件公司的行为属于骗税行为

B. 该软件公司的行为属于偷税行为

C. 税务机关可以在规定期间内停止为其办理出口退税

D. 税务机关应追缴其骗取的退税款，并处骗取税款 1 倍以上 3 倍以下的罚款

三、判断题

1. 开具发票应当按照规定的时限、顺序、栏目，全部联次一次性如实开具，并加盖发票专用章。不符合规定的发票，不得作为财务报销凭证，任何单位和个人有权拒收。（　　）

2. 从事生产、经营的纳税人不得虚开发票，但是可以转让或转借发票。（　　）

3. 某小型个体工商户，达不到设置账簿标准，不能准确计算计税依据，应当采取查定征收的方式来征收税款。（　　）

4. 对未按照规定办理税务登记的、从事生产、经营的纳税人，以及临时从事经营的纳税人，不按期缴纳税款的，税务机关可以直接扣押其价值相当于应纳税款的商品、货物。（　　）

5. 纳税担保，包括经税务机关认可的有纳税担保能力的保证人为纳税人提供的纳税保证，以及纳税人或者第三人提供的担保。（　　）

6. 纳税人对税务机关做出的具体征税行为不服的，可以申请行政复议，也可以直接

向人民法院起诉。（　　）

7. 申请人对税务机关做出的逾期不缴纳罚款加处罚款的决定不服的，可以直接提起行政复议。（　　）

8. 对国家税务总局的具体行政行为不服的，向国家税务总局申请行政复议。对行政复议决定不服的，申请人可以提起行政诉讼或向国务院申请裁决。（　　）

参考答案及解析

一、单项选择题

1. C【解析】五证合一登记制度中的五证包括工商营业执照、组织机构代码证、税务登记证、社会保险登记证、统计登记证。

2. A【解析】扣缴义务人应当自税收法律、行政法规规定的扣缴义务发生之日起10日内，按照所代扣、代收的税种，分别设置代扣代缴、代收代缴税款账簿。

3. B【解析】采用邮寄申报的，以寄出地的邮局的邮戳日期为实际申报日期。

4. B【解析】查定征收是指对账务不全，但能控制其材料、产量或进销货物的纳税单位或个人，由税务机关依据正常条件下的生产能力对其生产的应税产品查定产量、销售额并据以征收税款的征收方式。这种征收方式适用生产经营规模较小、产品零星、税源分散、会计账册不健全，但能控制原材料或进销货的小型厂矿和作坊。

5. C【解析】《税收征收管理法》规定，税务机关在税款征收中根据不同情况可以采取相应的征收措施，主要包括责令缴纳、责令提供纳税担保、采取税收保全措施、采取强制执行措施、阻止出境等。

6. A【解析】（1）纳税人未按照规定期限缴纳税款的，税务机关可责令限期缴纳，并从滞纳税款之日起，按日加收滞纳金税款万分之五的滞纳金；（2）加收滞纳金的起止时间，为法律、行政法规规定或者税务机关依照法律、行政法规的规定确定的税款缴纳期限届满次日起至纳税人实际缴纳税款之日止；（3）增值税纳税人以1个月为一个纳税期的，自期满之日起15日内申报纳税。城建税由纳税人在缴纳增值税、消费税的同时缴纳，纳税期限与增值税、消费税的纳税期限一致。因此，本题8月应缴纳的增值税、城建税最晚于9月15日缴纳，自9月16日（含）起计算滞纳天数，该公司实际缴纳税款的日期为9月30日，滞纳天数为15天，应缴纳的滞纳金金额＝（80 000＋5 600）×0.5‰×15＝642（元）。

7. C【解析】选项A，税收强制执行的措施适用于纳税人、扣缴义务人、纳税担保人。选项B，个人及其所抚养家属维持生活必需的住房和用品不在强制执行范围内，机动车辆不属于必需品。选项D，书面通知纳税人开户银行划扣纳税人的金额相当于应纳税款的存款是税收强制执行的具体措施。

【注意】税收保全措施仅适用于纳税人；而强制执行措施适用于纳税人、扣缴义务人和纳税担保人，注意区分。

8. C【解析】根据税收征收管理法律制度的规定，申请人可以在知道税务机关做出具体行政行为之日起60日内提出行政复议申请。

9. A【解析】根据税收征收管理法律制度的规定，对各级税务局的具体行政行为不服的，向其上一级税务局申请行政复议。

10. D【解析】行政复议期间具体行政行为不可以停止执行，但有下列情形之一的，可以停止执行：①被申请人认为需要停止执行的；②行政复议机关认为需要停止执行的；③申请人申请停止执行，复议机关认为其要求合理，决定停止执行的；④法律规定停止执行的。

11. A

12. D【解析】D选项属于骗税行为的法律责任。

二、多项选择题

1. ABCD【解析】任何单位和个人应当按照发票管理规定使用发票，不得有下列行为：转借、转让、介绍他人转让发票、发票监制章和发票防伪专用品；知道或者应当知道是私自印制、伪造、变造、非法取得或者废止的发票而受让、开具、存放、携带、邮寄、运输；拆本使用发票；扩大发票使用范围；以其他凭证代替发票使用。

2. ACD【解析】选项B，已经开具的发票存根联和发票登记簿，应当保存5年。选项ACD，表述均正确。

3. ABCD【解析】纳税人、扣缴义务人的纳税申报或者代扣代缴、代收代缴税款报告表的主要内容包括：税种、税目；应纳税项目或者应代扣代缴、代收代缴税款项目；计税依据；扣除项目及标准；适用税率或者单位税额；应退税项目及税额、应减免税项目及税额；应纳税额或者应代扣代缴、代收代缴税额；税款所属期限、延期缴纳税款、欠税、滞纳金等。

4. ABCD

5. ABD【解析】纳税担保的范围包括税款、滞纳金和实现税款、滞纳金的费用。

6. AB【解析】税务机关可以采取下列税收保全措施：①书面通知纳税人开户银行或者其他金融机构冻结纳税人的金额相当于应纳税款的存款；②扣押、查封纳税人的价值相当于应纳税款的商品、货物或者其他财产，其他财产是指纳税人的房地产、现金、有价证券等不动产和动产。

7. ABD【解析】申请人对复议范围中税务机关做出的征税行为不服的，应当先向复议机关申请行政复议，对行政复议决定不服的，可以再向人民法院提起行政诉讼。申请人对复议范围中征税行为以外的其他具体行政行为不服的，可以申请行政复议，也可以直接向人民法院提起行政诉讼。税务机关做出的征税行为，包括确认纳税主体、征税对象、征税范围、减税、免税、退税、抵扣税款、适用税率、计税依据、纳税环节、纳税期限、纳税地点和税款征收方式等具体行政行为，征收税款、加收滞纳金，扣缴义务人、受税务机关委托的单位和个人做出的代扣代缴、代收代缴、代征行为等。

8. ABCD

9. BCD【解析】由于不可抗力原因无须申请直接延期，税务机关事后查明、核准。

10. BC【解析】对扣缴义务人应扣未扣、应收未收的税款，由税务机关向纳税人追缴税款，对扣缴义务人处以罚款。

11. BD【解析】纳税人以假报出口或者其他欺骗手段，骗取国家出口退税款的行为属于骗税行为。对骗取国家出口退税款的，税务机关可以在规定期间内停止为其办理出口退税。纳税人有骗税行为的，由税务机关追缴其骗取的退税款，并处骗取税款1倍以上5倍以下的罚款。

三、判断题

1. 对

2. 错【解析】任何单位和个人应当按照发票管理规定使用发票，不得转借、转让发票。税款征收与税务检查。

3. 错【解析】定期定额征收，适用于经主管税务机关认定和县以上税务机关（含县级）批准的生产、经营规模小，达不到《个体工商户建账管理暂行办法》规定设置账簿标准，难以查账征收，不能准确计算计税依据的个体工商户。因此，本题适用定期定额的征收方式。

4. 错【解析】对未按照规定办理税务登记的、从事生产、经营的纳税人，以及临时从事经营的纳税人，由税务机关核定其应纳税额，责令缴纳；不缴纳的，税务机关可以扣押其价值相当于应纳税款的商品、货物。

5. 错【解析】纳税担保，包括经税务机关认可的有纳税担保能力的保证人为纳税人提供的纳税保证，以及纳税人或者第三人以其未设置或者未全部设置担保物权的财产提供的担保。

6. 错【解析】纳税人对复议范围中征税行为不服的，应当先向复议机关申请行政复议，对行政复议决定不服的，可以再向人民法院提起行政诉讼。纳税人对复议范围中征税行为以外的其他具体行政行为不服的，可以申请行政复议，也可以直接向人民法院提起行政诉讼。

7. 错【解析】申请人对税务机关做出的逾期不缴纳罚款加处罚款的决定不服的，应当先缴纳罚款和加处罚款，再申请行政复议。

8. 对

第八章　劳动合同与社会保险法律制度

第一节　劳动合同法律制度 ★★★

一、劳动合同的订立

（一）劳动合同订立的主体

劳动关系的当事人是特定的，一方是劳动者，另一方是用人单位。

1. 主体资格

（1）劳动者

① 劳动者是在法定劳动年龄内具有劳动能力，以从事劳动获取合法劳动报酬的自然人。依据我国劳动法规定，凡年满16周岁、在法定劳动年龄内有劳动能力的公民是具有劳动权利能力和劳动行为能力的人，包括我国公民、外国公民和无国籍人。文艺、体育和特种工艺单位可以依法招用未满16周岁的未成年人。

② 劳动者就业，不因民族、种族、性别、宗教信仰不同而受歧视。

③ 妇女享有与男子平等的就业权利。在录用职工时，除国家规定的不适合妇女的工种或者岗位外，不得以性别为由拒绝录用妇女或者提高对妇女的录用标准。

【例题1·单选题】用人单位招用劳动者的下列情形中，符合法律规定的是（　　）。

A. 甲餐厅与未满16周岁的小赵签订劳动合同

B. 乙杂技团与未满16周岁的小钱签订劳动合同

C. 丙快递公司与未满16周岁的小孙签订劳动合同

D. 丁保安公司与未满16周岁的小李签订劳动合同

【解析】除文艺、体育和特种工艺单位外，其他单位均禁止招用未满16周岁的未成年人。故符合法律规定的是选项B。

（2）用人单位

作为劳动法律关系主体的用人单位，应具有相应的主体资格，即同时具有用人权利能力和用人行为能力。用人单位设立的分支机构，依法取得营业执照或者登记证书的，可以作为用人单位与劳动者订立劳动合同；未依法取得营业执照或者登记证书的，受用人单位委托可以与劳动者订立劳动合同。

2. 用人单位的义务和责任

（1）告知义务

用人单位招用劳动者时，应当如实告知劳动者的工作内容、工作条件、工作地点、职业危害、安全生产状况、劳动报酬，以及劳动者要求了解的其他情况。

（2）不得扣押证件、收取财物

① 用人单位招用劳动者，不得扣押劳动者的居民身份证和其他证件。用人单位扣押劳动者居民身份证等证件的，由劳动行政部门责令限期退还劳动者本人，并依照有关法律规定给予处罚。

② 用人单位招用劳动者，不得要求劳动者提供担保或者以其他名义向劳动者收取财物。用人单位以担保或者其他名义向劳动者收取财物的，由劳动行政部门责令限期退还劳动者本人，并以每人500元以上2 000元以下的标准处以罚款；给劳动者造成损害的，应当承担赔偿责任。

【例题2·多选题】根据劳动合同法律制度的规定，下列各项中，属于用人单位订立劳动合同时应当承担的义务的有（ ）。

A. 告知劳动者工作内容、工作条件、工作地点、职业危害、安全生产状况、劳动报酬等情况

B. 不得扣押劳动者相关证件

C. 不得向劳动者索取财物

D. 不得要求劳动者提供担保

【解析】ABCD 4个选项均为用人单位订立劳动合同时应当承担的义务。

（二）劳动关系建立的时间

用人单位自"用工之日"起即与劳动者建立劳动关系。用人单位与劳动者在用工前订立劳动合同的，劳动关系自用工之日起建立。

知识点拨

劳动关系的建立时间只与"用工之日"有关，与是否签订了书面劳动合同、书面劳动合同的签订时间（先签合同后用工或先用工后签合同）、书面劳动合同约定的合同期限起算点、试用期满的时间、发放第一笔工资的时间等均无关。

【例题3·单选题】2017年10月，赵某应聘到甲公司工作，双方口头约定了一个月的试用期，但未订立书面劳动合同。关于双方劳动关系建立的下列表述中，正确的是（ ）。

A. 甲公司应当与赵某补签劳动合同，双方之间的劳动关系自合同补签之日起建立

B. 赵某与甲公司未订立劳动合同，双方之间未建立劳动关系

C. 赵某与甲公司之间的劳动关系自赵某进入公司开始工作时建立

D. 赵某与甲公司之间的劳动关系自试用期满时建立

【解析】用人单位自用工之日起即与劳动者建立劳动关系。故赵某与甲公司之间的劳动关系自赵某进入公司开始工作时建立，选项C正确。

（三）劳动合同订立的形式

1. 书面形式

建立劳动关系，应当订立书面劳动合同。已建立劳动关系，未同时订立书面劳动合同的，应当自用工之日起1个月内订立书面劳动合同。（延迟订立劳动合同）

（1）自用工之日起1个月内，经用人单位书面通知后，劳动者不与用人单位订立书面劳动合同的，用人单位应当书面通知劳动者终止劳动关系，无需向劳动者支付经济补偿，但是应当依法向劳动者支付其实际工作时间的劳动报酬。

（2）用人单位自用工之日起超过1个月不满1年未与劳动者订立书面劳动合同的，应当依法向劳动者每月支付2倍的工资，并与劳动者补订书面劳动合同，每月支付2倍工资的起算时间为用工之日起满1个月的次日，截止时间为补订书面劳动合同的前1日。劳动者不与用人单位订立书面劳动合同的，用人单位应当书面通知劳动者终止劳动关系，并依法支付经济补偿。（双罚制）

（3）用人单位自用工之日起满1年未与劳动者订立书面劳动合同的，自用工之日起满1个月的次日至满1年的前1日应当依法向劳动者每月支付2倍的工资，并视为自用工之日起满1年的当日已经与劳动者订立无固定期限劳动合同，应当立即与劳动者补订书面劳动合同。

（4）用人单位违反劳动合同法规定不与劳动者订立无固定期限劳动合同的，自应当订立无固定期限劳动合同之日起向劳动者每月支付2倍的工资。

知识点拨

未按照法律规定的期限签订书面劳动合同的情形下，劳动者获得双倍工资的最长期限是11个月。也就是说，如果自用工之日起满1年，用人单位仍未与劳动者签订书面劳动合同，不论双方何时补签书面劳动合同，劳动者只能获得11个月的工资补偿。

【例题4·单选题】2017年3月12日，吴某应聘到甲公司工作，每月领取工资2 000元，直至2018年2月12日甲公司方与其订立书面劳动合同。未及时订立书面劳动合同的工资补偿为（ ）元。

A. 18 000　　B. 20 000

C. 22 000　　D. 44 000

【解析】未及时订立书面劳动合同的工资补偿应该自2017年4月12日开始计算，到2018年2月11日，共计10个月，则除正常工资外，要支付10×2 000＝20 000元工资补偿。因此，本题的正确答案是B选项。

2. 口头形式

非全日制用工双方当事人可以订立口头协议。

非全日制用工，是指以小时计酬为主，劳动者在同一用人单位一般平均每日工作时间不超过4小时，每周工作时间累计不超过24小时的用工形式。

（1）从事非全日制用工的劳动者可以与一个或者一个以上用人单位订立劳动合同；但是，后订立的劳动合同不得影响先订立的劳动合同的履行。

（2）非全日制用工双方当事人不得约定试用期。

（3）非全日制用工双方当事人任何一方都可以随时通知对方终止用工。终止用工时，用人单位不向劳动者支付经济补偿。

（4）非全日制用工小时计酬标准不得低于用人单位所在地人民政府规定的最低小时工资标准。非全日制用工劳动报酬结算支付周期最长不得超过15日。

【例题5·多选题】甲公司没有专门负责打印、复印的员工，最近公司业务比较繁忙，有大量的资料需要打印、复印。故聘请吴某来公司专门负责打印、复印，他们口头约定：吴某周一至周五每天各来公司一次，每次工作3小时，每次工资100元，试用一次，试用期工资80元，工资每月支付一次。2个月后甲公司发现，吴某同时在多家公司做小时工，为赶时间工作比较马虎，遂通知吴某解除约定。吴某要求甲公司多支付一次的工资作为经济补偿。根据劳动合同法律制度的有关规定，下列说法中错误的有（　　）。

A. 甲公司可以与吴某订立口头劳动合同

B. 甲公司可以与吴某约定试用期

C. 甲公司与吴某约定的工资支付标准及结算周期符合规定

D. 甲公司可以随时通知吴某解除用工合同，吴某可以要求甲公司支付经济补偿

【解析】甲公司与吴某之间的用工形式为非全日制用工，非全日制用工双方可以订立口头协议。因此选项A说法正确。非全日制用工不得约定试用期，结算周期最长不得超过15日。因此选项B、C说法错误。非全日制用工的双方当事人均可随时通知对方终止用工。终止用工时，用人单位不向劳动者支付经济补偿。因此选项D说法错误。因此，本题的正确答案是BCD。

（四）劳动合同的效力

1. 劳动合同的生效

劳动合同是诺成性合同，双方当事人协商一致，签字盖章后即生效。

知识点拨

劳动合同生效时间与劳动关系建立时间不同：（1）用人单位与劳动者可以先在劳动合同文本上签字或者盖章，劳动合同生效后再实际用工，劳动关系于实际用工之日起建立；（2）也可以先实际用工（先建立劳动关系），而后双方再在合同文本上签字或者盖章（劳动合同生效）。

【例题6·判断题】劳动合同自用人单位与劳动者在劳动合同文本上签字之日起生效，双方劳动关系自签字之日起建立。（　　）

【解析】劳动合同生效不等于劳动关系建立，劳动关系自用工之日起建立，与劳动合同是否生效无关。因此，本题应判断为错误。

2. 劳动合同无效或者部分无效

下列劳动合同无效或者部分无效。

（1）以欺诈、胁迫的手段或者乘人之危，使对方在违背真实意思的情况下订立或者变更劳动合同的。

（2）用人单位免除自己的法定责任、排除劳动者权利的。

（3）违反法律、行政法规强制性规定的。

对劳动合同的无效或者部分无效有争议的，由劳动争议仲裁机构或者人民法院确认。

3. 无效合同的法律后果

（1）劳动合同部分无效，不影响其他部分效力的，其他部分仍然有效。

（2）劳动合同被确认无效，劳动者已付出劳动的，用人单位应当向劳动者支付劳动报酬。劳动报酬的数额，参照本单位相同或者相近岗位劳动者的劳动报酬确定。

不具备合法经营资格的用人单位（没有营业执照或登记证书）被依法追究法律责任的，劳动者已经付出劳动的，该单位或者其出资人应当依照《劳动合同法》有关规定向劳动者支付劳动报酬、经济补偿、赔偿金；给劳动者造成损害的，应当承担赔偿责任。

（3）劳动合同被依法确认无效，给对方造成损害的，有过错的一方应当承担赔偿责任。

二、劳动合同必备条款

（一）劳动合同必备条款概述

劳动合同的必备条款是法律规定劳动合同必须具备的条款，它是劳动合同生效所必须具备的条款。根据《劳动合同法》的规定，劳动合同的必备条款包括：

（1）用人单位的名称、住所和法定代表人或者主要负责人；

（2）劳动者的姓名、住址和居民身份证或者其他有效身份证件号码；

（3）劳动合同期限；

（4）工作内容和工作地点；

（5）工作时间和休息休假；

（6）劳动报酬；

（7）社会保险；

（8）劳动保护、劳动条件和职业危害防护；

（9）法律、法规规定应当纳入劳动合同的其他事项。

【例题 7 · 多选题】 根据劳动合同法律制度的规定，下列各项中，属于劳动合同必备条款的有（　　）。

A. 社会保险　　B. 劳动报酬

C. 服务期　　D. 劳动合同期限

【解析】 选项 ABD 属于劳动合同必备条款；选项 C 属于劳动合同约定条款。

（二）无固定期限劳动合同

无固定期限劳动合同，是指用人单位与劳动者约定无确定终止时间的劳动合同。具体包括以下 4 种情况。

（1）协商订立。即用人单位与劳动者协商一致，可以订立无固定期限劳动合同。

（2）法定情形。即出现以下 3 种情形之一（见表 8-1），原则上用人单位有义务订立无固定期限劳动合同。

表 8-1　订立无固定期限劳动合同的法定情形

	法定情形	前提	处理
（1）	一般用人单位中的长期劳动者	①劳动者在该用人单位连续工作满 10 年的。 ②连续工作满 10 年的起始时间，应当自用人单位用工之日起计算	出现 3 种情形之一，劳动者提出或者同意续订、订立劳动合同的，除劳动者提出订立固定期限劳动合同外，应当订立无固定期限劳动合同
（2）	国企改制中的长期劳动者（双 10）	用人单位初次实行劳动合同制度或者国有企业改制重新订立劳动合同时，劳动者在该用人单位连续工作满 10 年且距法定退休年龄不足 10 年的	
（3）	第三次劳动合同关系	① 连续订立 2 次固定期限劳动合同。 ② 劳动者没有下述情形，续订劳动合同的。 a. 严重违反用人单位规章制度的。 b. 严重失职，营私舞弊，给用人单位造成重大损害的。 c. 劳动者同时与其他用人单位建立劳动关系，对完成本单位的工作任务造成严重影响，或者经用人单位提出，拒不改正的。 d. 以欺诈、胁迫的手段或者乘人之危，使用人单位在违背真实意思的情况下订立或者变更劳动合同，致使劳动合同无效的。 e. 被依法追究刑事责任的。 f. 劳动者患病或者非因工负伤，在规定的医疗期满后不能从事原工作，也不能从事由用人单位另行安排的工作的。 g. 劳动者不能胜任工作，经过培训或者调整工作岗位，仍不能胜任工作的	

知识点拨

“劳动合同的次数”是自2008年1月1日起开始计算次数。

（3）推定情形。即用人单位自用工之日起满1年不与劳动者订立书面劳动合同的，视为用人单位与劳动者已订立无固定期限劳动合同。

（4）例外情形。即有补贴岗位、公益性岗位。地方各级人民政府及县级以上地方人民政府有关部门，为安置就业困难人员提供的给予岗位补贴和社会保险补贴的公益性岗位，其劳动合同不适用无固定期限劳动合同的规定以及支付经济补偿的规定。

【例题8·多选题】根据劳动合同法律制度的规定，下列各项中，除劳动者提出订立固定期限劳动合同外，用人单位与劳动者应当订立无固定期限劳动合同的情形有（　　）。

A. 劳动者在该用人单位连续工作满10年的

B. 连续订立2次固定期限劳动合同，且劳动者无法定不得订立无固定期限劳动合同的情形，继续续订的

C. 国有企业改制重新订立劳动合同，劳动者在该用人单位连续工作满5年且距法定退休年龄不足15年的

D. 用人单位初次实行劳动合同制度，劳动者在该用人单位连续工作满10年且距法定退休年龄不足10年的

【解析】订立无固定期限劳动合同的情形：（1）劳动者在该用人单位“连续工作”满“10年”的。（2）用人单位初次实行劳动合同制度或者国有企业改制重新订立劳动合同时，劳动者在该用人单位连续工作“满10年”“且”距法定退休年龄“不足10年”的。（3）连续订立2次固定期限劳动合同，且劳动者有能力无过错的。因此选项ABD正确。

（三）工作时间和休息休假

1. 工作时间

工作时间又称劳动时间，是指劳动者为履行劳动义务，在法律规定的标准下，根据劳动合同和集体合同的规定提供劳动的时间，如表8-2所示。

表8-2　工作时间

工时种类	基本规定	加班
标准工时制	每天8小时，每周40小时	（1）用人单位与工会和劳动者协商后可延长工作时间。 （2）加班时长：一般为每天不超过1小时；特殊为每天不超过3小时，每月不超过36小时。如遇到紧急事件或必须及时抢修以及行政法规规定的其他情形，延长工作时间不受上述规定的限制
不定时工作制	（1）平均每天不超过8小时，平均每周不超过40小时； （2）每周至少休息1天	
综合计算工时制	以周、月、季、年为周期总和计算，但平均工时同标准工时制	

2. 休息休假

休息，是指劳动者在法定工作时间以外自行支配的时间，包括工作日内的间歇时间、工作日之间的休息时间和每周休息的时间。休假，是指劳动者无需履行劳动义务且一般有工资保障的法定休息时间，包括法定休假节日、带薪年休假、探亲假、婚丧假、产假等。

法定休假节日，是国家以法律明文规定的必须给予劳动者休息时间的统一节日，包括元旦、春节、清明节、劳动节、端午节、中秋节、国庆节等。

带薪年休假，简称年休假，是指职工工作满一定年限后，每年可享有的保留工作岗位、带薪连续休息的假期，如表8-3所示。

表8-3　带薪年休假

职工享受带薪年休假的情形	（1）职工累计工作已满1年不满10年的，年休假5天； （2）职工累计工作已满10年不满20年的，年休假10天； （3）职工累计工作已满20年的，年休假15天

续表

职工不享受带薪年休假的情形	（1）职工依法享受寒暑假，其假期天数多于年休假天数的； （2）职工请事假累计 20 天以上且单位按照规定不扣工资的； （3）累计工作满 1 年不满 10 年的职工，请病假累计 2 个月以上的； （4）累计工作满 10 年不满 20 年的职工，请病假累计 3 个月以上的； （5）累计工作满 20 年以上的职工，请病假累计 4 个月以上的

累计工作年限是指劳动者自参加工作以来的工作年限总和。

职工在年休假期间享受与正常工作期间相同的工资收入，国家法定休假日、休息日不计入年休假的假期。

职工新进用人单位且符合享受带薪年休假条件的，当年度休假天数按照在本单位剩余日历天数折算确定，折算后不足 1 整天的部分不享受年休假。

剩余年休假天数＝[当年度在本单位剩余日历天数 /365 天]× 职工本人全年应当享受的年休假天数

【例题 9 · 多选题】根据劳动合同法律制度的规定，下列情形中，职工不能享受当年年休假的有（　　）。

A. 依法享受寒暑假，其休假天数多于年休假天数的

B. 请事假累计 20 天以上，且单位按照规定不扣工资的

C. 累计工作满 1 年不满 10 年，请病假累计 2 个月以上的

D. 累计工作满 20 年以上，请病假累计满 3 个月的

【解析】职工有下列情形之一的，不享受当年的年休假。（1）职工依法享受寒暑假，其休假天数多于年休假天数的（选项 A 正确）。（2）职工请事假累计 20 天以上且单位按照规定不扣工资的（选项 B 正确）。（3）累计工作满 1 年不满 10 年的职工，请病假累计 2 个月以上的（选项 C 正确）。（4）累计工作满 10 年不满 20 年的职工，请病假累计 3 个月以上的。（5）累计工作满 20 年以上的职工，请病假累计 4 个月以上的（选项 D 错误）。因此选项 ABC 正确。

（四）劳动报酬

劳动报酬，是指用人单位根据劳动者劳动的数量和质量，以货币形式支付给劳动者的工资，是劳动者付出体力或脑力劳动所得的对价，如表 8-4 所示。

表 8–4　劳动报酬

工资种类	具体规则		
正常工资	（1）应以法定货币支付，不得以实物、有价证券代替。 （2）必须在约定的日期支付，如遇休息日或节假日，应提前在最近的工作日支付。 （3）至少每月支付一次，实行周、日、小时工资制的可按周、日、小时支付。 （4）不得违反最低工资标准： ① 最低工资不包括加班工资、补贴、津贴和保险； ② 用人单位违反最低工资标准的，劳动行政部门责令限期支付差额部分，逾期不支付的，责令用人单位按应付金额 50% ~ 100% 加付赔偿金		
加班工资	平时加班	支付 1.5 倍以上的平时工资	违反加班工资的法律责任： （1）责令限期支付； （2）逾期不支付，按应付金额 50% ~ 100% 加付赔偿金
	周末加班	支付 2 倍以上的平时工资或安排补休	
	节假日加班	支付 3 倍以上的平时工资	
	部分人放假	有工资无加班费	
扣工资	（1）每月扣除的部分不得超过劳动者当月工资的 20%。 （2）扣除后的剩余工资部分须不低于当地月最低工资标准		

实行计件工资的劳动者，在完成计件定额任务后，用人单位安排延长工作时间的，分别按照不低于其本人法定工作时间计件单价的 150%、200%、300%。

知识点拨

（1）劳动者在法定休假日和婚丧假期间以及依法参加社会活动期间，用人单位应当依法支付工资。

（2）在部分公民放假的节日期间（如妇女节、青年节），对参加社会活动或单位组织庆祝活动和照常工作的职工，单位应支付工资报酬，但不支付加班工资。如果该节日恰逢星期六、星期日，单位安排职工加班工作，则应当依法支付“休息日”的加班工资（200%）。

【例题 10 · 单选题】2017 年 5 月，甲公司李某于5月1日（国际劳动节）、5月7日（周六）分别加班 1 天，事后未安排补休，已知甲公司实行标准工时制，李某的日工资为 200 元。计算甲公司应支付李某 5 月最低加班工资的下列算式中，正确的是（　　）元。

A. 200×300% + 200×200% = 1 000

B. 200×200% + 200×150% = 700

C. 200×100% + 200×200% = 500

D. 200×300% + 200×300% = 1 200

【解析】用人单位依法安排劳动者在休息日工作，不能安排补休的，按照不低于劳动合同规定的劳动者本人日或小时工资标准的 200% 支付劳动者工资；用人单位依法安排劳动者在法定休假日工作的，按照不低于劳动合同规定的劳动者本人日或小时工资标准的 300% 支付劳动者工资。本题中的加班工资为：200×300% + 200×200% = 1 000（元）。因此选项 A 正确。

三、劳动合同约定条款

根据《劳动合同法》的规定，劳动合同的约定条款包括：（1）试用期；（2）服务期；（3）保密条款；（4）竞业限制条款；（5）补充保险和福利待遇等条款。

（一）试用期

用人单位与劳动者可以约定试用期，也可以不约定。

为了禁止用人单位滥用试用期，《劳动合同法》对试用期进行了限制，以保护劳动者的合法权益。

（1）禁止重复试用同一人。即同一用人单位与同一劳动者只能约定一次试用期。

知识点拨

（1）在试用期内解除劳动合同，不论是用人单位解除还是劳动者解除，用人单位再次招用该劳动者时，不得再约定试用期；

（2）试用期结束后，不论是在劳动合同期限内，还是劳动合同续订时，用人单位均不得与该劳动者再约定试用期；

（3）劳动合同终止后一段时间又招用该劳动者的，对该劳动者用人单位不得再约定试用期。

（2）试用期包含在劳动合同期限内。劳动合同仅约定试用期的，试用期不成立，该期限为劳动合同期限。

（3）试用期的期限，如表 8-5 所示。

表 8–5　试用期的期限

劳动合同期限	试用期期限
以完成一定工作任务为期限的劳动合同	不得约定试用期
劳动合同期限不满 3 个月的（＜3 个月）	
非全日制用工	
劳动合同期限 3 个月以上不满 1 年的	试用期不得超过 1 个月（≤1 个月）
劳动合同期限 1 年以上不满 3 年的	试用期不得超过 2 个月（≤2 个月）
3 年以上固定期限和无固定期限的劳动合同	试用期不得超过 6 个月（≤6 个月）

（4）最低工资≤试用期工资≤约定工资 80%。即劳动者在试用期的工资不得低于本单位相同岗位最低档工资或者劳动合同约定工资的 80%，并不得低于用人单位所在地的最低工资标准。

（5）法律责任。用人单位违反《劳动合同法》规定与劳动者约定试用期的，由劳动行政部门责令改正；违法约定的试用期已经履行的，由用人单位以劳动者试用期满月工资为标准，按已经履行的超过法定试用期的期间向劳动者支付赔偿金。

【例题 11 · 多选题】根据劳动合同法律

制度的规定，下列关于试用期的表述中，正确的有（　　）。

A. 订立固定期限劳动合同应当约定试用期

B. 同一用人单位与同一劳动者只能约定一次试用期

C. 试用期包含在劳动合同期限内

D. 订立无固定期限劳动合同不应约定试用期

【解析】试用期属于约定条款，可约定可不约定，因此选项A错误。订立无固定期限劳动合同的，约定的试用期不得超过6个月，故选项D错误。因此，本题的正确答案是BC。

（二）服务期

服务期，是指因用人单位为劳动者提供专业技术培训，双方约定的劳动者为用人单位必须服务的期间。所以，服务期是和专业技术培训相关的。

1. 约定服务期的条件

用人单位为劳动者提供专项培训费用，对其进行专业技术培训的，可约定服务期。

2. 服务期的特征

（1）用人单位与劳动者约定服务期的，不影响按照正常的工资调整机制提高劳动者在服务期期间的劳动报酬。

（2）服务期的年限可以由用人单位与劳动者协商确定。如果劳动合同期满，双方约定的服务期尚未到期的，劳动合同应当续延至服务期满；双方另有约定的，从其约定。

3. 服务期合同的违约金问题

（1）劳动者违反服务期约定的，应按照约定向用人单位支付违约金。

（2）违约金的数额不得超过用人单位提供的培训费用。

（3）用人单位要求劳动者支付的违约金不得超过服务期尚未履行部分所应分摊的培训费用。

4. 劳动合同解除与服务期违约金的支付，如表8-6所示

表8-6　劳动合同解除与服务期违约金的支付

解除主体	是否支付	具体情形
劳动者提前解除服务期合同	要付	劳动者（主动）提前解除服务期合同的，劳动者应当按照约定向用人单位支付违约金
	不付	劳动者被迫提前解除服务期合同，不付违约金。即出现下列情况之一的，劳动者可以提前解除服务期合同，并且不需要支付违约金。 （1）用人单位未按照劳动合同约定提供劳动保护或者劳动条件的。 （2）用人单位未及时足额支付劳动报酬的。 （3）用人单位未依法为劳动者缴纳社会保险费的。 （4）用人单位的规章制度违反法律、法规的规定，损害劳动者权益的。 （5）用人单位以欺诈、胁迫的手段或者乘人之危，使劳动者在违背真实意思的情况下订立或者变更劳动合同的。 （6）用人单位在劳动合同中免除自己的法定责任、排除劳动者权利的。 （7）用人单位违反法律、行政法规强制性规定的。 （8）法律、行政法规规定劳动者可以解除劳动合同的其他情形
用人单位提前解除服务期合同	要付	劳动者因过错被解除服务期，要付违约金。即用人单位提前解除服务期的劳动合同，有下列情形之一的，劳动者应当向用人单位支付违约金。 （1）劳动者严重违反用人单位规章制度的。 （2）劳动者严重失职，营私舞弊，给用人单位造成重大损害的。 （3）劳动者同时与其他用人单位建立劳动关系，对完成本单位的工作任务造成严重影响，或者经用人单位提出，拒不改正的。 （4）劳动者以欺诈、胁迫的手段或者乘人之危，使用人单位在违背真实意思的情况下订立或者变更劳动合同的。 （5）劳动者被依法追究刑事责任的
	不付	劳动者无过错，用人单位提前解除服务期劳动合同的，用人单位要支付经济补偿金；劳动者无需支付违约金

知识点拨

《劳动合同法》不允许用人单位任意约定由劳动者承担违约金。下列情况可约定劳动者违约时承担违约金。

（1）劳动者违反服务期约定，应当按照约定向用人单位支付违约金。

（2）劳动者违反竞业限制约定，应当按照约定向用人单位支付违约金。

【例题 12·单选题】甲公司为员工张某支付培训费用 3 万元，约定服务期 3 年。2 年后，张某以其自入职之日起甲公司从未按照合同约定提供劳动保护为由，向甲公司提出解除劳动合同。根据劳动合同法律制度的规定，下列说法正确的是（　　）。

A. 张某违反了服务期的约定

B. 甲公司可以要求张某支付 3 万元的违约金

C. 甲公司可以要求张某支付 1 万元的违约金

D. 张某无需支付违约金

【解析】用人单位与劳动者约定了服务期，如存在"用人单位未按照劳动合同约定提供劳动保护或者劳动条件"等情形，劳动者有权随时通知用人单位解除劳动合同，不属于违反服务期的约定，用人单位不得要求劳动者支付违约金。因此，本题的正确答案是 D 选项。

（三）竞业限制

关于劳动者竞业限制的主要规定如表 8-7 所示。

表 8-7　竞业限制

事项	具体规则
适用人群	竞业限制的人员限于用人单位的高级管理人员、高级技术人员和其他负有保密义务的人员，而非所有的劳动者
竞业限制期限	竞业限制期限不得超过"2 年"。约定的竞业限制期限超过 2 年的，"超过部分无效"
竞业限制是约定义务	对负有保密义务的劳动者，用人单位可在劳动合同或保密协议中与劳动者约定竞业限制条款，并约定在解除或终止劳动合同后，在竞业限制期限内按月给予劳动者经济补偿
违约责任	劳动者违反竞业限制约定的，应当按照约定向用人单位支付违约金，给用人单位造成损失的应当承担赔偿责任
竞业限制中的经济补偿问题	（1）当事人在劳动合同或者保密协议中约定了竞业限制，但未约定解除或者终止劳动合同后给予劳动者经济补偿，劳动者履行了竞业限制义务，要求用人单位按照劳动者在劳动合同解除或者终止前 12 个月平均工资的 30% 按月支付经济补偿的，人民法院应予支持。前述规定的月平均工资的 30% 低于劳动合同履行地最低工资标准的，按照劳动合同履行地最低工资标准支付。 （2）当事人在劳动合同或者保密协议中约定了竞业限制和经济补偿，当事人解除劳动合同时，除另有约定外，用人单位要求劳动者履行竞业限制义务，或者劳动者履行了竞业限制义务后要求用人单位支付经济补偿的，人民法院应予支持。 （3）当事人在劳动合同或者保密协议中约定了竞业限制和经济补偿，劳动合同解除或者终止后，因用人单位的原因导致"3 个月"未支付经济补偿，劳动者"请求"解除竞业限制约定的，人民法院应予支持。 （4）在竞业限制期限内，用人单位请求解除竞业限制协议时，人民法院应予支持。在解除竞业限制协议时，劳动者请求用人单位额外支付劳动者 3 个月的竞业限制经济补偿的，人民法院应予支持。 （5）劳动者违反竞业限制约定，向用人单位支付违约金后，用人单位要求劳动者按照约定继续履行竞业限制义务的，人民法院应予支持

知识点拨

竞业限制义务≠保密义务。如果劳动合同中仅约定了保密条款，并不等于劳动者必然承担竞业限制义务。只有约定了竞业限制条款，劳动者离职后才承担该项义务。

【例题 13·单选题】在解除或终止劳动合同后，竞业限制人员到与本单位生产或者经营同类产品、从事同类业务的有竞争关系的其他用人单位的竞业限制期限，不得超过一定期限。该期限为（　　）。

A. 1年　　　　B. 2年

C. 3年　　　　D. 5年

【解析】在解除或者终止劳动合同后，竞业限制人员到与本单位生产或者经营同类产品、从事同类业务的有竞争关系的其他用人单位，或者自己开业生产或者经营同类产品、从事同类业务的竞业限制期限，不得超过2年。因此，本题的正确答案是选项B。

四、劳动合同的履行和变更

（一）劳动合同的履行

（1）用人单位拖欠或者未足额支付劳动者报酬的，劳动者可以依法向当地“人民法院”申请支付令，人民法院应当依法发出支付令。

（2）劳动者拒绝用人单位管理人员违章指挥、强令冒险作业的，不视为违反劳动合同。

（3）用人单位变更名称、法定代表人、主要负责人或者投资人等事项，不影响劳动合同的履行。

（4）用人单位发生合并分立等情况，原劳动合同继续有效，劳动合同由承继其权利和义务的用人单位继续履行。

（5）单位制定的合法有效的劳动规章制度是劳动合同的组成部分，对用人单位和劳动者均具有法律约束力。

（6）单位在制定、修改或者决定有关“劳动报酬、工作时间、休息休假、劳动安全卫生、保险福利、职工培训、劳动纪律以及劳动定额管理”等直接涉及劳动者切身利益的规章制度和重大事项时，应当经职工代表大会或全体职工讨论。

（7）用人单位的规章制度未经公示或者未对劳动者告知，该规章制度对劳动者不生效。

（二）劳动合同的变更

变更劳动合同应当采用书面形式，未采用书面形式，但已经实际履行了口头变更的劳动合同超过1个月，且变更后的劳动合同内容不违反法律、行政法规、国家政策以及公序良俗，当事人以未采用书面形式为由主张劳动合同变更无效的，人民法院不予支持。

五、劳动合同的解除和终止

（一）劳动合同的解除

1. 协商解除

用人单位与劳动者协商一致，可以解除劳动合同。

2. 劳动者单方解除

（1）预告解除（无过错解除，不补偿）

① 劳动者提前30日以书面形式通知用人单位，可以解除劳动合同。

② 劳动者在试用期内提前3日通知用人单位，可以解除劳动合同。

（2）无需预告解除（单位有过错，立即解除，补偿）

① 需要通知用人单位。

用人单位有下列情形之一的，劳动者可以解除劳动合同。

a. 未按照劳动合同约定提供劳动保护或者劳动条件的。

b. 未及时足额支付劳动报酬的。

c. 未依法为劳动者缴纳社会保险费的。

d. 用人单位的规章制度违反法律、法规的规定，损害劳动者权益的。

e. 用人单位以欺诈、胁迫的手段或乘人之危，使劳动者在违背真实意思的情况下订立或变更劳动合同的。

f. 法律、行政法规规定劳动者可以解除劳动合同的其他情形。

② 不需要通知用人单位。

a. 用人单位以暴力、威胁或者非法限制人身自由的手段强迫劳动者劳动的。

b. 用人单位违章指挥、强令冒险作业危及劳动者人身安全的。

3. 用人单位单方解除

（1）过错性解除（劳动者有过错，不补偿）

劳动者有下列情形之一的，用人单位可以解除劳动合同。

① 在试用期间被证明不符合录用条件的。

② 严重违反用人单位的规章制度的。

③ 严重失职，营私舞弊，给用人单位造

成重大损害的。

④ 劳动者同时与其他用人单位建立劳动关系，对完成本单位的工作任务造成严重影响，或者经用人单位提出，拒不改正的。

⑤ 劳动者以欺诈、胁迫的手段或乘人之危，使用人单位在违背真实意思的情况下订立或变更劳动合同的。

⑥ 劳动者被依法追究刑事责任的。

（2）非过错性解除（用人单位需预告的解除，补偿）

有下列情形之一的，用人单位提前 30 日以书面形式通知劳动者本人或者额外支付劳动者 1 个月工资后，可以解除劳动合同。

① 劳动者患病或者非因工负伤，在规定的医疗期满后不能从事原工作，也不能从事由用人单位另行安排的工作的。

② 劳动者不能胜任工作，经过培训或者调整工作岗位，仍不能胜任工作的。

③ 劳动合同订立时所依据的客观情况发生重大变化，致使劳动合同无法履行，经用人单位与劳动者协商，未能就变更劳动合同内容达成协议的。

用人单位单方解除劳动合同，应当事先将理由通知工会。用人单位违反法律、行政法规规定或者劳动合同约定的，工会有权要求用人单位纠正。用人单位应当研究工会的意见，并将处理结果书面通知工会。

【例题 14 · 多选题】根据劳动合同法律制度的规定，下列情形中，用人单位可以单方面与劳动者解除劳动合同的有（　　）。

A. 劳动者在试用期间被证明不符合录用条件

B. 劳动者不能胜任工作

C. 劳动者严重违反用人单位的规章制度

D. 劳动者被依法追究刑事责任的

【解析】劳动者不能胜任工作时，用人单位不能当然的单方解除劳动合同，须先给劳动者培训或调岗，经过培训或调整工作岗位，劳动者仍不能胜任工作的，用人单位才可以单方解除劳动合同。因此，本题的正确答案是 ACD。

4. 经济性裁员（补偿）

（1）人数要件：需裁减人员 20 人以上或裁减不足 20 人但占企业职工总数 10% 以上。

（2）程序要件：用人单位提前 30 日向工会或者全体职工说明情况，听取工会或者职工的意见后，裁减人员方案经向劳动行政部门报告，可以裁减人员。

（3）裁员原因

① 依照《企业破产法》规定进行重整的。

② 生产经营发生严重困难的。

③ 企业转产、重大技术革新或者经营方式调整，经变更劳动合同后，仍需裁减人员的。

④ 其他因劳动合同订立时所依据的客观经济情况发生重大变化，致使劳动合同无法履行的。

（4）限制条件

① 优先留用——裁减人员时，应优先留用下列人员。

a. 与本单位订立较长期限的固定期限劳动合同的。

b. 与本单位订立无固定期限劳动合同的。

c. 家庭无其他就业人员，有需要扶养的老人或者未成年人的。

② 优先招用——用人单位依照《劳动合同法》第 41 条第 1 款规定裁减人员，在 6 个月内重新招用人员的，应当通知被裁减的人员，并在同等条件下优先招用被裁减的人员。

（二）劳动合同的终止

（1）根据劳动合同法的规定，有下列情形之一的，劳动合同终止。

① 劳动合同期满的。

② 劳动者开始依法享受基本养老保险待遇的。

③ 劳动者达到法定退休年龄的。

④ 劳动者死亡，或者被人民法院宣告死亡或者宣告失踪的。

⑤ 用人单位被依法宣告破产的。

⑥ 用人单位被吊销营业执照、责令关闭、撤销或者用人单位决定提前解散的。

⑦ 法律、行政法规规定的其他情形。

（2）劳动者有下列情形之一的，用人单位既不得解除劳动合同，也不得终止劳动合同。

① 从事接触职业病危害作业的劳动者未进行离岗前职业健康检查，或者疑似职业病病人在诊断或者医学观察期间的。

② 在本单位患职业病或者因工负伤并被确认丧失或者部分丧失劳动能力的。

③ 患病或者非因工负伤，在规定的医疗期内的。

④ 女职工在孕期、产期、哺乳期的。

⑤ 在本单位连续工作满 15 年，且距法定退休年龄不足 5 年的。

⑥ 法律、行政法规规定的其他情形。

知识点拨

关于“连续工作”：劳动者非因本人原因从原用人单位被安排到新用人单位工作，原用人单位的工作年限合并计算为新用人单位的工作年限。原用人单位已经向劳动者支付经济补偿的，新用人单位在依法解除、终止劳动合同计算支付补偿的工作年限时，不再计算原用人单位的工作年限。

六、劳动合同解除和终止时的经济补偿

（一）用人单位应当支付经济补偿金的情形

（1）由用人单位提出解除劳动合同并与劳动者协商一致而解除劳动合同的。

（2）劳动者符合随时通知解除与无需事先通知即可解除劳动合同规定情形而解除劳动合同的。

（3）用人单位符合提前 30 日以书面形式通知劳动者本人或者额外支付劳动者 1 个月工资后，可以解除劳动合同规定情形而解除劳动合同的。

（4）用人单位符合可裁减人员规定而解除劳动合同的。

（5）除用人单位维持或者提高劳动合同约定条件续订劳动合同，劳动者不同意续订的情形外，劳动合同期满终止固定期限劳动合同的。

（6）以完成一定工作任务为期限的劳动合同因任务完成而终止的。

（7）用人单位被依法宣告破产终止劳动合同的。

（8）用人单位被吊销营业执照、责令关闭、撤销或者用人单位决定提前解散而终止劳动合同的。

（9）其他。

（二）用人单位不支付经济补偿金的特殊情况

地方各级人民政府及县级以上人民政府有关部门为安置就业困难人员提供的给予岗位补贴和社会保险补贴的公益性岗位，其劳动合同不适用劳动合同法有关支付经济补偿的规定。

（三）经济补偿的支付标准

1. 确定工作年限

经济补偿按劳动者在本单位工作的年限，每满 1 年支付 1 个月工资的标准向劳动者支付。6 个月以上不满 1 年的，按 1 年计算；不满 6 个月的，向劳动者支付半个月工资的经济补偿。劳动者非因本人原因从原用人单位被安排到新用人单位工作的，劳动者在原用人单位的工作年限合并计入新用人单位的工作年限。原用人单位已经向劳动者支付经济补偿的，新用人单位在依法解除、终止劳动合同计算支付经济补偿的工作年限时，不再计算劳动者在原用人单位的工作年限。

2. 确定月工资

（1）按照劳动者应得工资计算。包括计时工资、计件工资、奖金、津贴和补贴等货币性收入。

（2）劳动者在劳动合同解除或者终止前12个月的平均工资低于当地最低工资标准的，按照当地最低工资标准计算。

（3）劳动者月工资高于用人单位所在直辖市、设区的市级人民政府公布的本地区上年度职工月平均工资 3 倍的，向其支付经济补偿的标准按职工月平均工资 3 倍的数额支付，向其支付经济补偿的年限最高不超 12 年。

计算公式如下：

通常情况下：经济补偿金＝工作年限 × 月工资

月工资低于最低工资时：经济补偿金＝工作年限 × 当地月最低工资

月工资高于上年度月平均工资 3 倍时：经济补偿金＝工作年限（最高不超过 12 年）× 当地上年度职工月平均工资 3 倍

知识点拨

经济补偿金与违约金、赔偿金的区别。

经济补偿金是法定的，违约金是约定的，赔偿金是用人单位和劳动者由于自己的过错给对方造成损害时所应承担的不利法律后果。

经济补偿金的支付主体只能是用人单位，而违约金的支付主体只能是劳动者，赔偿金的支付主体可能是用人单位，也可能是劳动者。

【例题 15 · 多选题】劳动合同解除的下列情形中，劳动者不能获得经济补偿的有（　　）。

A. 劳动者因用人单位未按照劳动合同约定提供劳动保护而解除劳动合同的

B. 劳动者提前 30 日以书面形式通知用人单位解除劳动合同的

C. 劳动者不能胜任工作，经培训、调岗后仍不能胜任工作，用人单位额外支付劳动者 1 个月工资后，与其解除劳动合同

D. 劳动者在试用期间提前 3 日通知用人单位解除劳动合同的

【解析】劳动者单方面通知解除劳动合同的情形，单位无过错，不补偿：劳动者提前 30 日以书面形式通知用人单位解除劳动合同的；劳动者在试用期内提前 3 日通知用人单位解除劳动合同的，劳动者不能获得经济补偿。因此，本题的正确答案是 BD。

七、集体合同与劳务派遣

（一）集体合同

集体合同，是工会代表企业职工一方与用人单位通过平等协商，就劳动报酬、工作时间、休息休假、劳动安全卫生、保险福利等事项订立的书面协议。集体合同具有如下特征。

（1）订立主体是工会与用人单位。即集体合同由工会代表企业职工一方与用人单位订立；尚未建立工会的用人单位，由上级工会指导劳动者推举的代表与用人单位订立。

（2）订立程序特殊。

① 合同内容由双方派代表协商，双方的代表人数应当对等，每方至少 3 人，并各确定 1 名首席代表。

② 协商一致的合同草案应当提交职工代表大会或者全体职工讨论，讨论会议应当有“2/3 以上”职工代表或者职工“出席”，且须经“全体职工代表半数以上”或者全体职工半数以上“同意”，方获通过。

③ 通过后，由“双方首席代表”签字。

（3）集体合同默示生效。即集体合同订立后，应当报送劳动行政部门；劳动行政部门自收到集体合同文本之日起 15 日内未提出异议的，集体合同即行生效。

（4）集体合同的效力高于（单个）劳动合同的效力。

① 集体合同中劳动报酬和劳动条件等标准不得低于当地人民政府规定的最低标准。

② 用人单位与劳动者订立的劳动合同中劳动报酬和劳动条件等标准不得低于集体合同规定的标准。

（5）用人单位违反集体合同，侵犯职工劳动权益的，工会可以依法要求用人单位承担责任；因履行集体合同发生争议，经协商解决不成的，工会可以依法申请劳动仲裁或提起诉讼。

（二）劳务派遣

劳务派遣是典型的“有关系无劳动，有劳动无关系”，即劳务派遣单位与劳动者建立劳动关系，签订劳动合同，但劳动者却不为劳务派遣单位提供劳动，劳动者为用工单位提供劳动，但却不签订劳动合同，造成了劳动力的雇用和劳动力的使用分离。

1. *劳务派遣的特征*

（1）劳务派遣用工是补充形式。我国企业的基本用工形式为“劳动合同用工”。用工单位使用的被派遣劳动者数量不得超过其用工总量的 10%。（用工总量＝本单位合同工＋派遣工）

（2）劳务派遣的三方法律关系

① 用人单位＝劳务派遣单位，即用人单位与劳动者订立劳动合同。

② 用工单位＝接受以劳务派遣形式用工的单位。

③ 用人单位与用工单位订立劳务派遣协议。

（3）劳务派遣用工，只能在临时性、辅助性或者替代性的工作岗位上实施。

① 临时性工作岗位是指存续时间不超过6个月的岗位。

② 辅助性工作岗位是指为主营业务岗位提供服务的非主营业务岗位。

③ 替代性工作岗位是指用工单位的劳动者因脱产学习、休假等原因无法工作的一定期间内，可以由其他劳动者替代工作的岗位。

2. 劳务派遣单位的主要义务

（1）派遣单位应与劳动者订立2年以上的固定期限劳动合同，按月支付劳动报酬；派遣单位不得以非全日制用工形式招用被派遣劳动者。

（2）被派遣劳动者在无工作期间，劳务派遣单位应按所在地政府规定的最低工资标准，向其按月支付报酬。

（3）派遣单位应与用工单位订立劳务派遣协议，约定派遣岗位和人员数量、派遣期限、劳动报酬和社会保险费的数额与支付方式以及违反协议的责任。

（4）派遣单位应将派遣协议的内容告知劳动者。派遣单位不得克扣用工单位按照派遣协议支付给劳动者的劳动报酬。派遣单位和用工单位不得向劳动者收取费用。

（5）用人单位不得设立劳务派遣单位向本单位或所属单位派遣劳动者。

3. 用工单位的主要义务

（1）用工单位应当根据工作岗位的实际需要与劳务派遣单位确定派遣期限，不得将连续用工期限分割订立数个短期劳务派遣协议。

（2）用工单位不得将被派遣劳动者再派遣到其他单位。

4. 劳动者的权利义务

（1）劳动者享有与用工单位的劳动者同工同酬的权利。

（2）劳动者有权在派遣单位或用工单位依法参加或组织工会。

【例题16·单选题】根据劳动合同法律制度的规定，下列关于劳务派遣用工形式的表述中，不正确的是（　　）。

A. 被派遣劳动者在无工作期间，劳务派遣单位应当按照所在地人民政府规定的最低工资标准，向其按月支付报酬

B. 劳务派遣单位可与被派遣劳动者订立1年期劳动合同

C. 用人单位不得设立劳务派遣单位向本单位或者所属单位派遣劳动者

D. 被派遣劳动者享有与用工单位的劳动者同工同酬的权利

【解析】劳务派遣单位应当与被派遣劳动者订立2年以上的固定期限劳动合同，按月支付劳动报酬。因此选项B说法错误。

八、劳动争议的解决

（一）劳动争议的认定

劳动争议又称劳动纠纷，是指劳动关系双方当事人因执行劳动方面的法律、法规或履行劳动合同、集体合同而发生的纠纷。

下列纠纷属于劳动争议。

（1）因确认劳动关系发生的争议。

（2）因订立、履行、变更、解除和终止劳动合同发生的争议。

（3）因除名、辞退和辞职、离职发生的争议。

（4）因工作时间、休息休假、社会保险、福利、培训以及劳动保护发生的争议。

（5）因劳动报酬、工伤医疗费、经济补偿或者赔偿金等发生的争议。

（6）法律、法规规定的其他劳动争议。

（二）劳动争议的解决

1. 解决原则

解决劳动争议，应当根据事实，遵循合法、公正、及时、着重调解的原则，依法保护当事人的合法权益。

2. 解决方式

劳动争议的解决方式包括：协商、调解、

仲裁和诉讼。

（1）劳动者可以与用人单位协商，也可以请“工会或者第三方”共同与用人单位协商，达成和解协议。

（2）当事人不愿协商、协商不成或者达成和解协议后不履行的，可以向“调解组织”申请调解。

（3）不愿调解、调解不成或者达成调解协议后不履行的，可以向劳动争议仲裁委员会申请仲裁。

（4）对“仲裁裁决不服”的，除劳动争议调解仲裁法另有规定的以外，可以向人民法院提起诉讼。

（5）劳动仲裁是向人民法院提起诉讼的必经前置程序。

知识点拨

下列纠纷不属于劳动争议：

1．劳动者请求社会保险经办机构发放社会保险金的纠纷；（主体错误）

2．劳动者与用人单位因住房制度改革产生的公有住房转让纠纷；（内容错误）

3．劳动者对劳动能力鉴定委员会的伤残等级鉴定结论或者对职业病诊断鉴定委员会的职业病诊断鉴定结论的异议纠纷；（主体错误）

4．家庭或者个人与家政服务人员之间的纠纷；（主体错误）

5．个体工匠与帮工、学徒之间的纠纷；（主体错误）

6．农村承包经营户与受雇人之间的纠纷。（主体错误）

3. 举证责任

发生劳动争议，当事人对自己提出的主张，有责任提供证据。与争议事项有关的证据属于用人单位掌握管理的，用人单位应当提供；用人单位不提供的，应当承担不利后果。

（三）劳动调解

1. 劳动争议调解组织

发生劳动争议，当事人可以到下列调解组织申请调解。

（1）企业劳动争议调解委员会。

（2）依法设立的基层人民调解组织。

（3）在乡镇、街道设立的具有劳动争议调解职能的组织。

2. 调解程序

（1）调解申请。当事人申请劳动争议调解可以书面申请，也可以口头申请。口头申请的，调解组织应当当场记录申请人基本情况、申请调解的争议事项、理由和时间。

（2）达成调解协议。经调解达成协议的，应当制作调解协议书。调解协议书由双方当事人签名或者盖章，经调解员签名并加盖调解组织印章后生效，对双方当事人具有约束力，当事人应当履行。自劳动争议调解组织收到调解申请之日起 15 日内未达成调解协议的，当事人可以依法申请仲裁。

（3）调解协议的履行。达成调解协议后，一方当事人在协议约定期限内不履行调解协议的，另一方当事人可以依法申请仲裁。因支付拖欠劳动报酬、工伤医疗费、经济补偿或者赔偿金事项达成调解协议，用人单位在协议约定期限内不履行的，劳动者可以持调解协议书依法向人民法院申请支付令。人民法院应当依法发出支付令。

（四）劳动仲裁

1. 劳动仲裁委员会

（1）劳动争议仲裁委员会不按行政区划层层设立。

（2）劳动争议仲裁委员会由劳动行政部门代表、工会代表和企业方面代表组成。劳动争议仲裁委员会组成人员应当是单数。

2. 劳动仲裁参加人

（1）当事人

① 发生劳动争议的劳动者和用人单位为劳动争议仲裁案件的双方当事人。

② 劳务派遣单位或者用工单位与劳动者发生争议的，劳务派遣单位和用工单位为共同当事人。

③ 劳动者与个人承包经营者发生争议，申请仲裁时，应当将发包的组织和个人承包经营者作为当事人。

④ 发生争议的用人单位被吊销营业执照、责令关闭、撤销以及用人单位决定提前解散、

歇业，不能承担相关责任的，依法将其出资人、开办单位或主管部门作为共同当事人。

（2）当事人代表

发生争议的劳动者一方在“10 人以上”，并有共同请求的，劳动者可以推举“3 至 5 名”代表参加仲裁活动。

（3）第三人

与劳动争议案件的处理结果有利害关系，可以申请参加或由劳动争议仲裁委员会通知其参加仲裁活动。

（4）代理人

① 当事人可以委托代理人参加仲裁活动。

② 丧失或者部分丧失民事行为能力的劳动者，由其法定代理人代为参加仲裁活动；无法定代理人的，劳动争议仲裁委员会为其指定。

③ 劳动者死亡的，由其近亲属或者代理人参加仲裁活动。

3. 劳动争议仲裁案件的管辖

（1）劳动争议由劳动合同履行地或者用人单位所在地的劳动争议仲裁委员会管辖。

（2）双方当事人分别向劳动合同履行地和用人单位所在地的劳动争议仲裁委员会申请仲裁的，由劳动合同履行地的劳动争议仲裁委员会管辖。

4. 仲裁程序

（1）仲裁时效

① 一般时效。劳动争议申请仲裁的时效期间为 1 年。仲裁时效期间从当事人知道或者应当知道其权利被侵害之日起计算。

② 仲裁时效可中断。因当事人一方向对方当事人主张权利，或者向有关部门请求权利救济，或者对方当事人同意履行义务而中断。从中断时起，仲裁时效期间重新计算。

③ 仲裁时效可中止。因不可抗力或者有其他正当理由，当事人不能在规定的仲裁时效期间申请仲裁的，仲裁时效中止。从中止时效的原因消除之日起，仲裁时效期间继续计算。

④ 欠薪且在职，时效不受限。劳动关系存续期间因拖欠劳动报酬发生争议的，劳动者申请仲裁不受 1 年仲裁时效期间的限制；但是，劳动关系终止的，应当自劳动关系终止之日起 1 年内提出。

【例题 17 · 判断题】甲公司与梁某签订劳动合同后，与乙公司签订劳务派遣协议，派梁某到乙公司做车间主任，派遣期为 3 个月。2016 年 1 月至 2017 年 7 月，双方已连续 6 次续签协议，梁某一直在乙公司工作。2017 年 6 月，梁某因追索上一年加班费与乙公司发生争议，申请劳动仲裁。梁某申请仲裁受仲裁时效期间的限制。（　　）

【解析】梁某申请仲裁不受仲裁时效期间的限制，因为属于劳动关系存续期间因拖欠劳动报酬发生争议的情况。因此本题应判断为错误。

（2）仲裁申请和受理

① 申请人申请仲裁可书面可口头，口头申请的，由劳动争议仲裁委员会记入笔录，并告知对方当事人。

② 劳动争议仲裁委员会收到仲裁申请之日起“5 日内”决定是否受理，受理的告知申请人，不受理的，须书面通知申请人并告知理由。对劳动争议仲裁委员会不予受理或者逾期未做出决定的，申请人可就该争议向人民法院提起诉讼。

（3）开庭

劳动仲裁的基本制度和开庭程序如表 8-8 所示。

表 8-8　劳动仲裁的基本制度和开庭程序

事项		具体内容
基本制度	仲裁公开原则	劳动争议仲裁公开进行，但当事人协议不公开进行或者涉及国家秘密、商业秘密和个人隐私的除外
	执行仲裁庭制	劳动争议仲裁委员会裁决劳动争议案件实行仲裁庭制。仲裁庭由 3 名仲裁员组成，设首席仲裁员。简单的劳动争议案件可以由 1 名仲裁员独任仲裁

续表

事项		具体内容
基本制度	回避制度	仲裁员有下列情形之一的，应当回避，当事人有权以口头或者书面方式提出回避申请。 ① 是本案当事人或者当事人、代理人的近亲属的。 ② 与本案有利害关系的。 ③ 与本案当事人、代理人有其他关系，可能影响公正裁决的。 ④ 私自会见当事人、代理人，或者接受当事人、代理人请客送礼的
开庭程序	开庭前的准备	仲裁庭应当在开庭 5 日前，将开庭日期、地点书面通知双方当事人。当事人有正当理由的，可以在开庭 3 日前请求延期开庭。是否延期，由劳动争议仲裁委员会决定
	视为撤回申请或缺席裁决	申请人收到仲裁庭书面通知，无正当理由拒不到庭或者未经仲裁庭同意中途退庭的，可以视为撤回仲裁申请。被申请人收到书面通知，无正当理由拒不到庭或者未经仲裁庭同意中途退庭的，可以缺席裁决
	仲裁庭调解	开庭审理中，仲裁员应当听取申请人的陈述和被申请人的答辩，主持庭审调查、质证和辩论、征询当事人最后意见，并进行调解
期限		仲裁庭裁决劳动争议案件，应当自仲裁委员会受理仲裁申请之日起 45 日内结束。案情复杂需要延期的，经仲裁委员会主任批准，可以延期并书面通知当事人，但是延长期限不得超过 15 日。逾期未做出仲裁裁决的，当事人可以就该劳动争议事项向人民法院提起诉讼。 上述规定中的“3 日”“5 日”“10 日”指工作日，“15 日”“45 日”指自然日

（4）裁决

劳动仲裁裁决如表 8-9 所示。

表 8–9　劳动仲裁裁决

事项	具体内容
裁决的原则	少数服从多数：裁决应当按照多数仲裁员的意见做出，少数仲裁员的不同意见应当记入笔录。仲裁庭不能形成多数意见时，裁决应当按照首席仲裁员的意见做出
一裁终局的案件	下列劳动争议，仲裁裁决为终局裁决，裁决书自做出之日起发生法律效力。 ① 追索劳动报酬、工伤医疗费、经济补偿或者赔偿金，不超过当地月最低工资标准 12 个月金额的争议。 如果仲裁裁决涉及数项，对单项裁决数额不超过当地最低工资标准 12 个月金额的事项，应当适用终局裁决。 上述经济补偿包括《劳动合同法》规定的竞业限制期限内给予的经济补偿、解除或者终止劳动合同的经济补偿等；赔偿金包括《劳动合同法》规定的未签订书面劳动合同的第 2 倍工资、违法约定试用期的赔偿金、违法解除或者终止劳动合同的赔偿金等。 ② 因执行国家的劳动标准在工作时间、休息休假、社会保险等方面发生的争议。 仲裁庭裁决案件时，裁决内容同时涉及终局裁决和非终局裁决的，应当分别制作裁决书，并告知当事人相应的救济权利。 劳动者对一裁终局的仲裁裁决不服的，可以自收到仲裁裁决书之日起 15 日内向人民法院提起诉讼。

知识点拨

一裁终局案件的处理。用人单位对一裁终局的仲裁裁决，不能再向法院起诉，也不能再次申请仲裁，但在具备法定情形时，用人单位可以向人民法院申请撤销。

【例题 18 · 多选题】 友田劳务派遣公司（住所地为甲区）将李某派遣至金科公司（住所地为乙区）工作。在金科公司按劳务派遣协议向友田公司支付所有费用后，友田公司从李某的首月工资中扣减了 500 元，李某提出异议。对此争议，下列说法中正确的有（　　）。

A. 友田公司做出扣减工资的决定，应就

其行为的合法性负举证责任

B. 李某应就友田公司做出扣减其工资决定的违法性负举证责任

C. 如此案提交劳动争议仲裁，当事人一方对仲裁裁决不服的，有权向法院起诉

D. 李某既可向甲区也可向乙区的劳动争议仲裁机构申请仲裁

【解析】发生劳动争议，当事人对自己提出的主张，有责任提供证据。友田公司决定扣减李某500元工资，其应对此行为的合法性负举证责任。所以选项A正确，选项B错误。下列劳动争议，仲裁裁决为终局裁决，裁决书自做出之日起发生法律效力：（1）追索劳动报酬、工伤医疗费、经济补偿或者赔偿金，不超过当地月最低工资标准12个月金额的争议；（2）因执行国家的劳动标准在工作时间、休息休假、社会保险等方面发生的争议。劳动者对一裁终局的仲裁裁决不服的，可以自收到仲裁裁决书之日起15日内向人民法院提起诉讼。但用人单位对此不服的，无上诉权。所以选项C错误。劳动争议由劳动合同履行地或者用人单位所在地的劳动争议仲裁委员会管辖。双方当事人分别向劳动合同履行地和用人单位所在地的劳动争议仲裁委员会申请仲裁的，由劳动合同履行地的劳动争议仲裁委员会管辖。据此可知，劳动合同履行地的乙区和用人单位所在地的甲区均有管辖权。所以选项D正确。因此，本题的正确答案是AD。

5. 执行

仲裁庭对追索劳动报酬、工伤医疗费、经济补偿或者赔偿金的案件，根据当事人的申请，可以裁决先予执行，移送人民法院执行。

仲裁庭裁决先予执行的，应当符合下列条件。

（1）当事人之间权利义务关系明确。

（2）不先予执行将严重影响申请人的生活。

劳动者申请先予执行的，可以不提供担保。

（五）劳动诉讼

（1）劳动者对劳动争议的终局裁决不服的，可以自收到仲裁裁决书之日起15日内向人民法院提起诉讼。

（2）当事人对终局裁决情形之外的其他劳动争议案件的仲裁裁决不服的，可以自收到仲裁裁决书之日起15日内提起诉讼。

（3）终局裁决被人民法院裁定撤销的，当事人可以自收到裁定书之日起15日内就该劳动争议事项向人民法院提起诉讼。

（4）劳动者对劳动争议仲裁委员会不予受理或者逾期未做出决定的，申请人可以就该劳动争议事项向人民法院提起诉讼。

知识点拨

经济仲裁与劳动仲裁的区别，如表8-10所示。

表8-10 经济仲裁与劳动仲裁的区别

	经济仲裁	劳动仲裁
是否以仲裁协议有效存在为前提	是	否
与诉讼的关系	或裁或审	先裁后审
仲裁机构与行政机构的关系	完全独立	由人民政府决定设立
仲裁机构是否按行政区划层层设立	否	否
管辖	既不实行级别管辖，也不实行地域管辖	实行地域管辖（劳动合同履行地或用人单位所在地）
申请仲裁的时效	除另有规定外，适用民事诉讼时效的规定	（1）1年，自当事人知道或者应当知道其权利被侵害之日起计算。 （2）1年，拖欠劳动报酬的，劳动关系存续期间不受仲裁时效限制，劳动关系终止的，自终止之日起计算

续表

	经济仲裁	劳动仲裁
是否收费	收	不收
能否口头申请	不能	能
是否公开仲裁	否	是
是否开庭审理	是	是
是否适用回避制度	是	是
裁决和调解的关系	可以先行调解	应当先行调解
是否一裁终局	是	不全是一裁终局，下列劳动争议，仲裁裁决为终局裁决，裁决书自做出之日起发生法律效力。 （1）追索劳动报酬、工伤医疗费、经济补偿或者赔偿金，不超过当地月最低工资标准 12 个月金额的争议。 （2）因执行国家的劳动标准在工作时间、休息休假、社会保险等方面发生的争议

九、违反劳动合同法的法律责任

（一）订立劳动合同相关的法律责任

（1）用人单位自用工之日起超过 1 个月不满 1 年未与劳动者订立书面劳动合同的，应当向劳动者每月支付 2 倍的工资。

（2）用人单位违反劳动合同法规定不与劳动者订立无固定期限劳动合同的，自应当订立无固定期限劳动合同之日起向劳动者每月支付 2 倍的工资。

（二）劳动合同内容相关的法律责任

（1）用人单位提供的劳动合同文本未载明劳动合同法规定的劳动合同必备条款或者用人单位未将劳动合同文本交付劳动者的，由劳动行政部门责令改正；给劳动者造成损害的，应当承担赔偿责任。

（2）用人单位违反劳动合同法规定与劳动者约定试用期的，由劳动行政部门责令改正；违法约定的试用期已经履行的，由用人单位以劳动者试用期满月工资为标准，按已经履行的超过法定试用期的期间向劳动者支付赔偿金。

（3）用人单位有下列情形之一的，由劳动行政部门责令限期支付劳动报酬、加班费或者经济补偿；劳动报酬低于当地最低工资标准的，应当支付其差额部分；逾期不支付的，责令用人单位按应付金额 50% 以上 100% 以下的标准向劳动者加付赔偿金。

① 未按照劳动合同的约定或者国家规定及时足额支付劳动者劳动报酬的。

② 低于当地最低工资标准支付劳动者工资的。

③ 安排加班不支付加班费的。

（4）劳动者违反劳动合同中约定的保密义务或者竞业限制，给用人单位造成损失的，应当承担赔偿责任。

（三）劳动者人身权益相关的法律责任

用人单位有下列情形之一的，依法给予行政处罚；构成犯罪的，依法追究刑事责任；给劳动者造成损害的，应当承担赔偿责任。

（1）以暴力、威胁或者非法限制人身自由的手段强迫劳动的。

（2）违章指挥或者强令冒险作业危及劳动者人身安全的。

（3）侮辱、体罚、殴打、非法搜查或者拘禁劳动者的。

（4）劳动条件恶劣、环境污染严重，给劳动者身心健康造成严重损害的。

（四）解除和终止劳动合同相关的法律责任

（1）用人单位依法解除或者终止劳动合同，未依照法律规定向劳动者支付经济补偿的。由劳动行政部门责令限期支付经济补偿；

劳动报酬低于当地最低工资标准的，应当支付其差额部分；逾期不支付的，责令用人单位按应付金额 50% 以上 100% 以下的标准向劳动者加付赔偿金。

（2）用人单位违法解除或者终止劳动合同的，应当依照法律规定的经济补偿标准的 2 倍向劳动者支付赔偿金。

（3）用人单位违反劳动合同法的规定未向劳动者出具解除或者终止劳动合同的书面证明，由劳动行政部门责令改正；给劳动者造成损害的，应当承担赔偿责任。

（4）用人单位招用与其他用人单位尚未解除或者终止劳动合同的劳动者，给其他用人单位造成损失的，应当承担连带赔偿责任。

（5）劳动者依法解除或者终止劳动合同，用人单位扣押劳动者档案或者其他物品的，由劳动行政部门责令限期退还劳动者本人，并以每人 500 元以上 2 000 元以下的标准处以罚款；给劳动者造成损害的，应当承担赔偿责任。

（6）劳动者违反劳动合同法的规定解除劳动合同，给用人单位造成损失的，应当承担赔偿责任。

（五）劳动合同无效相关的法律责任

劳动合同依照劳动合同法的规定被确认无效，给对方造成损害的，有过错的一方应当承担赔偿责任。

第二节 社会保险法律制度★★

一、社会保险概述

（一）社会保险基本体系

目前我国的社会保险项目主要有 5 项，统称为“五险”，即基本养老保险、基本医疗保险、工伤保险、失业保险、生育保险。其中，需要单位与个人共同缴纳的保险有：基本养老保险、基本医疗保险以及失业保险；只需要单位缴纳的保险有：工伤保险与生育保险。在 2017 年 6 月底前启动生育保险和职工基本医疗保险合并实施试点工作，试点在 12 个试点城市行政区域开展，期限为 1 年左右。

【例题 19 · 多选题】 根据社会保险法律制度的规定，下列各项中，全部由用人单位缴纳社会保险费的有（　　）。

A. 生育保险

B. 职工基本养老保险

C. 职工基本医疗保险

D. 工伤保险

【解析】 生育保险和工伤保险，都是由用人单位按照国家规定缴纳的，职工不缴纳。因此，本题的正确答案是 AD。

（二）城乡居民基本养老保险制度

（1）将现有的新型农村社会养老保险和城镇居民社会养老保险合并实施，在全国范围内建立统一的城乡居民基本养老保险制度。

（2）年满 16 周岁（不含在校学生），非国家机关和事业单位工作人员及不属于职工基本养老保险制度覆盖范围的城乡居民，可以在户籍地参加居民养老保险。

（三）城乡居民基本医疗保险

1. 职工基本医疗保险

整合城镇居民基本医疗保险和新型农村合作医疗两项制度，建立统一的城乡居民基本医疗保险制度。

职工基本医疗保险制度的覆盖范围，既包括机关事业单位也包括城镇各类企业，既包括国有经济也包括非国有经济，既包括效益好的企业也包括困难企业，是目前我国社会保险制度中覆盖范围最广的保险制度之一。

无雇工的个体工商户、未在用人单位参加基本医疗保险的非全日制从业人员以及其他灵活就业人员可以参加职工基本医疗保险，由个人按照国家规定缴纳基本医疗保险费。

2. 城乡居民基本医疗保险

城乡居民基本医疗保险制度覆盖范围包括现有城镇居民基本医疗保险制度和新型农村合作医疗所有应参保（合）人员，即覆盖除职工基本医疗保险应参保人员以外的其他所有城乡居民，统一保障待遇。

（四）特殊人员参保规定

（1）无雇工的个体工商户、未在用人单位参加基本养老保险的非全日制从业人员及其他灵活就业人员可以参加职工基本养老保险，由个人缴纳职工基本养老保险费。

（2）无雇工的个体工商户、未在用人单位参加基本医疗保险的非全日制从业人员及其他灵活就业人员可以参加职工基本医疗保险，由个人按照国家规定缴纳职工基本医疗保险费。

（3）对于按照公务员法管理的单位、参照公务员法管理的机关（单位）、事业单位及其编制内的工作人员，实行社会统筹与个人账户相结合的基本养老保险制度。

二、基本养老保险

（一）职工基本养老保险基金的组成与来源

基本养老保险基金由用人单位和个人缴费以及政府补贴等组成。

（1）单位缴费部分——计入基本养老保险统筹基金。

（2）个人缴费部分——计入个人账户。

个人账户不得提前支取（有例外）、记账利率不得低于银行“定期”存款利率，免征利息税。

（3）政府补贴部分——基本养老保险基金出现支付不足时，政府给予补贴。

【例题 20 · 多选题】根据社会保险法律制度的规定，关于基本养老保险制度的表述中，正确的有（　　）。

A. 职工基本养老保险实行社会统筹和个人账户相结合

B. 城镇个体工商户和灵活就业人员的缴费基数为当地上年度在岗职工平均工资

C. 职工基本养老保险基金由用人单位和个人缴费以及政府补贴等组成

D. 个人缴纳的基本养老保险应计入个人所得税的应税收入

【解析】选项 D 错误，个人缴纳的基本养老保险属于个人所得税的免税项目。因此，本题的正确答案是 ABC。

（二）职工基本养老保险费的缴纳与计算

1. 单位缴纳

从 2016 年 5 月 1 日起，企业职工基本养老保险单位缴费比例超过企业工资总额 20% 的省（区、市），将单位缴费比例降至 20%；单位缴费比例为 20% 且 2015 年底企业职工基本养老保险基金累计结余可支付月数高于 9 个月的省（区、市），可以阶段性将单位缴费比例降至 19%，降低费率的期限暂按 2 年执行。具体方案由各省（区、市）确定。

2. 个人缴纳

（1）缴费比例：本人缴费工资的 8%。

（2）工资基数的确定。

① 一般为职工本人“上年度”月平均工资（新职工第一年以起薪当月工资作为缴费基数）。

② 特殊情况：低于当地职工月平均工资“60%”的，按当地职工月平均工资的 60% 作为缴费基数；高于当地职工月平均工资“300%”的，按当地职工月平均工资的 300% 作为缴费基数。

计算公式：个人养老账户月存储额＝本人月缴费工资 ×8%

（3）灵活就业人员缴费：缴费基数为当地上年度在岗职工月平均工资；缴费比例为 20%，其中 8% 记入个人账户。

（4）机关事业单位缴纳基本养老保险费的比例为单位工资总额的 20%。

知识点拨

个人缴费不计征个人所得税，在计算个人所得税的应税收入时，应当扣除个人缴纳的养老保险费。

【例题 21 · 单选题】某企业职工王某的月工资为 7 000 元，当地社会平均工资为 2 000 元。则该职工每月应缴纳的基本养老保险费为（　　）元。

A. 160　　B. 360

C. 480　　D. 560

【解析】本人月平均工资高于当地月工资 3 倍的，按当地职工月平均工资的 3 倍作为缴费基数，超过部分不计入缴费工资基数，也不计入计发养老金的基数。本题中，7 000 ＞ 2 000×3，故按照 2 000×3 来计算，2 000×3×8% ＝ 480（元）。

（三）职工基本养老保险享受条件与待遇

1. 职工基本养老保险的享受条件

（1）年龄条件：达到法定退休年龄。

（2）缴费条件：累积缴费满 15 年。

2. 职工基本养老保险的待遇

（1）支付职工基本养老金。对符合基本养老保险享受条件的人员国家按月支付基本养老金。

（2）丧葬补助金和遗属抚恤金。参加基本养老保险的个人，因病或者非因工死亡的，其遗属可以领取丧葬补助金和抚恤金。所需资金从基本养老保险基金中支付。

（3）病残津贴。参加基本养老保险的个人，在未达到法定退休年龄时因病或者非因工致残完全丧失劳动能力的，可以领取病残津贴。所需资金从基本养老保险基金中支付。

三、基本医疗保险

（一）职工基本医疗保险费的缴纳

基本医疗保险基金由统筹基金和个人账户构成，即基本医疗保险费由用人单位和职工共同缴纳。用人单位缴费率应控制在职工工资总额的 6% 左右，职工缴费率一般为本人工资收入的 2%。

用人单位缴纳的基本医疗保险费分为两部分，一部分用于建立统筹基金，另一部分划入个人账户。划入个人账户的比例一般为用人单位缴费的 30% 左右，具体比例由统筹地区根据个人账户的支付范围和职工年龄等因素确定。职工个人缴纳的基本医疗保险费，全部计入个人账户。

【例题 22 · 单选题】甲公司职工周某的月工资为 6 800 元，已知当地职工基本医疗保险的单位缴费率为 6%，职工个人缴费率为 2%，用人单位所缴医疗保险费划入个人医疗账户的比例为 30%。根据社会保险法律制度的规定，关于周某个人医疗保险账户每月存储额的下列结算中，正确的是（　　）。

A. 6 800×6%×30% = 122.4（元）

B. 6 800×2% + 6 800×6%×30% = 258.4（元）

C. 6 800×2% = 136（元）

D. 6 800×2% + 6 800×6% = 544（元）

【解析】基本医疗保险个人账户的资金来源：（1）个人缴费部分（6 800×2%）；（2）用人单位缴费的划入部分（6 800×6%×30%）；（3）个人账户存储额的利息。因此，本题的正确答案是 B，6 800×2% + 6 800×6%×30% = 258.4（元）。

（二）职工基本医疗费用的结算

1. 享受条件

（1）参保人员必须到基本医疗保险的定点医疗机构就医购药或定点零售药店购买药品。

（2）参保人员在看病就医过程中所发生的医疗费用必须符合基本医疗保险药品目录、诊疗项目、医疗服务设施标准的范围和给付标准。

2. 支付标准

（1）参保人员符合基本医疗保险支付范围的医疗费用中，在社会医疗统筹基金起付标准以上与最高支付限额以下的费用部分，由社会医疗统筹基金按一定比例支付。

（2）起付标准原则上控制在当地职工年平均工资的 10% 左右，最高支付限额原则上控制在当地职工年平均工资的 6 倍左右。在社会医疗统筹基金起付标准以下的费用部分，由个人账户资金支付或个人自付；统筹基金起付线以上至封顶线以下的费用部分，个人也要承担一定比例的费用，一般为 10%，可由个人账户支付也可自付。参保人员在封顶线以上的医疗费用部分，可以通过单位补充医疗保险或参加商业保险等途径解决。

知识点拨

下列医疗费用不纳入基本医疗保险基金支付范围。

（1）应当从工伤保险基金中支付的。

（2）应当由第三人负担的。医疗费用应当由第三人负担，第三人不支付或者无法确定第三人的，由基本医疗保险基金先行支付，然后向第三人追偿。

（3）应当由公共卫生负担的。

（4）在境外就医的。

（三）医疗期

1. 医疗期期间

企业职工因患病或非因工负伤，需要停止工作，进行医疗时，根据本人实际参加工作年限和在本单位工作年限，给予3个月到24个月的医疗期。

（1）实际工作年限未满10年的，在本单位工作年限未满5年的为3个月；5年以上的为6个月。

（2）实际工作年限10年以上的，在本单位工作年限未满5年的为6个月；5年以上未满10年的为9个月；10年以上未满15年的为12个月；15年以上未满20年的为18个月；20年以上的为24个月。具体总结如表8-11所示。

表 8-11　医疗期期间

实际工作年限	在本单位工作年限	医疗期间
未满10年	未满5年的	3个月
	5年以上的	6个月
10年以上	未满5年的	6个月
	5年以上未满10年的	9个月
	10年以上未满15年的	12个月
	15年以上未满20年的	18个月
	20年以上的	24个月

2. 医疗期的计算方法

医疗期的计算从病休第一天开始，累计计算。病休期间，公休、假日和法定节日包括在内。

医疗期3个月的按6个月内累计病休时间计算；6个月的按12个月内累计病休时间计算；9个月的按15个月内累计病休时间计算；12个月的按18个月内累计病休时间计算；18个月的按24个月内累计病休时间计算；24个月的按30个月内累计病休时间计算。对某些患特殊疾病（如癌症、精神病、瘫痪等）的职工，在24个月内尚不能痊愈的，经企业和劳动主管部门批准，可以适当延长医疗期。具体计算方法总结如表8-12所示。

表 8-12　医疗期的计算方法

享受医疗期（月）	累计计算期（月）	
	法定期限（月）	简便计算方法
3个月	6个月	医疗期 ×2
6个月	12个月	
9个月	15个月	医疗期＋6个月
12个月	18个月	
18个月	24个月	
24个月	30个月	

3. 医疗期内的待遇

（1）病假工资或疾病救济费可以低于当地最低工资标准支付，但最低不能低于工资标准的80%。

（2）医疗期内不得解除劳动合同。

（3）医疗期内合同期满，合同必须延续至医疗期满，职工在此期间仍然享受医疗期内待遇。

（4）对医疗期满尚未痊愈者，或者医疗期满后不能从事原工作，也不能从事用人单位另行安排的工作，被解除劳动合同的，用人单位需按经济补偿规定给予其经济补偿。

【例题23·判断题】老赵已经从事工作12年，2014年4月1日老赵加入甲公司，与甲公司签订3年期劳动合同，2016年8月1日因病无法从事工作，开始病休。则老赵可以享受的医疗期为9个月。（　　）

【解析】老赵可享受的医疗期是6个月。因为累计工作年限超过10年，在本单位工作年限不足5年，可以享受的医疗期为6个月。因此本题应判断为错误。

四、工伤保险

（一）工伤保险费的缴纳和工伤保险基金

1. 工伤保险费的缴纳

职工应当参加工伤保险，由用人单位缴纳工伤保险费，职工不缴纳工伤保险费。

企业、事业单位、社会团体、民办非企业单位、基金会、律师事务所、会计师事务所等组织的职工和个体工商户的雇工，均有依法享受工伤保险待遇的权利。

2. 工伤保险基金

（1）工伤保险基金由用人单位缴纳的工伤保险费、工伤保险基金的利息和依法纳入工伤保险基金的其他资金构成。

（2）工伤保险基金存入社会保障基金财政专户，用于规定的工伤保险待遇，劳动能力鉴定，工伤预防的宣传、培训等费用，以及法律、法规规定的用于工伤保险的其他费用的支付。

（二）工伤认定与劳动能力鉴定

1. 工伤认定

（1）应当认定为工伤的情形——“与工作有直接因果关系”

职工有下列情形之一的，应当认定为工伤。

① 在工作时间和工作场所内，因工作原因受到事故伤害的。

② 工作时间前后在工作场所内，从事与工作有关的预备性或收尾性工作受到事故伤害的。

③ 在工作时间和工作场所内，因履行工作职责受到暴力等意外伤害的。

④ 患职业病的。

⑤ 因工外出期间，由于工作原因受到伤害或者发生事故下落不明的。

⑥ 在上下班途中，受到非本人主要责任的交通事故或者城市轨道交通、客运轮渡、火车事故伤害的。

⑦ 法律、行政法规规定应当认定为工伤的其他情形。

（2）视同工伤的情形——“与工作有间接因果关系”

职工有下列情形之一的，视同工伤。

① 在工作时间和工作岗位，突发疾病死亡或者在48小时内经抢救无效死亡的。

② 在抢险救灾等维护国家利益、公共利益活动中受到伤害的。

③ 原在军队服役，因战、因公负伤致残，已取得革命伤残军人证，到用人单位后旧伤复发的。

（3）不认定为工伤的情形

职工因下列情形之一导致本人在工作中伤亡的，不认定为工伤。

① 故意犯罪。

② 醉酒或者吸毒。

③ 自残或者自杀。

④ 法律、行政法规规定的其他情形。

2. 劳动能力鉴定

劳动功能障碍分为十个伤残等级，最重的为一级，最轻的为十级。生活自理障碍分为三个等级：生活完全不能自理、生活大部分不能自理和生活部分不能自理。

自劳动能力鉴定结论做出之日起1年后，工伤职工或者其近亲属、所在单位或者经办机构认为伤残情况发生变化的，可以申请劳动能力复查鉴定。

【例题24·单选题】根据社会保险法律制度的规定，职工出现伤亡的下列情形中，应当认定为工伤的是（　　）。

A. 在下班途中受到本人负主要责任交通事故伤害的

B. 因本人故意犯罪导致在工作中伤亡的

C. 在工作时间和工作岗位，突发疾病72小时后死亡的

D. 工作时间前在工作场所内，从事与工作有关的预备性工作受到事故伤害的

【解析】在上下班途中，受到“非本人”主要责任的交通事故或者城市轨道交通、客运轮渡、火车事故伤害的，应当认定为工伤。因此选项A错误。职工因故意犯罪导致本人在工作中伤亡的，不认定为工伤。因此选项B错误。在工作时间和工作岗位，突发疾病死亡或者在48小时内经抢救无效死亡的，视同工伤。因此选项C错误。工作时间前后在工作场所内，从事与工作有关的预备性或收尾性工作受到事故伤害的，应当认定为工伤。因此，本题的正确答案是D。

（三）工伤保险待遇

1. 工伤医疗待遇

（1）条件

职工因工作原因受到事故伤害或者患职

业病，且经工伤认定的，享受工伤医疗待遇。

（2）内容

① 治疗工伤的医疗费用（诊疗费、药费、住院费）。

② 住院伙食补助费、交通食宿费。

③ 康复性治疗费。

④ 停工留薪期工资福利待遇。

a. 工资福利待遇“不变”，由所在单位按月支付。

b. 生活不能自理需要护理的，费用由所在单位负责。

c. 时间一般不超过12个月；特殊情况需延长，延长期不超过12个月。

d. 评定伤残等级后，停止享受停工留薪期待遇，转为享受伤残待遇。

e. 停工留薪期满后仍需治疗，继续享受工伤医疗待遇。（负责到底）

知识点拨

医疗期与停工留薪期的区别：医疗期是企业职工“因患病或非因工负伤”停止工作，治病休息，但不得解除劳动合同的期限；而停工留薪期是职工“因工作遭受事故伤害或者患职业病”需要暂停工作、接受工伤医疗的期间。

2. 辅助器具装配费

工伤职工因日常生活或者就业需要，经劳动能力鉴定委员会确认，可以安装假肢、矫形器、假眼、假牙和配置轮椅等辅助器具，所需费用按照国家规定的标准从工伤保险基金支付。

3. 伤残待遇

（1）条件

经劳动能力鉴定委员会鉴定，评定伤残等级的工伤职工，享受伤残待遇。

（2）内容

① 一次性伤残补助金。

② 生活护理费。

③ 伤残津贴。

一级～四级伤残津贴由工伤保险支付；五级、六级伤残津贴由用人单位支付；七级～十级伤残只有一次性伤残补助金而无伤残津贴。

④ 一次性工伤医疗补助金和一次性伤残就业补助金。

4. 工亡待遇

前提条件：职工“因工”死亡和伤残职工在停工留薪期“内”因工伤原因导致死亡。

（1）丧葬补助金：6个月的统筹地区上年度职工月平均工资。

（2）供养亲属抚恤金。

（3）一次性工亡补助金，标准为上一年度全国城镇居民人均可支配收入的20倍。

一级～四级伤残，停工留薪期“满”死亡的，可以享受（1）、（2），不享受（3）。

【例题25·单选题】一次性工亡补助金，为上一年度全国城镇居民人均可支配收入的（　　）。

A. 5倍　　B. 10倍

C. 15倍　　D. 20倍

【解析】一次性工亡补助金，为上一年度全国城镇居民人均可支配收入的20倍。因此，本题的正确答案是D。

（四）工伤保险待遇承担途径

1. 由工伤保险基金支付的费用

（1）治疗工伤的医疗费用和康复费用。

（2）住院伙食补助费。

（3）到统筹地区以外就医的交通食宿费。

（4）安装配置伤残辅助器具所需费用。

（5）生活不能自理的，经劳动能力鉴定委员会确认的生活护理费。

（6）一次性伤残补助金和一级～四级伤残职工按月领取的伤残津贴。

（7）终止或者解除劳动合同时，应当享受的一次性医疗补助金。

（8）因工死亡的，其遗属领取的丧葬补助金、供养亲属抚恤金和因工死亡补助金。

（9）劳动能力鉴定费。

2. 由用人单位支付的费用

（1）治疗工伤期间的工资福利。

（2）五级、六级伤残职工按月领取的伤残津贴。

（3）终止或者解除劳动合同时，应当享

受的一次性伤残就业补助金。

（五）特别规定

（1）工伤职工有下列情形之一，停止享受工伤保险待遇。

① 丧失享受待遇条件的。

② 拒不接受劳动能力鉴定的。

③ 拒绝治疗的。

（2）因工致残享受伤残津贴的职工达到退休年龄并办理退休手续后，停发伤残津贴，改为享受基本养老保险待遇。被鉴定为一级～四级伤残的职工，基本养老保险待遇低于伤残津贴的，由工伤保险基金补足差额。

（3）职工所在用人单位未依法缴纳工伤保险费，发生工伤事故的，由用人单位支付工伤保险待遇。用人单位不支付的，从工伤保险基金中先行支付，由用人单位偿还。用人单位不偿还的，社会保险经办机构可以追偿。

（4）由于第三人的原因造成工伤，第三人不支付工伤医疗费用或者无法确定第三人的，由工伤保险基金先行支付。工伤保险基金先行支付后，有权向第三人追偿。

（5）工伤保险中所称的本人工资，是指工伤职工因工作遭受事故伤害或者患职业病前 12 个月平均月缴费工资。

（6）职工（包括非全日制从业人员）在两个或者两个以上用人单位同时工作的，用人单位都应为其缴纳工伤保险费。职工发生工伤，由职工受到伤害时工作的单位依法承担工伤保险责任。

五、失业保险

（一）保险费的缴纳

城镇企业事业单位按照本单位工资总额的 2% 缴纳失业保险费，职工按照本人工资的 1% 缴纳失业保险费。

2016 年 5 月 1 日起，失业保险总费率在 2015 年已降低 1 个百分点基础上可以阶段性降至 1% ~ 1.5%，其中个人费率不超过 0.5%，降低费率的期限暂按 2 年执行。

从 2017 年 1 月 1 日起，失业保险总费率为 1.5% 的省（区、市），可以将总费率降至 1%，降低费率的期限执行至 2018 年 4 月 30 日。在省（区、市）行政区域内，单位及个人的费率应当统一，个人费率不得超过单位费率。具体方案由各省（区、市）研究确定。

职工跨统筹地区就业的，其失业保险关系随本人转移，缴费年限累计计算。

（二）失业保险待遇

1. 享受条件

（1）双缴费满 1 年。失业前用人单位和本人已经缴纳失业保险费“满 1 年”。

（2）非因本人意愿中断就业。

（3）已经进行失业登记，并有求职要求。

2. 发放标准

失业保险金的标准，不低于当地城市居民最低生活保障标准，不高于当地最低工资标准，具体数额由省、自治区、直辖市人民政府确定。

3. 领取期限

（1）起算日期：自办理失业登记之日起计算。

（2）最长期限：累计缴费满 1 年不足 5 年的，最长为 12 个月；累计缴费满 5 年不足 10 年的，最长为 18 个月；累计缴费 10 年以上的，最长为 24 个月。具体领取期限总结如表 8-13 所示。

表 8–13　失业保险金的领取期限

（用人单位和个人）累计缴费年限	领取失业保险金最长期限
满 1 年不足 5 年的	12 个月
满 5 年不足 10 年的	18 个月
10 年以上的	24 个月

知识点拨

失业保险金的领取期限取决于“用人单位和本人的累计缴费年限”，与“本人工作年限”无关。

【例题 26·单选题】王某因劳动合同终止而失业，已办理登记并有求职要求，此系王某首次失业，已知王某与用人单位累计缴纳失业保险费满 7 年。王某领取失业保险金的最长期限是（　　）个月。

A. 6　　B. 12

C. 18　　　　　　D. 24

【解析】失业人员失业前用人单位和本人累计缴费满1年不足5年的，领取失业保险金的期限最长为12个月；累计缴费满5年不足10年的，领取失业保险金的期限最长为18个月；累计缴费10年以上的，领取失业保险金的期限最长为24个月。本题中累计缴费年限为7年，所以领取失业保险金的期限最长为18个月。因此，本题的正确答案是C。

4. 失业保险待遇

（1）领取失业保险金。

（2）领取失业保险金期间享受基本医疗保险待遇。

（3）领取失业保险金期间的死亡补助。

失业人员领取失业保险金期间死亡，向遗属发放一次性丧葬补助金和抚恤金，由失业保险基金支付。

（4）职业介绍与职业培训补贴。

（5）国务院规定或者批准的与失业保险有关的其他费用。

（三）停止领取失业保险金的情形

失业人员在领取失业保险金期间有下列情形之一的，停止领取失业保险金，并同时停止享受其他失业保险待遇。

（1）重新就业的。

（2）应征服兵役的。

（3）移居境外的。

（4）享受基本养老保险待遇的。

（5）无正当理由，拒不接受当地人民政府指定部门或者机构介绍的适当工作或者提供的培训的。

六、社会保险费征缴

（一）社会保险登记

1. 用人单位的社会保险登记

2016年10月1日起，在工商部门登记的企业和农民专业合作社按照“五证合一、一照一码”登记制度进行社会保险登记证管理。新成立的企业在办理工商注册登记时，同步完成企业的社会保险登记。国家机关、事业单位、社会团体等未纳入“五证合一、一照一码”登记制度管理的单位仍按原办法，到社会保险经办机构办理社会保险登记，由社会保险经办机构核发社会保险登记证，并逐步采用统一社会信用代码进行登记证管理。

2. 个人的社会保险登记

用人单位应当自用工之日起30日内为其职工向社会保险经办机构申请办理社会保险登记。未办理社会保险登记的，由社会保险经办机构核定其应当缴纳的社会保险费。

自愿参加社会保险的无雇工的个体工商户、未在用人单位参加社会保险的非全日制从业人员以及其他灵活就业人员，应当向社会保险经办机构申请办理社会保险登记。

（二）社会保险费缴纳

（1）用人单位应当自行申报、按时足额缴纳社会保险费，非因不可抗力等法定事由不得缓缴、减免。

（2）职工应当缴纳的社会保险费由用人单位代扣代缴，用人单位应当按月将缴纳社会保险费的明细情况告知本人。

（3）无雇工的个体工商户、未在用人单位参加社会保险的非全日制从业人员以及其他灵活就业人员，可以直接向社会保险费征收机构缴纳社会保险费。

（4）社会保险费征收机构应当依法按时足额征收社会保险费，并将缴费情况定期告知用人单位和个人。用人单位未按时足额缴纳社会保险费的，由社会保险费征收机构责令其限期缴纳或者补足。

七、社会保险基金管理

（一）社会保险基金的管理要求

（1）社会保险基金包括基本养老保险基金、基本医疗保险基金、工伤保险基金、失业保险基金和生育保险基金。

（2）各项社会保险基金按照社会保险险种分别建账，分账核算，执行国家统一的会计制度。社会保险基金专款专用，任何组织和个人不得侵占或者挪用。

（3）基本养老保险基金逐步实行全国统筹，其他社会保险基金逐步实行省级统筹。

（4）社会保险基金存入财政专户，通过预算实现收支平衡。社会保险基金按照统筹层次设立预算。

（5）社会保险基金预算按照社会保险项目分别编制。

（6）县级以上人民政府在社会保险基金出现支付不足时，给予补贴。社会保险经办机构应当定期向社会公布参加社会保险情况以及社会保险基金的收入、支出、结余和收益情况。

（二）社会保险基金的运营要求

社会保险基金在保证安全的前提下，按照国务院规定投资运营实现保值增值。不得违规投资运营，不得用于平衡其他政府预算，不得用于兴建、改建办公场所和支付人员经费、运行费用、管理费用，或者违反法律、行政法规规定挪作其他用途。

同步训练

一、单项选择题

1. 下列关于劳动合同的订立，说法正确的是（　　）。

A. 年龄未满18周岁的未成年人一律不得签订劳动合同

B. 年龄未满16周岁的未成年人一律不得签订劳动合同

C. 用人单位设立的分支机构，依法取得营业执照或者登记证书的，可以作为用人单位与劳动者订立劳动合同

D. 未依法取得营业执照或者登记证书的一律不得与劳动者订立劳动合同

2. 根据劳动合同法律制度的规定，以下关于非全日制用工说法不正确的是（　　）。

A. 不得约定试用期

B. 劳务报酬的支付周期为30日

C. 可以不签订劳动合同

D. 劳动关系终止，用工单位不用支付经济补偿

3. 2015年7月2日新入职职工，在2017年9月28日休年假，可休假（　　）天。

A. 5　　B. 10

C. 15　　D. 0

4. 方某工作已满15年，2017年上半年在甲公司已休带薪年休假（以下简称年休假）3天；下半年调到乙公司工作，提出补休年休假的申请。乙公司对方某补休年休假申请符合法律规定的答复是（　　）。

A. 不可以补休年休假

B. 可补休5天年休假

C. 可补休7天年休假

D. 可补休10天年休假

5. 根据劳动合同法律制度的规定，用人单位与劳动者约定了试用期的，劳动者在试用期的工资不得低于用人单位所在地的最低工资标准，也不得低于相同岗位最低档工资或者劳动合同约定工资的一定比例，该比例为（　　）。

A. 50%　　B. 60%

C. 70%　　D. 80%

6. 赵某与甲公司签订了劳动合同，公司对赵某进行了专业技术培训，支付了培训费30 000元，公司与赵某约定服务期为3年，违约金为12 000元。2年后，赵某与甲公司签订的劳动合同期满。赵某以劳动合同期满为由离开了公司，公司要求其支付违约金。对此，下列说法中符合规定的是（　　）。

A. 赵某可以离开公司，应支付10 000元违约金

B. 赵某可以离开公司，应支付30 000元违约金

C. 赵某可以离开公司，应支付12 000元违约金

D. 赵某可以离开公司，应支付4 000元违约金

7. 甲公司现有职工100人，因生产经营发生严重困难需裁员，根据劳动合同法律制度的规定，该公司裁减人员达到一定人数或者一定比例以上，甲公司向工会或者全体职工说明情况，听取工会或者职工的意见，并将裁减人员方案向劳动行政部门报告，甲公司可不执行该程序的裁减人员最多是（　　）。

A. 8人　　B. 9人

C. 10人　　D. 11人

8. 根据劳动合同法律制度的规定，下

列各项中，不属于劳动合同终止情形的是（ ）。

A. 劳动者达到法定退休年龄的

B. 用人单位被吊销营业执照的

C. 劳动者开始依法享受基本养老保险待遇的

D. 劳动者不能胜任工作的

9. 乙劳务派遣公司应甲公司要求，将张某派遣到甲公司工作。根据劳动合同法律制度的规定，下列关于该劳务派遣用工的表述中，正确的是（ ）。

A. 乙公司应向张某按月支付劳动报酬

B. 甲公司可将张某再派遣到其他用人单位

C. 乙公司可向张某收取劳务中介费

D. 甲公司与张某之间存在劳动合同关系

10. 根据劳动争议仲裁法律制度的规定，劳动者与用人单位因确认劳动关系发生劳动争议的，应当自知道或应当知道其权利被侵害之日起一定期限内提出仲裁申请。该期限为（ ）。

A. 6个月　　B. 1年

C. 2年　　D. 3年

11. 甲公司录用张某8个月后开始无故拖欠其工资，张某向甲公司多次催要未果，直至双方劳动关系终止，甲公司仍未向其结算所欠工资。根据劳动合同法律制度的规定，张某就甲公司拖欠工资申请劳动仲裁的时效期间是（ ）。

A. 自甲公司开始无故拖欠工资之日起1年

B. 自双方劳动关系终止之日起1年

C. 自张某到甲公司工作之日起2年

D. 自张某向甲公司最后一次催要工资未果之日起2年

12. 根据社会保险法律制度的规定，下列关于职工基本养老保险个人账户的表述中，不正确的是（ ）。

A. 无雇工的个体工商户自愿按照国家规定缴纳的基本养老保险费，全部记入个人账户

B. 职工按照国家规定的本人工资的一定比例缴纳的基本养老保险费，全部记入个人账户

C. 职工基本养老保险个人账户不得提前支取

D. 职工基本养老保险个人账户免征利息税

13. 吴某在定点医院做外科手术，共发生医疗费用12万元，其中在规定医疗目录内的费用为10万元，目录以外费用为2万元。当地职工平均工资水平为2 000元/月。吴某可以从医疗统筹账户中的最高支付额为（ ）元。

A. 120 000　　B. 100 000

C. 87 840　　D. 144 000

14. 2017年10月19日，甲公司职工李某因突发心脏病住院治疗。已知李某实际工作年限为12年，其中在甲公司工作年限为4年。李某依法可享受的医疗期为（ ）个月。

A. 12　　B. 9

C. 18　　D. 6

15. 根据社会保险法律制度的规定，下列社会保险项目中，仅由用人单位缴纳社会保险费的是（ ）。

A. 职工基本医疗保险

B. 失业保险

C. 职工基本养老保险

D. 工伤保险

16. 根据社会保险法律制度的规定，参加工伤保险的职工因工死亡，其近亲属可以按照一定标准从工伤保险基金领取一次性工亡补助金，该标准为（ ）。

A. 上一年度全国城镇居民人均可支配收入的5倍

B. 上一年度全国城镇居民人均可支配收入的10倍

C. 上一年度全国城镇居民人均可支配收入的15倍

D. 上一年度全国城镇居民人均可支配收入的20倍

17. 李某在甲公司工作了12年，因劳动合同到期而劳动关系终止，符合领取失业保险待遇，李某最长可以领取失业保险的期限是（ ）个月。

A. 24　　B. 12

C. 18　　D. 6

二、多项选择题

1. 2016年7月5日，王某到甲公司上班，但甲公司未与其签订书面劳动合同。甲公司该行为法律后果的下列表述中，正确的有（　　）。

A. 甲公司和王某之间尚未建立劳动关系

B. 甲公司应在2016年8月5日前与王某签订书面劳动合同

C. 若甲公司在2016年10月5日与王某补订了书面劳动合同，王某有权要求甲公司向其支付2个月的双倍工资

D. 若甲公司在2017年7月5日与王某补订了书面劳动合同，王某有权要求甲公司向其支付11个月的双倍工资

2. 根据劳动合同法律制度的规定，下列各项中，属于无效或者部分无效劳动合同的有（　　）。

A. 用人单位免除自己的法定责任，排除劳动者权利的劳动合同

B. 以欺诈的手段使对方在违背真实意思的情况下订立的劳动合同

C. 以胁迫的手段使对方在违背真实意思的情况下订立的劳动合同

D. 乘人之危使对方在违背真实意思的情况下订立的劳动合同

3. 根据劳动合同法律制度的规定，下列关于劳动报酬支付的表述中，正确的有（　　）。

A. 工资至少每月支付一次，实行周、日、小时工资制的，可按周、日、小时支付工资

B. 用人单位依法安排劳动者在日标准工作时间以外延长工作时间的，按照不低于劳动合同规定的劳动者本人小时工资标准的150%支付劳动者工资

C. 用人单位与劳动者约定的支付日期遇节假日或休息日，应提前在最近的工作日支付

D. 工资应当以法定货币支付，不得以实物及有价证券替代货币支付

4. 根据劳动合同法律制度的规定，下列关于试用期约定的表述中，正确的有（　　）。

A. 非全日制用工，不得约定试用期

B. 劳动合同期限1年以上不满3年的，试用期不得超过2个月

C. 3年以上固定期限的劳动合同，试用期不得超过6个月

D. 无固定期限的劳动合同，试用期不得超过6个月

5. 根据劳动合同法律制度的规定，关于用人单位和劳动者对竞业限制约定的下列表述中，正确的有（　　）。

A. 用人单位应按照双方约定，在竞业限制期限内按月给予劳动者经济补偿

B. 劳动者违反竞业限制约定的，应按照约定向用人单位支付违约金

C. 用人单位和劳动者约定的竞业限制期限不得超过2年

D. 竞业限制约定适用于用人单位与其高级管理人员、高级技术人员和其他负有保密义务的人员之间

6. 下列劳动者中，可随时通知用人单位解除劳动合同的有（　　）。

A. 所在单位规章制度违法，损害其利益的王某

B. 所在单位未依法为其缴纳社会保险费的李某

C. 所在单位未及时足额向其支付劳动报酬的张某

D. 所在单位未按照劳动合同约定为其提供劳动保护的赵某

7. 根据劳动合同法律制度的规定，下列各项中，属于用人单位可依据法定程序进行经济性裁员的情形有（　　）。

A. 企业转产，经变更劳动合同后，仍需裁减人员的

B. 依照《中华人民共和国企业破产法》规定进行重整的

C. 企业重大技术革新，经变更劳动合同后，仍需裁减人员的

D. 生产经营发生严重困难的

8. 根据劳动合同法律制度的规定，因下列情形解除劳动合同的，用人单位应向劳动

者支付经济补偿的有（　　）。

A. 劳动者不能胜任工作，经过培训或者调整工作岗位，仍不能胜任工作的

B. 用人单位未按照劳动合同约定提供劳动保护或者劳动条件的

C. 劳动者同时与其他用人单位建立劳动关系，经用人单位提出，拒不改正的

D. 用人单位未及时足额支付劳动报酬的

9. 下列劳务派遣用工形式中，不符合法律规定的有（　　）。

A. 丙劳务派遣公司以非全日制用工形式招用被派遣劳动者

B. 乙公司将使用的被派遣劳动者又派遣到其他公司工作

C. 丁公司使用的被派遣劳动者数量达到其用工总量的 5%

D. 甲公司设立劳务派遣公司向其所属分公司派遣劳动者

10. 根据劳动合同法律制度的规定，关于劳务派遣的下列表述中，正确的有（　　）。

A. 劳动合同关系存在于劳务派遣单位与被派遣劳动者之间

B. 劳务派遣单位是用人单位，接受以劳务派遣形式用工的单位是用工单位

C. 被派遣劳动者的劳动报酬可低于用工单位同类岗位劳动者的劳动报酬

D. 被派遣劳动者不能参加用工单位的工会

11. 根据劳动合同法律制度的规定，下列劳动争议中，劳动者可以向劳动仲裁部门申请劳动仲裁的有（　　）。

A. 确认劳动关系争议

B. 工伤医疗费争议

C. 劳动保护条件争议

D. 社会保险争议

12. 根据劳动仲裁法律制度的规定，下列各项中，属于仲裁员在仲裁劳动争议案件时应当回避的情形有（　　）。

A. 私自会见争议案件代理人

B. 私自接受争议案件的当事人请客送礼

C. 是争议案件代理人的近亲属

D. 是争议案件当事人的近亲属

13. 根据社会保险法律制度的规定，下列关于职工基本养老保险待遇的表述中，正确的有（　　）。

A. 对符合基本养老保险享受条件的人员，国家按月支付基本养老金

B. 参保职工因病死亡的，其遗属可以领取丧葬补助金

C. 参保职工非因工死亡的，其遗属可以领取抚恤金

D. 参保职工在未达到法定退休年龄时因病致残而完全丧失劳动能力的，可以领取病残津贴

14. 根据社会保险法律制度的规定，关于职工患病应享受医疗期及医疗期内待遇的下列表述中，正确的有（　　）。

A. 实际工作年限不满 10 年，在本单位工作年限不满 5 年的，医疗期期间为 3 个月

B. 实际工作年限不满 10 年，在本单位工作年限 5 年以上的，医疗期期间为 6 个月

C. 医疗期内遇劳动合同期满，则劳动合同必须续延至医疗期满

D. 病假工资可以低于当地最低工资标准支付，但不得低于当地最低工资标准的 80%

15. 根据社会保险法律制度的规定，下列各项中，应当为本单位全部职工缴纳工伤保险费的有（　　）。

A. 民办非企业单位

B. 国有企业

C. 会计师事务所

D. 律师事务所

16. 根据社会保险法律制度的规定，职工因工死亡的，其近亲属可享受遗属待遇。下列各项中，属于该待遇的有（　　）。

A. 一次性工亡补助金

B. 供养亲属抚恤金

C. 遗属慰问金

D. 丧葬补助金

17. 甲公司职工高某因公司被依法宣告破产而失业。已知高某失业前，甲公司与高某已累计缴纳失业保险满 4 年，失业后高某及时办理了失业登记，下列关于高某领取失业保险待遇的表述中，正确的有（　　）。

A. 高某在领取失业保险金期间，不参加职工基本医疗保险，亦不享受基本医疗保险待遇

B. 高某领取失业保险金的标准，不得低于城市居民最低生活保障标准

C. 高某领取失业保险金期限自办理失业登记之日起计算

D. 高某领取失业保险金的期限最长为12个月

18. 下列失业人员中，应停止领取失业保险金并同时停止享受其他失业保险待遇的有（　　）。

A. 重新就业的孙某

B. 移居境外的杜某

C. 已享受基本养老保险待遇的陈某

D. 应征服兵役的贾某

三、判断题

1. 甲公司招用王某时，要求其缴纳600元的工作服押金，甲公司的做法不符合法律规定。（　　）

2. 用人单位自用工之日起满1年未与劳动者订立书面劳动合同的，视为自用工之日起满1年的当日已经与劳动者订立无固定期限劳动合同。（　　）

3. 违法约定的试用期已经履行的，由用人单位以劳动者试用期满月工资为标准，按已经履行的超过法定试用期的期间向劳动者支付赔偿金。（　　）

4. 用人单位与劳动者约定服务期的，不影响按照正常的工资调整机制提高劳动者在服务期期间的劳动报酬。（　　）

5. 劳动者与用人单位发生劳动争议申请仲裁时，用人单位被吊销营业执照或者决定提前解散、歇业，不能承担相关责任的，其出资人、开办单位或者主管部门应作为共同当事人。（　　）

6. 劳动者和用人单位发生劳动争议，可以不经劳动仲裁直接向人民法院提起劳动诉讼。（　　）

四、不定项选择题

2017年1月，甲公司与乙公司签订劳务派遣协议，派遣刘某到乙公司从事临时性工作。2017年5月，临时性工作结束，两公司未再给刘某安排工作，也未再向其支付任何报酬。2017年7月，刘某得知自2017年1月被派遣以来，两公司均未为其缴纳社会保险费，遂提出解除劳动合同。

要求：根据上述资料，不考虑其他因素，分析回答下列小题。

1. 关于刘某建立劳动关系的下列表述中，正确的是（　　）。

A. 刘某与乙公司建立劳动关系

B. 刘某与甲公司建立劳动关系

C. 刘某与甲公司、乙公司均未建立劳动关系

D. 刘某与甲公司、乙公司均建立劳动关系

2. 刘某无工作期间报酬享受的下列表述中，正确的是（　　）。

A. 刘某不享受报酬

B. 乙公司应按月向其支付报酬

C. 刘某享受报酬的标准为支付单位所在地政府规定的最低工资标准

D. 甲公司应按月向其支付报酬

3. 刘某解除劳动合同应采取的方式是（　　）。

A. 无须事先告知公司即可解除

B. 应提前30日通知公司解除

C. 可随时通知公司解除

D. 应提前3日通知公司解除

4. 该劳动合同解除时经济补偿金支付的下列表述中，说法正确的是（　　）。

A. 甲、乙两个公司均无须向刘某支付经济补偿金

B. 乙公司应向刘某支付经济补偿金

C. 甲公司应向刘某支付经济补偿金

D. 甲、乙两个公司应共同向刘某支付经济补偿金

参考答案及解析

一、单项选择题

1. C

2. B【解析】非全日制用工劳动报酬结

算支付周期最长不得超过15日。选项B错误。

3. A【解析】职工累计工作已满1年不满10年的，享受带薪年休假5天。

4. B【解析】根据规定，职工连续工作1年以上的，享受带薪年休假。另外，职工累计工作已满10年不满20年的，年休假10天；方某下半年调到乙公司，还可在新单位享受的年休假是［当年度在本单位剩余日历天数/365天］×职工本人全年应当享受的年休假天数＝184/365×10＝5（天）。

5. D【解析】本题考核试用期工资。

6. D【解析】对已经履行部分服务期限的，用人单位要求劳动者支付的违约金不得超过服务期尚未履行部分所应分摊的培训费用。本题中赵某服务期为3年，违约金为12 000元（未超过培训费，合法），每年扣减4 000元。因为已经履行劳动合同2年，还有1年没有履行，所以赵某应支付的违约金数额为4 000元。

7. B【解析】经济性裁员的人数要件为：需裁减人员20人以上或裁减不足20人但占企业职工总数10%以上。本题四个选项中的人数均不足20人，可见应考虑“10%以上”的要件，即裁减人数大于等于10人（100×10%）时应执行特别程序，相反，在不执行特别程序的前提下，可裁减的人数最多是9人。

8. D【解析】劳动者不能胜任原工作，先要考虑为其调岗，若调岗后仍不能胜任工作的，用人单位需提前30日以书面形式提前通知其解除劳动合同。因此，选项D不属于劳动合同终止的情形。

9. A【解析】用工单位不得将被派遣劳动者再派遣到其他单位。因此选项B错误。派遣单位和用工单位不得向劳动者收取费用。因此选项C错误。劳务派遣是典型的“有关系无劳动，有劳动无关系”，即劳务派遣单位与劳动者建立劳动关系，签订劳动合同，但劳动者却不为劳务派遣单位提供劳动，劳动者为用工单位提供劳动，但却不签订劳动合同。因此选项D错误。

10. B【解析】劳动争议申请仲裁的时效期间是1年，自当事人知道或者应当知道其权利被侵害之日起计算。

11. B【解析】劳动关系存续期间因拖欠劳动报酬发生争议的，劳动者申请仲裁不受1年仲裁时效期间的限制；但是，劳动关系终止的，应当自劳动关系终止之日起1年内提出。

12. A【解析】无雇工的个体工商户、未在用人单位参加基本养老保险的非全日制从业人员及其他灵活就业人员可以参加职工基本养老保险，由个人缴纳职工基本养老保险费，分别计入基本养老保险统筹基金和个人账户。因此选项A说法错误。

13. C【解析】医疗报销起付标准（起付线）为2 000×12×10%＝2 400（元）；最高支付限额（封顶线）为2 000×12×6＝144 000（元）；即吴某医疗费用中在2 400元以上、144 000元以下部分可以从统筹账户予以报销。报销比例为90%，吴某可以报销的费用为（100 000－2 400）×90%＝87 840（元）。

14. D【解析】李某实际工作年限为12年，其中在甲公司工作年限为4年。属于实际工作年限10年以上的，在本单位工作年限不满5年的，医疗期为6个月。

15. D【解析】选项D，职工应当参加工伤保险，由用人单位缴纳工伤保险费，职工不缴纳工伤保险费。

16. D【解析】参加工伤保险的职工因工死亡，其近亲属可以领取一次性工亡补助金，标准为上一年度全国城镇居民人均可支配收入的20倍。

17. A【解析】累计缴费10年以上的，领取失业保险金的期限最长为24个月。

二、多项选择题

1. BCD【解析】甲公司与王某之间的劳动关系自用工之日起，即2016年7月5日起建立。因此选项A错误。已建立劳动关系，未同时订立书面劳动合同的，应当自用工之日起1个月内订立书面劳动合同。因此选项B正确。用人单位自用工之日起超过1个月不满1年未与劳动者订立书面劳动合同的，应当依法向劳动者每月支付2倍的工资，并与劳动者补订书面劳动合同，每月支付2倍工资的起算时间为用工之日起满1个月的次日，截止时间为补订书面劳动合同的前1日。因此选项CD正确。

2. ABCD【解析】劳动合同无效或者部分无效的情形有：（1）以欺诈、胁迫的手段或者乘人之危，使对方在违背真实意思的情况下订立或者变更劳动合同的；（2）用人单位免除自己的法定责任、排除劳动者权利的；（3）违反法律、行政法规强制性规定的。

3. ABCD【解析】本题考核劳动报酬。

4. ABCD【解析】上述四个选项均正确。

5. ABCD【解析】本题考核竞业限制。

6. ABCD【解析】用人单位有下列情形之一的，劳动者可以解除劳动合同：（1）未按照劳动合同约定提供劳动保护或者劳动条件的；（2）未及时足额支付劳动报酬的；（3）未依法为劳动者缴纳社会保险费的；（4）用人单位的规章制度违反法律、法规的规定，损害劳动者权益的；（5）用人单位以欺诈、胁迫的手段或乘人之危，使劳动者在违背真实意思的情况下订立或变更劳动合同的；（6）法律、行政法规规定劳动者可以解除劳动合同的其他情形。

7. ABCD【解析】经济性裁员的法定情形包括：（1）依照《中华人民共和国企业破产法》规定进行重整的；（2）生产经营发生严重困难的；（3）企业转产、重大技术革新或者经营方式调整，经变更劳动合同后，仍需裁减人员的；（4）其他因劳动合同订立时所依据的客观经济情况发生重大变化，致使劳动合同无法履行的。

8. ABD【解析】选项C，用人单位可以随时通知解除劳动合同，无须支付经济补偿。

9. ABD【解析】（1）选项A：劳务派遣单位不得以“非全日制用工”形式招用被派遣劳动者；（2）选项B：用工单位不得将被派遣劳动者再派遣到其他用人单位；（3）选项C：用工单位使用的被派遣劳动者数量不得超过其用工总量的10%；（4）选项D：用人单位不得设立劳务派遣单位向本单位或者所属单位派遣劳动者。

10. AB【解析】被派遣劳动者享有与用工单位的劳动者同工同酬的权利，故选项C错误；被派遣劳动者有权在劳务派遣单位或者用工单位依法参加或者组织工会，维护自身的合法权益，故选项D错误。

11. ABCD【解析】劳动争议的范围主要指中华人民共和国境内的用人单位与劳动者发生的下列劳动争议：（1）因确认劳动关系发生的争议；（2）因订立、履行、变更、解除和终止劳动合同发生的争议；（3）因除名、辞退和辞职、离职发生的争议；（4）因工作时间、休息休假、社会保险、福利、培训以及劳动保护发生的争议；（5）因劳动报酬、工伤医疗费、经济补偿或者赔偿金等发生的争议；（6）法律、法规规定的其他劳动争议。解决劳动争议的法律依据主要是《中华人民共和国劳动争议调解仲裁法》和《劳动人事争议仲裁办案规则》。

12. ABCD【解析】仲裁员有下列情形之一的，应当回避，当事人有权以口头或者书面方式提出回避申请：（1）是本案当事人或者当事人、代理人的近亲属的；（2）与本案有利害关系的；（3）与本案当事人、代理人有其他关系，可能影响公正裁决的；（4）私自会见当事人、代理人，或者接受当事人、代理人请客送礼的。

13. ABCD【解析】（1）选项A，对符合基本养老保险享受条件的人员，国家按月支付基本养老金；（2）选项BC，参加基本养老保险的个人，因病或者非因工死亡的，其遗属可以领取丧葬补助金和抚恤金；（3）选项D，参加基本养老保险的个人，在未达到法定退休年龄时因病或者非因工致残完全丧失劳动能力的，可以领取病残津贴。

14. ABCD【解析】企业职工因患病或非因工负伤，需要停止工作，进行医疗时，根据本人实际参加工作年限和在本单位工作年限，给予3个月到24个月的医疗期。（1）实际工作年限不满10年的，在本单位工作年限不满5年的为3个月；5年以上的为6个月。（2）实际工作年限10年以上的，在本单位工作年限不满5年的为6个月；5年以上不满10年的为9个月；10年以上不满15年的为12个月；15年以上不满20年的为18个月；20年以上的为24个月。病假工资或疾病救济费可以低于当地最低工资标准支付，但最低不能低于最低工资标准的80%。医疗期内不得解除劳动合同。如医疗期内遇合同期满，则合同必须续延至医疗期满，职工在此期间仍然享受医疗期内待遇。

15. ABCD【解析】本题考核工伤保险费的缴纳。

16. ABD【解析】职工“因工”死亡和伤残职工在停工留薪期“内”因工伤原因导致死亡的，其近亲属可享受的遗嘱待遇包括：（1）丧葬补助金：6个月的统筹地区上年度职工月平均工资；（2）供养亲属抚恤金；（3）一次性工亡补助金，标准为上一年度全国城镇居民人均可支配收入的20倍。

17. BCD【解析】选项A，失业人员在领取失业保险金期间，参加职工基本医疗保险，享受基本医疗保险待遇。

18. ABCD【解析】停止领取失业保险金及其他失业保险待遇的情形：（1）重新就业的（选项A）；（2）应征服兵役的（选项D）；（3）移居境外的（选项B）；（4）享受基本养老保险待遇的（选项C）；（5）无正当理由，拒不接受当地人民政府指定部门或者机构介绍的适当工作或者提供的培训的。

三、判断题

1. 对【解析】用人单位招用劳动者，不得扣押劳动者的居民身份证和其他证件，不得要求劳动者提供担保或者以其他名义向劳动者收取财物。

2. 对【解析】用人单位自用工之日起满1年未与劳动者订立书面劳动合同的，自用工之日起满1个月的次日至满1年的前1日应当依法向劳动者每月支付2倍的工资，并视为自用工之日起满1年的当日已经与劳动者订立无固定期限劳动合同，应当立即与劳动者补订书面劳动合同。

3. 对

4. 对

5. 对

6. 错【解析】劳动仲裁是向人民法院提起诉讼的必经前置程序。

四、不定项选择题

1. B【解析】在劳务派遣关系中，劳动关系存在于劳务派遣单位与被派遣劳动者之间。被派遣劳动者不与用工单位发生劳动关系。

2. CD【解析】被派遣劳动者在无工作期间，劳务派遣单位应当按照所在地政府规定的最低工资标准，向其按月支付报酬。

3. C【解析】因为单位未为其缴纳社会保险费，这属于劳动者可随时通知解除劳动合同的情形。

4. C【解析】用人单位未依法为劳动者缴纳社会保险费，劳动者随时通知用人单位解除劳动合同后，用人单位应当向劳动者支付经济补偿。

模拟试题与解析

模拟试题（一）

一、单项选择题（本类题共 24 小题，每小题 1.5 分，共 36 分。每小题的备选答案中，只有一个符合题意的正确答案。多选、错选、不选均不得分）

1. 下列有关法律关系的表述中，不正确的是（　　）。

A. 法律关系由主体、客体和内容三要素构成，缺少其中任何一个要素，都不能构成法律关系

B. 法律关系主体的数目由法律关系的具体情况而定，可以是一个也可以是两个或多个

C. 法律关系的客体分为三类：物、非物质财富、行为

D. 法律关系的内容是权利和义务，两者是密切联系且不可分割的

2. 甲公司与乙公司协商解除合同，双方就合同中的仲裁条款是否有效发生争议，甲公司申请北京仲裁委员会做出决定，乙公司则申请人民法院做出裁定。对此，下列说法中，正确的是（　　）。

A. 由北京仲裁委员会决定

B. 由人民法院裁定

C. 由先收到申请的机构认定

D. 北京仲裁委员会和人民法院均有权认定

3. 下列各项中，属于会计法律的是（　　）。

A. 《中华人民共和国会计法》

B. 《总会计师条例》

C. 《会计基础工作规范》

D. 《企业会计制度》

4. 下列各项中，属于初级会计专业职务的是（　　）。

A. 助理会计师　　B. 会计师

C. 注册会计师　　D. 高级会计师

5. 根据支付结算法律制度的规定，下列各项中，不属于办理支付结算时应遵循的原则的是（　　）。

A. 文明服务

B. 恪守信用，履约付款

C. 谁的钱进谁的账，由谁支配

D. 银行不垫款

6. 根据票据法律制度的规定，下列票据中，付款人或承兑人是银行以外的一般单位的是（　　）。

A. 银行汇票　　B. 商业承兑汇票

C. 银行本票　　D. 支票

7. 根据支付结算法律制度的规定，下列情形中，可以办理退汇的是（　　）。

A. 该汇款尚未汇出

B. 汇款人与收款人未达成一致退汇意见

C. 经过 1 个月无法交付的汇款

D. 收款人拒绝接受的汇款

8. 在税法的构成要素中，区分不同税种的主要标志性要素是（　　）。

A. 税率　　B. 税目

C. 计税依据　　D. 征税对象

9. 金融服务适用的增值税税率是（　　）。

A. 10%　　B. 16%

C. 6%　　D. 3%

10．某广告公司为增值税一般纳税人。2018 年 5 月，其取得广告设计不含税价款 530 万元，奖励费收入 5.3 万元；支付设备租赁费，取得的增值税专用发票上注明税额 17 万元。根据增值税法律制度的规定，该广告公司当月上述业务应缴纳增值税（　　）万元。

A．14.8　　B．15.12

C．15.1　　D．13.3

11．某食品加工企业为小规模纳税人，适用的增值税征收率为 3%。2 月份，其取得销售收入 16 960 元；直接从农户处购入的农产品价值 6 400 元，支付运输费 600 元，当月支付人员工资 3 460 元，该企业当月应缴纳的增值税税额为（　　）元。

A．240　　B．298

C．435　　D．494

12．境外某公司在我国境内未设立机构、场所，2017 年取得境内甲公司支付的贷款利息收入 1 000 万元，取得境内乙公司支付的财产转让收入 80 万元，该项财产净值 60 万元。下列关于 2017 年度该境外公司应纳税所得额的计算中，正确的是（　　）。

A．1 000 +（80 − 60）= 1 020（万元）

B．1 000 + 80 = 1 080（万元）

C．1 000 + 60 = 1 060（万元）

D．80 万元

13．根据企业所得税法律制度的规定，下列各项中，属于免税收入的是（　　）。

A．企业接受社会捐赠收入

B．转让企业债券取得的收入

C．已做坏账损失处理后又收回的应收款

D．国债利息收入

14．根据个人所得税法律制度的规定，下列各项中，不能从个人应税所得额中全额扣除的是（　　）。

A．个人通过非营利社会团体向红十字事业的捐赠

B．个人通过国家机关向农村义务教育的捐赠

C．个人通过国家机关对青少年活动场所的捐赠

D．个人通过非营利社会团体向贫困地区的捐赠

15．下列有关财产租赁所得应纳税额计算的说法中，不正确的是（　　）。

A．个人出租房屋的个人所得税应税收入中不含增值税

B．房屋出租所得可扣除的税费中不包括本次出租缴纳的增值税

C．个人转租房屋的，其向房屋出租方支付的租金，在计算转租所得时予以扣除

D．个人转租房屋的，其向房屋出租方支付的增值税额，在计算转租所得时不得扣除

16．根据契税暂行条例的规定，可以享受免征契税优惠待遇的是（　　）。

A．城镇职工购买公有住房的

B．国家机关承受房屋用于对外从事饭店经营的

C．纳税人开垦荒地，修建工厂

D．纳税人开垦荒山，用于农业生产

17．下列关于资源税征税范围和税目的说法中，正确的是（　　）。

A．人造石油和天然石油均属于征税范围

B．金属矿中的铝土矿以精矿为征税对象

C．金矿的法定征税对象为金锭

D．与原油同时开采的天然气不属于征税范围

18．根据印花税法律制度的规定，下列选项所列证照中，都要缴纳印花税的是（　　）。

A．房屋产权证、营业执照、税务登记证、营运许可证

B．土地使用证、专利证、特殊行业经营许可证、房屋产权证

C．商标注册证、卫生许可证、土地使用证、营运许可证

D．房屋产权证、营业执照、商标注册证、专利证、土地使用证

19．2019 年，某生产企业拥有 2 辆六座载客汽车和 4 辆整备质量为 5 吨的货车。当地车船税的年税额为：货车的年基准税额为每吨 60 元，乘人汽车每辆 360 元。那么，2019 年该公司应纳车船税（　　）元。

A．960　　B．1 020

C. 1 920　　　D. 2 160

20. 根据税收征收管理法律制度的规定，下列各项中，不属于纳税申报方式的是（　　）。

A. 自行申报　　　B. 邮寄申报

C. 数据电文申报　D. 默示申报

21. 某纳税人应在 3 月 15 日缴纳税款 30 万元，逾期未缴纳。税务机关责令其在 3 月 31 日前缴纳，但某纳税人直到 4 月 24 日才缴纳。那么，其应该缴纳滞纳金（　　）。

A. 30×0.5‰×15 = 0.225（万元）

B. 30×0.5‰×16 = 0.24（万元）

C. 30×0.5‰×24 = 0.36（万元）

D. 30×0.5‰×40 = 0.6（万元）

22. 根据劳动合同法律制度的规定，下列有关劳动合同效力的表述中，正确的是（　　）。

A. 劳动合同的生效等同于劳动关系的建立

B. 用人单位以胁迫手段，使劳动者在违背自己真实意思的情况下订立劳动合同的，该劳动合同可撤销

C. 对劳动合同的无效有争议的，由人民法院确认

D. 劳动合同部分无效，不影响其他部分效力的，其他部分仍然有效

23. 黄某在甲公司任 2 年会计，在乙公司任 3 年出纳，在丙公司做了 4 年财务总监。丙公司安排黄某在“五一”国际劳动节期间休带薪年休假，则黄某应当享有的带薪年休假天数为（　　）。

A. 3 天　　　B. 5 天

C. 7 天　　　D. 10 天

24. 根据劳动合同法律制度的规定，下列关于集体合同与劳务派遣的相关表述中，不正确的是（　　）。

A. 集体合同草案应当提交职工代表大会或者全体职工讨论通过

B. 集体合同中劳动报酬和劳动条件等标准不得低于当地人民政府规定的最低标准

C. 劳务派遣单位应当与被派遣劳动者订立 1 年以上的固定期限劳动合同，按月支付劳动报酬

D. 被派遣劳动者享有与用工单位劳动者同工同酬的权利

二、多项选择题（本类题共 15 小题，每小题 2 分，共 30 分。每小题的备选答案中，有两个或两个以上符合题意的正确答案。多选、少选、错选、不选均不得分）

1. 根据我国法律制度的规定，下列有关法的形式的表述中，正确的有（　　）。

A. 基本法律由全国人民代表大会及其常委会制定

B. 设区的市的人民代表大会及其常委会有权制定地方性法规，但须报省、自治区的人民代表大会常务委员会批准后施行

C. 部门规章可以设定减损公民、法人和其他组织权利的规范

D. 部门规章与部门规章、部门规章与地方政府规章具有同等效力，在各自的权限范围内施行

2. 根据支付结算法律制度的规定，下列账户的开立，需要中国人民银行核准的有（　　）。

A. 基本存款账户

B. 临时存款账户（因注册验资和增资验资开立的除外）

C. 预算单位专用存款账户

D. 个人银行结算账户

3. 根据票据法律制度的规定，下列情况下取得的票据中，享有票据权利的有（　　）。

A. 甲单位依法接受出票人乙签发的票据

B. 丙单位和丁单位具有真实的交易关系条件下，接受背书转让的票据

C. 李某因为税收原因无偿取得的票据

D. 张某把自己欺诈竞争对手取得的票据无偿赠予知情的王某

4. 根据支付结算法律制度的规定，下列关于信用卡计息和收费的表述中，正确的有（　　）。

A. 信用卡透支的计结方式由发卡机构自主确定

B. 发卡机构向信用卡持卡人按约定收取的违约金，不计收利息

C. 发卡机构向信用卡持卡人收取的取现手续费，计收利息

D. 发卡银行对信用卡透支利率实行上限和下限管理

5. 根据增值税法律制度的规定，下列各项中，属于增值税免税项目的有（　　）。

A. 残疾人组织直接进口残疾人专用物品

B. 一般纳税人销售旧货

C. 直接用于科学研究、科学试验和教学的进口仪器、设备

D. 外国政府、国际组织无偿援助的进口物资和设备

6. 根据消费税法律制度的规定，下列各项中，不属于消费税征税范围的有（　　）。

A. 在高尔夫果岭场地行驶的高尔夫车

B. 由高档化妆品与护肤护发产品组成的礼品套装

C. 电动汽车

D. 高尔夫球

7. 根据企业所得税法律制度的规定，下列关于无形资产税务处理的表述中，正确的有（　　）。

A. 外购的无形资产，以购买价款和支付的相关税费以及直接归属于使该资产达到预定用途发生的其他支出为计税基础

B. 自行开发的无形资产，以开发过程中该资产符合资本化条件后至达到预定用途前发生的支出为计税基础

C. 通过捐赠、投资、非货币性资产交换、债务重组等方式取得的无形资产，以该资产的公允价值和支付的相关税费为计税基础

D. 无形资产按照直线法计算的摊销费用，准予扣除

8. 根据个人所得税法律制度的规定，下列个人取得的所得中，可以减免个人所得税的有（　　）。

A. 军人的转业安置费

B. 保险赔款

C. 离退休人员的养老金

D. 个人兼职取得的收入

9. 下列各项中，符合房产税纳税义务人相关规定的有（　　）。

A. 产权属于集体和个人的，由集体单位和个人缴纳

B. 房屋产权出典的，由承典人缴纳

C. 存在产权纠纷，产权未确定的，不用缴纳房产税

D. 产权属于国家所有的，不缴纳房产税

10. 某县城的内资房地产开发企业于2018年11月销售了其开发的10套商品房，在计算土地增值税时，其准予据实扣除的项目有（　　）。

A. 取得土地使用权所支付的金额

B. 城市维护建设税

C. 房地产开发成本

D. 房地产开发费用

11. 根据环境保护税法律制度的规定，下列关于环境保护税应纳税额计算的表述中，正确的有（　　）。

A. 应税大气污染物的应纳税额为污染当量数乘以具体适用税额

B. 应税水污染物的应纳税额为污染当量数乘以具体适用税额

C. 应税固体废物的应纳税额为固体废物排放量乘以具体适用税额

D. 应税噪声的应纳税额为超过国家规定标准的分贝数对应的具体适用税额

12. 根据税收征收管理法律制度的规定，下列各项中，适用于纳税担保的有（　　）。

A. 欠缴税款的纳税人需要出境的

B. 纳税人同税务机关在纳税上发生争议而未缴清税款，需要申请行政复议的

C. 税务机关有根据认为从事生产的纳税人有逃避纳税义务的行为，在规定的纳税期之前责令其限期缴纳税款，在限期内发现纳税人有明显转移财产迹象的

D. 纳税人申报的计税依据明显偏低，又无正当理由的

13. 根据劳动合同法律制度的规定，下列各项中，属于劳动合同必备条款的有（　　）。

A. 社会保险

B. 工作内容和工作地点

C. 劳动合同期限

D. 试用期

14. 根据劳动合同法律制度的规定，有关试用期的条款属于劳动合同的约定条款。对此，下列说法中，正确的有（　　）。

A. 劳动合同期限在1年以上不满3年的，试用期不得超过2个月

B. 以完成一定工作任务为期限的劳动合同，试用期不得超过1个月

C. 非全日制用工合同，约定试用期为半个月

D. 无固定期限劳动合同，约定试用期为6个月

15. 根据社会保险法律制度的规定，下列有关职工基本医疗保险的表述中，正确的有（　　）。

A. 用人单位强制性缴纳的基本医疗保险费用，全额划入基本医疗保险社会统筹基金账户

B. 个人跨统筹地区就业的，其基本医疗保险关系随本人转移，缴费年限累计计算

C. 在境外就医的，不在基本医疗保险基金的支付范围内

D. 参保人员符合基本医疗保险支付范围的医疗费用中，在社会医疗统筹基金起付标准以下的费用，全额由用人单位支付

三、判断题（本类题共10小题，每小题1分，共10分。请判断每小题的表述是否正确。每小题答题正确得1分，答题错误扣0.5分，不答题的不得分也不扣分。本类题的最低得分为零分）

1. 没收违法所得、没收非法财物是行政处罚的具体形式之一。（　　）

2. 票据的更改、伪造和变造均属于欺诈行为。（　　）

3. 小李从A银行购买一张2 000元预付卡，在乘坐地铁时丢失。小李到发卡银行要求挂失，但A银行不予办理。A银行的做法是正确的。（　　）

4. 某一般纳税人在2016年5月1日后购进一不动产，其第一年增值税进项税额抵扣比例为40%，第二年的抵扣比例为60%。（　　）

5. 集体所有制企业职工个人在企业改制过程中，以股份形式取得的，仅作为分红依据，不拥有所有权的企业量化资产，应按“利息、股息、红利所得”计缴个人所得税。（　　）

6. 非居民企业仅就来源于我国境内的所得缴纳企业所得税。（　　）

7. 对纳税人以电子形式签订的各类应税凭证暂不征收印花税。（　　）

8. 根据税务行政复议法律制度的规定，对重大、复杂的案件，申请人提出要求或者行政复议机构认为必要时，可以采取听证的方式审理。（　　）

9. 劳动合同订立时依据的客观情况发生重大变化，致使劳动合同无法履行，经用人单位与劳动者协商，未能就变更劳动合同内容达成协议的，用人单位可随时通知劳动者解除劳动关系，不需要向劳动者支付经济补偿。（　　）

10. 劳务派遣单位或者用工单位与劳动者发生争议时，劳务派遣单位为当事人。（　　）

四、不定项选择题（本类题共12小题，每小题2分，共24分。每小题的备选答案中，有一个或者一个以上符合题意的正确答案。每小题全部选对得满分，少选得相应分值，多选、错选、不选均不得分）

【资料一】甲酒店为增值税一般纳税人，主要提供餐饮服务、住宿服务、会议服务和车辆停放服务。2018年10月，其有关经营情况如下：

（1）提供住宿服务，取得含增值税销售额954 000元；

（2）提供会议服务，取得含增值税销售额358 704元；

（3）购进一处房产用作办公场所，取得的增值税专用发票上注明税额64 000元；

（4）上月购进的一批低值易耗品因管理不善丢失，账面成本11 000元，该批低值易耗品的进项税额已申报抵扣。

已知：生活服务、现代服务适用的增值税税率为6%，丢失的低值易耗品适用的增值税税率为16%。

要求：根据上述资料，不考虑其他因素，分析回答下列小题。

1. 甲酒店的下列经营业务中，应按照“销售服务——现代服务”计缴增值税的是（　　）。

A. 餐饮服务　　B. 住宿服务

C. 会议服务　　D. 车辆停放服务

2. 下列计算甲酒店当月允许抵扣的增值税进项税额的算式中，正确的是（　　）。

A. 64 000 − 11 000×16% = 62 240（元）

B. 64 000×40% − 11 000×16% = 23 840（元）

C. 64 000×60% − 11 000×16% = 36 640（元）

D. 64 000 − 11 000×（1 + 16%） = 51 240（元）

3. 下列计算甲酒店当月增值税销项税额的算式中，正确的是（　　）。

A. 954 000×6% + 358 704÷（1 + 6%）×6% = 77 544（元）

B. （954 000 + 358 704）÷（1 + 6%）×6% = 74 304（元）

C. 954 000÷（1 + 6%）×6% + 358 704×6% = 75 522.24（元）

D. （954 000 + 358 704）×6% = 78 762.24（元）

4. 下列计算甲酒店当月应缴纳的增值税税额的算式中，正确的是（　　）。

A. 74 304 − 36 640 = 37 664（元）

B. 77 544 − 51 240 = 26 304（元）

C. 75 522.24 − 62 240 = 13 282.24（元）

D. 78 762.24 − 23 840 = 54 922.24（元）

【资料二】我国某居民企业为增值税一般纳税人，主要生产、销售液晶电视机。2018 年度，其销售电视机取得不含税收入 14 300 万元，销售成本和税金及附加合计 5 800 万元；出租设备取得不含税租金收入 300 万元；实现的会计利润为 350 万元。部分费用支出如下：

（1）销售费用 3 500 万元，其中，广告费 2 200 万元；

（2）管理费用 3 800 万元，其中，业务招待费 145 万元；

（3）财务费用 1 000 万元，其中，含向非金融企业借款 1 250 万元所支付的年利息 125 万元（当年金融企业贷款的年利率为 6.8%）；

（4）计入成本、费用中的实发工资 800 万元，发生的工会经费 20 万元、职工福利费 200 万元（不包括列入企业员工工资薪金制度，与工资薪金一起固定发放的福利性补贴）、职工教育经费 55 万元；

（5）营业外支出 150 万元，其中包括通过公益性社会团体向贫困山区的捐款 75 万元。

要求：根据上述资料，回答下列小题。

5. 下列关于广告费和业务招待费纳税调整的表述中，正确的是（　　）。

A. 企业发生的广告费可以全额在当年的所得税前扣除

B. 企业广告费应调增应纳税所得额 10 万元

C. 企业发生的业务招待费应调增应纳税所得额 72 万元

D. 企业发生的业务招待费应调增应纳税所得额 58 万元

6. 下列关于三项经费纳税调整的表述中，正确的是（　　）。

A. 工会经费应调增的应纳税所得额为 4 万元

B. 职工福利费应调增的应纳税所得额为 88 万元

C. 职工教育经费应调增的应纳税所得额为 35 万元

D. 三项经费合计应调增的应纳税所得额为 148 万元

7. 下列关于利息支出及公益性捐赠的表述中，正确的是（　　）。

A. 该企业向非金融企业借款所支付的年利息可以全额在所得税前扣除

B. 该企业向非金融企业借款所支付的年利息应调增的应纳税所得额 = 125 − 1 250×6.8% = 40（万元）

C. 该企业的公益性捐赠额可以全额在所得税前扣除

D. 该企业公益性捐赠应调增的应纳税所得额$= 75 - 350 \times 12\% = 33$（万元）

8. 该企业当年应缴纳的企业所得税为（　　）万元。

A. 148.5　　B. 149.25

C. 158.5　　D. 158

【资料三】2017年下半年，实行标准工时制的甲公司在劳动用工方面发生下列事件。

（1）9月5日，已累计工作6年且本年度从未请假的杨某向公司提出年休假申请。

（2）因工作需要，公司安排范某在国庆期间加班4天，其中占用法定休假日3天，占用周末休息日1天，范某日工资为200元。

（3）10月20日，尚处于试用期的马某在上班途中受到非本人主要责任的交通事故伤害，住院治疗2个月。

（4）11月10日，公司通过口头协议聘用郑某从事非全日制工作，试用期为1个月。12月29日，公司发现郑某与乙公司也订立了非全日制用工劳动合同，便通知郑某终止用工。

要求：根据上述资料，分别回答下列小题。

9. 杨某可依法享受的最长年休假期限是（　　）。

A. 5天　　B. 10天

C. 15天　　D. 20天

10. 甲公司向范某支付国庆期间加班工资拟采取的下列方案中，符合法律规定的是（　　）。

A. 甲公司事后安排范某补休国庆节当天法定休假日，向其支付1 600元的加班工资

B. 甲公司事后安排范某补休国庆节3天法定休假日，向其支付400元的加班工资

C. 甲公司事后未安排范某补休，向其支付2 200元的加班工资

D. 甲公司事后安排范某补休周末休息日，向其支付1 800元的加班工资

11. 关于马某受伤住院治疗法律后果的下列表述中，正确的是（　　）。

A. 甲公司可按照不低于当地最低工资标准的80%向马某支付治疗期间的工资

B. 因在上班途中发生交通事故，故马某此次受伤不能认定为工伤

C. 因尚处于试用期，故马某此次受伤不能认定为工伤

D. 甲公司应按照双方在劳动合同中约定的劳动报酬向马某支付治疗期间的工资

12. 关于甲公司与郑某之间非全日制用工劳动关系的下列表述中，正确的是（　　）。

A. 甲公司与郑某可订立口头用工协议

B. 郑某有权与甲公司和乙公司分别订立劳动合同

C. 甲公司可随时通知郑某终止用工

D. 甲公司与郑某可约定试用期

参考答案及解析

一、单项选择题

1. B【解析】本题考核法律关系。法律关系主体的数目由法律关系的具体情况而定，但任何一种法律关系至少要有两个主体，这样才能在它们之间形成以权利和义务为内容的法律关系。因此，选项B错误。

2. B【解析】本题考核仲裁协议的效力。当事人对仲裁协议有异议的，可以请求仲裁委员会做出决定或者请求人民法院做出裁定。一方请求仲裁委员会做出决定，另一方请求人民法院做出裁定的，由人民法院裁定。

3. A【解析】本题考核会计法律的内容。我国目前有两部会计法律，分别是《中华人民共和国会计法》和《中华人民共和国注册会计师法》。

4. A【解析】本题考核会计专业职务。会计专业职务分为高级会计师、会计师、助理会计师和会计员。其中，高级会计师为高级职务，会计师为中级职务，助理会计师和会计员为初级职务。

5. A【解析】本题考核支付结算的原则。选项A是银行办理支付结算时的要求，不属于原则。

6. B【解析】本题考核票据当事人。银行汇票的出票银行是付款人，商业承兑汇票

由银行以外的付款人承兑，银行本票以出票银行为付款人，支票的付款人为出票人的开户银行。

7. D【解析】本题考核汇兑的退汇。汇款人申请退汇时该汇款必须已汇出汇出银行。汇款人与收款人不能达成一致退汇意见时，不能办理退汇。汇入银行对于收款人拒绝接受的汇款，应立即办理退汇。对于向收款人发出取款通知后2个月无法交付的汇款，汇入银行应主动办理退汇。

8. D【解析】本题考核税收法律制度概述。征税对象又叫课税对象，是指税法规定对什么征税，是征纳税双方权利、义务共同指向的客体或标的物，是区别一种税与另一种税的主要标志。

9. C【解析】本题考核增值税税率。适用6%税率的有金融服务、生活服务、现代服务、增值电信服务。

10. C【解析】本题考核一般纳税人应纳增值税税额的计算方法。应纳增值税＝当期销项税额－当期进项税额＝[530＋5.3÷（1＋6%）]×6%－16＝16.1（万元）。奖励费属于向购买方收取的价外费用，应并入销售额缴纳增值税。

11. D【解析】本题考核小规模纳税人应纳增值税税额的计算方法。小规模纳税人不得抵扣进项税额。则增值税＝16960÷（1＋3%）×3%＝494（元）。

12. A【解析】本题考核非居民企业应纳税所得额的计算方法。在我国境内未设立机构、场所的，或者虽设立机构、场所但取得的所得与其所设机构、场所没有实际联系的非居民企业，其取得的来源于我国境内的股息、红利等权益性投资收益和利息、租金、特许权使用费所得，以收入全额为应纳税所得额；取得的转让财产所得，以收入全额减去财产净值后的余额为应纳税所得额。故应纳税所得额＝1 000＋（80－60）＝1 020（万元）。

13. D【解析】本题考核企业所得税的免税收入。选项A、B、C属于应征税的收入，计入应纳税所得额。

14. D【解析】选项D，其捐赠额不超过应纳税所得额30%的部分，可以从其应纳税所得额中扣除。

15. D【解析】本题考核个人所得税财产租赁所得的相关规定。个人转租房屋的，其向房屋出租方支付的租金及增值税额，在计算转租所得时予以扣除。

16. D【解析】本题考核契税的税收优惠。选项A，城镇职工按照规定购买公有住房且必须是第一次购买的，才可以免征契税；选项B，国家机关承受房屋用于办公、教学、医疗、科研和军事设施的，免征契税；选项C，纳税人承受荒山、荒沟、荒丘、荒滩土地使用权，用于农、林、牧、渔生产的，免征契税，修建工厂不免征契税。

17. C【解析】本题考核资源税的征税范围。根据规定，人造石油不征税，因此选项A错误；金属矿中的铝土矿以原矿为征税对象，因此选项B错误；与原油同时开采的天然气应征税，因此选项D错误。

18. D【解析】本题考核印花税的征税范围。应缴纳印花税的证照包括房屋产权证、营业执照、商标注册证、专利证、土地使用证等。

19. C【解析】本题考核车船税应纳税额的计算。2019年该公司应纳车船税＝360×2＋5×4×60＝1 920（元）。

20. D【解析】本题考核纳税申报方式。纳税申报方式有四种：自行申报（也称直接申报）、邮寄申报、数据电文申报、其他形式。其他形式包括简易申报和简并征期。

21. D【解析】本题考核税款征收措施中滞纳金的计算。纳税人未按照规定期限缴纳税款的，从滞纳税款之日起，按日加收滞纳税款万分之五的滞纳金。加收滞纳金的起止时间，为法律规定的确定的税款缴纳期限届满次日起至纳税人、扣缴义务人实际缴纳或者解缴税款之日止。本题中，加收滞纳金的起止时间是3月16日至4月24日，一共40日，因此滞纳金为30×0.5‰×40＝0.6（万元）。

22. D【解析】本题考核劳动合同的效力。劳动合同的生效不等同于劳动关系的建立，劳动关系的建立以实际用工为标志，因此选项A错误。用人单位以胁迫手段，使劳动者在违背自己真实意思的情况下订立劳动合同的，该劳动合同无效或部分无效，因此选项B错误。对劳动合同的无效或者部分无效有争议的，由劳动争议仲裁机构或者人民法院确认，因此选项C错误。

23. B【解析】本题考核工作时间和休息休假的规定。黄某在甲、乙、丙三个公司累计工作时间是9年，不满10年。根据规定，职工累计工作满1年不满10年的，年休假为5天，因此黄某应享有5天带薪年休假（不包括“五一”法定休假日和年休假期间的周六、周日法定休息日）。

24. C【解析】本题考核集体合同和劳务派遣。劳务派遣单位应当与被派遣劳动者订立2年以上的固定期限劳动合同，按月支付劳动报酬。

二、多项选择题

1. BD【解析】本题考核法的形式。基本法律由全国人民代表大会制定和修改，在全国人民代表大会闭会期间，全国人民代表大会常务委员会也有权对其进行部分补充和修改，但不得同其基本原则相抵触。基本法律以外的法律由全国人民代表大会常务委员会制定和修改。因此，选项A错误。部门规章不得设定减损公民、法人和其他组织权利或者增加其义务的规范，不得增加本部门的权力或者减少本部门的法定职责。因此，选项C错误。

2. ABC【解析】本题考核账户开立核准问题。需要中国人民银行核准的账户包括基本存款账户、临时存款账户（因注册验资和增资验资开立的除外）、预算单位专用存款账户、合格境外机构投资者在境内从事证券投资开立的人民币特殊账户和人民币结算资金账户（简称QFII专用存款账户）。

3. ABC【解析】本题考核票据权利的取得。以欺诈、偷盗或者胁迫等手段取得票据的，或者明知有上述情形，出于恶意取得票据的，取得的票据不享有票据权利。

4. ABD【解析】本题考核银行卡的计息与收费。信用卡透支的计息方式，以及对信用卡溢缴款是否计付利息及其利率标准，由发卡机构自主确定，因此选项A正确。发卡机构对向持卡人收取的违约金和年费、取现手续费、货币兑换费等服务费用不得计收利息，因此选项B正确，选项C错误。发卡银行对信用卡透支利率实行上限和下限管理，因此选项D正确。

5. ACD【解析】本题考核增值税的税收优惠。一般纳税人销售旧货，按简易办法依照3%征收率减按2%征收增值税。其他三项都属于增值税免税项目。

6. AC【解析】本题考核消费税的征税范围。调味料酒、沙滩车、雪地车、卡丁车、高尔夫车、电动汽车、体育运动中用的发令纸不属于消费税的征税范围，不征收消费税。高尔夫球及球具，属于消费税征税范围。选项B是由高档化妆品组成的成套化妆品，属于消费税的征税范围。

7. ABCD【解析】本题考核无形资产的税务处理，各选项均是正确的。

8. ABC【解析】本题考核个人所得税的税收优惠。选项D中，个人兼职取得的收入应按照劳务报酬所得征收个人所得税。

9. AB【解析】本题考核房产税的纳税人。存在产权纠纷，产权未确定的，房产代管人或者使用人为纳税人；产权属于国家所有的，其经营管理单位为纳税人。

10. ABC【解析】本题考核计算土地增值税时准予据实扣除的项目。选项D，在土地增值税的计算过程中，房地产开发费用不得据实扣除，而要依照税法规定的计算公式计算得到的金额扣除。

11. ABCD【解析】本题考核环境保护税应纳税额的计算。各选项均是正确的。

12. ABC【解析】本题考核税款征收措施中的纳税担保。选项D属于税务机关可以核定应纳税额的情形。

13. ABC【解析】本题考核劳动合同的必备条款。劳动合同应当具备以下条款：①用人单位的名称、住所和法定代表人或者主要负责人；②劳动者的姓名、住址和居民身份证或者其他有效身份证件号码；③劳动合同期限；④工作内容和工作地点；⑤工作时间和休息休假；⑥劳动报酬；⑦社会保险；⑧劳动保护、劳动条件和职业危害防护；⑨法律、法规规定的应当纳入劳动合同的其他事项。劳动合同中除必备条款外，用人单位与劳动者可以约定试用期、培训、保守秘密、补充保险和福利待遇等其他事项。试用期属于劳动合同的约定条款，并不属于必备条款。

14. AD【解析】本题考核劳动合同中试用期的规定。以完成一定工作任务为期限的劳动合同，不得约定试用期，因此选项B错误。非全日制用工双方当事人不得约定试用期，因此选项C错误。

15. BC【解析】本题考核职工基本医疗保险。用人单位缴纳的基本医疗保险费分为两部分，一部分用于建立统筹基金，另一部分划入个人账户。划入个人账户的比例一般为用人单位缴费金额的30%左右，具体比例由统筹地区根据个人账户的支付范围和职工年龄等因素确定，因此选项A错误。参保人员符合基本医疗保险支付范围的医疗费用中，在社会医疗统筹基金起付标准以下的费用，由个人账户资金支付或个人自付，因此选项D错误。

三、判断题

1. 对【解析】本题考核行政责任。行政处罚的具体种类有警告，罚款，没收违法所得、没收非法财物，责令停产停业，暂扣或者吊销许可证，暂扣或者吊销执照，行政拘留，法律、行政法规规定的其他行政处罚。

2. 错【解析】本题考核票据欺诈行为。票据的伪造和变造属于票据欺诈行为；票据的更改应当依照法律规定进行，否则可能导致票据无效或更改无效，但不属于票据欺诈行为。

3. 错【解析】本题考核预付卡。单张预付卡金额超过1 000元的，只能是记名预付卡。记名预付卡丢失，发卡机构应为持卡人办理挂失。

4. 错【解析】本题考核增值税进项税额的抵扣。根据规定，适用一般计税方法的试点纳税人，2016年5月1日后取得并在会计制度上按固定资产核算的不动产或者2016年5月1日后取得的不动产在建工程，其进项税额应自取得之日起分期从销项税额中抵扣，第一年的抵扣比例为60%，第二年的抵扣比例为40%。

5. 错【解析】本题考核个人所得税应纳税额计算的特殊规定。对职工个人以股份形式取得的，仅作为分红依据，不拥有所有权的企业量化资产，不征收个人所得税。

6. 错【解析】本题考核企业所得税征税对象。如果非居民企业在我国境内设立了机构、场所，应当就其所设机构、场所取得的来源于我国境内的所得，以及发生在我国境外但与其所设机构、场所有实际联系的所得，缴纳企业所得税。

7. 错【解析】本题考核印花税的征税范围。对纳税人以电子形式签订的各类应税凭证按规定征收印花税。

8. 对【解析】本题考核税务行政复议的审查。

9. 错【解析】本题考核劳动合同的解除。劳动合同订立时依据的客观情况发生重大变化，致使劳动合同无法履行，经用人单位与劳动者协商，未能就变更劳动合同内容达成协议的，用人单位提前30日以书面形式通知劳动者本人或者额外支付劳动者1个月的工资后，可以解除劳动合同，但需支付经济补偿金。

10. 错【解析】本题考核劳动仲裁。劳务派遣单位或者用工单位与劳动者发生争议时，劳务派遣单位和用工单位为共同当事人。

四、不定项选择题

1. CD【解析】选项A、B按照“生活服务——餐饮住宿服务”缴纳增值税；选项C，按照“现代服务——文化创意服务（会议展览服务）”缴纳增值税；选项D，按照“现代服务——租赁服务（不动产租赁）”缴纳增值税。

2. C【解析】①2016年5月1日后取得的不动产在建工程，其进项税额应自取得之日起分2年从销项税额中抵扣，第一年的抵扣比例为60%，第二年的抵扣比例为40%；②因管理不善丢失的低值易耗品的进项税额不得抵扣；③准予抵扣的进项税额＝64 000×60% − 11 000×16% = 36 640（元）。

3. B【解析】①取得的住宿服务和会议服务的销售额都是含增值税的销售额；②销项税额＝（954 000 + 358 704）÷（1 + 6%）×6% = 74 304（元）。

4. A【解析】当月应缴纳的增值税税额＝销项税额—进项税额。

5. BC【解析】本题考核广告费和业务招待费税前扣除的规定。广告费用扣除限额＝（14 300 + 300）×15% = 2 190（万元），应调增的应纳税所得额＝2 200 − 2 190 = 10（万元）；对于业务招待费，由于145×60% = 87（万元）>（14 300 + 300）×5‰ = 73（万元），故应调增的应纳税所得额＝145 − 73 = 72（万元）。

6. AB【解析】本题考核工资及三项经费税前扣除的规定。工会经费限额＝800×2% = 16（万元），应调增的应纳税所得额＝20 − 16 = 4（万元）；职工福利费限额＝800×14% = 112（万元），应调增的应纳税所得额＝200 − 112 = 88（万元）；职工教育经费限额＝800×8% = 64（万元），不需纳税调增。合计应调增的应纳税所得额为4 + 88 = 92（万元）。

7. BD【解析】本题考核借款利息、公益性捐赠税前扣除的规定。向非金融企业借款的利息支出，不超过按照金融企业同期同类贷款利率计算的数额部分，准予税前扣除。该企业向非金融企业借款所支付的年利息应调增的应纳税所得额＝125 − 1250×6.8% = 40（万元）；企业发生的公益性捐赠支出，不超过年度利润总额12%的部分，准予在计算应纳税所得额时扣除，所以该企业公益性捐赠应调增的应纳税所得额＝75 − 350×12% = 33（万元）。

8. B【解析】本题考核企业所得税应纳税额的计算。该企业应纳税所得额＝350 + 10（广告费纳税调增）+ 72（业务招待费纳税调增）+ 92（三项经费纳税调增）+ 40（不得扣除的利息支付纳税调增）+ 33（公益性捐赠纳税调增）= 597（万元），应缴纳的企业所得税＝597×25% = 149.25（万元）。

9. A【解析】本题考核年休假。职工累计工作满1年不满10年的，年休假5天。

10. CD【解析】本题考核劳动报酬。用人单位依法安排劳动者在法定休假日工作的，按照不低于劳动合同规定的劳动者本人日或者小时工资标准的300%支付劳动者工资（不考虑补休问题）。用人单位依法安排劳动者在休息日工作，不能安排补休的，按照不低于劳动合同规定的劳动者本人日或者小时工资标准的200%支付劳动者工资。

11. D【解析】本题考核工伤的认定、工伤保险待遇。在停工留薪期间，职工的原工资福利待遇不变，由所在单位按月支付，因此选项A错误，选项D正确。在上下班途中，受到非本人主要责任的交通事故或者城市轨道交通、客运轮渡、火车事故伤害的，应当认定为工伤，因此选项B错误。是否构成工伤不看是否尚在试用期。因此选项C错误。

12. ABC【解析】本题考核非全日制用工。非全日制用工双方当事人不得约定试用期，因此选项D错误。

模拟试题（二）

一、单项选择题（本类题共24小题，每小题1.5分，共36分。每小题的备选答案中，只有一个符合题意的正确答案。多选、错选、不选均不得分）

1. 根据民事诉讼法律制度的规定，下列关于合议制度的表述中，正确的是（　　）。

A. 合议庭的成员应当是3人以上的单数

B. 独任制是相对于合议制而言的，由一名审判员或一名陪审员审理

C. 独任制只适用于简易程序

D. 法院审理第二审民事案件时，由审判员、陪审员共同组成合议庭

2. 根据行政复议法律制度的规定，下列案件中，当事人不能申请行政复议的是（　　）。

A. 县工商局吊销个体户尹某营业执照

B. 区林业局将严重违纪的科员田某开除

C. 交警陈某对违章驾驶的朱某罚款100元

D. 县公安局扣押了吴某的一辆小轿车

3. 根据支付结算法律制度的规定，下列关于银行结算账户管理的表述中，不正确的是（　　）。

A. 办理汇兑时可以申请开立个人银行结算账户

B. 临时存款账户的有效期限最长不得超过2年

C. 存款人申请临时存款账户展期，变更、撤销单位银行结算账户及补发开户许可证时，只能由法定代表人办理

D. 财政预算外资金、证券交易结算资金、期货交易保证金和信托基金专用存款账户不得支取现金

4. 根据支付结算法律制度的规定，下列关于托收承付结算的表述中，不正确的是（　　）。

A. 验单付款的承付期为3天，从付款人开户银行发出承付通知的次日算起

B. 托收承付结算每笔金额的起点为1万元，新华书店系统每笔金额的起点为5 000元

C. 代销、寄销、赊销商品的款项，不得办理托收承付结算

D. 合同名称、号码是签发托收凭证时必须记载的事项

5. 甲商场从乙企业处购买一批电冰箱，开出一张票面金额为25万元的银行承兑汇票。出票日期为4月20日，到期日为7月20日。6月10日，乙企业持此汇票、有关发票和电冰箱发票运费单据复印件向银行办理了贴现。已知同期银行年贴现率为3.6%，一年按360天计算，贴现银行与承兑银行在同一城市。根据票据法律制度的有关规定，银行实付乙企业的贴现金额为（　　）。

A. 248 975元

B. 249 000元

C. 249 025元

D. 241 000元

6. 某卷烟批发企业2018年8月兼营卷烟批发和零售业务：批发卷烟30箱，销售额150万元（不含税）；零售卷烟15箱，销售额80万元（不含税）。下列对该卷烟批发企业当月应缴纳消费税的计算中，正确的是（　　）。（已知1箱＝50 000支）

A. （150 ＋ 80）×11% ＋ 45×50 000×0.005÷10 000

B. 150×11% ＋ 30×50 000×0.005÷10 000

C. 80×11% ＋ 15×50 000×0.005÷

10 000

D. 150×11%

7. 某税种的征税对象为应税收入，采用超额累进税率：应税收入在500元以下的，适用税率为5%；应税收入为500 ~ 2 000元的，适用税率为10%；应税收入为2 000 ~ 5 000元的，适用税率为15%。某纳税人的应税收入为4 800元，则应纳税（　　）。

A. 125元　　B. 220元

C. 595元　　D. 570元

8. 根据增值税法律制度的规定，下列各项应税服务中，适用增值税零税率的是（　　）。

A. 提供基础电信服务

B. 提供有形动产租赁服务

C. 邮政业服务

D. 向境外单位提供的研发服务和设计服务

9. 根据消费税法律制度的规定，下列环节中，需要缴纳消费税的是（　　）。

A. 将外购已税烟丝继续加工成卷烟

B. 用自制的高档化妆品继续加工高档化妆品

C. 某汽车厂将自产的小汽车赠送给客户使用

D. 用委托加工收回的鞭炮继续加工鞭炮

10. 居民个人取得的综合所得，按年计算个人所得税；有扣缴义务人的，由扣缴义务人按月或者按次预扣预缴税款；需要办理汇算清缴的，应当在取得所得的次年一定期限内办理汇算清缴。该期限是（　　）。

A. 3月31日前

B. 5月31日前

C. 6月30日前

D. 3月1日至6月30日

11. 根据个人所得税法律制度的规定，下列个人所得，在计算个人所得税应纳税额时，执行定额和定率相结合费用扣除方式的是（　　）。

A. 综合所得　　B. 经营所得

C. 财产租赁所得　　D. 偶然所得

12. 某外商投资企业2018年度境内所得应纳税所得额为150万元，全年已预缴税款35万元，来源于境外某国税前所得50万元，境外实纳税款15万元，则该企业当年汇算清缴时应补（退）的税款为（　　）万元。

A. 15　　B. 2.5

C. 12.5　　D. 18

13. 根据企业所得税法律制度的规定，企业开发新技术、新产品、新工艺所发生的研究开发费用，未形成无形资产计入当期损益的，在按照规定据实扣除的基础上，按照研究开发费用的一定比例加计扣除。该比例是（　　）。

A. 75%　　B. 100%

C. 150%　　D. 200%

14. 根据关税法律制度的规定，进口原产于与我国签订含有特殊关税优惠条款贸易协定国家的货物，适用的关税税率是（　　）。

A. 最惠国税率

B. 协定税率

C. 特惠税率

D. 关税配额税率

15. 根据资源税法律制度的规定，下列各项中，属于资源税纳税人的是（　　）。

A. 批发居民用煤炭制品的煤店

B. 销售井矿盐的盐矿

C. 销售石油制品的加油站

D. 进口金属矿石的冶金企业

16. 甲企业2017年2月经批准占用一块耕地建造办公楼，另占用一块非耕地建造企业仓库。下列对甲企业城镇土地使用税和耕地占用税的有关处理，正确的是（　　）。

A. 甲企业建造办公楼占地，应征收耕地占用税，并自批准征用之次月起征收城镇土地使用税

B. 甲企业建造办公楼占地，应征收耕地占用税，并自批准征用之日起满一年时征收城镇土地使用税

C. 甲企业建造仓库占地，不征收耕地占用税，应自批准征用之月起征收城镇土地使用税

D. 甲企业建造仓库占地，不征收耕地占用税，应自批准征用之日起满一年时征收城镇土地使用税

17. 根据车船税法律制度的规定，下列

说法中，不正确的是（　　）。

A. 车船税纳税义务发生时间为取得车船所有权或者管理权的当月

B. 车船税纳税义务发生时间为购买车船的发票或其他证明文件上所载日期的次月

C. 车船税由地方税务机关负责征收

D. 车船税的纳税地点为车船的登记地或者车船税扣缴义务人所在地

18. 甲公司开发了一个房地产项目，取得土地使用权时支付的金额为1 000万元，发生开发成本6 000万元，发生开发费用2 000万元，其中利息支出600万元无法提供金融机构贷款利息证明。已知，当地省人民政府规定房地产开发费用的扣除比例为10%。根据土地增值税法律制度的规定，下列关于甲公司可以扣除的房地产开发费用的计算中，正确的是（　　）。

A. 2 000 − 600 = 1 400（万元）

B. 6 000×10% = 600（万元）

C.（6 000 + 1 000）×10% = 700（万元）

D. 2 000×10% = 200（万元）

19. 根据税收征收管理法律制度的规定，下列有关发票开具和使用的表述中，不正确的是（　　）。

A. 自2017年7月1日起，购买方为企业的，索取增值税普通发票时，应向销售方提供纳税人识别号或统一社会信用代码

B. 已经开具发票的存根联和发票登记簿，应当保存10年

C. 销售方开具增值税发票时，发票内容应按照实际销售情况如实填写，不得根据购买方的要求填开与实际交易不符的内容

D. 不符合规定的发票，不得作为财务报销凭证，任何单位和个人有权拒收

20. 甲、乙公司因买卖合同发生纠纷，经市市场监督管理局调解，双方对合同的履行达成一致意见。后甲公司感觉调解结果对自己不利，遂向省工商行政管理局申请行政复议。下列说法中，正确的是（　　）。

A. 省市场监督管理局应予受理

B. 省市场监督管理局应不予受理

C. 甲公司可向市人民法院提起行政诉讼

D. 甲公司只能履行调解书

21. 根据劳动合同法律制度的规定，下列有关劳动合同期限的表述中，不正确的是（　　）。

A. 劳动合同分为固定期限劳动合同、无固定期限劳动合同和以完成一定工作任务为期限的劳动合同

B. 固定期限劳动合同期限届满时，劳动关系即告终止

C. 无固定期限劳动合同不能解除，也无终止时间

D. 用人单位自用工之日起满1年不与劳动者订立书面劳动合同的，视为用人单位与劳动者已订立无固定期限劳动合同

22. 根据劳动合同法律制度的规定，下列情形中，用人单位不必向劳动者支付经济补偿的是（　　）。

A. 被依法宣告破产的

B. 劳动者主动向用人单位提出解除劳动合同并与用人单位协商一致解除劳动合同的

C. 被吊销营业执照的

D. 被责令关闭、撤销的

23. 2003年6月，张某大学毕业到甲公司工作；2006年8月，张某从甲公司辞职，到乙公司工作；2011年3月，张某从乙公司辞职，自行去美国深造；2014年3月，张某回国，到丙公司工作；2017年7月，张某在丙公司因患病需要进行治疗，其可以享受的医疗期是（　　）。

A. 3个月　　B. 6个月

C. 9个月　　D. 18个月

24. 根据社会保险法律制度的规定，下列职工中，不应当被认定为工伤的是（　　）。

A. 职工甲在上班路上被违法闯红灯的汽车撞伤

B. 职工乙下班后半小时左右时，在车间收拾机床时受伤

C. 职工丙因公外出期间，因个人原因与他人互殴致伤

D. 职工丁因长期工作而患职业病

二、多项选择题（本类题共 15 小题，每小题 2 分，共 30 分。每小题的备选答案中，有两个或两个以上符合题意的正确答案。多选、少选、错选、不选均不得分）

1. 根据行政诉讼法律制度的规定，下列案件中，第一审由中级人民法院管辖的有（　　）。

A. 以北京市发改委为被告的行政案件

B. 以杭州市政府为被告的行政案件

C. 以上海海关为被告的行政案件

D. 以河北省公安厅为被告的行政案件

2. 甲公司签发了一张商业汇票。根据《中华人民共和国票据法》的规定，该公司的下列签章行为中，正确的有（　　）。

A. 公章加法定代表人的签名

B. 公章加授权代理人盖章

C. 公司法定代表人李某签名加盖章

D. 财务专用章加公司法定代表人盖章

3. 根据支付结算法律制度的规定，下列结算方式中，没有金额起点限制的有（　　）。

A. 委托收款　　B. 国内信用证

C. 托收承付　　D. 汇兑

4. 根据支付结算法律制度的规定，下列关于预付卡的表述中，正确的有（　　）。

A. 购卡人不得使用信用卡购买预付卡

B. 记名预付卡可挂失、可赎回

C. 个人一次性购买预付卡 5 万元以上的，应通过银行转账等非现金结算方式购买，不得使用现金

D. 为预付卡一次性充值 5 000 元以上的，不得使用现金

5. 下列关于增值税纳税义务发生时间的说法中，正确的有（　　）。

A. 纳税人提供应税服务时，纳税义务发生时间为提供应税服务并收讫销售款项或者取得索取销售款项凭据的当天；先开具发票的，为开具发票的当天

B. 纳税人采取预收款方式提供有形动产租赁服务的，其纳税义务发生时间为收到预收款当天

C. 纳税人发生视同提供应税服务的，其纳税义务发生时间为应税服务完成的当天

D. 增值税扣缴义务发生的时间为纳税人增值税纳税义务发生的当天

6. 下列环节中，既征消费税又征增值税的有（　　）。

A. 卷烟的生产和批发环节

B. 金银首饰的生产和零售环节

C. 小汽车的零售环节

D. 高档化妆品的生产环节

7. 根据个人所得税法律制度的规定，下列关于综合所得专项附加扣除的说法中，正确的有（　　）。

A. 养育 2 个及以上孩子的，按子女人数加倍扣除子女教育费

B. 子女教育包括学前教育，是指自子女出生至小学入学前的教育

C. 赡养 2 个及以上老人的，按老人人数加倍扣除赡养费

D. 夫妻双方主要工作城市相同的，只能由一方扣除住房租金支出

8. 根据企业所得税法律制度的规定，下列支出中，不得在计算应纳税所得额时扣除的有（　　）。

A. 向投资者支付的股息

B. 税收滞纳金

C. 在年度利润总额 12% 以内的公益救济性捐赠支出

D. 非银行企业内营业机构之间支付的利息

9. 下列关于房产税的说法中，错误的有（　　）。

A. 房产税的征税范围为城市、县城、建制镇、农村和工矿区的房屋

B. 给排水管道、电梯、暖气设备、中央空调属于以房屋为载体不可移动的附属设施，应计入房产原值，计征房产税

C. 从价计征的房产税，以房产原值为计税依据

D. 房产税在房产所在地缴纳

10. 根据契税的有关规定，下列各项中，征收机关可以参照市场价格核定契税计税依据的有（　　）。

A. 甲、乙双方交换的房屋价格差额明显不合理且没有正当理由

B. 华侨马某赠予家乡某企业一幢楼房

C. 小王出卖一套房子给小红，因两人私交甚好，所以成交价格明显低于市场价格

D. 某学校以明显低于市场价格的价格购买一栋教学楼

11. 下列关于耕地占用税税收优惠的表述中，正确的有（　　）。

A. 军事设施占用耕地，免征耕地占用税

B. 养老院占用耕地，减半征收耕地占用税

C. 农村居民经批准占用户口所在地耕地新建自用住宅，按照当地适用税额减半征收耕地占用税

D. 免征或者减征耕地占用税后，纳税人改变原占地用途，不再属于免征或者减征耕地占用税情形的，应当按照当地适用税额补缴耕地占用税

12. 税务机关的下列行为中，属于税收强制执行措施的有（　　）。

A. 书面通知其开户银行或者其他金融机构冻结纳税人财产

B. 依法拍卖或者变卖其价值相当于应纳税款的商品、货物或者其他财产

C. 书面通知其开户银行或者其他金融机构从其存款中扣缴税款

D. 扣押、查封纳税人的价值相当于应纳税款的商品

13. 根据劳动合同法律制度的规定，下列关于劳动合同主体资格的表述中，不正确的有（　　）。

A. 用人单位设立的分支机构，不能作为用人单位与劳动者订立劳动合同

B. 劳动者就业时，不因民族、种族、性别、宗教信仰不同而受歧视

C. 妇女享有与男子平等的就业权利

D. 文艺、体育和特种工艺单位招用未满16周岁的未成年人，是法律所允许的，可以不履行审批手续

14. 根据劳动合同法律制度的规定，下列选项中，符合工作时间规定的做法有（　　）。

A. 甲厂因生产经营需要，在与本厂工会和劳动者协商后，决定当月工作日每日加班1小时

B. 乙厂因生产特点不能实行标准的工作时间制度，决定每日工作7小时，每周休息1天

C. 丙厂发生严重事故，威胁到了本厂工人的生命健康，丙厂决定当日延长工作时间5小时，以便抢修设备

D. 丁厂因工作性质，对某些工作岗位实行不定时工作制

15. 根据社会保险法律制度的规定，下列关于医疗期的表述中，正确的有（　　）。

A. 企业职工因患病或非因工负伤，需要停止工作，进行医疗时，享受的医疗期期间是3～24个月

B. 医疗期从病休第一天开始累计计算，公休、假日和法定节日包括在内

C. 病假工资或疾病救济费可以低于当地最低工资标准，但最低不能低于工资标准的60%

D. 符合法定条件的，医疗期内仍可解除劳动合同

三、判断题（本类题共10小题，每小题1分，共10分。请判断每小题的表述是否正确。每小题答题正确得1分，答题错误扣0.5分，不答题的不得分也不扣分。本类题最低得分为零分）

1. 两个以上法院都有管辖权的，原告可以向其中一个法院起诉；原告向两个以上有管辖权的法院起诉的，由最先受理的法院管辖。（　　）

2. 一个基层预算单位开设一个零余额账户。（　　）

3. 议付行议付信用证后，对受益人具有追索权。到期不获付款的，议付行可从受益人账户中收取议付金额。（　　）

4. 增值税纳税人向消费者个人销售服务、无形资产或者不动产的，不得开具增值税专用发票。（　　）

5. 根据企业所得税法律制度的规定，企

业某一纳税年度发生的亏损可以用下一年度的所得弥补；下一年度的所得不足以弥补的，可以逐年延续弥补，但最长不得超过 10 年。（　　）

6．根据规定，已贴用的印花税票不得重用；已贴花的凭证，修改后所载金额有增加的，其增加部分不再补贴印花。（　　）

7．对出口产品退还增值税、消费税的，退还已缴纳的城市维护建设税。海关对进口产品代征增值税、消费税，不征收城市维护建设税。（　　）

8．税务机关有权检查纳税人账簿、记账凭证、报表和其他有关资料，但只能到纳税人单位检查。调出检查时，纳税人有权拒绝。（　　）

9．用人单位应将直接涉及劳动者切身利益的规章制度和重大事项决定公示或者将其告知劳动者。（　　）

10．一至四级伤残职工在停工留薪期满后死亡的，其近亲属可以享受丧葬补助金和供养亲属抚恤金两项待遇，不享受一次性工亡补助金待遇。（　　）

四、不定项选择题（本类题共 12 小题，每小题 2 分，共 24 分。每小题的备选答案中，有一个或者一个以上符合题意的正确答案。每小题全部选对得满分，少选得相应分值，多选、错选、不选均不得分）

【资料一】2017 年 4 月 19 日，甲公司向乙公司签发了一张出票后 2 个月付款、金额为 20 万元的商业汇票。该汇票载明丙公司为付款人，丁公司在汇票上签章做了保证，但未记载被保证人名称。乙公司取得汇票后背书转让给戊公司，但未记载背书日期。戊公司于 2017 年 5 月 15 日向丙公司提示承兑时，丙公司以其所欠甲公司债务只有 15 万元为由拒绝承兑。戊公司欲行使追索权来实现自己的票据权利。

要求：根据上述资料，不考虑其他因素，分析回答下列问题。

1．该汇票未记载被保证人名称，被保证人是（　　）。

A．甲公司　　B．乙公司

C．丙公司　　D．戊公司

2．乙公司背书转让时未记载背书日期，应视为（　　）。

A．背书无效　　B．背书不成立

C．出票日背书　　D．到期日前背书

3．下列票据当事人中，戊公司可以向其行使追索权的是（　　）。

A．甲公司　　B．乙公司

C．丙公司　　D．丁公司

4．戊公司向乙公司行使追索权的截止日期是（　　）。

A．2017 年 6 月 19 日

B．2017 年 8 月 15 日

C．2017 年 10 月 19 日

D．2017 年 11 月 15 日

【资料二】叶某 2019 年 10 月取得如下收入：

（1）出租住房，取得不含增值税租金收入 3 000 元，发生准予税前扣除的相关税费 168 元，修缮费 2 000 元；

（2）出版书稿，分 3 次取得收入，每次 3 000 元；

（3）转让境内 A 股股票，取得转让收入 100 000 元；取得 A 股股息收入 1 000 元，该股票已持股 2 年；

（4）叶某的汽车被盗，获得保险赔偿 200 000 元；

（5）取得国家发行金融债券的利息收入 1 000 元。

已知：综合所得全月应纳税所得额不超过 3 000 元的，适用的税率为 3%，超过 3 000 元至 12 000 元的部分，适用的税率为 10%，速算扣除数为 210；个人出租住房适用的个人所得税税率为 10%。

要求：根据上述资料，不考虑其他因素，分析回答下列小题。

5．下列说法中，正确的是（　　）。

A．保险赔偿属于不征税收入

B．保险赔偿是免税收入

C．国债利息收入是不征税收入

D．国债利息收入是免税收入

6．下列有关叶某出租住房应缴纳的个人

所得税税额的计算中，正确的是（　　）。

A. 3 000×10% = 300（元）

B. （3 000－168－800）×10% = 203.2（元）

C. （3 000 － 168 － 800 － 800）×10% = 123.2（元）

D. （3 000 － 168 － 800 － 2 000）×10% = 3.2（元）

7. 叶某出版书稿取得的所得应缴纳个人所得税，下列计算中，正确的是（　　）。

A. 3 000×3×（1 －20%）×10% －210 = 510（元）

B. 3 000×3×（1 －20%）×70%×10% －210 = 294（元）

C. 3 000×70%×3%×3 = 189（元）

D. 3 000×3%×3 = 270（元）

8. 下列有关叶某取得所得的个人所得税税务处理的说法中，正确的是（　　）。

A. 转让A股获得的收入征收个人所得税

B. 转让A股获得的收入不征收个人所得税

C. A股股息收入不征税

D. A股股息收入征税

【资料三】甲化妆品公司为增值税一般纳税人。2018 年 11 月，其有关经济业务如下。

（1）进口高档眼霜一批，海关审定的关税完税价格为 400 万元，取得海关进口增值税专用缴款书和消费税完税凭证。

（2）受托加工高档补水保湿霜一批，收取不含增值税加工费 10 万元，委托方提供的原材料成本为 160 万元，甲公司无同类产品销售价格。

（3）销售高档散粉两批，第一批的不含增值税单价为 0.4 万元 / 箱，共 100 箱；第二批的不含增值税单价为 0.32 万元 / 箱，共 200 箱。

（4）以 25 箱美白精华向乙公司换取生产资料，已知该批美白精华的最高销售价格为 60 万元，平均销售价格为 50 万元，最低销售价格为 40 万元，均为不含增值税价格。

已知：高档化妆品适用的增值税税率为 16%，消费税税率为 15%，关税税率为 50%。

要求：根据上述资料，不考虑其他因素，分析回答下列小题。

9. 甲公司进口高档化妆品应缴纳的税金的下列计算中，正确的是（　　）。

A. 应缴纳的进口关税 = 400×50% = 200（万元）

B. 应缴纳的进口增值税 =（400 + 200）÷（1 － 15%）×16% = 112.94（万元）

C. 应缴纳的进口增值税 =（400 + 200）×16% = 96（万元）

D. 应缴纳的进口消费税 =（400 + 200）÷（1 － 15%）×15% = 105.88（万元）

10. 下列关于甲公司受托加工高档补水保湿霜应代收代缴的消费税税额的计算中，正确的是（　　）。

A. 160×15% = 24（万元）

B. （160 + 10）×15% = 25.5（万元）

C. （160 + 10）÷（1 － 15%）×15% = 30（万元）

D. （160 + 10）÷（1 + 15%）×15% = 22.17（万元）

11. 下列关于甲公司销售高档散粉的增值税和消费税的计算中，正确的是（　　）。

A. 该笔业务的增值税销项税额 =（0.4×100 + 0.32×200）×16% = 16.64（万元）

B. 该笔业务的增值税销项税额 = 0.4×（100 + 200）×16% = 19.2（万元）

C. 该笔业务应缴纳的消费税 =（0.4×100 + 0.32×200）×15% = 15.6（万元）

D. 该笔业务应缴纳的消费税 = 0.4×（100 + 200）×15% = 18（万元）

12. 下列对甲公司用 25 箱美白精华换取生产资料应缴纳的消费税的计算中，正确的是（　　）。

A. 50×15% = 7.5（万元）

B. 60×15% = 9（万元）

C. 40×15% = 6（万元）

D. 0

参考答案及解析

一、单项选择题

1. A【解析】本题考核合议制度。独任制是相对于合议制而言的，只能由一名审判员审理，因此选项B错误。独任制适用于简易程序与多数特别程序、督促程序、公示催告程序等，而非只适用于简易程序，因此选项C错误。法院审理第二审民事案件时，审判员组成合议庭，因此选项D错误。

2. B【解析】本题考核行政复议的范围。行政机关的行政处分或者其他人事处理决定引起的争议，按照法律、行政法规的规定提出申诉，不属于行政复议范围。

3. C【解析】本题考核银行账户的相关规定。存款人申请临时存款账户展期，变更、撤销单位银行结算账户及补发开户许可证时，可由法定代表人或单位负责人直接办理，也可授权他人办理。

4. B【解析】本题考核托收承付。托收承付结算每笔金额的起点为1万元，新华书店系统每笔金额的起点为1 000元。

5. B【解析】本题考核贴现。实付贴现金额按票面金额扣除贴现日至汇票到期前1日的利息计算。本题中，贴现日是6月10日，汇票到期前1日是7月19日，一共是40天。企业从银行取出的金额＝250 000－250 000×3.6%×（40÷360）＝249 000（元）。

6. B【解析】本题考核卷烟批发环节的消费税计算。根据规定，自2015年5月10日起，将卷烟批发环节的从价税税率由5%提高至11%，并按0.005元/支加征从量税。纳税人兼营卷烟批发和零售业务的，应当分别核算批发和零售环节的销售额、销售数量；未分别核算批发和零售环节销售额、销售数量的，按照全部销售额、销售数量计征批发环节消费税。本题中，由于该批发企业能够分别核算，因此仅就批发销售卷烟的销售额与销售数量征税。

7. C【解析】本题考核税收法律制度概述。超额累进税率条件下的应纳税额＝500×5%＋1 500×10%＋（4 800－2 000）×15%＝595（元）

8. D【解析】本题考核适用增值税零税率的范围。根据规定，国际运输服务、向境外单位提供的研发服务和设计服务及财政部和国家税务总局规定的其他应税服务，税率为零。因此，选项D正确。

9. C【解析】本题考核消费税的征税范围。选项A、B、D均属于应税消费品连续生产加工应税消费品业务，不缴纳消费税；选项C属于视同销售行为，应当征收消费税。

10. D

11. C【解析】选项A，执行定额与附加扣除相结合的费用扣除方式；选项B，执行限额内据实扣除的费用扣除方式；选项D，不得扣除任何费用。

12. B【解析】本题考核企业所得税应纳税额的计算。该企业汇总纳税应纳税额＝（150＋50）×25%＝50（万元），境外已纳税款扣除限额＝50×50÷（150＋50）＝12.5（万元），境外实纳税额15万元，可扣除12.5万元。境内已预缴35万元，则汇总纳税应纳所得税额＝50－12.5－35＝2.5（万元）。

13. A【解析】本题考核企业所得税加计扣除的税收优惠。企业开发新技术、新产品、新工艺所发生的研究开发费用按照75%加计扣除。

14. C【解析】本题考核关税的税率。对原产于与我国签订含有特殊关税优惠条款贸易协定国家或地区的进口货物，按特惠税率征收。

15. B【解析】本题考核资源税的征税范围。应税产品在生产销售环节缴纳资源税，在批发、零售等环节均不缴纳。此外，居民用煤炭制品并非原煤、石油制品并非原油，不属于资源税的征税范围，因此选项A与选项C错误；资源税在进口环节不征收，因此选项D错误。井矿盐、湖盐属于非金属矿产品，开采并销售时应缴纳资源税。

16. B【解析】为避免对一块土地同时征收耕地占用税和城镇土地使用税，凡是缴纳了耕地占用税的，批准征用之日起满1年后征收城镇土地使用税；征用非耕地时因不需要缴纳耕地占用税，故应从批准征用之次月起征收城镇土地使用税。

17. B【解析】本题考核车船税的征收管理。根据规定，纳税人未按照规定到车船管理部门办理应税车船登记手续的，以车船购置发票上所载开具时间的当月为车船税的纳税义务发生时间。对未办理车船登记手续且无法提供车船购置发票的，由主管地方税务机关核定纳税义务发生时间。

18. C【解析】本题考核土地增值税开发费用的计算。凡不能按转让房地产项目计算分摊或不能提供金融机构证明的，允许扣除的房地产开发费用＝（取得土地使用权所支付的金额＋房地产开发成本）× 所在省、自治区、直辖市人民政府规定的扣除比例。因此，甲公司可以扣除的房地产开发费用＝（1 000 ＋ 6 000）×10% ＝ 700（万元）。

19. B【解析】本题考核发票的开具和使用。开具发票的单位和个人应当按照税务机关的规定存放和保管发票，不得擅自损毁。已经开具发票的存根联和发票登记簿，应当保存 5 年。保存期满，报税务机关查验后销毁。

20. B【解析】本题考核行政复议的申请和受理。不能申请行政复议的事项包括：①不服行政机关做出的行政处分或者其他人事处理决定；②不服行政机关对民事纠纷做出的调解或其他处理。

21. C【解析】本题考核劳动合同期限。无固定期限劳动合同，是指用人单位与劳动者约定无确定终止时间的劳动合同。无确定终止时间不等于无终止时间，一旦出现了法定情形或者双方协商一致，也同样能够解除。因此，选项 C 错误。

22. B【解析】本题考核劳动合同解除的经济补偿。劳动者主动辞职而与用人单位协商一致解除劳动合同的，用人单位无须向劳动者支付经济补偿。

23. B【解析】本题考核医疗期。根据规定，实际工作年限在 10 年以上的，在本单位的工作年限在 5 年以下的，医疗期为 6 个月。张某的实际工作年限为 11 年，在丙公司工作年限为 3 年，医疗期为 6 个月。

24. C【解析】本题考核工伤的认定。职工有下列情形之一的，应当认定为工伤：①在工作时间和工作场所内，因工作原因受到事故伤害的；②工作时间前后在工作场所内，从事与工作有关的预备性或收尾性工作时受到事故伤害的；③在工作时间和工作场所内，因履行工作职责受到暴力等意外伤害的；④患职业病的；⑤因工外出期间，由于工作原因受到伤害或者发生事故下落不明的；⑥在上下班途中，受到非本人主要责任的交通事故或者城市轨道交通、客运轮渡、火车事故伤害的；⑦法律、行政法规规定的应当认定为工伤的其他情形。

二、多项选择题

1. BC【解析】本题考核行政诉讼级别管辖。中级人民法院管辖下列第一审行政案件，包括：①对国务院部门或者县级以上地方人民政府的行政行为提起诉讼的案件；②海关处理的案件；③本辖区内重大、复杂的案件；④其他法律规定的由中级人民法院管辖的案件。

2. ABD【解析】本题考核票据签章的规定。出票人签章为该单位的财务专用章或公章加其法定代表人或其授权代理人的签名或盖章。

3. ABD【解析】本题考核结算方式的金额起点限制。托收承付结算款项的每笔金额起点是 1 万元，新华书店系统每笔金额的起点为 1 000 元。

4. ABCD【解析】本题考核预付卡的规定。购卡人不得使用信用卡购买预付卡，选项 A 正确。记名预付卡可挂失，可赎回，不得设置有效期，选项 B 正确。单位一次性购买预付卡 5 000 元以上，个人一次性购买预付卡 5 万元以上的，应采用银行转账等非现金结算方式购买，不得使用现金，选项 C 正确。为预付卡一次性充值 5 000 元以上的，不得使用现金，选项 D 正确。

5. ABCD【解析】本题考核增值税纳税义务发生时间。四个选项均正确。

6. AD【解析】本题考核增值税和消费税的征税环节。金银首饰的消费税在零售环节征收；小汽车在零售环节缴纳增值税，在生产环节缴纳消费税。

7. AD【解析】选项A，子女教育支出按每个子女每年12 000元扣除；选项B，学前教育是指子女年满3岁至小学入学前的教育；选项C，赡养2个及以上老人的，不按老人人数加倍扣除。

8. ABD【解析】本题考核企业所得税税前不得扣除项目。在计算应纳税所得额时，下列支出不得扣除：①向投资者支付的股息、红利等权益性投资收益款项；②企业所得税税款；③税收滞纳金；④罚金、罚款和被没收财物的损失；⑤企业发生的在年度利润总额12%以外的公益性捐赠支出；⑥赞助支出；⑦未经核定的准备金支出；⑧企业之间支付的管理费、企业内营业机构之间支付的租金和特许权使用费，以及非银行企业内营业机构之间支付的利息；⑨与取得收入无关的其他支出。

9. AC【解析】本题考核房产税的征税范围。房产税的征税范围为城市、县城、建制镇和工矿区的房屋。位于农村的房屋，不属于房产税征税范围，不征收房产税，因此选项A错误。从价计征的房产税，以房产余值为计税依据，因此选项C错误。

10. ABC【解析】本题考核契税的计税依据。选项C中，私交甚好不属于正当理由，应当核定计税依据；选项D不征收契税。

11. ACD【解析】本题考核耕地占用税的税收优惠。选项B，学校、幼儿园、养老院、医院占用耕地，免征耕地占用税。

12. BC【解析】本题考核税收强制执行措施。税务机关的税收强制执行措施包括书面通知其开户银行或者其他金融机构从其存款中扣缴税款，扣押、查封、依法拍卖或者变卖其价值相当于应纳税款的商品、货物或者其他财产，因此选项B、C正确。选项A、D属于税收保全措施。

13. AD【解析】本题考核劳动合同订立主体的资格要求。用人单位设立的分支机构，依法取得营业执照或者登记证书的，可以作为用人单位与劳动者订立劳动合同；未依法取得营业执照或者登记证书的，受用人单位委托可以与劳动者订立劳动合同。因此，选项A错误。禁止用人单位招用未满16周岁的未成年人。文艺、体育和特种工艺单位招用未满16周岁的未成年人时，必须依照国家有关规定履行审批手续，并保障其接受义务教育的权利。因此，选项D错误。

14. ACD【解析】本题考核劳动者工作时间的规定。有些企业因工作性质和生产特点不能实行标准工时制度，应保证劳动者每天工作不超过8小时，每周工作不超过40小时，每周至少休息1天。选项B中，工人每周工作42小时，故错误。

15. AB【解析】本题考核医疗期。企业职工因患病或非因工负伤，需要停止工作，进行医疗时，根据本人实际参加工作年限和在本单位的工作年限，给予3～24个月的医疗期。因此，选项A正确。医疗期从病休第一天开始累计计算，公休、假日和法定节日包括在内。因此，选项B正确。病假工资或疾病救济费可以低于当地最低工资标准，但最低不能低于工资标准的80%。因此，选项C错误。医疗期内不得解除劳动合同。因此，选项D错误。

三、判断题

1. 错【解析】本题考核共同管辖和选择管辖。两个以上法院都有管辖权的，原告可以向其中一个法院起诉；原告向两个以上有管辖权的法院起诉的，由最先立案的法院管辖。

2. 对【解析】本题考核预算单位零余额账户。

3. 对【解析】本题考核国内信用证的使用。

4. 对【解析】本题考核增值税专用发票的开具范围。

5. 错【解析】本题考核企业所得税亏损弥补。企业某一纳税年度发生的亏损可以用下一年度的所得弥补；下一年度的所得不足以弥补的，可以逐年延续弥补，但最长不得超过5年。

6. 错【解析】本题考核印花税的征收管理。已贴用的印花税票不得重用；已贴花的凭证，修改后所载金额有增加的，其增加部分应当补贴印花。

7. 错【解析】本题考核城市维护建设税的税收优惠。对出口产品退还增值税、消费税的，不退还已缴纳的城市维护建设税。海关对进口产品代征增值税、消费税，不征收城市维护建设税。

8. 错【解析】本题考核税务检查。税务机关有调出检查纳税人账簿、记账凭证、报表和其他有关资料的权利，单位和个人不得拒绝。

9. 对【解析】本题考核劳动合同的履行。如果用人单位的规章制度未经公示或者未告知劳动者，该规章制度对劳动者不生效。

10. 对【解析】本题考核工伤保险待遇。

四、不定项选择题

1. A【解析】本题考核票据行为——保证。保证人在票据或者粘单上未记载被保证人名称的，已承兑的票据，承兑人为被保证人；未承兑的票据，出票人为被保证人。在本资料中，票据未经承兑，因此被保证人为甲公司。

2. D【解析】本题考核票据行为——背书。背书未记载日期的，视为在票据到期日前背书。本资料中，乙公司取得汇票后背书转让给戊公司时未记载背书日期，所以视为到期日前背书。

3. ABD【解析】本题考核票据追索。持票人可以向票据的出票人、背书人、承兑人和保证人中的任何一人、数人或者全体行使追索权。本资料中，丙公司未对票据进行承兑，不是票据债务人，戊公司有权向甲公司、乙公司、丁公司进行追索。

4. D【解析】本题考核票据追索。对于商业汇票，持票人对前手的追索权，在被拒绝承兑或者被拒绝付款之日起6个月内行使。本资料中，戊公司于2017年5月15日向丙公司提示承兑时被丙公司拒绝承兑，戊公司应当自被拒绝承兑之日起6个月内，即2017年11月15日之前向乙公司追索。

5. BD【解析】保险赔偿和国债利息收入均属于免税收入。

6. C【解析】①出租住房取得租金3 000元，扣除财产租赁过程中缴纳的税费168元，扣除修缮费用800元，收入额为3 000 − 168 − 800 = 2 032（元）＜ 4 000元，费用扣除标准为800元；②个人出租住房应纳税额＝（3 000 − 168 − 800 − 800）×10% = 123.2（元）。

7. B【解析】稿酬所得属于同一事项连续取得收入的，以1个月内取得的收入为一次；以收入减除20%的费用后的余额的70%为应纳税所得额。

8. BD【解析】选项A、B，对股票转让所得暂不征收个人所得税；选项C、D，个人从公开发行和转让市场中取得的上市公司股票，持股期限超过1年的，取得的股息所得免征个人所得税。

9. ABD【解析】①进口高档化妆品的关税＝关税完税价格 × 税率＝ 400×50% ＝ 200（万元）；②进口应税消费品按照组成计税价格计算进口环节的增值税和消费税，组成计税价格＝（关税完税价格＋关税）÷（1－消费税税率）＝（400 ＋ 200）÷（1 − 15%）＝ 705.88（万元）；③进口环节应纳增值税＝ 705.88×16% ＝ 112.94（万元）；④应纳消费税＝ 705.88×15% ＝ 105.88（万元）。

10. C【解析】①受托方无委托加工应税消费品同类消费品的销售价格，应当按照组成计税价格计算纳税；②组成计税价格＝（材料成本＋加工费）÷（1－消费税比例税率）＝（160 ＋ 10）÷（1 − 15%）＝ 200（万元），应纳消费税税额＝组成计税价格 × 消费税比例税率＝ 200×15% ＝ 30（万元）。

11. AC【解析】①纳税人取得的销售额为不含增值税销售额；②增值税销项税额＝（0.4×100 ＋ 0.32×200）×16% ＝ 16.64（万元）；③应纳消费税税额＝（0.4×100 ＋ 0.32×200）×15% ＝ 15.6（万元）。

12. B【解析】纳税人用于换取生产资料的应税消费品，应当以纳税人同类应税消费品的最高销售价格作为计税依据计算消费税。